Grünbaum · Die Grundlagen der Psychoanalyse

Adolf Grünbaum

Die Grundlagen der Psychoanalyse

Eine philosophische Kritik

Aus dem Englischen übersetzt
von Christa Kolbert

Philipp Reclam jun. Stuttgart

Titel der englischen Originalausgabe:
The Foundations of Psychoanalysis. A Philosophical Critique. Berkeley / Los Angeles / London: University of California Press, 1984

Universal-Bibliothek Nr. 8459[7]

Die Übersetzung erscheint mit Genehmigung von University of California Press, Berkeley, California
Gesamtherstellung: Reclam, Ditzingen. Printed in Germany 1988
RECLAM und UNIVERSAL-BIBLIOTHEK sind eingetragene Warenzeichen der Philipp Reclam jun. GmbH & Co., Stuttgart
ISBN 3-15-008459-8 (kart.) ISBN 3-15-028459-7 (geb.)

Inhalt

Vorbemerkung zur deutschen Ausgabe

Die vorliegende deutsche Ausgabe wurde gegenüber der Originalausgabe revidiert und an verschiedenen Stellen beträchtlich erweitert.
Zu der amerikanischen Originalausgabe, *The Foundations of Psychoanalysis*, ist ein Diskussionsband erschienen, der neben einer Zusammenfassung meiner Argumentation rund vierzig kritische Stellungnahmen enthält, die ein ganzes Spektrum von Anschauungen repräsentieren, sowie meine Erwiderung auf sämtliche erhobenen Einwände (*Behavioral and Brain Sciences*, Jg. 9, 1986, H. 2). Die deutsche Übersetzung wird unter dem Titel *Kritische Betrachtungen zu den Grundlagen der Psychoanalyse* im Springer-Verlag in Heidelberg erscheinen.

Mein Dank gilt der Übersetzerin und dem Verlag für die Mühe, die sie sich mit der Übersetzung gegeben haben, sowie Herrn Professor Lorenz Bruno Puntel für seine Hilfestellung beim Zustandekommen der deutschen Ausgabe.

Pittsburgh, im Frühjahr 1988 *Adolf Grünbaum*

Einleitung

Kritik an der hermeneutischen Auffassung der psychoanalytischen Theorie und Therapie

Bei der vorliegenden Arbeit handelt es sich um eine philosophische Kritik der Grundlagen der Psychoanalyse von Sigmund Freud. Eine solche Kritik muß zunächst einmal zur Kenntnis nehmen, daß Freud für die Psychoanalyse den Status einer Naturwissenschaft beanspruchte. Bevor ich aber die wesentlichen Argumente untersuche, die er dafür vorgebracht hat, ist ein weitverbreiteter exegetischer Mythos zu entlarven.

Es war genau dieser Mythos, die willkürliche Lesart, die als Ausgangspunkt diente, um Freud des »szientistischen Selbstmißverständnisses« zu bezichtigen. Dieser nachweisbar schlecht begründete Vorwurf wurde von den Philosophen Jürgen Habermas und Paul Ricœur, den Vordenkern der sogenannten »hermeneutischen« Version der psychoanalytischen Theorie und Therapie, erhoben. Ihre Auffassung wurde in manchen Kreisen als zentral, wenn nicht gar verbindlich weithin anerkannt. Aber abgesehen davon, daß die Thesen dieser Vertreter der Hermeneutik auf einer mythischen Exegese der Schriften Freuds beruhen, liegen ihnen tiefgreifende Mißverständnisse des Inhaltes und der Methoden der Naturwissenschaften zugrunde.

Es wird daher nützlich sein, daß ich mich zunächst nicht nur der Schöpfung der Textlegende zuwende, sondern auch den vielfältigen ontologischen und epistemischen Fehlern, die der derzeit gängigen hermeneutischen Auslegung der Psychoanalyse anhaften. Um so mehr, als Habermas genau diese Lesart des Freudschen Werks als mögliches Muster für die übrigen Humanwissenschaften ansah (Habermas 1968, Kap. 10). Daher dürfte meine einleitende kritische Prüfung über die

eigentliche Psychoanalyse hinaus für die hermeneutische Philosophie insgesamt von beträchtlichem Interesse sein.
Da ich hier die Grundlagen der Psychoanalyse untersuche, liegt es natürlich nicht in meiner Absicht, all diesen Verzweigungen nachzugehen, geschweige denn, eine Erklärung zu versuchen, warum diese Auffassung so populär wurde. Ich hoffe jedoch, daß andere Forscher, die solches vorhaben, in meiner Analyse auch für ihre Zwecke Aufschlüsse finden werden.

1. Die exegetische Legende vom »szientistischen Selbstmißverständnis«

Während seiner langen Laufbahn beharrte Freud darauf, daß das psychoanalytische Unternehmen den Status einer Naturwissenschaft besitze. Wie er uns am Ende seines Lebens mitteilte, haben die Erklärungsvorteile, die sich aus der Postulierung unbewußter psychischer Prozesse ergaben, es »gestattet, die Psychologie zu einer Naturwissenschaft wie jede andere auszugestalten« (GW 17: 80). »Die Psychoanalyse ist ein Stück der Seelenkunde der Psychologie. [. . .] Die Psychologie ist auch eine Naturwissenschaft. Was sollte sie denn sonst sein?« (S. 142 f.)
Fünf Jahre zuvor, im Jahre 1933, hatte Freud in seiner Vorlesung »Über eine Weltanschauung« mit Nachdruck den Antinaturalismus und methodologischen Separatismus, den die geisteswissenschaftliche Bewegung als Rahmen für die Psychologie und die Sozialwissenschaften in Anspruch nahm, zurückgewiesen. Deren Verfechter erachteten gesetzmäßig kausale Erklärungen als auf die Naturwissenschaften beschränkt, angesichts der allgemeinen und gesetzmäßigen kausalen Verbindungen, durch die sich diese Disziplinen auszeichnen. Und sie lehnten derartige nomothetische kausale Erklärungen als den Humanwissenschaften generell fernlie-

gend ab. Ihrer Ansicht nach sollte das Studium des Menschen die »hermeneutische« Suche nach ideographischem Verständnis mit Hilfe von Methoden wie Empathie und intuitivem Selbstverständnis zum Ziel haben (Möller 1976: 38–62; Möller 1978: 162–211; Jaspers 1973: 374–385). In diametralem Gegensatz zu dieser Beschreibung der Aufgabe der Psychologie erklärte Freud:

»Geist und Seele sind in genau der nämlichen Weise Objekte der wissenschaftlichen Forschung wie irgendwelche menschenfremden Dinge. Die Psychoanalyse hat ein besonderes Anrecht, hier das Wort für die wissenschaftliche Weltanschauung zu führen [. . .]. Nimmt man aber die Erforschung der intellektuellen und emotionellen Funktionen des Menschen (und der Tiere) in die Wissenschaft auf, so zeigt sich, [. . .] es ergeben sich keine neuen Quellen des Wissens oder Methoden des Forschens« (GW 15: 171; 1933).

Nachdem er so zu dem Schluß gekommen war, daß »die Psychoanalyse [. . .] ein besonderes Anrecht [hat], das Wort für die wissenschaftliche Weltanschauung zu führen«, bedauerte der Begründer dieses neuen Zweiges der Psychologie dessen Rezeption in der wissenschaftlichen Gemeinschaft. 1925 klagte Freud: »Ich habe es immer als grobe Ungerechtigkeit empfunden, daß man die Psychoanalyse nicht behandeln wollte wie jede andere Naturwissenschaft« (Freud, *Selbstdarstellung*, 2., durchges. und erw. Aufl., Wien 1936, S. 82).

Drei Jahrzehnte früher, im Jahre 1895, war die psychoanalytische Methode der klinischen Untersuchung mittels freier Assoziation noch eine ganz neue Forschungsmethode. Ähnlich war Freuds klinische Theorie der Psychopathologie noch im Entstehen begriffen. Zu diesem sehr frühen Zeitpunkt gab Freud dem Gedanken an eine wissenschaftliche Psychologie eine neurophysiologische Wendung und kleidete seine damalige Vorstellung von einer neurologischen Untermauerung psychischer Prozesse in die reduktionistische Sprache materieller Partikel. Demgemäß stellte er im Eröffnungssatz seines Manuskripts von 1895 »Entwurf einer Psychologie« fest: »Es ist die Absicht dieses Entwurfs, eine naturwissenschaftliche Psychologie zu liefern, d. h. psychische Vorgänge darzustellen als quantitativ bestimmte Zustände aufzeigbarer materieller Teile« (Anfänge: 305). Wie wir im nächsten Satz sehen, handelt es sich bei den »aufzeigbaren materiellen Teilen«, die er im Sinn hat, um »Neuronen«. (Zur näheren Erläuterung vgl. Holt 1965; Pribram / Gill 1976; Fancher 1973; Kanzer 1973; McCarley / Hobson 1977.)

Freud kam über seine klinische Arbeit zu der Vorstellung von psychischer Verdrängung, ein Gedanke, dessen theoretische Weiterentwicklung dazu bestimmt war, der »Grundpfeiler, auf dem das Gebäude der Psychoanalyse ruht« (GW 10: 54; 1914) zu werden. Deswegen wurde es bei seiner Suche nach einem neurophysiologischen Modell des psychischen Apparates unumgänglich, die grundlegende Verdrängungshypothese darin unterzubringen. Dennoch riefen die Schwierigkeiten, auf die er bei seinen Bemühungen stieß, grundsätzliche Zweifel daran hervor, ob seine neurophysiologische Sichtweise überhaupt Sinn machte (Anfänge: 299; Sulloway 1979: 123–126).

Angesichts dieser Enttäuschung gab Freud sein reduktionistisches Programm innerhalb von nur zwei Jahren auf, nachdem er es im Entwurf zu seinem »Projekt« im Jahre 1895 vorgestellt hatte (Anfänge: 299). Nicht nur, daß er es nie veröffentlichte, er erwähnte es auch nirgends in seinen übrigen Schriften. Das Ergebnis war, daß man bis einige Jahre nach seinem Tod von der Existenz dieses Projekts nichts ahnte. Als wollte er jedoch auf diesen Fehlschlag des »Projekts« hinweisen, schrieb Freud ein Jahrzehnt später:

»[. . .] alle Versuche, [vom Gehirn aus] eine Lokalisation der seelischen Vorgänge zu erraten, alle Bemühungen, die Vorstellungen in Nervenzellen aufgespeichert zu denken und die Erregungen auf Nervenfasern wandern zu lassen, sind gründlich gescheitert« (GW 10: 273; 1915).

An dieser Stelle ist ein Vorbehalt angebracht. Ich behaupte, daß Freud um das Jahr 1896 alle Hoffnung aufgegeben hatte, die klinische Theorie in absehbarer Zeit *global* auf die Neurobiologie *reduzieren* zu können. Damit gerate ich aber nicht in Konflikt mit der nachgewiesenen *heuristischen* Rolle (Sulloway 1979: 121–123), die die neurobiologischen Modelle – d. h. die rein mechanischen und die organismisch-evolutionären – in Gestalt von Analogien in Freuds späteren klinischen und metapsychologischen theoretischen Überlegungen behielten. Denn mir geht es hier darum, herauszufinden, auf welcher Grundlage er seiner sich entwickelnden klinischen Theorie *Wissenschaftlichkeit* zuschrieb. Und wie ich gleich zeigen werde, verhinderte die heuristische Rolle, die das neuromechanische Modell nach seinem Zusammenbruch weiter spielte, nicht, daß es zu folgender Entwicklung kam: Freud gab seine anfängliche, ontologisch reduktive Vorstellung vom wissenschaftlichen Status zugunsten einer methodologischen, epistemischen Vorstellung auf (Grünbaum 1983 b).

Zu der Zeit, als er das letzte Kapitel der *Traumdeutung* (GW 2/3; 1900) schrieb, war das Vermächtnis des fallengelassenen neurologischen Modells zu der Behauptung einer zweiteiligen Struktur der Seele geworden, deren grundlegende Triebkräfte das Unbewußte und das Vorbewußte waren. Wie er uns berichtet, war seine »topographische« Darstellung der Beziehungen in diesem Komponentensystem »in räumlicher Ausdrucksweise [zu denken], wobei aber ein Anschluß an die reale Hirnanatomie nicht gesucht wird« (GW 14: 58; 1925). Und während er ostentativ die ursprünglichen neurologischen Nebenbedeutungen des Fachvokabulars, das er im »Projekt« eingeführt hatte, vermied, benutzte er es nun häufig homonym in einem erklärtermaßen mentalistischen Sinne. Demgemäß wurde nun aus der ehemaligen Erregung oder »Besetzung« eines *Neurons* das Besetztsein einer *Vorstellung* oder einer *Erinnerung*. Ähnlich nimmt er nun an, daß ein Gedankengang den *Strom* von Besetzungen von einem *Gedanken* zum anderen umfaßt, so daß *psychische Energie* in die geistigen Objektvorstellungen investiert wird. Und 1913 betonte er:

»[. . .] das Unbewußte ist von seiten seiner Beziehung zum Bewußten, mit dem es so vieles gemeinsam hat, leicht zu beschreiben und in seinen Entwicklungen zu verfolgen; von der Seite des physischen Prozesses ihm näher zu kommen, erscheint hingegen jetzt noch völlig ausgeschlossen. Es muß also Objekt der Psychologie bleiben« (GW 8: 406).

Freud hielt an diesen mentalistischen Vorstellungen bis zum Ende seines Lebens fest:

»Wir nehmen an, wie wir von anderen Naturwissenschaften her gewohnt sind, daß im Seelenleben eine Art von Energie tätig ist, aber es fehlen uns alle Anhaltspunkte, uns ihrer Kenntnis durch Analogien mit anderen Energieformen zu nähern. Wir glauben zu erkennen, daß die nervöse oder psychische Energie in zwei Formen vorhanden ist, einer leicht beweglichen und einer eher gebundenen« (GW 17: 86; 1940).

Er nimmt an, daß die Leichtbeweglichkeit psychischer Energie zur Spannungsentladung charakteristisch ist für Prozesse, die mit dem System Unbewußt verbunden sind, während diese Energie bei Prozessen, bei denen das System Vorbewußt überwiegt, gebunden ist und eine Entladung verhindert (Laplanche/Pontalis 1972: 131 f.). Jedoch räumt Freud ein, daß es »Übersetzungen« gibt, bei denen »die freie Energie in gebundene umgesetzt wird« (GW 17: 86). Etwa um 1923 modifizierte Freud sein zweiteiliges Strukturmodell, auf das er sich seit 1900 gestützt hatte (GW 13: 237–289; 1923; 15: 62–68; 1933) und erklärte 1925:

»In meinen letzten spekulativen Arbeiten habe ich es unternommen, unseren seelischen Apparat auf Grund analytischer Verwertung der pathologischen Tatsachen zu gliedern, und habe ihn in ein *Ich,* ein *Es* und ein *Über-Ich* zerlegt. Das Über-Ich ist der Erbe des Ödipus-Komplexes und der Vertreter der ethischen Anforderungen des Menschen« (GW 14: 85).

Diese aufeinanderfolgenden Modelle der Struktur und Funktion des psychischen Apparates – veröffentlicht in den Jahren 1895, 1900 und 1923 – bezeichnet man häufig als die »Metapsychologie« des theoretischen Werks von Freud (Laplanche/Pontalis, 1972, 307). Obgleich innerhalb des Werks die klinische Theorie von dieser Metapsychologie nicht immer genau zu trennen ist, kommt es entscheidend darauf an, zu erkennen, welchen epistemischen und logischen Status Freud dem metapsychologischen Teil einräumte, während er für seine Gesamtkonstruktion standhaft den Status einer Naturwissenschaft postulierte. In seiner 1925 erschienenen »Selbstdarstellung« verwies er seine metapsychologischen Vorstellungen an einen »spekulativen Überbau der Psychoanalyse«, indem er erklärte:

»Solche und ähnliche Vorstellungen gehören zu einem spekulativen Überbau der Psychoanalyse, von dem jedes Stück ohne Schaden und Bedauern geopfert oder ausgetauscht werden kann, sobald eine Unzulänglichkeit erwiesen ist. Es bleibt genug zu berichten übrig, was der Beobachtung näher steht« (GW 14: 58).

In derselben Weise hatte er über ein Jahrzehnt früher den metapsychologischen Hypothesenkomplex dargestellt als »das Oberste des ganzen [psychoanalytischen] Baues«, ein Oberstes, das »ohne Schaden ersetzt und abgetragen werden« könne (GW 10: 142; 1914). Bezeichnenderweise ist das, was »genug zu berichten übrigbleibt«, natürlich nichts anderes als seine *klinisch* begründete Theorie der Persönlichkeit, der Psychopathologie und der Therapie. Im Mittelpunkt dieses Hypothesenkomplexes steht die Verdrängungstheorie, die sein Kompromißmodell der neurotischen Symptome wie auch der manifesten Trauminhalte und verschiedener Arten von Fehlleistungen enthält. Zu beachten ist, daß er diese verschiedenen Phänomene insofern als »Kompromisse« betrachtet, als sie *Ersatzbefriedigungen* oder Ventile darstellen. Denn er hält sie für indirekte Surrogate. Überdies ist die klinische Verdrängungstheorie häufig in einer *personalistischen* Sprache abgefaßt.

In deutlichem Gegensatz dazu, daß er die Metapsychologie als »spekulativen Überbau« darstellte, der, wenn nötig, »ohne Verlust oder Bedauern« abgebaut werden könne, bezeichnete er seine klinische Theorie ausdrücklich als das »wesentlichste Stück« dessen, was er entwickelt hatte. Denn wie er uns in seiner *Geschichte der psychoanalytischen Bewegung* mitteilte, ist »die Verdrängungslehre [. . .] der Grundpfeiler, auf dem das Gebäude der Psychoanalyse ruht, [. . .] das wesentlichste Stück derselben« (GW 10: 54; 1914). In der Tat erwiderte Freud, als der Psychologe Saul Rosenzweig ihm 1934 angebliche *experimentelle* Belege für diese fundamentale Lehre offerierte, solche Belege seien überflüssig angesichts der »Fülle sicherer [klinischer] Beobachtungen«, auf denen jene Lehre beruhe (Rosenzweig 1986: 36 f.). Zuvor hatte er betont, »das Fundament der Wissenschaft, auf dem alles ruht, [sei] allein die Beobachtung« (GW 10: 142). Darüber hinaus behauptete er, daß die »Psychoanalyse fest auf den Beobachtungen der Tatsachen des Seelenlebens begründet ist« (GW 14: 302; 1925). Unmittelbar bevor er diese Behauptung aufstellte, hat er überdies die Beobachtungszeugnisse der Metapsychologie jenen der klinischen Theorie ausdrücklich *untergeordnet*: »Man darf nicht annehmen, daß diese sehr allgemeinen Gedanken [in bezug auf den seelischen Apparat als ein zusammengesetztes Instrument aus einem *Es*, einem *Ich* und einem *Über-Ich*] Voraussetzungen sind, auf denen das Werk der Psychoanalyse beruht. Im Gegenteil, sie sind das Endprodukt und offen für Revision« (S. 302). Aber was das Herzstück der klinischen Theorie betrifft, beteuert Freud: »[. . .] die Lehre von der Verdrängung ist ein Erwerb der psychoanalytischen Arbeit, auf legitime Weise als theoretischer Extrakt aus unbestimmt vielen Erfahrungen gewonnen« (GW 10: 55; 1914).

Daraus geht klar hervor, daß Freud, indem er zeit seines Lebens für seine theoretischen Konstruktionen standhaft einen naturwissenschaftlichen Status beanspruchte, dies zunächst und vor allem im Hinblick auf seine sich entfaltende klinische Theorie der Persönlichkeit und Therapie tat, und weniger im Hinblick auf die Metapsychologie. Denn sein früher reduktionistischer Überschwang hatte durch das rasche Hinscheiden seines »Projekts« einen Dämpfer erhalten. Und nachdem er sein ephemeres neurobiologisches

Modell der Psyche nach 1896 einmal verworfen hatte, sah er sich beständig dazu berechtigt, die *Wissenschaftlichkeit* seiner klinischen Theorie *ausschließlich aufgrund der sicheren und direkten epistemischen Rechtfertigung, die er aus den an sich selber und an seinen Patienten gemachten Beobachtungen zog*, zu proklamieren. Kurz, abgesehen von den ersten Jahren seiner Laufbahn war Freuds Kriterium für *Wissenschaftlichkeit* die ganze Zeit über *methodologisch* und *nicht* ontologisch reduktiv (GW 10: 142; 1914; 10: 210; 1915; 14: 57; 1925).

Wie wir jedoch noch sehen werden, interpretierte man Freuds spätere, oft wiederholte Behauptung, daß die klinische Theorie den Status einer Naturwissenschaft besitze, so als wäre sie angewiesen auf die vermeintliche Rückführung seiner Hypothesen auf eine Metapsychologie, die Freud angeblich für *ursprünglich* wissenschaftlich gehalten habe. Und diese Doktrin von der mittelbaren Wissenschaftlichkeit der klinischen Theorie gilt als Relikt aus den ungestümen Tagen des »Projekts« oder aus den Lehren von Helmholtz, Meynert und Brücke. Wie wir aber jetzt schon folgern können, erliegt diese Deutung einem kapitalen, wenn auch weitverbreiteten Irrtum. So bürdet Gill (1976: 72) dem reifen Freud von 1915 die ontologisch reduktive Vorstellung eines wissenschaftlichen Status auf. Denn nach Gills Ansicht ist die Tatsache, daß Freud »in einem naturwissenschaftlichen Rahmen« scheinbar *psychologische* Hypothesen aufstellt, »ein reduktiver Versuch, den psychologischen Diskurs in ein ihm fremdes Universum zu verwandeln – in das Universum von Raum, Kraft und Energie.«

Selbst wenn man tatsächlich nachweisen könnte, daß Freud daran geglaubt hatte, eine solche Rückführung auf die Metapsychologie bewirkt zu haben, würde dies kaum beweisen, daß er die *Wissenschaftlichkeit* der klinischen Theorie auf sie *gegründet* habe! Denn wie gezeigt, sah er in dem naturwissenschaftlichen Status des behaupteten Eckpfeilers seines Gebäudes alles andere als sozusagen nur den Ausfluß aus der als spekulativ anerkannten Überstruktur. Im Gegenteil, nach

1896 betrachtete er die *direkte* Beweisunterstützung, die ihm seine Couch für seine klinische Theorie angeblich lieferte – und nicht irgendeine eingebildete Subsumption unter die abstrakte Metapsychologie –, als den Nachweis für die Berechtigung der klinischen Theorie. Wissenschaftlich gesehen verlief dieser Berechtigungsnachweis sozusagen von unten nach oben. Auf dieselbe Weise würdigte der Analytiker Fenichel das Freudsche Werk einige Jahre nach dem Tod seines Begründers, als er sagte: »Ein naturwissenschaftlich begründetes Verständnis der Vielfalt des alltäglichen menschlichen Seelenlebens setzte erst mit der Psychoanalyse ein« (1974,1: 15). Im Widerspruch zum reifen Freud besteht Gill (1976: 91) jedoch auf einer ontologischen – und nicht methodologischen – Auffassung von Naturwissenschaft und glaubt, folgern zu können: »Der naturwissenschaftliche Rahmen ist für die Daten der Psychoanalyse ungeeignet.« Wie wir gegen Ende dieses Kapitels (in Abschnitt 5) sehen werden, wird der Schaden, den Gill mit seiner ontologischen Auffassung anrichtet, keineswegs vermieden durch seinen kurzen, verführerischen Vorbehalt: »Andere Wissenschaften als die Naturwissenschaften [. . .] entsprechen dem allgemeinen methodologischen Kanon der wissenschaftlichen Methode« (S. 95).

Es entbehrt nicht der Ironie, daß die führenden Vertreter der »hermeneutischen« Auslegung von Freuds klinischer Theorie – die auf die Vorzüge der interpretierenden Textlektüre verweisen – eine Freud-Deutung in Umlauf gebracht haben, die mit meinen Schlußfolgerungen in Konflikt gerät. Gemäß den Philosophen Jürgen Habermas und Paul Ricœur und dem verstorbenen Analytiker George Klein beanspruchte Freud für seine klinische Theorie den Status einer Naturwissenschaft, indem er aus seiner ins Auge gefaßten Rückführung auf die ursprünglich wissenschaftliche Metapsychologie falsch extrapolierte. So weist Habermas (1968: 302 ff.) in dem vergeblichen Versuch, eine solche Exegese zu rechtfertigen, darauf hin, daß Freud Hypothesen über verschiedene *Korre-*

lationen zwischen klinischen und metapsychologischen Konzepten aufgestellt habe, für die das folgende Beispiel typisch sei: Das metapsychologische Begriffspaar »Lust/Unlust« – die Bezeichnung für libidinöse Energieentladung im Gegensatz zur aufgestauten Akkumulation von Erregungsspannung – wird im theoretischen System mit seinen klinischen Affekt-Homonymen verbunden, die subjektive Freude und Schmerz bezeichnen. Ähnlich wirft Habermas (1968: 306) Freud vor, er bringe in einem Artikel über therapeutische Technik den klinischen Begriff des Bewußtmachens einer verdrängten Erinnerung in Zusammenhang mit Breuers metapsychologischem Begriff des »Abreagierens der durch die Verdrängung eingeklemmten Affektbeträge« (GW 10: 136; 1914).

Nach Einführung des Hegelschen Begriffs der »Selbstreflexion« (1968, Kap. 10) prägt Habermas den Begriff »Bewegung der Selbstreflexion« (S. 306), um jene Art des psychoanalytischen Prozesses zu bezeichnen, die herkömmlicherweise mit »Durcharbeiten der Widerstände, der Abwehr und der Übertragungswiederholungen« und Erreichen einer »Wiederkehr des Verdrängten« beschrieben wird.

Habermas aber sieht den selbstemanzipatorischen Prozeß, von dem er annimmt, daß er in der psychoanalytischen »Bewegung der Selbstreflexion« abläuft, als grundsätzlich weit entfernt von den methodologischen und ontologischen Kategorien, die für die Naturwissenschaften kennzeichnend sind. Und da er Freud damit belastet hatte, die Metapsychologie mit einer ursprünglichen Wissenschaftlichkeit gegenüber der klinischen Theorie ausgestattet zu haben, macht er die Korrelationen zwischen den metapsychologischen und den klinischen Begriffen dafür verantwortlich, daß Freud einem weitreichenden »szientistischen Selbstmißverständnis« (S. 300–332) verhaftet geblieben sei. Freuds Mißverständnis war angeblich deswegen »szientistisch«, weil er abgöttisch die klinische Theorie mit naturwissenschaftlichem Status ausstattete, indem er aus der Metapsychologie auf dem Weg über die erwähnten Korrelationen falsch extrapolierte.

Und außerdem war seine Ansicht angeblich insofern ein »*Selbst*mißverständnis«, als sie zu einer philosophisch falschen Auffassung von der klinischen Theorie führte, einer Gruppe von Hypothesen, die er *selbst* formuliert hatte. Schließlich sei Freuds »szientistische« Auffassung von der klinischen Theorie schon deshalb weitreichend, weil sie verhinderte, daß die Psychoanalyse als paradigmatische, tiefenhermeneutische Untersuchungsmethode anerkannt wurde, »als das einzige greifbare Beispiel einer methodisch Selbstreflexion in Anspruch nehmenden Wissenschaft« und als potentieller Prototyp für die übrigen Humanwissenschaften (Kap. 10). Nach Ansicht der Hermeneutiker beabsichtigte Freud also irrtümlicherweise, seinem Unternehmen durch Extrapolation aus seinem metapsychologischen Programm einen naturwissenschaftlichen Status zu verleihen. Und dieses unglückselige Bestreben mündete, wie sie meinen, in die »szientistische« Verfälschung seines gesamten theoretischen Gebäudes. Deswegen beginnt die Überschrift zu dem Kapitel, das Habermas diesem Vorwurf widmet, mit dem Ausdruck »Das szientistische Selbstmißverständnis der Metapsychologie« (S. 300). Seine Kritik an Freud klingt einigermaßen ungehalten, ja herablassend:

»Freud verfällt, weil er von Anbeginn dem szientistischen Selbstmißverständnis verhaftet bleibt, einem Objektivismus, der von der Stufe der Selbstreflexion unvermittelt zum zeitgenössischen Positivismus des Machschen Typs zurückkehrt und deshalb eine besonders krude Form annimmt« (S. 306 f.).

Noch 1981 bekräftigte Ricœur erneut die Habermassche Behauptung vom »szientistischen Selbstmißverständnis« (Ricœur 1981: 259). Und in einem früheren Werk begrüßte Ricœur die Tatsache, daß es der klinischen Theorie Freuds *mißlungen* war, sich nach den anerkannten Maßstäben als empirische oder Naturwissenschaft zu etablieren, als Basis für »eine Entgegnung« gegen jene, die diesen Mißerfolg beklagten (Ricœur 1974: 366). Bemerkenswerterweise übertraf der Psychoanalytiker George Klein Ricœur noch mit der

Ansicht, daß die klinische Theorie und die Metapsychologie »zwei inkompatible Erklärungsweisen« (Klein 1974: 13) schaffen, da es sich um zwei grundverschiedene Theorien handele (Kap. 2). Während aber Freud die Metapsychologie als »spekulativen Überbau« betrachtete, hält Klein sie für einen »entbehrlichen [. . .] obskurantistischen Jargon«, der in »den Verfall durch Überkonzeptualisierung« münde (S. 12 f.).

Sowohl Habermas als auch Ricœur und Klein liefern mehr oder weniger detaillierte *Argumente*, um Freuds klinischer Theorie den naturwissenschaftlichen Status tatsächlich abzusprechen. Ihre Absicht ist dabei, Freuds eigene Behauptung eines solchen Status zu widerlegen, indem sie ihm die falsche Extrapolation aus der angenommenen Wissenschaftlichkeit der Metapsychologie zum Vorwurf machen. Wie ich jedoch argumentiert habe, ist dieser Vorwurf der Fehl-Extrapolation ganz falsch begründet. Ich wende mich deshalb nun einer schrittweisen genauen Überprüfung der weiteren Hauptargumente zu, die von diesen Hermeneutikern vorgebracht werden, um ihre verschiedenen Versionen des Vorwurfs vom »szientistischen Selbstmißverständnis« zu stützen. Die Liste von Einzelheiten, die Habermas gegen den Begründer der psychoanalytischen klinischen Theorie ins Feld führt, enthält sowohl ontologische Betrachtungen bezüglich der Kausalität als auch epistemische Betrachtungen hinsichtlich der Erhärtung spezieller und allgemeiner psychoanalytischer klinischer Hypothesen. Da Habermas' methodologische Behauptungen bis zu einem gewissen Grad von seinen ontologischen Thesen inspiriert scheinen, werde ich letztere zuerst untersuchen.

Zunächst muß man klar erkennen, daß Habermas behauptet, er nehme die ätiologischen und therapeutischen Hypothesen von Freuds klinischer Theorie ohne Umstände als gegeben an und stelle sie auf keinen Fall in Frage. Was er angeblich durch Argumente zu widerlegen suchte, sind eher die Grundsätze der philosophischen Auslegung, die Freud seiner Meinung nach irrigerweise auf diese Hypothesen übertragen hat. Ich werde es daher bei der Überprüfung von Habermas' Argumenten und überhaupt *in diesem ganzen Einführungskapitel vermeiden, die Zeugnisse von Freuds klinischen Hypothesen in Frage zu stellen.* Dieses Infragestellen wird auf Kapitel 2 und die folgenden Kapitel verschoben.

2. Zur Kritik an Jürgen Habermas' Philosophie der Psychoanalyse

A. *Ist die Dynamik der psychoanalytischen Therapie ein Beweis für die »Kausalität des Schicksals«?*

Eine Hauptthese von Habermas' Kritik am Gründungsvater besagt, daß der *gesetzesähnliche* Kausalzusammenhang, der mutmaßlich in der Kausalität der Natur vorhanden ist, in der therapeutischen Dynamik des psychoanalytischen Prozesses der »Selbstreflexion« *nicht* gegeben sei. Um diese negative Aussage zu rechtfertigen, nimmt er die Überwindung einer Neurose durch einen Patienten, deren hervorstechendes Merkmal rigides *Wiederholungs*verhalten ist, als paradigmatisches Beispiel. Kennzeichnend für dieses Verhalten sind wiederholte Zwangsrituale, die periodische zwanghafte Neuinszenierung oder Zurückrufung von schmerzhaften Erfahrungen und sonstige Wiederholungen, die sich unter die Rubrik »Wiederholungszwang« einordnen lassen. Habermas' zentrale Behauptung ist folgende: Wenn ein Neurotiker den Wiederholungszwang überwindet, indem er seine pathogenen Verdrängungen aufdeckt, so hat diese psychoanalytische Selbstreflexion tatsächlich genau denjenigen *Kausalzusammenhang* »aufgehoben« oder »überwunden«, der zuvor das Pathogen mit dem zwanghaften Wiederholungsverhalten verbunden hatte (Habermas 1968: 330). Jedoch existiert im Bereich der Naturgesetze kein Gegenstück zu dieser angeblichen Aufhebung eines Kausalzusammenhangs »als solcher«. Daher benutzt Habermas den Hegelschen Begriff »Kausalität des Schicksals« als Hinweis auf die Art kausaler Verknüpfung, die, wie er sagt, »auflösbar« ist, weil sie angeblich durch die therapeutische »Kraft der Reflexion bezwungen« werden kann (Habermas 1968: 311 f., 330; 1970: 302, 304).

Wie ich aber nun im einzelnen zeigen werde, argumentiert er hinsichtlich der Rechtfertigung und Verdeutlichung dieser »Kausalität des Schicksals« ganz falsch. Ich werde in der Tat außerdem Gründe dafür anführen, daß eine Schlußfolgerung, die er aus seiner Darstellung zieht, die psychoanalytische *Erklärung* für den therapeutischen Übergang des Patienten vom unbewußt gesteuerten zu eher bewußt gesteuertem Verhalten *entschieden in Abrede stellt*. Dennoch scheint Habermas paradoxerweise die psychoanalytische Erklärung ebenfalls zu billigen.

Er benutzt in bezug auf die hartnäckige Neuinszenierung oder Wiederholung eines bestimmten Verhaltens *C*, ein neurotisches Symptom, das gewöhnlich als »Wiederholungszwang« bezeichnet wird, den Begriff »Invarianz der Lebensgeschichte« (Habermas 1968: 330). Wie die Freudsche Theorie von Anfang an besagt, beseitigt der Patient, wenn er tatsächlich erfolgreich seine eigenen Verdrängungen aufdeckt, das Pathogen, das zur Aufrechterhaltung seines Leidens *erforderlich* ist, und befreit sich so von dem Zwang, das Verhalten *C* wiederholen zu müssen (GW 1: 84; 1893). In *diesem* Sinne kann man sagen, um bei Habermas zu bleiben, daß der Patient die »Invarianz« *des Verhaltens C*, die zuvor für seine Lebensgeschichte charakteristisch war, überwunden oder gelöst hat. Bei diesem Sprachgebrauch muß man aber auf der Hut sein, da er potentiell in die Irre führt, indem er Trugschlüsse hervorbringt. Um zu sehen, wie Habermas ein Opfer seines eigenen Vokabulars wird, müssen wir genauer auf den entsprechenden Teil von Freuds Verdrängungsätiologie der Psychoneurosen eingehen.

In ihrer im Jahre 1893 erschienenen »Vorläufigen Mitteilung« zogen Breuer und Freud die epochemachende Schlußfolgerung, die zum Stützpfeiler der klinischen Verdrängungstheorie wurde. Sie stellten folgende ätiologische Hypothese auf: Bei der Pathogenese einer Psychoneurose spielt die Verdrängung die allgemeine Rolle einer kausal notwendigen Voraussetzung (GW 1: 84 f.). Der Anstoß zu dieser Annahme kam erklärtermaßen von ihrer Überzeugung, daß der therapeutische Gewinn aus ihrer Behandlungsmethode kausal dem kathartischen Wachrufen von traumatischen Erinnerungen, die ihre Patienten verdrängt hatten, zuzuschreiben sei. Nachdem Breuer und Freud einmal entschieden hatten, daß ein solches Aufdecken von Verdrängungen therapeutisch sei, wollten sie diese heilende Wirkung *erklären*. Und wie sie bald bemerkten, konnte die gewünschte Erklärung auf deduktivem Wege über das ätiologische Postulat geliefert werden, daß die Verdrängung kausal notwendig sei, und zwar nicht nur für die anfängliche Entwicklung einer neurotischen Störung, sondern auch für ihre Aufrechterhaltung. Ist eine Verdrängung vom Typ *V* tatsächlich die kausale Conditio sine qua non für das Vorhandensein einer Neurose der Art *N*, so folgt daraus zweifellos, daß die Beseitigung von *V* tatsächlich zu einer Auslöschung von *N* führt. Daher dient jeder Patient, der sich von *V* freimacht und demzufolge von *N* befreit wird, als klares *Beispiel* dafür, daß *V* die kausale Conditio sine qua non für die Präsenz von *N* darstellt. Erstaunlicherweise behauptet Habermas, eben dieser Kausalzusammenhang werde durch die therapeutische Leistung des Patienten aufgelöst. Die Manifestierung eines Kausalzusammenhangs kann jedoch gewiß nicht gleichzeitig ein Beispiel für die Auflösung dieser Verknüpfung darstellen! Daher ist die Vorstellung von Habermas, daß ein therapeutischer Erfolg eine ätiologische Verknüpfung »überwinden« könne, indem er sie auflöse, inkohärent.

Habermas bestätigt die genannte ätiologische Hypothese in weniger präziser Form: »[. . .] der angenommene kausale

Zusammenhang besteht zwischen einer vergangenen Konfliktsituation [der pathogenen Verdrängung] und den zwanghaft wiederholten Reaktionen in der Gegenwart (Symptomen)« (1968: 331). Außerdem scheint er die deduktive Erklärungsbeziehung zwischen der kausal notwendigen Bedingung, die in der ätiologischen Hypothese geltend gemacht wird, und ihrer therapeutischen Folgeerscheinung durchaus plausibel zu finden. Denn er stellt fest, daß »der Begriff einer Kausalität des Unbewußten [. . .] auch eine therapeutische Wirkung der ›Analyse‹ verständlich [macht]« (S. 331). Und auf jeden Fall bejaht er auch die therapeutische Folgeerscheinung, daß der pathologische *Effekt C* beseitigt (»überwunden«) wird, nachdem die »Selbstreflexion« des Patienten das weitere Wirken seiner unbewußten Ursache zum Stillstand gebracht hat.

Unglücklicherweise wird durch seine Ausdrucksweise dann jedoch ein insgesamt irreführendes Abgleiten von der genannten therapeutischen Behauptung zu folgendem zusätzlichen Schluß veranlaßt: Indem der Patient das weitere Wiederauftreten eines pathologischen Effekts verhindert, indem er das Fortwirken der psychischen Ursache bei sich selbst beendet, wird durch diese therapeutische Beendigung *auch* die kausale Verknüpfung *selbst*, die die pathogene Ursache ätiologisch mit ihrer Wirkung verknüpft, aufgehoben (überwunden) (S. 330). Freuds ätiologische Hypothese besagt jedoch, diese kausale Verkettung sei dadurch gekennzeichnet, daß die pathogene Ursache die Conditio sine qua non der Neurose darstellt. Statt durch den therapeutischen Sieg über die Neurose »aufgehoben« zu werden, ist es vielmehr so, daß diese kausale Verkettung den theurapeutischen Sieg sogar *mit sich bringt*! Denn genau diese Art von Kausalzusammenhang bürgt dafür, daß die Beseitigung der pathogenen Ursache der Neurose zu einer Eliminierung der letzteren führt.

Trotzdem gerät Habermas unversehens vom therapeutischen Sieg über die *Auswirkungen* durch die Beseitigung ihrer

Ursache zur Aufhebung der kausalen *Verkettung* zwischen dem Pathogen und der Neurose. Eine Auswirkung zu überwinden, indem man ihre Ursache unterhöhlt, ist aber kaum gleichbedeutend mit der Aufhebung des Kausalzusammenhangs, der die beiden verbindet. Die Überwindung der Auswirkung durch die Beseitigung der Ursache gilt im Gegenteil als *Beispiel* für diesen Kausalzusammenhang. Diese unzulässige Verschiebung scheint in der folgenden Passage vorzuliegen:

Sprache und Verhalten werden pathologisch verformt [. . .] durch die Kausalität unterdrückter Motive. Mit Hegel können wir sie, im Unterschied zur Kausalität der Natur, eine Kausalität des Schicksals nennen, weil der kausale Zusammenhang zwischen Ursprungsszene, Abwehr und Symptom nicht naturgesetzlich verankert ist in einer Invarianz der Natur, sondern nur naturwüchsig in einer, durch den Wiederholungszwang repräsentierten, aber durch die Kraft der Reflexion auflösbaren Invarianz der Lebensgeschichte« (S. 330).

Diese Aussage ist offensichtlich unlogisch. Wenn nämlich – vor der angeblichen therapeutischen Auflösung – tatsächlich ein kausaler Zusammenhang zwischen der verdrängten »Ursprungsszene« und dem Wiederholungssympton existierte, wie kann dieser Wiederholungszwang dann auch nur »naturwüchsig« gewesen sein? Und wenn er naturwüchsig ist, wie sollen wir dann verstehen, daß der genannte Kausalzusammenhang nichtsdestoweniger in ihm »verankert« ist? Man fühlt sich daher gelegentlich zu der Frage genötigt, ob Habermas selbst weiß, was er behaupten will. Auf jeden Fall kommt er auf derselben Seite explizit zu dem Schluß, die therapeutische Leistung des Patienten bestehe in der Auflösung des kausalen Zusammenhangs, wie er durch Freuds ätiologische Hypothese kodifiziert wird. Diesen vorgeblichen Sachverhalt stellt er der somatischen Medizin gegenüber:

»Während wir in der technischen Verfügung über Natur, aufgrund unserer Kenntnis der kausalen Zusammenhänge, die Natur für uns arbeiten lassen, trifft die analytische Einsicht die Kausalität des Unbewußten als solche: die Therapie beruht nicht, wie die im engeren Sinne ›kausale‹ der somatischen Medizin, auf einer Indienstnahme der erkannten Kausalzusammenhänge, sie verdankt vielmehr ihre Wirksamkeit der Aufhebung der Kausalzusammenhänge selber« (S. 330).

Diese Erklärung wird aber dadurch beeinträchtigt, daß Habermas es versäumt, zwei logische Fakten zu beachten. Erstens *folgt*, wie wir bereits bemerkt haben, *deduktiv* aus Freuds ätiologischer Hypothese, daß die Beseitigung der Verdrängung das heilsame Verschwinden der Neurose verursacht. Und außerdem *illustriert* die therapeutische Leistung des Patienten diesen innewohnenden Kausalzusammenhang dadurch, daß der Patient seine Neurose überwindet, indem er ihre kausale Vorbedingung beseitigt. Der Patient erreicht sein therapeutisches Ziel also genau dadurch, daß er *Gebrauch macht* von einem kausalen Zusammenhang, und nicht, wie Habermas sagen würde, dadurch, daß er einen solchen Zusammenhang »überwindet«!

Im übrigen erweist sich die von Habermas behauptete Auflösung der Kausalität in der Psychoanalyse als Bumerang: Zum Nachteil für seine behauptete Dichotomie zwischen der Kausalität der Natur und der angeblichen psychoanalytischen Kausalität des Schicksals läßt sich seine Scheinargumentation ebenso auf die *somatische* Medizin anwenden. Denn mit der gleichen Berechtigung könnte man zu dem absonderlichen Schluß kommen, daß ein Mensch, der an wiederholt auftretenden Gallenkoliken leidet, die *kausale Verkettung* zwischen der Bewegung der Gallensteine und solchen Koliken dadurch »überwindet«, daß er Medikamente zu sich nimmt, die die Gallensteine auflösen, und *dadurch* die Koliken beendet!

Eine weitere Schwierigkeit fordert er heraus, wenn er außer acht läßt, daß die Heilwirkung durch das Aufdecken von Verdrängungen tatsächlich eine *erklärte* Konsequenz aus der ätiologischen kausalen Verbindung ist. Denn indem er *leugnet*, daß die erklärende Prämisse zu demselben Zeitpunkt gilt, wo ihre therapeutische Folgerung eintritt, weist Habermas die durch die ätiologische Prämisse gelieferte Erklärung

zurück, ungeachtet dessen, daß er diese Erklärung zuvor scheinbar akzeptiert hatte.
Obgleich er erklärt hatte, daß die psychoanalytischen Ätiologien therapeutisch »auflösbar« seien, erachtet er sie dennoch vor dem effektiven Beginn der Therapie für anwendbar. Bei seinem Versuch, diese *begrenzte* Gültigkeit zu rechtfertigen, begeht er aber offensichtlich einen kausalen Fehler, indem er argumentiert, daß verdrängte Motive, »weil sie sich hinter dem Rücken der Subjekte durchsetzen, den Stellenwert von [pathogenen] Ursachen haben« (Habermas 1970: 297). Breuer und Freud stellten den Grundsatz auf, daß – im Sinne einer empirischen, logisch kontingenten Tatsache – Verdrängung *kausal notwendig* für die Pathogenese einer Psychoneurose sei. Und wie wir uns erinnern, wiesen sie als Beweis für diese ätiologische Hypothese auf den Heileffekt hin, der durch das Aufdecken von Verdrängungen eintrete. Freud betonte sodann, daß – als weitere empirische Tatsache – die Verdrängung kausal *nicht* ausreichend für die Neurose sei. In der Tat stellte er die Hypothese auf, daß angeborene Verwundbarkeit ebenso wie die Verdrängung von Erlebnissen ein kausal relevanter Vorläufer der Psychopathologie sei (GW 1: 407–421, 445; 1896). Es ist deswegen offenkundig, daß die Freudsche Theorie bei der Postulierung der pathogenen kausalen Relevanz der Verdrängung diese ätiologische Rolle kaum aus der *bloßen* Tatsache ableitete, daß das Subjekt keine bewußte Kenntnis davon hat, was es verdrängt. Eine solche kausale Schlußfolgerung wäre noch primitiver als der Fehlschluß »post hoc ergo propter hoc«. Wie wir aber eben schon gesehen haben, leitet Habermas den kausalen Stellenwert von unbewußten Motiven als Pathogenen aus der bloßen Tatsache ab, daß sie sich »hinter dem Rücken des Subjekts« durchsetzen. Nun hört man machmal, daß zu Recht geltend gemachte Ursachen von hinten oder a tergo im *zeitlichen* Sinn wirken. Vielleicht veranlaßte dieser Gedanke Habermas zu seiner kausalen Schlußfolgerung. Auf jeden Fall macht sie das epochemachende *empirische* Argument von Breuer und

Freud, warum Verdrängungen *überhaupt* als kausal relevant für die Genese der Psychopathologie anzusehen seien, zum Gespött (GW 1: 84 f.; 1893). Wie wir in Kapitel 3 sehen werden, läßt in der Tat, trotz der Brillanz *ihres* Arguments, auch ihre erklärtermaßen induktive Schlußfolgerung viele Wünsche offen. Und bis zum heutigen Tage ist eine der großen offenen Fragen in der Psychopathologie, ob das Ergebnis, zu dem Habermas so leichthin kommt, empirisch auch wahr ist.

Außerdem erweist sich Habermas' Schlußfolgerung von der »Kausalität des Schicksals« in der therapeutischen Leistung des Patienten gleichfalls als Bumerang. Wäre sie legitim, so könnte sie ebenso dazu dienen, folgende Absurdität zu begründen: Das elementare physikalische Gesetz der Wärmeausdehnung weist im Grunde die gesetzmäßige Invarianz der Kausalität der Natur nicht auf, weil, folgt man Habermas' fehlerhafter Argumentation, auch sie als »auflösbar« dargestellt werden könnte. Man betrachte etwa eine Metallstange, die gegen alles außer Wärmeeinflüssen isoliert ist. Sie unterliegt dem Gesetz $\Delta L = \alpha \Delta T \cdot L_0$, wobei L_0 die Länge bei einer bestimmten festgesetzten Standardtemperatur, ΔT der Temperaturanstieg über oder das Absinken unter die Standardtemperatur, ΔL der Längenzuwachs oder die Abnahme entsprechend dieser Temperaturveränderung und α der Koeffizient der charakteristischen linearen Wärmeexpansion für das spezifische Material, aus dem die Metallstange besteht, ist. Man stelle sich nun vor, daß die Stange, die zunächst die Standardtemperatur hat, einem »pathogenen« Temperaturanstieg ΔT ausgesetzt wird, der die Verlängerung ΔL als »pathologischen« Effekt zur Folge hat. Zusätzlich zu dieser »Ätiologie« liefert das Gesetz der linearen Wärmeausdehnung außerdem eine Basis für eine entsprechende »Therapie«: Es besagt, daß der »pathologische« Effekt ΔL verschwindet, wenn die Stangentemperatur auf ihren »gesunden« Standardwert gesenkt wird. Wir können also die »therapeutische Intervention« der Temperaturreduktion in

Beziehung setzen zur heilenden Aufdeckung der Verdrängungen durch den Patienten selbst. Ähnlich setzen wir das »neurotische Symptom« der Stange, ΔL, in Beziehung zum Wiederholungszwang des Patienten.

Entsprechend der Argumentation von Habermas könnten wir dann folgende groteske Schlußfolgerung ziehen: Wenn die Temperaturreduktion »therapeutisch« das Andauern des »pathologischen« Effekts ΔL, der durch den pathogenen Temperaturanstieg verursacht wurde, beseitigte, so hat diese Wärmebeendigung auch das anerkannte Gesetz der Wärmeausdehnung »aufgelöst«. Ebenso irrig könnte man dann folgern, das Ohmsche Gesetz, das den Fluß des elektrischen Stroms durch einen Leiter bestimmt, werde durch das Umlegen des Schalters und die Unterbrechung des Stromkreises »aufgelöst« oder »überwunden«! *Habermas hat für seine Kausalität des Schicksals nicht eine Spur von Beweis erbracht, der nicht ebenso scheinbar auch durch diese thermale Reductio ad absurdum beigebracht werden könnte.* Auf jeden Fall kann überhaupt keine Rede sein vom »Auflösen« oder »Überwinden« einer gesetzlich kausalen Verbindung zwischen einer Ausgangsbedingung *A* und einem Effekt *E* aufgrund der Beendigung von *E* durch eine geeignete Veränderung von *A*. Es ist im Gegenteil *E selbst*, der *überwunden* wird, und nicht – wie Habermas sagen würde – seine kausale Verknüpfung mit *A*. Bei *keiner* Therapie – ob somatisch oder psychiatrisch – läuft wohl das Überwinden eines Effekts auf die Auflösung der kausalen Verbindung, die ihn an seine Ursache kettet, hinaus. Und in *jedem* Fall ist es so, daß der »Sieg« über *E Gebrauch macht* von einer kausalen Verbindung, indem er für sie ein Beispiel liefert, anstatt sie »aufzulösen«. Wenn daher zuvor verdrängte Konflikte von einem Patienten bewußt durchgearbeitet werden und deshalb nicht mehr zu einem Wiederholungszwang führen, so macht dieser therapeutische Prozeß, wie wir sahen, Gebrauch von einer kausalen Verbindung, wie sie die Freudsche Verdrängungsätiologie mit sich bringt. Es gibt in Freuds Therapie ebensowenig eine therapeutische Auflösung einer ätiologischen Verbindung wie bei den Therapien der somatischen Medizin. Die Behauptung von Habermas, es gebe in der psychoanalytischen Therapie eine Kausalität des Schicksals und bei den somatischen Interventionen eine Kausalität der Natur, ist völlig unbegründet.

Es ist durchaus bemerkenswert, daß diese Kausalitätsdoktrin nicht nur von seinen Schülern, sondern auch von anderen, die in bezug auf andere Gesichtspunkte verschiedener Meinung sind, ohne Abweichung wiederholt wurde. Unter den erstgenannten hat Thomas McCarthy ihr beigepflichtet (1979: xiii), nachdem er sie wohlwollend dargestellt hatte (1980: 231). Und Alfred Schöpf (1982: 114) beschreibt in seiner Darstellung der psychoanalytischen klinischen Verallgemeinerungen die kausale Rolle von unbewußten Impulsen, indem er explizit auf die Kausalität des Schicksals zurückgreift.

Auf der anderen Seite widersprechen die Psychoanalytiker Thomä und Kächele Habermas bezüglich der klinischen Validierung psychoanalytischer Interpretationen. Der Einwand mißlingt ihnen jedoch, wenn sie ihn folgendermaßen umschreiben: »Die Auflösung eines ›kausalen Zusammenhangs‹ durch die interpretative Arbeit [in der Behandlungssitzung] illustriert die Wirksamkeit psychoanalytischer Therapie« (1973: 320). Als Einwand vorgebracht, hätte dies zumindest abschreckende Anführungszeichen um das Wort »Auflösung« erfordert. Inzwischen haben Thomä und Kächele den Sachverhalt richtig eingestuft: »Schließlich können auch die speziellen Ursachen der Verdrängung wegfallen, d. h. unwirksam werden. Diese Veränderung löst die determinierten Abläufe auf und nicht den Kausalnexus als solchen; dieser wird, wie Grünbaum [in *The Foundations of Psychoanalysis*] betont, durch die Auflösung sogar als richtig vermuteter Zusammenhang bestätigt« (1985: 27). Schließlich spricht J. G. Blight in einem Artikel, in dem er eine popperianische Kritik am hermeneutischen methodologischen Separatismus formuliert, zunächst von Habermas' Kausalität des Schicksals als »dem Kern der Begründung für die Behauptung, daß die Psychoanalyse als prototypische Form der Hermeneutik in nichts einer Naturwissenschaft ähnelt« (1981: 172). Nachdem er jedoch – an einem Stück – die vorgenannten beiden entscheidenden Textstellen bei Habermas zitiert hat (Habermas 1968: 330), schreibt Blight ohne jedes Anzeichen von Kritik: »In dieser Passage präsentiert Habermas, wie mir scheint, eindeutig seine Hegelsche Sicht der Psychoanalyse als Hermeneutik und der Psychoanalyse als Nicht-Wissenschaft« (S. 172). Übrigens haben wir im Gegensatz zu Blights Ansicht, die Präsentation in dem genannten Auszug sei »eindeutig«, bedauerlicherweise feststellen müssen – etwa in bezug auf den »naturwüchsigen Wiederholungszwang« –, daß die Erläuterung alles andere als eindeutig ist.

B. Sind nomologische Erklärungen in den Naturwissenschaften generell nicht-*historisch, kausale Darstellungen in der Psychoanalyse dagegen historisch-kontextuell?*

Die Kausalität des Schicksals ist nicht die einzige kausale Doktrin, die Habermas heranzieht, um die Psychoanalyse ontologisch den Naturwissenschaften gegenüberzustellen. Er zieht in Betracht, psychoanalytische Verallgemeinerungen (»allgemeine Interpretationen«, wie 1968: 319) auf die Lebensgeschichte des einzelnen Analysanden anzuwenden. Diese Anwendung führt zu speziellen Interpretationen, die sich zu einer Geschichte vereinigen. Werden nun dem einzelnen Patienten vom Analytiker diese speziellen Interpretationen angeboten, dann werden diese bekanntlich in der *»intentionalen«* klinischen Sprache von Wünschen, Affekten, Phantasien, Empfindungen, Erinnerungen u. ä. vorgetragen (1968: 331). Nachdem diese Interpretationen in eine solche motivationale Sprache gefaßt sind, spricht Habermas davon, daß sie sich von der »hermeneutischen Anwendung« allgemeiner Interpretationen auf das Leben des einzelnen Analysanden herleiten.

Nun geht es ihm darum, die Logik der hermeneutischen Anwendung einerseits der entsprechenden Applikation von gesetzesmäßigen Prinzipien in den nomothetischen empirischen Wissenschaften auf Einzelfälle andererseits gegenüberzustellen. Und das Paradigma der letzteren Art, das er als Beispiel für das Antezedens (den Vordersatz) eines physikalischen Gesetzes anführt, ist: »›Dieser Stein‹ gilt z. B. als ›Masse‹« (1968: 324). Mit der Behauptung, daß »diese Subsumption [...] unproblematisch« ist (S. 323), schlägt er vor, sie logisch einem Beispiel für die Anwendung einer allgemeinen Interpretation in der psychoanalytischen Praxis gegenüberzustellen:

»Wir können eine Konstruktion, die der Arzt dem Patienten anbietet, zunächst als eine aus einer allgemeinen Interpretation und zusätzlichen Bedingungen abgeleitete Erklärungshypothese auffassen [...].

Der logischen Form nach unterscheidet sich freilich das explanatorische Verstehen von der strikt erfahrungswissenschaftlich formulierten Erklärung in einem entscheidenden Punkt. Beide stützen sich auf kausale Aussagen, die, mit Hilfe von Zusatzbedingungen aus universellen Sätzen, eben aus abgeleiteten Interpretationen (bedingten Varianten) oder Gesetzeshypothesen, gewonnen werden. Nun bleibt der Gehalt theoretischer Sätze von einer operationellen Anwendung auf die Wirklichkeit unberührt; in diesem Falle können wir Erklärungen auf kontextfreie Gesetze stützen. Im Falle hermeneutischer Anwendung werden aber theoretische Sätze in die narrative Darstellung einer individuellen Geschichte derart übersetzt, daß die kausale Aussage nicht ohne diesen Kontext zustande kommt. Allgemeine Interpretationen können ihren Anspruch auf universale Geltung abstrakt nur behaupten, weil ihre Ableitungen durch den Kontext zusätzlich bestimmt werden. Narrative Erklärungen unterscheiden sich von den streng deduktiven dadurch, daß die Ereignisse oder Zustände, für die sie eine kausale Beziehung behaupten, bei der Applikation eine weitere Bestimmung erfahren. Allgemeine Interpretationen erlauben deshalb keine kontextfreien Erklärungen« (S. 331 f.).

Leider hielt Habermas es nicht für angebracht, auch nur ein einziges Beispiel aus der Psychoanalyse anzuführen, um seine abschließende Bemerkung in seinem Kapitel »Das szientistische Selbstmißverständnis der Metapsychologie: Zur Logik allgemeiner Interpretationen« (1968, Kap. 11), zu spezifizieren. Doch selbst wenn er es getan hätte, wäre es für seine These, daß – im Gegensatz zur Psychoanalyse – Erklärungen in der Physik generell auf kontextfreien, ahistorischen Gesetzen beruhen, nutzlos gewesen. Denn wie ich nun zeigen werde, gibt es aufschlußreiche Gegenbeispiele dazu in den ehrwürdigen Prinzipien der Physik. Und diese Gegenbeispiele lassen die folgenden, ebenso bombastischen Behauptungen des Hermeneutikers Hans-Georg Gadamer gleichfalls in zweifelhaftem Licht erscheinen. Er schrieb: »Es ist das Ziel der Wissenschaft, Erfahrung so zu objektivieren, daß ihr keinerlei geschichtliches Moment mehr anhaftet. Das leistet das naturwissenschaftliche Experiment durch die Weise seiner methodischen Veranstaltung« (1965: 329). Wie aber, so fragt man sich, kommt das wissenschaftliche Experiment zu dieser ahistorischen Bedeutung? Gadamer macht geltend, die experimentelle Wissenschaftsmethode gründe ihre Bestätigung *auf Wiederholbarkeit in einem solchen Ausmaß*, daß er sich zu dem Schluß berechtigt sieht: »Insofern kann der Geschichtlichkeit der Erfahrung in der Wissenschaft kein Platz gelassen werden« (S. 329).

Die physikalische Theorie der klassischen Elektrodynamik versetzt mich nun in die Lage, zu zeigen, daß Habermas und Gadamer einen *Pseudo*kontrast zwischen den nomothetischen und den Humanwissenschaften aufgestellt haben. Denn diese wichtige physikalische Theorie enthält Gesetze, die eine weitaus fundamentalere Abhängigkeit von der Geschichte und/oder dem Kontext des Wissensobjektes verkörpern, als selbst in den erschöpfendsten psychoanalytischen erklärenden Darstellungen oder in irgendeiner Rekapitulation der menschlichen Geschichte je ins Auge gefaßt wurde. Übrigens ist Habermas' Beispiel mit dem Stein noch nicht einmal ein Beispiel für ein kontextfreies physikalisches *Gesetz*, sondern nur für die theoretische Eigenschaft der Masse. Es ist daher bestenfalls ein Beispiel für *den Vordersatz* eines physikalischen Gesetzes, das die Gestalt »wenn *p*, dann *q*« einer Konditionalaussage hat.

Man stelle sich ein elektrisch geladenes Teilchen mit einer willkürlichen Geschwindigkeit und Beschleunigung vor. Wir befassen uns mit den Gesetzen für die elektrischen und magnetischen Felder, die überall im Raum zu einem festgesetzten Zeitpunkt *t* durch diese Punktladungen produziert werden. In dieser Theorie wird postuliert, daß die Einwirkung der elektrischen Ladung auf eine andere Testladung im Raum sich mit begrenzter Lichtgeschwindigkeit fortpflanzt, und nicht unverzüglich, wie in Newtons Fernwirkungs-Theorie der Gravitation. Dieses Merkmal der *nicht*-sofortigen Fortpflanzung der elektrodynamischen Einwirkung führt aber zu folgender wesentlicher Konsequenz: Auf jedem Punkt *P* im Raum hängen die elektrischen und magnetischen Felder zu einem gegebenen Zeitpunkt *t* von der Position, Geschwindigkeit und Beschleunigung ab, die die Ladung zu einem früheren Zeitpunkt t_0 hatte. Dieser frühere Zeitpunkt hat den Wert $t - r/c$, wobei *r* die Distanz ist, die die Einwirkung bei der Ankunft auf Punkt *P* zum Zeitpunkt *t* zurückgelegt hat, nachdem sie mit Lichtgeschwindigkeit *c* von der Ladung zum Punkt *P* gewandert ist.

Natürlich liegt die Ursprungszeit t_0 um so früher, je größer die Distanz *r* ist, die von der Einwirkung zum Zeitpunkt *t* ihrer Ankunft am Punkt *P* zurückgelegt worden ist. Für Punkte mit immer größeren Distanzen *r* im unendlichen Raum wird daher die Ursprungszeit $t_0 = t - r/c$ immer weiter in der Vergangenheit liegen. Kurz, in dem Maße, wie die Distanz *r* unendlich groß wird, geht die Ursprungszeit in die unendliche Vergangenheit.

Daraus folgt, daß ZU JEDEM BELIEBIGEN ZEITPUNKT *t* die elektrischen und magnetischen Felder, die überall im unendlichen Raum durch eine sich mit willkürlicher Geschwindigkeit bewegende elektrische Ladung produziert werden, von ihrer eigenen SPEZIFISCHEN VOLLSTÄNDIGEN UNENDLICHEN VERGANGENEN KINEMATISCHEN GESCHICHTE abhängen! Das Spezifische an diesem Ergebnis wird deutlich, wenn man die sogenannten »retardierten« Formeln für die elektrischen und magnetischen Felder am Punkt *P* zum Zeitpunkt *t* ansieht. Diese Gleichungen spezifizieren die Felder als Funktionen der zuvorgenannten kinematischen Attribute, die die Ladung zu dem entsprechend früheren Zeitpunkt besaß (Page/Adams 1940: 144, Gleichungen 48–7 und 48–8). Ganz treffend formulieren die Verfasser einer klassischen Monographie das relevante Resultat dieser elektrodynamischen Gesetze folgendermaßen: »Formeln für das komplette Feld eines Ladungselementes [überall im Raum zu irgendeinem Zeitpunkt] schließen das Wissen um seine gesamte [unendliche] vergangene Geschichte in sich« (Page/Adams 1940: 161). Obgleich die individuelle Geschichte eines jeden von zwei oder mehreren geladenen Teilchen in der Tat sehr unterschiedlich sein kann, tragen die elektrodynamischen Gesetze diesen Unterschieden Rechnung, während sie gleichzeitig allgemeingültig bleiben. Die Allgemeingültigkeit leitet sich her aus der *Form* der gesetzesähnlichen funktionalen Abhängigkeiten der Intensitäten der elektrischen und magnetischen Felder von den früheren Beschleunigungen, Geschwindigkeiten und Positionen der feldproduzierenden Ladung. Die individuelle Geschichte der letzteren besteht jedoch aus der unendlichen zeitlichen Serie von spezifischen Werten dieser kinematischen Attribute (Variablen).

Im Gegensatz zu Habermas behaupte ich, daß diese elektrodynamischen Gesetze in gehörigem Ausmaß Kontextabhängigkeit aufweisen, indem sie das Feld, das zu irgendeinem Zeitpunkt durch eine Ladung aufgebaut wurde, von der spezifischen unendlichen Vergangenheitsgeschichte der Ladung abhängig machen. Und zum Nachteil für Gadamer basieren diese Gesetze auf wiederholbaren Experimenten und strafen dennoch seine These nachhaltig Lügen, daß »der Geschicht-

lichkeit der Erfahrung in der Wissenschaft kein Platz gelassen werden« kann.
Tatsächlich gibt es einen einfachen Spezialfall der obengenannten sehr allgemeinen Gesetze, dessen *unvollständige* Darstellung irreführenderweise die Kontext*un*abhängigkeit seiner Gültigkeit nahelegen kann: Coulombs Gesetz des inversen Quadrats für das elektrische Feld einer Punktladung. Als Gesetz des inversen Quadrats hat es dieselbe Abhängigkeit des Feldes von der Distanz des feldproduzierenden Teilchens wie Newtons Gesetz der universalen Gravitation für Punktmassen. Newtons Gesetz ist jedoch kontext*frei* in dem Sinne, daß es die Gravitationsmassen unabhängig vom Zustand ihrer Bewegung erfaßt. Außerdem ist dieses Gesetz ein Gesetz der unmittelbaren Fernwirkung. Im Gegensatz dazu ist Coulombs Gesetz in hohem Maße kontextabhängig insofern, als es nur dann gilt, wenn sich die feldproduzierende Ladung während der gesamten vergangenen Zeit *permanent* im Ruhezustand befand. Und unsere früheren Überlegungen erlauben uns nun, diese wichtige historische Bedingung für die Gültigkeit von Coulombs Gesetz darauf zurückzuführen, daß es ein Spezialfall für ein Gesetz der verzögerten Aktion ist.
Es gibt noch andere lehrreiche Fälle von Kontextabhängigkeit in Gesetzen der Physik, die die Schwäche in Habermas' vermeintlich paradigmatischem Beispiel »›Dieser Stein‹ gilt z. B. als ›Masse‹« (1968: 324) weiter aufdecken. Diese Klasse von Fällen weist »Hysteresis« in dem Sinne auf, daß eine Eigenschaft eines physikalischen Systems, die durch einen gegebenen momentanen Einfluß hervorgerufen wurde, nicht nur von diesem abhängt, sondern auch von der *vergangenen Geschichte* der Variation dieses Einflusses. So wurde »Hysteresis« ganz allgemein definiert als »jene Eigenschaft eines Elements, die – bei einer gegebenen Abweichung des Eingangswertes – durch die Abhängigkeit des Ausgangswertes von der Geschichte vorangegangener Abweichungen und der Richtung des augenblicklichen Verlaufs bezeugt wird« (Considine

1976: 1335). Einer dieser Fälle ist das Hysteresis-Verhalten von hoch magnetisierbaren Metallen (z. B. Eisen, Kobalt, Nickel usw.), die als »eisenmagnetisch« bekannt sind.

Zur Spezifizierung bringen wir eine vorher unmagnetisierte Probe eines solchen Metalls in ein äußeres Magnetfeld *H* aus Wechselstrom. Die Magnetkraft *H* wird dann eine internale Magnetisierinduktion *B* produzieren. Der Wert von *B* steigt von Null zur gleichen Zeit an, während *H* vom Ursprungswert aus ansteigt, aber *B* nähert sich mit dem weiteren Anstieg von *H* einem Grenz- oder Sättigungswert, den es schließlich erreicht. Jedoch wird die folgende Reduktion von *H* auf Null nicht zum Rückgang der internalen Magnetisierung *B* auf Null führen. Wir können daher jetzt schon sehen, daß die gegenwärtige Reaktion des eisenmagnetischen Materials auf ein und dieselbe externale Einwirkung *H* von der vorangegangenen Magnetisierungs*geschichte* der gegebenen Probe abhängt: *B* bleibt hinter *H* zurück, da es nicht auf Null zurückkehrt, wenn *H* von Nicht-Null auf Null zurückkehrt.

Physiker bezeichnen die restliche internale Magnetisierung *B* als »Remanenz«, da sie auf den Einfluß der vorherigen Magnetisierungsgeschichte der Probe auf die gegenwärtige Reaktion auf dasselbe externale Feld *H* verweist. Wie das entsprechende Gesetz zeigt, muß der Wert *H* tatsächlich negativiert werden, indem seine Richtung umgekehrt wird, wenn die letzte Spur dieser Remanenz gelöscht werden soll.

Ein Zyklus von Magnetisierung und Entmagnetisierung kann nun vollendet werden durch einen weiteren Rückgang und dann Anstieg von *H*, bis der Sättigungszustand von *B* wieder erreicht ist.

Doch in sehr bezeichnender Weise macht sich nach einem solchen vollständigen Zyklus die Abhängigkeit des Verhaltens der Probe von seiner Magnetisierungs*geschichte* im weiteren Verlauf folgendermaßen geltend: Nach der graphischen Darstellung des ersten Zyklus durch Aufzeichnen von *B* gegen *H* wird die geschlossene Kurve (»Hysteresisschleife«),

die den Anfangszyklus repräsentiert, *niemals* rückgängig gemacht durch nachfolgende Zyklen von Magnetisierung und Entmagnetisierung (Efron 1967: 694). Ein anderes Beispiel aus der Physik, bei dem die Reaktion von Materialien auf gegenwärtige Einflüsse von der Geschichte früherer Einwirkungen ähnlicher Einflüsse berührt wird, bieten feste Körper, die *elastische* Hysteresis aufweisen. In diesem Fall entsprechen die Variablen Spannung und Deformation *H* und *B*. Gummibänder zeigen ein ähnliches Verhalten. Andere Beispiele sind die elektrische Hysteresis, wie sie dielektrische Substanzen in elektrischen Feldern aufweisen, und die Hysteresis einer Röhre zur Strahlungsabwehr.
Einige Hermeneutiker mögen erwidern, daß diese physikalischen Fälle den eigentlichen Sinn von »Geschichte« verfehlen. Als wollten sie sagen: »Wichtig ist hier vor allem, *wie* vergangene Zustände bei der Bestimmung von gegenwärtigem Verhalten zählen, und nicht nur, *daß* sie zählen.« Offensichtlich schade ich meiner Argumentation nicht, wenn ich auf folgende banale Tatsache verweise: Die von Habermas angeführten freudianischen Darstellungen sind psychologisch, während meine Beispiele für die Kontextabhängigkeit erklärtermaßen physikalisch sind. Doch dieser angenommene ontologische Unterschied ist ohne Bedeutung für die These von Habermas, daß immer dann eine *Asymmetrie* der Kontextabhängigkeit vorliegt, wenn allgemeine Aussagen erklärend auf spezifische Beispiele angewendet werden. Denn er schließt *schlichtweg* genau die Art des Eingehens von Geschichte in physikalische Gesetze aus, die ich mehrfach dokumentiert habe: seiner Meinung nach (1968: 332) sind in den Naturwissenschaften die Gesetze kontextfrei und bleiben dies auch, wenn sie zur Erklärung einzelner Fälle herangezogen werden, während konkrete psychoanalytische Erklärungen generell kontextabhängig sind. Der genannte Versuch, meine Kritik abzuwehren, scheitert also, schon deshalb, weil er die Behauptung von Habermas eher modifiziert als rettet. Außerdem ist die Modifikation für die angebliche Asymme-

trie unerheblich, da die angeführte Platitüde – die freudianischen Darstellungen seien *psychologisch* – offenkundig nicht ausreicht, die Asymmetrie zu stützen.

Die von mir angeführten kontextabhängigen physikalischen Gesetze scheinen mir darauf zugeschnitten, der zweiten von Habermas aufgeführten kausalen Dichotomie unüberwindliche Schwierigkeiten zu bereiten. Und ich vertraue darauf, daß die Kontextabhängigkeit der physikalischen Fälle, die ich herausgearbeitet habe, dem Ausmaß an Abhängigkeit, auf das man, wenn überhaupt, bei der Anwendung allgemeiner klinischer Hypothesen auf spezifische Patientengeschichten trifft, hinreichend entspricht bzw. es übertrifft.

In einem anderen Zusammenhang veranschaulicht der Analytiker Wallerstein (1976: 222) solche Anwendungen – im Einklang mit meinen Behauptungen – durch Verweis auf die psychoanalytischen Erklärungen der idiosynkratischen Entwicklung von Abwehrmechanismen. Wie er bemerkt, werden solche Erklärungen erbracht »*in Form* des Wirkens bestimmter Kombinationen und Permutationen der allgemein verfügbaren Ausrüstung an möglichen Abwehrmechanismen [. . .] im menschlichen Charakter«. Unter Hinweis auf solche freudianischen Darstellungen »idiosynkratischer Formung und Entfaltung von Abwehrverhalten« exemplifiziert Wallerstein seine Auffassung von Psychoanalyse als »in der Tat einer Wissenschaft, die eine allgemeine Psychologie, ein Studium der allgemeinen und gesetzmäßigen Funktionen des menschlichen Geistes bei Gesundheit und Krankheit sowie einer idiosynkratischen genetischen Offenbarung des [. . .] Individuums« umfaßt (S. 222 f.).

Habermas' Paradigma vom Stein, der Masse besitzt, verkörpert den mythischen Allgemeinbegriff der Naturgesetze, auf die er sich stützte, um Anhänger für seine Dichotomie der Kontextabhängigkeit zu finden. Und es wirft ein Licht auf unsere intellektuelle Kultur, daß es ihm und Gadamer unter Ausnutzung einer solchen Steinzeitphysik gelang, die Begrenzungen ihres eigenen persönlichen wissenschaftlichen

Horizonts in einen Pseudo-Kontrast zwischen den Humanwissenschaften und den Naturwissenschaften umzumünzen.

Soweit zu den beiden Thesen zur Kausalität, die Habermas aufstellte, um seinen Vorwurf des »szientistischen Selbstmißverständnisses« gegenüber Freuds Auslegung der klinischen Theorie zu rechtfertigen. Im folgenden wenden wir uns nun der Bewertung der *epistemischen* Behauptungen zu, die Habermas in seiner weiteren Bemühung, diese Anklage zu untermauern, vorbringt.

Diese methodologischen Behauptungen betreffen zunächst die Validierung der besonderen klinischen Hypothesen, die der Analytiker seinem Patienten offeriert. Abgeleitet davon beziehen sich Habermas' epistemische Erklärungen jedoch auch auf die allgemeinen klinischen Hypothesen der Theorie. Denn wie Freud (GW 12: 139; 1918) nimmt Habermas an (1968: 319), daß die Berechtigung für diese allgemeinen Interpretationen sich aus der induktiven Verallgemeinerung zahlreicher klinisch beglaubigter spezifischer Interpretationen des Verhaltens einzelner Patienten herleitet.

C. *Hat der Patient privilegierten kognitiven Zugang zur Validierung oder Diskreditierung von psychoanalytischen Hypothesen?*

Die Logik der Validierung der allgemeinen Hypothesen von Freuds klinischer Theorie ist eines der Hauptthemen der hermeneutischen Epistemologie von Habermas. Seine zentrale Behauptung ist, daß der Patient in letzter Instanz der epistemische Begutachter dieser allgemeinen psychoanalytischen Postulate ist, die er als »allgemeine Interpretationen« bezeichnet (1968: 318). Innerhalb der Grenzen der analytischen Therapie werden die universalen Hypothesen dazu benutzt, *besondere* Interpretationen hervorzubringen, die das individuelle Leben spezifischer Patienten betreffen. Zum

Beispiel verwendet der Analytiker psychoanalytische Verallgemeinerungen retrodiktiv, um ein ätiologisches Szenarium für die Pathogenese der Krankheit eines Patienten zu erstellen.

Im klinischen Rahmen stuft Habermas den Arzt kognitiv gegenüber seinem Patienten herab, indem er den Analysanden mit einem epistemischen *Monopol* in der Überprüfung der *besonderen* Interpretationen, die seine eigene Lebensgeschichte betreffen, ausstattet. Wie er ausführt, »[können] analytische Einsichten hingegen [. . .] für den Analytiker nur Geltung haben, nachdem sie vom Analysierten selber als Erkenntnis akzeptiert worden sind« (S. 318). Mit der Behauptung, der Patient sei deshalb kognitiv überlegen, folgert Habermas, daß »Erfolg und Mißerfolg [einer psychoanalytischen Konstruktion] nicht [. . .] intersubjektiv feststellbar sind« (S. 325). Infolgedessen nimmt er an, daß eine Induktion aus eben solchen besonderen Interpretationen das *einzige* Mittel darstellt, um Freuds universale Hypothesen zu bestätigen, und nicht nur, um diese Verallgemeinerungen heuristisch zu entwickeln (S. 318). Daraus zieht er den Schluß, daß Patienten einen privilegierten epistemischen Zugang haben: »die Geltung allgemeiner Interpretationen [ist] geradezu davon abhängig, daß Aussagen über den Objektbereich von den ›Objekten‹, nämlich den betroffenen Personen selber, auf sich angewendet werden« (S. 318). Habermas stützt sich eben auf diese Behauptung, um zu der methodologischen Dichotomie zu gelangen, daß allgemeine Interpretationen nicht denselben Kriterien unterliegen wie die universalen Hypothesen der empirischen Wissenschaften (S. 318–325).

Es scheint so, daß die Haltbarkeit dieser Dichotomie im wesentlichen von der Vorrangstellung abhängt, die Habermas dem Patienten auf kognitivem Gebiet zugesteht. Man bedenke, daß die vom Psychoanalytiker behandelten Patienten wahrhaft gewaltige kognitive Macht besäßen, wenn, wie Habermas beschreibt, der Analysand tatsächlich die letzte epistemische Instanz darstellte. Jeder Patient wäre dann nicht

nur der beste, sondern letzten Endes auch der *einzige* Sachverständige für das, was tatsächlich seine neurotische Krankheit verursachte, was seine vielfältigen Träume erzeugte und was seine Gedächtnisfehler, seine Versprecher und anderes Fehlverhalten hervorrief. Außerdem erstreckt sich nach Habermas das kognitive Monopol der Patienten, kollektiv gesehen, gleichermaßen auf *universale* psychoanalytische Hypothesen. Demzufolge würde etwa die Validierung von Freuds Ätiologie der Paranoia letztlich vollständig auf dem kollektiven Urteil derer beruhen, die dieses Verfolgungsleidens wegen in Behandlung sind. Ich behaupte, daß diese epistemische These ebenso unhaltbar ist wie die beiden vermeintlichen kausalen Dichotomien von Habermas.
Habermas stützt seine Darstellung der klinischen Validierung vor allem auf die Behauptung, daß der Patient der letzte epistemische Richter über die allgemeinen Interpretationen ist, die der Arzt retrodiktiv benutzt, um ein ätiologisches Szenarium zur Erklärung der Neurose des Patienten aufzubauen. Er formuliert diese These vom privilegierten epistemischen Zugang des Analysanden folgendermaßen:

»Allgemeine Interpretationen haben eine eigentümliche Stellung zwischen dem forschenden Subjekt und dem erforschten Objektbereich. Während sonst Theorien Aussagen über einen Objektbereich enthalten, dem sie *als* Aussagen äußerlich bleiben, ist die Geltung allgemeiner Interpretationen geradezu davon abhängig, daß Aussagen über den Objektbereich von den ›Objekten‹, nämlich den betroffenen Personen *selber*, auf sich angewendet werden. [...] Analytische Einsichten hingegen können für den Analytiker nur Geltung haben, nachdem sie vom Analysierten selber als Erkenntnis akzeptiert worden sind. Denn die empirische Triftigkeit allgemeiner Interpretationen hängt nicht von kontrollierter Beobachtung und einer anschließenden Kommunikation unter Forschern, sondern allein von der vollzogenen Selbstreflexion und einer anschließenden Kommunikation zwischen dem Forscher und seinem ›Objekt‹ ab« (S. 318 f.).

Er behauptet also im besonderen, daß die Anwendung von allgemeinen Interpretationen auf sich selber Patienten – unter Ausschluß ihrer Analytiker – zu den maßgeblichen epistemischen Instanzen bezüglich der *Gültigkeit* dieser allgemeinen Hypothesen werden läßt.

Welches Argument bringt er aber nun vor, um zu zeigen, daß eine solche Selbstanwendung durch die Patienten – die im Kontext der Anwendung durch ihre Analytiker erscheint – das erwähnte *kognitive Monopol* auf die ersteren überträgt? Warum sollte zum Beispiel, wenn Ärzte Grundsätze der somatischen Medizin auf sich selbst anwenden – neben der Behandlung durch Spezialisten –, dies nicht ebenso ein entsprechendes kognitives Monopol für erstere bedeuten? Das Argument, mit dem Habermas den *psychoanalytischen* Patienten in eine epistemisch so führende Stellung versetzt, beruht einzig und allein auf der Behauptung, daß ein »spezifischer Unterschied besteht zwischen allgemeinen Theorien [der anerkannten empirischen Wissenschaften] und allgemeinen Interpretationen« (S. 319). Er erläutert diesen angeblichen Unterschied dann folgendermaßen:

»Die Applikation von Annahmen auf die Wirklichkeit bleibt im Falle der Überprüfung von Theorien durch Beobachtung (also im Funktionskreis instrumentalen Handelns) Sache des forschenden Subjektes; im Falle der Überprüfung von allgemeinen Interpretationen durch Selbstreflexion (also im Rahmen einer Kommunikation zwischen Arzt und Patient) wird die Anwendung aber zur *Selbstapplikation* des am Erkenntnisprozeß beteiligten Forschungsobjektes. Der Forschungsprozeß kann nur über eine Transformation in die Selbsterforschung des Patienten zu geltenden Informationen führen« (S. 319).

Ich behaupte, daß Habermas hier eine Vorentscheidung trifft. Man beachte, daß er sich im zweiten Satz dem »Falle der Überprüfung von allgemeinen Interpretationen« zuwendet, um seine Behauptung von der kognitiven Vorrangstellung des Patienten gegenüber dem Analytiker in bezug auf die Validierung dieser allgemeinen Interpretationen zu begründen. Auf die Eröffnungsformulierung des fraglichen Satzes folgt aber unmittelbar der *Vorbehalt* »durch Selbstreflexion«. Habermas mißbraucht dann stillschweigend die Zweideutigkeit dieses Begriffs, um seine Vorentscheidung zu treffen. Offensichtlich ist die Produktion freier Assoziationen und verschiedener Antworten durch den Patienten auf Fragen des Analytikers – einschließlich der *Reaktion* auf Interpretationen, die der Analytiker anbietet – ein *immanenter* Teil der klinischen Überprüfung analytischer Interpretationen, die den Patienten betreffen. Dieser Gemeinplatz reicht aber kaum aus, um zu Habermas' erwünschter Schlußfolgerung zu kommen. Denn wenn die Formulierung »Überprüfung durch Selbstreflexion« nicht mehr als die erwähnte Platitüde enthalten sollte, wäre sie nutzlos für den Beweis von Habermas' Behauptung. Seine Schlußfolgerung ist, daß der Patient eine *kognitive Monopolstellung* in der *Bewertung* von Interpretationen bezüglich ihrer Gültigkeit *gegenüber dem Analytiker* einnimmt. Um zu der Schlußfolgerung über letztere These vom privilegierten epistemischen Zugang zu kommen – einer These, die er unter der Bezeichnung »Selbstapplikation des Forschungsobjektes« aufstellt –, ist Habermas auf die Zweideutigkeit der Formulierung »Überprüfung durch Selbstreflexion« angewiesen, um folgende Einschränkung in sie einbauen zu können: die *definitive Bewertung* einer speziellen erklärenden Interpretation in bezug auf Wahrheit oder Unwahrheit, die den Patienten *A* betrifft, muß de jure niemand anderem als *A* vorbehalten sein, unter Ausschluß des Therapeuten. Wohl wissend, daß möglicherweise eher der Analytiker als der Patient die Interpretation entwickelt hat, setzt Habermas von Anfang an voraus, daß sich der Therapeut hinsichtlich der Beweiskraft *immer* auf die Bewertung seines Patienten stützen muß. Denn er sagt uns ausdrücklich, daß die Überprüfung von allgemeinen Interpretationen *innerhalb der Behandlungssitzung* »zur Selbstapplikation des Forschungsobjektes« wird (S. 319).

Es stellt sich heraus, daß Habermas eine Vorentscheidung traf, indem er die ansonsten harmlose Formulierung »Überprüfung durch Selbstreflexion« wählte, um *festzulegen*, daß nur der Patient mit seiner eigenen Bewertung die Anwendung allgemeiner Interpretationen auf seine besondere Lebenssituation übertragen kann. Natürlich folgt dann trivialerweise auf Habermas' Vorbehalt, daß der Patient die einzige oder privilegierte epistemische Instanz bezüglich einer *jeden* solchen klinischen Hypothese ist.

Man beachte nun, daß es Habermas, als er die Überprüfung einfacher Theorien der empirischen Wissenschaften als Ergebnis von »Beobachtung« charakterisierte, sorgfältig unterließ, die große Klasse solcher Hypothesen in Betracht zu ziehen, bei denen die forschende Person, die die Hypothesen überprüft, diese insofern auf sich selbst anwenden kann, als sie sie mit Hilfe von *Selbst*beobachtung selbst bewerten kann. Natürlich ist eine solche Selbstapplikation nicht nur z. B. in der somatischen Medizin möglich, sondern sie erstreckt sich auch auf all jene Hypothesen, beispielsweise in der Physik, deren Wirkungskreis den menschlichen Körper eines Physikers oder einer anderen Person, die die Hypothese am eigenen Körper überprüfen kann, miteinschließt. Man kann nun diese Klasse von Selbstapplikation heranziehen, um eine Reductio ad absurdum von Habermas' Argument zu konstruieren, das sich gegen ihn kehrt. Sein Anliegen war es nämlich, die Überprüfung allgemeiner Theorien der empirischen Wissenschaften der klinischen Bewertung von allgemeinen Erklärungshypothesen in der Psychoanalyse gegenüberzustellen, und der Grundgedanke bei diesem angeblichen Unterschied ist, daß *nur* in der letzteren Wertung eine epistemische Überlegenheit des Wissens*objektes* liegt.

Es entbehrt daher nicht der Ironie, daß sich nun, ebenso wie in seiner von Vorentscheidungen ausgehenden Überlegung, erweist, daß dieselbe kognitive Überlegenheit des Wissens*objektes in die Physik* übertragen werden kann zur Validierung jeder Hypothese, die sich auf den Körper einer Person *A* bezieht. Man braucht dazu nur auf Habermassche Weise vorzugehen und zu fordern, daß genau diese Person *A* nicht nur diejenige sein soll, deren Körper die Hypothese *betrifft*, sondern auch diejenige, die die Hypothese auf ihre Richtigkeit oder Ungültigkeit hin *bewertet*. Es wird sich als unwesentlich für diese Deduktion erweisen, daß die Selbstbeobachtung von *A* während der Ausführung dieses kognitiven Auftrages dazu dient, eine seinen Körper betreffende physikalische Hypothese zu bewerten, während sich die entsprechende »selbstreflexive« Bewertung durch den Patienten in der Analyse auf eine Hypothese über seine geistigen Prozesse bezieht.

Man betrachte etwa die physikalische Hypothese, daß in einem Fahrstuhl oder in einer Weltraumrakete, die frei im Gravitationsfeld der Erde niederfällt, eine Waage, die auf dem Fußboden steht, für einen auf ihr liegenden Körper Null anzeigen wird. Offensichtlich läßt sich diese Hypothese von der Schwerelosigkeit sowohl auf Körper von Menschen anwenden, die in einem Fahrstuhl gefangen sind, bei dem die Kabel durchschnitten wurden, als auch auf die glücklicheren Astronauten in ihrer Weltraumrakete. Nun wollen wir es Habermas gleichtun und fordern, daß einige dieser Personen nicht nur während des freien Falls auf die Waage steigen, sondern daß sie auch diejenigen sind, die den Gewichtsstand feststellen, nachdem sie die Waage mit Hilfe der einschlägigen Hilfshypothesen auf Funktionsdefekte hin überprüft haben. Analog zu Habermas, der zu Beginn den Analytiker oder andere (dritte) Personen von der Bewertung der Interpretation zugunsten des Patienten ausschließt, haben wir ebenso jeden, der derzeit nicht auf der Waage steht, von der Feststellung des Gewichtsstands ausgeschlossen.

Natürlich wird unter der *festgesetzten* Ausgangsrestriktion, daß nur Person *A* eine sie betreffende Hypothese bewerten kann, das Ergebnis, zu dem Habermas kommt, trivialerweise sowohl für die Physik als auch für die Psychoanalyse zutreffen. Und zwar aus dem einfachen Grund, daß, nachdem sein restriktiver Vorbehalt nun einmal gilt, *nur das Untersuchungsobjekt* selbst die *spezifische* Art von Bewertung vornehmen kann, zu der sie durch die Restriktion, die das Ganze schon im vorhinein entscheidet, beauftragt wurde. Daraus folgt nun für die Physik ebenso wie für die Psychoanalyse, daß »die Applikation von Annahmen auf die Wirklichkeit [...] zur Selbstapplikation des Forschungsobjektes wird«. Es ist kein Wunder, daß Habermas, nachdem er die Zweideutigkeit dieser Bedingung ausgenutzt hat, dann zu dem irreführenden Schluß kommt: »Analytische Einsichten hingegen können für den Analytiker nur Geltung haben, nachdem sie vom Analysierten selber als Erkenntnis akzeptiert worden sind« (S. 318).

Thomas McCarthy zitiert Habermas' Eingangshypothese des privilegierten Zugangs zustimmend und schreibt: »Diese Eigentümlichkeit der psychoanalytischen Forschung hat Folgen für die Logik der Applikation, der Bestätigung und der Erklärung« (1980: 233). Da aber die angebliche »Eigentümlichkeit der psychoanalytischen Forschung« von einer Petitio principii ausging, sind die Forderungen, die sich nach McCarthy aus besagter Eigentümlichkeit ableiten lassen, schlecht begründet.

Neben dem oben genannten schwachen Argument für die epistemische Vorrangstellung des Patienten führt Habermas die Gedächtnisleistung des letzteren an und behauptet, daß »die Interpretationsvorschläge [...] nur dadurch verifiziert werden können, daß der Patient sie annimmt und mit ihrer Hilfe seine eigene Geschichte erzählt« (1968: 318). Doch beobachtet Habermas (S. 325), daß eine solche Bestätigung durch abwehrenden Widerstand *verzögert* werden kann. Das Gedächtnis des Analysanden erlaubt ihm angeblich den privilegierten epistemischen Zugang zu zwei Arten von Privatwissen (1970: 301): (1) die historische Authentizität gewisser Kindheitsereignisse, über die der Analytiker im Rückblick mit Hilfe der freudianischen ätiologischen Theorie Vermutungen angestellt hatte, und ferner (2) die Gültigkeit der Hypothese, daß diese Ereignisse, sofern sie authentisch sind, tatsächlich die ätiologische Rolle von Pathogenen im Leben des Patienten gespielt hatten. So führt Habermas (1968: 288–325), unbeeindruckt durch das Gebot, Beweismaterial zu liefern, folgendes Postulat ein, um seinen kognitiven Tribut an das Gedächtnis des Patienten zu rechtfertigen: Ist eine Konstruktion, die die angenommene Pathogenese der gegebenen Neurose beschreibt, tatsächlich wahr, dann wird das Gedächtnis des Patienten sie *zu gegebener Zeit* auch bestätigen. Auf diese optimistische Erwartung stützt sich Habermas dann, wenn er schließt, daß es früher oder später gute Gründe dafür gibt, die Konstruktion *nicht* zu akzeptieren, wenn das Gedächtnis des Patienten sie nicht bestätigt. Er drückt das so aus: »Erst die Erinnerung des Patienten entscheidet über die Triftigkeit der Konstruktion; wenn sie zutrifft, muß sie auch für den Patienten ein Stück verlorengegangener Lebensgeschichte ›wiederbringen‹, d. h. eine Selbstreflexion auslösen können« (S. 282).

Leider klingen diese beiden Sätze von Habermas so, als gäben sie Freuds eigene Ansicht zu der Frage wieder, welcher der beiden Teilnehmer in der psychoanalytischen Dyade die epistemische Vorrangstellung über den anderen einnimmt. Denn sie folgen unmittelbar, nachdem er Freuds Aussage zitiert hat: »Der Weg, der von der Konstruktion des Analytikers ausgeht, sollte in der [aktuellen] Erinnerung des Analysierten enden« (GW 16: 53; 1937; der Zusatz in Klammern stammt von Habermas). Werfen wir aber einen Blick auf Freuds Originaltext, so stellt sich heraus, daß in der Mehrzahl der Fälle die kognitive Rolle des Gedächtnisses des Analysanden keineswegs die von Habermas geschilderte ist. Denn unmittelbar nach seiner Aussage, daß die Konstruktion des Analytikers die bestätigende Erinnerung des Patienten hervorrufen »sollte«, erklärt Freud ernüchternd:

»[Der Weg] führt nicht immer so weit. Oft genug gelingt es nicht, den Patienten zur Erinnerung des Verdrängten zu bringen. Anstatt dessen erreicht man bei ihm durch korrekte Ausführung der Analyse eine sichere Überzeugung von der Wahrheit der Konstruktion, die therapeutisch dasselbe leistet wie eine wiedergewonnene Erinnerung« (GW 16: 53; 1937).

Und wie wir bald sehen werden, hatte Freud in den beiden

ersten Abschnitten derselben Abhandlung von 1937 die Übereinstimmung verschiedener klinischer Beweisführungen als die Grundlage beschworen, auf der der Analytiker zu einem verläßlichen Bild über die vergessenen Jahre des Patienten kommen kann. Um das Jahr 1937 vertritt Freud also im Rückblick auf lebenslange Praxis im wesentlichen die Auffassung, daß »oft genug« zwischen dem Arzt und dem Analysanden eine epistemische Asymmetrie herrscht, die in *diametralem Gegensatz* zu der von Habermas behaupteten steht. Denn wie Freud berichtet, ist das Gedächtnis des Patienten sehr oft nicht in der Lage, Informationen zu liefern, die für die psychoanalytische Rekonstruktion des für die Pathogenese relevanten Teils seiner frühen Lebensgeschichte notwendig wären. Dann überzeugt der Analytiker, *anstatt* daß der Patient »eine Erinnerung wiederfindet«, den Patienten von der »Richtigkeit der Konstruktion«, eine Überzeugung, die therapeutisch dem Wiedererlangen einer zugehörigen Erinnerung gleichkommt.

Auch an anderer Stelle betonte Freud, daß oft genug die ätiologisch wesentlichsten verdrängten Erfahrungen durch die *Schlußfolgerungen* des Arztes, nicht durch die wiedererlangten Erinnerungen des Analysanden ans Licht gebracht werden:

»Der Kranke kann von dem in ihm Verdrängten nicht alles erinnern, vielleicht gerade das Wesentliche nicht, und erwirbt so keine Überzeugung von der Richtigkeit der ihm mitgeteilten Konstruktion« (GW 13: 16; 1920).

Es sieht so aus, als hätte Habermas Freud tendenziös aus dem Zusammenhang gerissen zitiert, um dem Leser einen falschen Eindruck über Freuds Ansicht zu vermitteln. Nach Habermas stattet das Gedächtnis eines Patienten diesen *unweigerlich* gegenüber dem Analytiker mit dem privilegierten und deshalb unentbehrlichen kognitiven Zugang zur Gültigkeitsbestimmung erklärender psychoanalytischer Interpretationen aus. Freud weist im wesentlichen diese epistemische Asymmetrie als utopisch zurück, schon weil die praktische klinische Erfahrung mit der Gedächtnisleistung zahlreicher Patienten ihn veranlaßte, den Schlußfolgerungen, die der *Analytiker* aus der Gesamtheit der geistigen Erzeugnisse des Patienten zieht, einen kognitiven Ehrenplatz einzuräumen. In einigen seiner Fallstudien gab er auch theoretische Gründe dafür an, weshalb er den Arzt und nicht den Analysanden zum letzten epistemischen Schiedsrichter erklärte. Zum Beispiel brachte Freud in einer Arbeit über das therapeutische Fiasko bei der Behandlung einer jungen Lesbierin (GW 12: 271–301; 1920) volles Vertrauen in seine eigene ätiologische Rekonstruktion ihrer sexuellen Objektwahl zum Ausdruck. Doch wies er darauf hin, daß sie seine interpretativen Einsichten völlig zurückwies, und er schrieb diese Zurückweisung ihrem Wunsch zu, ihn als Vaterersatz zu bestrafen, indem sie sich an ihre Neurose klammerte.

Es ist daher kaum erstaunlich, daß einige Psychoanalytiker der neueren Zeit das von Habermas entworfene epistemische Bild, nach dem der Patient darum kämpft, seine hypothetische Bindung an unbewußte Befehle zu lösen, gleichfalls zurückgewiesen haben. So führen Thomä und Kächele (1973: 315 f.) sowohl Theorie als auch Praxis der Psychoanalyse gegen Habermas' Behauptung ins Feld, daß *keine* analytische Interpretation als gültig erachtet werden könne, wenn der Patient sie nicht bestätigt habe. Besonders weisen sie darauf hin, daß (1) die psychoanalytische Theorie selbst die Introspektion und »Reflexion« des Patienten anficht, indem sie aufzeigt, daß beide unter der Herrschaft massiver Selbsttäuschung stehen; daß (2) wirkliche Bestätigung, daß der Patient tatsächlich die Folgen seiner Verdrängungen überwunden hat – anstatt sich das nur einzubilden –, genau bis zu dem Grad möglich ist, wo diese therapeutische Leistung intersubjektiv ermittelbar ist, während Habermas diese therapeutische Beurteilung *mystifiziert*; und daß (3) die monopolistische Validierungs- und therapeutische Rolle, die Habermas der »Selbstreflexion« des Patienten überträgt, eine utopische Verdrehung des psychoanalytischen Prozesses darstellt, und daß kaum ein Analytiker in Einklang mit ihr praktiziert oder ihr beipflichtet.

Der Kliniker Morris Eagle liefert eine systematischere Kritik an der These vom privilegierten Erkenntniszugang. Er tut dies eindrucksvoll im Anschluß an T. Mischel – nicht an Habermas –, der die Bestätigung durch den Patienten als Kriterium für die Gültigkeit motivationaler Zuschreibungen befürwortet. Wie Eagle (1973: 267) bemerkt, stellt die Tendenz des Menschen, wenig schmeichelhafte Motive zu verleugnen und schmeichelhafte anzuerkennen, eine Illustration für motivationale Selbsttäuschung dar. Im Rahmen der psychoanalytischen Theorie ist zu erwarten, daß der Patient die Zuschreibung von unbewußten Motiven durch seinen Arzt *ungeachtet ihrer Evidenz* ablehnt, wenn die Abwehr gegen ihre Anerkennung nicht erfolgreich überwunden wurde. Zum Beispiel:

»Wenn die Art und die Umstände der Handlung von *A* und das Wissen um *A*s Charakter und Geschichte einen Beobachter darauf schließen lassen, daß *A* sich einer Täuschung über seine Motive, Intentionen und Wünsche hingegeben hat, ist dann *A*s Einverständnis notwendig, damit dieses Urteil Gültigkeit erlangt? Wenn *A* genügend eigenes Interesse (einschließlich Selbstachtung) hat und seine Fähigkeit und sein Wille zur Selbstkonfrontation begrenzt sind, dann kann es sein, daß er niemals die ihm zugeschriebenen Motive anerkennen kann – auch wenn man seine Aufmerksamkeit auf dieselben Dinge lenkt, die den außenstehenden Beobachter zu seiner Beurteilung bewogen. [. . .] Es ist möglich, so zu handeln (oder durch Quasihandlungen wie Symptome zu erkennen zu geben), als wollte man *Y*, und dennoch aufrichtig zu leugnen, daß man *Y* will (d. h. daß man die Erfahrung macht, *Y* zu wollen)« (S. 273).

Dementsprechend sehen Analytiker gelegentlich in der Leugnung des Patienten und der darauf folgenden Akzeptanz einer schmerzhaften motivationalen Unterstellung die Ankündigung, daß der Patient zu neuer Einsicht und emotionaler Reife gelangt ist. Wie Eagle aber betont, kann *dieses* Urteil seine Berechtigung zunächst nicht aus der selbstkonfrontierenden Zustimmung des Patienten herleiten, falls es nach der anfänglichen *Leugnung* des Analysanden überhaupt zulässig ist, daß der Therapeut dem Analysanden einen solchen Erkenntnisgewinn und erhöhte Selbstbeherrschung zuschreibt. Statt dessen gründet sich das Urteil des Arztes, ob sein Klient zu einer wirklich neuen Einsicht gekommen ist, auf ein Gültigkeitskriterium für Interpretationen, das eine Interpretation als echte (und nicht eingebildete) Einsicht beglaubigen kann, und zwar *unabhängig* von der Zustimmung des Patienten. Denn in jedem solchen Fall nimmt man die Zustimmung des Patienten zu der Interpretation als Evidenz für seine Fähigkeit, einer ihn betreffenden Schlußfolgerung ins Auge sehen zu können, auf deren Wahrheitsgehalt der Analytiker gültig zu schließen vermochte, *während der Patient sie noch leugnete*. So bemerkt Eagle zwingend: »Hier sehen wir deutlich eine logische Schwierigkeit, wenn wir das Zugeständnis als Kriterium nehmen. Wie kann es als Zeichen für die Fähigkeit dienen, der Wahrheit über sich selbst ins Angesicht sehen zu können, und gleichzeitig als Kriterium für diese Wahrheit?« (1973: 267). Schließlich: wäre der *Analysand* die letzte epistemische Instanz – wie Habermas meint –, warum sollte dann der Arzt sich auf die Zustimmung seines Klienten zu einer bestimmten Interpretation *I* stützen, aber eine frühere Leugnung und/oder ein Bekenntnis des Patienten zu einer psychoanalytischen Vermutung, die im Gegensatz zu *I* stand, unberücksichtigt lassen?

Eagle führt einen weiteren guten Grund dafür an, die Zustimmung des Patienten als notwendige Bedingung für die Gültigkeit einer analytischen Interpretation zurückzuweisen:

»Interpretative Schlußfolgerungen über unbewußte Motive, Wünsche usw. können (und sollten) auf der Grundlage anderer Kriterien (z. B. der Vorhersage von späterem Verhalten, Symptomen, Assoziationen) bewertet werden, die wenig zu tun haben mit einer Bestätigung, die als Zustimmung oder als bewußte Erfahrung von zugeschriebenen unbewußten Inhalten definiert wird. Wenn man auf der Grundlage von Verbalisationen, Verhalten, Symptomen und der Entwicklungsgeschichte einer Person auf bestimmte unbewußte Motive schließt, so hängt die Gültigkeit der Schlußfolgerungen letztlich sicher nicht vom Eingeständnis oder der Anerkennung der Person ab« (S. 269).

Eagle veranschaulicht diesen erkenntnistheoretischen Standpunkt unter Verweis auf Freuds Fallstudie über seine hysterische junge Patientin Dora (GW 5: 163–286; 1905):

»Angenommen, Freuds Interpretation, daß Dora unbewußt in Frau K. verliebt war, hätte weitgehend Zustimmung gefunden und hätte die Vorhersage von Doras späteren Träumen, Verhalten, Symptomen usw. erlaubt; wäre dann Doras Eingeständnis (das nicht erfolgte) notwendig, bevor man die Gültigkeit der Interpretation bewerten könnte?« (Eagle 1973: 269)

Er warnt gleichwohl vor einem Mißverständnis:

»Der springende Punkt ist nicht, daß das Eingeständnis überhaupt nicht als Kriterium dienen kann, sondern daß es keinen privilegierten logischen Stellenwert besitzt. Es ist eines von vielen möglichen Kriterien, und [. . .] sein Nutzen hängt von einer Vielzahl von Faktoren ab, einschließlich der Übereinstimmung mit anderen Beweisarten« (S. 268).

Diese Warnung gewinnt an weiterer Bedeutung durch Rosemarie Sands Studie zur »Bestätigung im Fall Dora« (1983). Wie sie anhand von Tagträumen veranschaulicht – z. B. Doras Phantasien über Defloration und Geburt –, gibt es eine ganze Reihe von Fällen, bei denen es sein kann, daß nur das Individuum, das sich in einem bestimmten seelischen Zustand befindet, in diesen eingeweiht ist und ihn bestätigen kann: »In dieser Position befindet sich der Patient, wenn der Analytiker ihn fragt: ›Worüber denken Sie jetzt nach? Was kommt Ihnen in den Sinn?‹« (S. 337)
Ich würde jedoch Sands nützliche Warnung mit der zusätzlichen Feststellung koppeln, daß diese Fälle von privilegiertem Erkenntniszugang insgesamt nur einen schwachen Trost für Habermas darstellen. Denn der Besitz eines solchen Zugangs zum Inhalt momentaner seelischer Zustände ist in der Tat weit entfernt von dem Zustand, in dem man als einziger eingeweiht ist in die aktuelle Existenz einer angenommenen kausalen Verbindung zwischen, sagen wir, gewissen kindlichen

Erfahrungen und spezifischen Persönlichkeitsdispositionen des Erwachsenen. Genau solche *kausalen* Interpretationen bilden jedoch das Kernstück einer Reihe von psychoanalytischen Erklärungen, da sie für die mutmaßliche ätiologische Rekonstruktion der Neurose eines Patienten zentral sind. Und Habermas' These von der kognitiven Asymmetrie beruht erklärtermaßen entscheidend auf dem privilegierten Zugang des Analysanden zur Gültigkeit dieser erklärenden Interpretationen. Es ist daher für seine Sache unerheblich, daß der Patient direkten Zugang zum Gegenstand seiner momentanen Aufmerksamkeit, zu seinem momentanen Gefühl usw. hat, während der Analytiker und jeder andere nur über eine Schlußfolgerung [inferential] Zugang zu diesen seelischen Zuständen hat.

Tatsächlich sprechen mehrere gewichtige Gesichtspunkte gegen Habermas' These, daß nur die gedächtnisgestützte »Selbstreflexion« des Patienten – *unter Ausschluß* der *intersubjektiven* Methoden eines außenstehenden analytischen Beobachters – die Gültigkeit von analytischen Interpretationen bezeugen könne (1968: 325). Grob skizziert handelt es sich um folgende Einwände:

1. Kognitive Psychologen haben unlängst den wesentlichen Nachweis geführt, daß eine Person auch im Falle *bewußt* motivierten Verhaltens keinen privilegierten kognitiven Zugang zur Wahrnehmung der motivationalen Ursachen ihrer verschiedenen Handlungen genießt (zur Darstellung der relevanten Arbeiten s. Grünbaum 1980: 354–367). Obgleich die Person häufig direkten Zugang zu den individuellen Inhalten ihres seelischen Zustandes hat, handelt es sich hier – wie bei einem außenstehenden Beobachter – um einen lediglich *schlußfolgernden* Zugang zu jenen kausalen Verbindungen, die tatsächlich zwischen gewissen eigenen seelischen Zuständen bestehen. Wie im Fall von kausalen Hypothesen, die sich auf physische Zustände beziehen, basiert auch das Bekenntnis der Person zu kausalen Verbindungen zwischen eigenen seelischen Zuständen entweder auf ihren eigenen,

fehlbaren Schlußfolgerungen oder auf Schlußfolgerungen von Mitgliedern ihrer Subkultur, in die sie Vertrauen setzt. So können diese behaupteten kausalen Verknüpfungen eingebildet oder wahr sein. Kurz, wenn eine Person gewissen eigenen seelischen Zuständen eine kausale Beziehung zuspricht, so tut sie dies – nicht anders als außenstehende Beobachter –, indem sie auf Theorien basierende kausale Schemata, die durch das herrschende Glaubenssystem gestützt werden, ins Feld führt. In den meisten Fällen bringt ein Patient, der um die Behandlung durch einen an Freud orientierten Arzt ersucht, bereits einige psychoanalytische Überzeugungen in die Therapie ein, oder er ist zumindest empfänglich für ätiologische Interpretationen seines Verhaltens, die sich aus dem theoretischen Standpunkt des Analytikers ergeben. Es ist kein Wunder, daß Analysepatienten die Gründe, die man ihnen anbietet, dann glaubwürdig finden. Aber diese Leichtgläubigkeit ist kaum gleichbedeutend mit einem privilegierten kognitiven Zugang.

Aus dem gleichen Grund ist ein Patient, der glaubt, seine Analyse habe zur Linderung seines Leidens geführt, nicht besser als außenstehende Beobachter des therapeutischen *Prozesses* in der Lage, zu beweisen, daß die Besserung tatsächlich durch die Vermittlung freudianischer ätiologischer Einsichten erreicht wurde. Zwei solche Beobachter, gleichzeitig Analytiker, gaben sogar folgende Gegenerklärung ab (Luborsky/Spence 1978:360): »Es ist so, daß Psychoanalytiker ebenso wie andere Psychotherapeuten buchstäblich *nicht wissen*, wie sie zu ihren Ergebnissen kommen«. Gesetzt den Fall, man schenkt Habermas' Lobrede auf die »Selbstreflexion« des Patienten Glauben, so müssen diese Forscher, um ihre erklärte Unwissenheit zu zerstreuen, nur den Patienten bitten, seine wahrhaft gewaltige epistemische Macht zu ihren Gunsten einzusetzen. Ein konkretes Beispiel soll nun die phantastische Natur dieser kognitiven Aufwertung des Patienten illustrieren.

Der Einfachheit halber werde ich ein bekanntes Beispiel für

Vergessen heranziehen, das Freud mit einer kurzzeitigen Verdrängung zu erklären versuchte. Ich werde dieses Beispiel ausführlich in Kapitel 4 diskutieren; hier genügt daher folgendes: Als ein junger Mann bei der Rezitation einer Zeile aus Vergils *Äneis* das lateinische Wort »aliquis« (jemand) vergaß und Freud das fehlende Wort ergänzte, erbrachten die mit diesem Wort verbundenen Assoziationen des jungen Mannes – durchsetzt mit einigen Zwischenbemerkungen Freuds – nach einiger Zeit, daß ihn eine vermutlich verdrängte Furcht quälte. Er hegte den Verdacht, daß seine italienische Freundin von ihm schwanger geworden sei. Freud klärte ihn dann darüber auf, daß diese verdrängte Angst »zweifellos« seinen Fehler mit »aliquis« bewirkt habe, während der junge Mann bezweifelte, daß diese – wenngleich aufrichtige – Sorge in irgendeinem kausalen Zusammenhang mit seinem Vergessen stehe.

In Kapitel 4 werde ich zeigen, daß Freud uns keinen einzigen triftigen Grund dafür angibt, warum er diesen Fall von Vergessen der durch die Assoziationen des jungen Mannes zutage geförderten Angst vor der Schwangerschaft zuschreibt. Aber an dieser Stelle muß ich Habermas fragen: Wie kann überhaupt die Person *besser als Freud* oder irgend jemand sonst wissen, ob ihre unbewußte Furcht tatsächlich die Erinnerungsfehlleistung verursacht hat? Vor allem: Wie kann Habermas erwarten, daß wir glauben, der Analysand habe einen privilegierten kognitiven Zugang zur Gültigkeit der weitaus ehrgeizigeren kausalen Behauptungen, die für die ätiologische Rekonstruktion seines neurotischen Leidens zentral sind?

2. Es gibt noch eine zweite Reihe von Überlegungen, die Habermas' kognitive Aufwertung des Analysanden unterhöhlen. Es ist allgemein bekannt, daß Neurotiker stark beeinflußbar sind (Möller 1976: 71). Auch sind ihre Überzeugungen sehr dehnbar. So behaupten Patienten häufig genug, sie könnten die ätiologischen Interpretationen und diversen kausalen Zuschreibungen seitens ihrer Analytiker bestätigen.

Wie wir aber in den folgenden Kapiteln sehen werden, lassen sich solche vorgeblichen Bestätigungen mit hinreichender Sicherheit durch die vielfach belegte Tatsache erklären, daß Patienten grundsätzlich die subtil vermittelten theoretischen Erwartungen von seiten der heilenden Autorität, an die sie sich um Hilfe gewandt haben, zu erfüllen trachten. Wie Freud selbst mit hinreichender Klarheit darstellte (GW 11, 27. und 28. Vorlesung; 1917), gibt es unzählige Möglichkeiten, wie der Analytiker unbewußt, aber überzeugend, das Bewußtsein des Analysanden formen und eine willfährige Pseudobestätigung erzielen kann, auch wenn er sein Bestes tut, offene oder verdeckte Suggestion zu vermeiden. Daher genügt es einfach nicht, die professionelle Integrität des Analytikers und seine erklärte Absicht, seinen suggestiven Einfluß nicht zu mißbrauchen, als hinreichenden Schutz dagegen anzusehen, daß sich der Patient nicht doch *falsche Bestätigungen* entlocken läßt. Obwohl Freuds Schriften sein ganzes Leben hindurch zeigen, daß er es besser wußte, erlag er gelegentlich der Versuchung, die Integrität des Therapeuten ins Feld zu führen, wenn er behauptete, daß »ein solcher Mißbrauch der ›Suggestion‹« sich in seiner Praxis niemals ereignet habe und im allgemeinen »sicherlich maßlos übertrieben worden« sei (GW 16: 49; 1937).

Derselbe vergebliche Appell an den Arzt, eine Täuschung zu vermeiden, findet seinen Widerhall bei Habermas, der die mutmaßlichen theoretischen »Kautelen gegen Mißbrauch im Sinne einer Exploitation von Verblendung« aufzählte. Er führt eine dieser Sanktionen und anschließend eine angeblich pragmatische Sanktion wie folgt an:

»Zum anderen bedarf die Triftigkeit der theoretisch abgeleiteten und auf den Einzelfall angewendeten Interpretation der Bestätigung durch gelingende Selbstreflexion; Wahrheit konvergiert mit Wahrhaftigkeit, mit anderen Worten: der Patient selbst ist letzte Instanz. Ferner muß der Psychoanalytiker den berufsethischen und den berufspraktischen Anforderungen genügen; Verstöße gegen Standesnormen und Kunstregeln sind in Grenzen kontrollierbar« (1971: 35).

Auch Ricœur (1981: 270) führt ganz unbekümmert den »professionellen Kodex und die analytische Technik selbst« als Bollwerk gegen den Vorwurf der epistemischen Kontamination durch Suggestion an. Er bezeichnet diesen Vorwurf sogar als »platt«, obwohl Freud selbst ihn als »ungemein interessant« beurteilte (GW 11: 465; 1917), und sei es nur, weil sein Kollege und einstiger Freund Wilhelm Fließ ihn warnend erhoben hatte.

In einem früher erschienenen Buch (1968: 327 f.) hatte Habermas den Vorwurf, die grundsätzliche Ehrerbietung des Patienten gegenüber seinem Therapeuten führe zur Scheinbestätigung, kurz erwähnt. Dort befaßt er sich mit diesem Einwand im Zusammenhang mit Freuds 1937 erschienenem Artikel über »Konstruktionen in der Analyse«, den er, wie ich bereits bemerkt habe, in ganz irreführender Weise angeführt hatte (1968: 282). Es zeigt sich, daß Habermas im vorliegenden Zusammenhang abermals tendenziös aus diesem Artikel zitiert.

Darin erklärt Freud, daß man die verbale Zustimmung des Patienten zu einer psychoanalytischen Konstruktion genausowenig für bare Münze nehmen sollte wie ihre Ablehnung. Statt dessen hält Freud daran fest (GW 16: 50; 1917), daß es auch »indirekte Arten der Bestätigung gibt, die durchaus zuverlässig sind«. Aufgrund dieser anderen Indikatoren betrachtet man eine Konstruktion als bestätigt durch die Konvergenz oder das »Zusammentreffen« [»consilience«] einer ganzen Reihe klinischer Induktionen, die auf unterschiedlichen Daten aus den verschiedenen Produktionen des Patienten beruhen. Ich werde in Kapitel 10 nachweisen, daß es auch keinen Schutz gegen die suggestive Verfälschung der Patientenantworten und der sich daraus ergebenden Scheinbestätigung bedeutet, wenn man sich auf eine solche Kongruenz von klinischen Induktionen aus Daten verläßt, die nicht von der Zustimmung oder Ablehnung des Patienten abhängen. Trotzdem will ich an dieser Stelle rein theoretisch davon ausgehen, wie es auch Habermas tut (1968: 326–328), daß die

Übereinstimmung von scheinbar unabhängigen klinischen Induktionen Beweiswert besitzt, wie Freud behauptet hat. Ich möchte dann aber gegen Habermas besonders auf zwei Punkte hinweisen:

(i) Unmittelbar nachdem Freud dem Beweiswert der erwähnten Konvergenz von klinischen Induktionen seinen Tribut gezollt hat (GW 16: 52 f.; 1937), macht er – nunmehr mit diesen Induktionen bewaffnet – geltend, daß die *Schlußfolgerung des Analytikers* die schweren Lücken im Gedächtnis des Patienten *zuverlässig* schließen könne. Wie wir uns erinnern, ist ein solches Vertrauen in die Schlußfolgerung des Analytikers notwendig, weil, wie Freud betonte, es dem Patienten mit seiner schlechten Gedächtnisleistung leicht mißlingen kann, die Information zu liefern, die für die Rekonstruktion seiner pathogenetisch entscheidenden Vergangenheit wesentlich ist. Wenn daher die von Freud angeführte Übereinstimmung tatsächlich von zwingender Beweiskraft ist, während man das »Ja« oder »Nein« des Patienten unberücksichtigt lassen kann, dann besteht guter Grund, der Schlußfolgerung des Analytikers kognitiven Vorrang gegenüber der »Selbstreflexion« des Patienten einzuräumen. Und genau in einer solchen epistemischen Aufwertung der Schlußfolgerung des Analytikers zur höchsten epistemischen Instanz bezüglich einer psychoanalytischen Konstruktion liegt der logische Wert und explizite Inhalt von Freuds gesamtem Artikel. Also widerspricht diese Schlußfolgerung offensichtlich der unbewiesenen, kategorischen, wenn auch wiederholten Behauptung von Habermas, daß »der Patient selbst die letzte Instanz ist«. Habermas unterläßt allerdings geflissentlich jede Andeutung, daß Freud in seinem 1937 erschienenen Artikel zu diesem gegenteiligen Ergebnis gekommen ist, ebenso wie er es vorher versäumte, den Leser auf Freuds ebenfalls darin enthaltene Bemerkung über die enttäuschend schwache Erinnerungsleistung des Patienten hinzuweisen.

(ii) Wie aus dem Kontext von Habermas' Abschweifung (1968: 325–329) auf die zuvor genannten Ansichten Freuds über die Übereinstimmung induktiver Schlußfolgerungen (1937) hervorgeht, wurde dieser Exkurs dadurch veranlaßt, daß der Autor bestritt, die klinische Überprüfbarkeit könne *intersubjektiv* sein. Aber auch die beifällige Wiederholung der Vorstellungen Freuds über die Übereinstimmung klinischer Induktionen vermag seine Behauptung offenkundig nicht zu belegen, daß »Erfolg und Mißerfolg [einer Konstruktion] nicht intersubjektiv feststellbar« sind (1968: 325).

3. Eine dritte Gruppe von kritischen Punkten führt dazu, daß die Habermassche Mystifizierung der Selbstreflexion noch stärkeres Unbehagen verursacht: es gibt weiteres eindrucksvolles empirisches Beweismaterial darüber, daß die angebliche Fähigkeit des Patienten, sehr früh verdrängte Erlebnisse wahrheitsgemäß ins Gedächtnis zurückrufen zu können, weitgehend ein Mythos ist (GW 1: 553; 1899). Wir haben bereits angemerkt, daß Freud von ziemlich häufig auftretenden klaren Mißerfolgen, die für die Pathogenese entscheidenden Erinnerungen wieder hervorzurufen, berichtet. Wie ich an anderer Stelle dokumentiert habe (Grünbaum 1980: 353), mehren sich in seinen Schriften auch die Anzeichen für die *Unzuverlässigkeit* besagter Erinnerungen von Erwachsenen an Episoden aus früher Kindheit, die vermutlich nach ihrer Verdrängung durch die Analyse wieder hervorgerufen worden waren. Außerdem wird der Leser in Kapitel 6 eine ganze Reihe von neueren Befunden finden, die ebenfalls dagegen sprechen, die psychoanalytische Behandlung als zuverlässige gedächtnisaufrüttelnde Einrichtung zu betrachten.

Als eine Art Motto seiner Darstellung der Falsifikation analytischer Interpretationen betonte Habermas nachdrücklich (1968: 325), daß die »Erfahrung der Reflexion die einzige Instanz [ist], an der Hypothesen sich bewähren oder scheitern können.« Bevor er aber gesondert feststellt, wie er sich die »Widerlegung« der klinischen Hypothesen vorstellt, schaltet er eine Diskussion über andere Themen dazwischen.

Eines davon behandelt die Anwendung eines Musterkonzepts von der Art, wie sie in allgemeinen psychoanalytischen Hypothesen (»allgemeinen Interpretationen«) angetroffen werden, auf eine individuelle Lebensgeschichte. Wahrscheinlich sind es die konkreten Beispiele von Begriffen wie »orale Persönlichkeit« oder »anale Persönlichkeit«, und auch von solchen nosologischen Kategorien wie »obsessiv kompulsiv«, die Habermas im Sinn hat, wenn er von der »Übersetzung« eines Musterkonzepts in die personale Geschichte eines Analysanden spricht. So hören wir, daß im Fall von Theorien der empirischen Wissenschaften

> »die operationelle Anwendung [ihrer Konzepte und allgemeinen Interpretationen] sich notwendig im Rahmen instrumentalen Handelns [bewegt]. Sie genügt daher nicht für die Anwendung von theoretischen Ausdrücken allgemeiner Interpretationen. Das Material, auf das diese angewendet werden, besteht nicht aus singulären Ereignissen, sondern aus symbolischen Ausdrücken einer fragmentarischen Lebensgeschichte, also aus Bestandteilen eines auf spezifische Weise individuierten Zusammenhangs« (S. 324).

Warum aber, so frage ich, ist der Gebrauch von freier Assoziation bei der psychoanalytischen Untersuchung und Therapie *nicht* auch »instrumentale Handlung«, gerade im Zusammenhang mit der *Anwendung* der allgemeinen Hypothesen von Freuds Verdrängungstheorie auf einen bestimmten Patienten? Schließlich nimmt man an, daß die freie Assoziation die *besonderen*, im einzelnen Individuum verborgenen, verdrängten Inhalte aufdeckt! Jeder, der *überhaupt* an die Psychoanalyse glaubt, wie es auch Habermas tut, dürfte in der freien Assoziation ein wichtiges Mittel sehen, zur zuverlässigen Enthüllung von erklärenden Verdrängungen zu gelangen.

In der Tat haben Analytiker wie James Strachey – der Übersetzer und Herausgeber der *Standard Edition* von Freuds Werken (SE 2: xvi) – und Kurt Eissler (1969: 461) die freie Assoziation als ein dem Mikroskop und dem Teleskop vergleichbares Instrument begrüßt. Aus Gründen, die ich im einzelnen in den Kapiteln 3 bis 10 darlegen werde, teile ich diese epistemische Bewertung ganz und gar nicht. Wenn aber die Psychoanalyse die beachtlichen kognitiven Tugenden besitzt, die Habermas für sie in Anspruch nahm, – ein *tiefen*hermeneutisches Unternehmen, das sogar normativ als Modell für die Humanwissenschaften dienen kann –, dann hängt ganz sicher die *Tiefe*, die er ihr zuschreibt, von der Methode der freien Assoziation ab. Und aus dem gleichen Grund spielt ihre Anwendung bei der psychoanalytischen Untersuchung scheinbar eine ganz ähnliche epistemische Rolle wie die Vorrichtungen der »instrumentellen Handlung«, auch wenn die Produkte, die sie hervorbringt, natürlich geistiger Natur sind.

Wenn ferner z. B. in der Seismologie geophysikalische Grundsätze auf einzelne Erdbeben angewendet werden, so qualifizieren sich diese Episoden – um mit Habermas zu sprechen – als »Bestandteile eines auf eine spezifische Weise individuierten Zusammenhangs«. Denn man beachte, daß (1) bei dem Lissaboner Erdbeben von 1775 die Erschütterung der Inlandsgewässer weit über die Grenzen des aufgerührten Gebietes hinaus ein fast einzigartiges Merkmal darstellte, daß (2) die Erdbebenserie in Südkalabrien im Jahre 1783 durch schnelle Wanderungsbewegungen der Erdbebenzentren charakterisiert war, und daß (3) die beim Erdbeben in San Francisco im Jahre 1906 erzeugte Bewegung sich entlang des äußerst bemerkenswerten San-Andreas-Grabens fortsetzte. Dieses einfache Beispiel aus den ›Erzählungen‹ der Geologiegeschichte könnte man vermehren um Episoden über die Entstehung der Welt beim Urknall. Ich erinnere auch an meine früheren Beispiele aus der Elektrodynamik.

Warum meint nun Habermas, die Logik der Naturwissenschaften *als Kontrast* zur Psychoanalyse diskutieren zu können? Ist er durch sein simples Beispiel vom Stein, das das theoretische Musterkonzept »Masse« verwirklichte, dazu verleitet worden? Er erhebt jedenfalls für dieses Beispiel den Anspruch, daß bei der konkreten Anwendung von Musterkonzepten, auf die man in den Gesetzen der allgemein anerkannten Wissenschaften trifft, »die singulären Ereignisse nur insoweit in Betracht gezogen werden, als sie die Kriterien der allgemeinen Prädikate erfüllen (›dieser Stein‹ gilt z. B. als ›Masse‹)« (1968: 323 f.). Aber er übersieht dabei, daß der Analytiker *erklärende Relevanz* als *Selektions*kriterium für die kaum zu erfassende Gesamtheit von Ereignissen in der Lebensgeschichte eines Patienten einsetzen muß. In der Tat kann sich der freudianische Therapeut noch nicht einmal mit *allen* Aspekten solcher Einzelereignisse befassen, die er im Hinblick auf sein Erklärungs- und therapeutisches Ziel für narrativ relevant erachtet. Wie unterscheidet sich aber dann das Verfahren des Psychoanalytikers beispielsweise von dem des historischen Geologen bezüglich des Vertrauens auf »die Kriterien der allgemeinen Prädikate« als Basis für die Auswahl relevanter Einzelereignisse?

Das bringt mich zur Bewertung der gesondert aufgestellten These von Habermas über die *Falsifikation* von psychoanalytischen Interpretationen (1970: 320; 1968: 325). Sein Ziel ist es, die »methodologische Eigentümlichkeit [. . .], daß allgemeine Interpretationen nicht den gleichen Kriterien der Widerlegung gehorchen wie allgemeine Theorien«, herauszustellen (1968: 324). Wiederum beginnt er mit einer falschen Darstellung der Falsifikationen in den allgemein anerkannten empirischen Wissenschaften. Habermas schrieb etwa ein halbes Jahrhundert nach der Publikation der französischen Originalausgabe von Pierre Duhems *Ziel und Struktur der physikalischen Theorien*. Duhems Erklärung der Falsifikation in der Physik gehörte mittlerweile zum elementaren Lehrstoff der Wissenschaftsphilosophie. Wenn es, so Duhem, bei einer bestimmten Untersuchung um eine Hypothese H geht, werden die mit Hilfe von H gemachten Beobachtungsvorhersagen p dann typischerweise nicht von H und einer Ausgangsbedingung I allein hergeleitet, sondern nur von ihrer *Konjunktion* mit einigen der Hilfshypothesen A aus dem größeren theoretischen System, von dem H ein Teil ist. Was kann dann der Physiker aus dem Mißerfolg der Vorhersagen *p* im experimentellen Test deduktiv schließen? Duhem antwortet: »Das Experiment lehrt uns bloß, daß unter allen Lehrsätzen, die dazu gedient haben, die Erscheinung vorauszusagen und zu konstatieren, daß sie nicht auftritt, mindestens einer ein Irrtum sei. Aber wo dieser Irrtum liegt, sagt es uns nicht« (1978: 245).

Nun ist sich Habermas der typischen, wenn nicht gar unvermeidlichen, Tatsache des gleichzeitigen Auftretens der Hypothesen *A* und *H* schon bei der Deduktion von *p* nicht bewußt – oder aber er versucht sie zu ignorieren. – Jedenfalls baut er darauf offenbar sein Hauptargument auf, und er meint in bezug auf die Widerlegung der allgemeinen Theorien der anerkannten empirischen Wissenschaften, wie z. B. der Physik (1968: 324 f.): »Wenn eine bedingte Prognose [*p*], die aus Gesetzeshypothese [*H*] und Ausgangsbedingung [*I*] abgeleitet ist, falsifiziert wird, darf die Hypothese als widerlegt gelten.« Ungeachtet Duhems Kernfrage, warum im Gegenteil in der Physik die Unrichtigkeit von *p nicht* die Unrichtigkeit von *H* nach sich zieht, erachtet es Habermas für erwähnenswert, daß in der Psychoanalyse die Falsifikation ungewiß ist:

»[. . .] wenn der Kranke eine Konstruktion ablehnt, gilt die Interpretation, aus der sie abgeleitet worden ist, noch keineswegs als widerlegt. [. . .] [Es] besteht immer noch eine Alternative: entweder ist die Interpretation falsch (d. h. die Theorie oder ihre Anwendung auf einen gegebenen Fall) oder aber die im übrigen richtig diagnostizierten Widerstände sind zu stark« (S. 325).

Habermas nimmt nicht zur Kenntnis, daß zum Schaden für seine These der »methodologischen Eigentümlichkeit« genau dieselbe logische Situation auch in der Physik herrscht: Der experimentelle Fehlschlag von *p erlaubt*, daß *H* wahr ist, während die Falschheit von *A* (oder von *I*) für die Falschheit von *p* verantwortlich sein kann. Kurz, die logische Situation in der Psychoanalyse ist etwas Alltägliches in jeder hochentwickelten Theorie, die den Anspruch auf Beachtung erhebt.

Indem aber Habermas diese seit Duhem wohlbekannte Tatsache einfach leugnet, schafft er eine weitere Pseudo-Asymmetrie zwischen der Methodologie der Naturwissenschaften und der Psychoanalyse. Was auch immer der Grund für seine separate Darstellung der Falsifizierbarkeit gewesen sein mag, seine Schlußfolgerung, daß für allgemeine Interpretationen in der Psychoanalyse »der Weg der Falsifikation [...] nicht derselbe [ist] wie bei allgemeinen Theorien« (S. 325), ist selbst nicht stichhaltig.

Wie wir sahen, hat Habermas die Hilfshypothese vom hartnäckigen Widerstand des Patienten gegen eine unangenehme Interpretation beschworen, um eine Konstruktion als wahr zu ermöglichen, die der Patient gleichwohl durch seine Erinnerung nicht bestätigt hat. Insofern die psychoanalytische Theorie eine solche Bestätigung einer korrekten Konstruktion erwartet, ist diese Erwartung desgleichen gegründet auf die korrespondierende Hilfshypothese, daß der Patient tatsächlich seinen Widerstand verarbeitet und überwunden hat. Merkwürdigerweise ignoriert aber Habermas auf derselben Seite diese Bedingung der Widerstandsüberwindung, wenn er folgende optimistische Behauptung über den therapeutischen Nutzen der gedächtnisgestützten Bestätigung des Patienten aufstellt: »Wenn sie [die Interpretation] zutrifft, wird der Patient dazu gebracht, bestimmte Erinnerungen zu produzieren, ein bestimmtes Stück vergessener Lebensgeschichte zu reflektieren und Störungen der Kommunikation wie des Verhaltens zu überwinden.« Abgesehen davon, daß dieses rosige Bild vom unmittelbar folgenden therapeutischen Nutzen die theoretische Erwartung der gedächtnisgestützten Bestätigung, die auf der bloßen Korrektheit der relevanten analytischen Interpretation beruht, entstellt, ist es auch irreführend. Und zwar so sehr, daß der pro-hermeneutische Analytiker G. S. Klein (1976: 36–38) der Psychoanalyse jeglichen therapeutischen Nutzen abspricht, während er sie als Untersuchungsmethode durchaus rühmt. Der Grund für seinen Zweifel, daß die Therapie Zukunft habe, ist ernüchternd:

»Die klassische psychoanalytische Behandlungssituation basiert auf dubiosen Grundlagen der Zweckdienlichkeit und auf der zweifelhaften Evidenz therapeutischen Erfolgs« (S. 37). Unter »Erfolg« versteht Klein »Verhaltensänderung und therapeutische Linderung« des Leidens (S. 36).

Man beachte, daß sich Habermas gleich zu Beginn bei der Behandlung der Falsifizierbarkeit allgemeiner Interpretationen in der Psychoanalyse ohne weitere Umstände auf die falsifizierende Bedeutung einer einzigen Art von Befund *beschränkt*: »der Patient lehnt eine Konstruktion ab«. Er zieht nirgends in Betracht, ob nicht auch andere Formen geeignet sind, allgemeine Interpretationen zu diskreditieren, z. B. epidemiologische Studien, bei denen die potentiell negativen Befunde sogar völlig außerhalb des analytischen Rahmens anzusiedeln sind. Habermas' entschiedene und von Vorentscheidungen ausgehende Bewertung der Falsifizierbarkeit steht in Einklang mit dem gleichgearteten Eröffnungszug, mittels dessen er dem Patienten die letzte epistemische Instanz über die *Bestätigung* von Interpretationen zuwies.

Nachdem er die Forderung aufgestellt hat, daß *nur der Patient mit seiner Zurückweisung eine Konstruktion falsifizieren kann*, fährt er fort mit der Erklärung:

»Die Instanz, an der falsche Konstruktionen scheitern können, fällt weder mit kontrollierter Beobachtung noch mit kommunikativer Erfahrung zusammen. Eine Fallinterpretation bewährt sich allein an der gelungenen Fortsetzung eines Bildungsprozesses, d. h. aber an der vollzogenen Selbstreflexion und nicht unmißverständlich daran, was der Patient sagt oder wie er sich verhält. Erfolg und Mißerfolg sind hier nicht, wie im Rahmen instrumentalen oder im Rahmen kommunikativen Handelns, je auf ihre Weise intersubjektiv feststellbar« (1968: 325).

Im Anschluß an diese Erklärung versucht Habermas nicht gerade überzeugend, seine Leugnung der intersubjektiven Überprüfbarkeit durch den Verweis darauf zu bekräftigen, daß Freud das »Ja« oder »Nein« des Patienten gegenüber anderen übereinstimmenden klinischen Befunden in seiner Beweiskraft herabstufte. Aber wie kann sich Habermas auf diese Abstufung berufen, nachdem er selbst den Patienten zur höchsten beweisliefernden Instanz erhoben hatte?

Ich halte daran fest: Die Tatsache, daß Habermas jede Falsifizierbarkeit in der Psychoanalyse ausschließlich auf die Selbstreflexion des Patienten überträgt, ist nicht nur kognitiv kurzsichtig und hemmend, sondern auch nachweislich unhaltbar. Er hat nämlich nichts unternommen, um zu zeigen, daß die Interpretationsbewertungen des Patienten wirklich der Ausgangspunkt für Falsifikationen sein müssen. Um diesen Vorwurf zu erhärten, werde ich hier nur eines der Ergebnisse heranziehen, die ich erst in Kapitel 1, Abschnitt B (bei der Bewertung von Poppers Vorwurf der Nichtfalsifizierbarkeit gegenüber Freud) entwickeln werde. Das im Zusammenhang mit Habermas relevante Resultat lautet: Einige der ätiologischen Postulate Freuds sind potentiell zu entkräften aufgrund von *epidemiologischen* Befunden, *ohne* jeden Verweis auf Daten aus dem analytischen Behandlungsrahmen, geschweige denn auf die Erfahrungen, die Patienten machen, wenn ihre Verdrängungen in diesem klinischen Milieu aufgedeckt werden.

Als Hintergrund ist zu beachten, daß Habermas stillschweigend jede *außer*klinische Überprüfung von allgemeinen psychoanalytischen Hypothesen aus seinen Überlegungen ausgeschlossen hat. Denn er betrachtete es einfach als selbstverständlich, daß das Behandlungszimmer der einzige Ort für jegliche Bestätigung oder Verwerfung dieser allgemeinen Thesen sei. Nehmen wir einmal rein theoretisch an, daß, wenn man jede Überprüfung auf die klinischen Untersuchungen in der Arzt-Patienten-Dyade beschränken würde, der Analytiker eine Interpretation nur kraft der vorhergehenden Gültigkeitsbescheinigung des Patienten bestätigen kann. Selbst dann würde kaum daraus folgen, daß der klinische Rahmen der wichtigste, geschweige denn der einzige Ort für die sinnvoll angelegte Überprüfung allgemeiner psychoanalytischer Hypothesen ist. Wenn aber außerklinische Überprüfungen wenigstens einiger dieser Hypothesen möglich sind – was tatsächlich auch zutrifft –, dann haben Patienten in der Analyse sicherlich nicht das ihnen von Habermas übertragene kognitive Monopol.

Freuds Ätiologie der Paranoia postuliert, daß *verdrängte* homosexuelle Liebe *kausal notwendig* ist für das Leiden an paranoiden Wahnvorstellungen (GW 10: 236 f.; 1915). Und wenn die Verdrängung in der für die Pathogenese erforderlichen Intensität existiert, wird sie wenigstens teilweise erzeugt durch das strenge soziale Tabu der Homosexualität. So rechtfertigt die detaillierte Pathogenese der Paranoia nach Freud folgende Erwartung: Ein bedeutsamer Rückgang der sozialen Sanktionen gegen diese abweichende sexuelle Orientierung sollte dazu führen, daß die Paranoia spürbar weniger häufig auftritt, da dieser Rückgang eine Verminderung der pathogenen Verdrängung bewirkt.

Die vor einigen Jahren bekanntgewordene Wahrscheinlichkeit, daß Tschaikowsky 1893 durch Erpressung in den Selbstmord getrieben wurde – man habe die Enthüllung einer homosexuellen Beziehung angedroht –, gibt einen Begriff von der tödlichen Macht, die von der Ächtung der Homosexualität in der christlichen Welt vor weniger als einem Jahrhundert ausging (Brown 1980: 626–628). Dieser Selbstmord erfolgte auf dem Gipfel von Tschaikowskys Karriere, weniger als eine Woche nach der gefeierten Uraufführung seiner Symphonie »Pathétique« in St. Petersburg. Gleichwohl schrieben die einschlägigen Biographien neun Jahrzehnte lang seinen Tod im Alter von 53 Jahren der Cholera zu, vermutlich ein weiteres Zeugnis für das vorherrschende Tabu, mit dem homosexuelles Verhalten wie auch Selbstmord belegt waren (Dorian 1981: 224–227). Seit dem Jahre 1893, in dem auch Breuers und Freuds bedeutende »Vorläufige Mitteilung« erschien, haben sich sogar berühmte Menschen beider Geschlechter öffentlich als Homosexuelle bekannt, trotz der hartnäckigen Agitation von Anita Bryant in den USA.

Vielleicht ist es deswegen nicht zu früh, jetzt mit der Aufstellung geeigneter Statistiken über die Vorkommenshäufigkeit von Paranoia zu beginnen, und zwar um zu gegebener Zeit feststellen zu können, ob diese epidemiologischen Daten den psychoanalytisch erwarteten Rückgang aufweisen. Gelingt dies nicht, so wird die daraus folgende Zurückweisung der Freudschen Ätiologie, im Widerspruch zur Habermasschen These, zweifellos intersubjektiv sein. Übrigens widerlegt dieses Beispiel – ebenso wie andere, die ich später noch anführen werde – die folgende Behauptung der Unüberprüfbarkeit, die F. N. Kerlinger in einer bekannten Abhandlung aufstellte:

»Einige Theorien und theoretische Thesen [. . .] sind unüberprüfbar – zumindest mit den Mitteln, die uns heute zur Verfügung stehen. [. . .] Ein klassisches Beispiel ist vielleicht die Freudsche Theorie [. . .], zum Teil deswegen, weil sie das Konstrukt der Verdrängung umfaßt. [. . .] die Verhaltensmanifestationen der Verdrängung sind schwer faßbar« (1979: 36 f.).

Zu Habermas zurückkehrend möchte ich jetzt zeigen, daß nicht nur die erwähnten epidemiologischen Befunde, sondern auch einige von Freuds Fallstudien Falsifizierbarkeit mit anderen Mitteln als der psychoanalytischen Selbstreflexion des Patienten illustrieren. Also widersprechen diese Fallstudien der Behauptung, nur die tiefenhermeneutische Auffassung könne der klinischen Theorie epistemisch Gerechtigkeit widerfahren lassen. So diente etwa die in Kapitel 8 diskutierte Fallgeschichte vom Rattenmann (1909) als Test für die spezielle sexuelle Ätiologie von Zwangsvorstellungen, die Freud damals behauptete. Zum Schaden für Habermas' These war es aber eine von der Mutter des Patienten eingebrachte *außer*klinische Tatsache und nicht eine Information, die der Patient über die »Reflexionserfahrung« lieferte, die entscheidend dazu beitrug, die Ätiologie von 1909 zu *entkräften* [disconfirm] (GW 7: 427; 1909; Grünbaum 1989).

Während die Fallstudie vom Rattenmann Habermas' Behauptung des privilegierten Zugangs widerlegt, indem sie eine *extra*klinische Entkräftung [disconfirmation] einer psychoanalytischen Ätiologie liefert, tut Freuds Fallgeschichte einer paranoiden Frau von 1915 (GW 10: 234–246) dasselbe mittels eines *intra*klinischen Falsifikationsszenariums. Wie schon der Titel »Mitteilung eines der psychoanalytischen Theorie widersprechenden Falls von Paranoia« andeutet, geht es hierbei um die Falsifizierbarkeit der psychoanalytischen Ätiologie der Paranoia (s. bes. S. 237 f.). Wie wir uns erinnern, behauptet diese Ätiologie, daß *verdrängte* homosexuelle Gefühle kausal *notwendig* für die Pathogenese paranoider Wahnvorstellungen sind. Das folgende postulierte klinische Szenarium charakterisiert Freud dort explizit als gegen-bestätigend: Die klinischen Produktionen der Patientin zeigen: »von einem Sträuben gegen eine homosexuelle Bindung war nichts zu finden« (S. 237), und dennoch ist sie paranoid. Wir könnten uns daher gut vorstellen, daß diese Person einen Schwall von Assoziationen produziert, und daß sie auch während ihrer jahrelangen Analyse lesbischen Themen gegenüber durchaus indifferent ist.

Im Zusammenhang unserer jetzigen logischen Untersuchung kann man es sicherlich als eine legitime Ausweitung des klinischen Szenariums, das Freud selbst für ätiologisch entkräftend hielt, ansehen, wenn wir uns folgende auf die Gegenwart übertragene Modifikation vorstellen: eine paranoide Frau, die in San Francisco als erklärte Lesbierin lebt, kommt in die Analyse, weil viele ihrer sozialen Interaktionen gestört sind. *Bevor er auch nur eine ihrer Verdrängungen aufgedeckt hat*, kann ihr Analytiker sehr wohl Kenntnis erlangen über ihren offen lesbischen Lebensstil und auch über ihre ausgeprägten paranoiden Wahnvorstellungen. So glaubte Freud 1915 nach nur *zwei* Sitzungen mit seiner Patientin, gute Gründe dafür zu haben, sie als paranoid diagnostizieren zu können. Handelt es sich bei dem Analytiker, der die vermeintliche Lesbierin in San Francisco sieht, um einen orthodoxen Freudianer, so wird er sich um so mehr aufrichten und folgenden entkräftenden Sachverhalt feststellen: Obwohl die Patientin paranoid ist, verdrängt sie offensichtlich durchaus nicht ihre homosexuellen Wünsche, was nach Freuds Ätiologie die Conditio sine qua non für die Pathogenese ihrer Wahnvorstellungen wäre. Kurz, der Analytiker wird, bevor er mit dem Aufdecken wirklicher – in ihr verborgener – Verdrängungen beginnt, realisieren, daß er auf seiner Couch ein authentisches Widerlegungsbeispiel für die allgemeine Ätiologie hat (eine neuere Darstellung der Ätiologie gibt Meissner 1978). Aber genau deswegen, weil ihr Therapeut diesen entkräftenden Fall als solchen identifizieren konnte, ohne die unbewußten Konflikte und Abwehrmaßnahmen zu untersuchen, ist die Patientin gleichfalls ein Gegenbeispiel für die Habermassche These, daß jede solche epistemische Identifikation nur vom Patienten selbst durch Ablehnung von Interpretationen vorgenommen werden könne.

Wie sieht es aber mit Habermas' wiederholter Behauptung aus, daß die »Instanz, an der falsche Konstruktionen scheitern können, [...] weder mit kontrollierter Beobachtung noch mit kommunikativer Erfahrung« zusammenfällt (1968: 325)? Wie ich bemerkt habe, schloß er zu Beginn einfach mutwillig jede *extra*klinische Entkräftung aus seinen Überlegungen aus. Also ist die Tatsache, daß er kontrollierte Beobachtbarkeit leugnet, hier unberechtigt, auch wenn er zeigen sollte, daß die dyadische psychoanalytische Transaktion sich sogar dann kontrollierter Beobachtung entzieht, wenn sie ergänzt wird durch Videobandaufnahmen, die andere geübte Beobachter studieren können. Noch unbegründeter ist seine sonderbare Leugnung – um der Behauptung willen, es bestehe Widerspenstigkeit gegenüber *intersubjektiver* Falsifikation –, daß die falsifizierende Evidenz von »kommunikativer Erfahrung« abhängen kann. Angenommen, der Patient kann zu der Einsicht gelangen, deren Habermas ihn für fähig hält, und diese kann, wenn man sie einmal erlangt hat, die Unrichtigkeit einer analytischen Interpretation belegen. Dann muß diese Evidenz sicherlich nicht solipsistisch im Patienten verborgen bleiben und sich der Artikulation gegen-

über dem Analytiker entziehen. Warum muß dann aber diese Artikulation, die auf Videoband aufgezeichnet und anderen Forschern zugänglich gemacht werden kann, obskur sein, anstatt sich als *»kommunikative Erfahrung«* auszuweisen? Warum, so frage ich, ist die verbale *und* nonverbale Kommunikation über die neuerworbene Einsicht des Patienten nicht ebenso eine »kommunikative Erfahrung« wie beispielsweise die Aussage eines Zeugen, der einen vor einem Gericht akzeptierten Beweis liefert? Nehmen wir auf der anderen Seite an, daß Habermas die Bezeichnung »kommunikative Erfahrung« in einem eingeschränkt technischen Sinn versteht, so daß die Kommunikation des Patienten über seine neugewonnene Einsicht sich tatsächlich nicht als »kommunikative Erfahrung« im letzteren, *idiosynkratischen* Sinne ausweisen kann. Warum sollte sie in diesem Fall für die auf Beweiskraft gerichteten Zwecke der Falsifikation von Bedeutung sein? Habermas versucht diese verschiedenen Punkte kurz auf weniger als einer Seite abzuhandeln.
Schließlich kommt seine Darstellung der Falsifizierbarkeit in der Psychoanalyse aus *zwei* Gründen wie ein Bumerang auf ihn zurück. Erstens, weil Duhem, noch bevor Habermas geboren wurde, gezeigt hatte, daß die Präsenz von Hilfshypothesen bei der experimentellen Überprüfung einer Haupthypothese in der Physik eine deduktiv schlüssige Widerlegung der letzteren ausschließt, trotz der deduktiven Gültigkeit einer »modus tollens«-Schlußfolgerung. Dadurch, daß Duhems Resultat genau der fehlenden Beweiskraft entspricht, die Habermas im Hinblick auf die Annahme eines hartnäckigen Patientenwiderstands anführt, unterhöhlt es die von Habermas behauptete Asymmetrie der Falsifizierbarkeit zwischen Physik und Psychoanalyse. Zweitens war das Bedürfnis nach Bestätigung oder Diskreditierung durch *übereinstimmende* Induktionen, die nach Habermas ebenso die Annahme einer solchen Asymmetrie unterstützen, in den *Natur*wissenschaften anerkannt, seit William Whewell Mitte des 19. Jahrhunderts darauf aufmerksam gemacht hatte. Des-

halb versuchte Freud scharfsichtig, Whewells Idee klinisch anwendbar zu machen, als er im Jahre 1937 betonte, die Zustimmung oder Ablehnung des Patienten trage nur teilweise zur Evidenz bei, weil man ihre Beweiskraft erst unter der Bedingung der Übereinstimmung mit anderen klinischen Induktionen beurteilen könne. Im Gegensatz dazu möchte Habermas, daß dieses Vertrauen in ein Zusammenfließen der Beweise gegen die Intersubjektivität der Theoriebewertung in der Psychoanalyse spricht. Wenn aber Whewells Methode bei ihrer Anwendung in der Psychoanalyse eine solche Bedeutung für die Freudsche Theorie hätte, warum sollte sie dann nicht eine ähnliche epistemische Nutzanwendung für die Physik haben? Wieder hat sich Habermas in eine Absurdität verstrickt. Dennoch schätzt die Analytikerin M. Jahoda (1977) seine Argumente in diesem Zusammenhang als »durchschlagend« ein.

Um die Untersuchung der Ansichten von Habermas abzuschließen, wollen wir nun seinen Vorwurf, Freud verdiene Kritik für eine »besonders krude« Form von »Objektivismus«, überprüfen. Habermas äußert sich folgendermaßen:

»Freud verfällt, weil er von Anbeginn dem szientistischen Selbstmißverständnis verhaftet bleibt, einem Objektivismus, der von der Stufe der Selbstreflexion unvermittelt zum zeitgenössischen Positivismus des Machschen Typus zurückkehrt und deshalb eine besonders krude Form annimmt« (1968: 306 f.).

Wie sich im Laufe dieser Erörterung gezeigt hat, sind alle wesentlichen ontologischen und epistemischen Überlegungen, die Habermas anstellt, um Freuds »szientistisches Selbstmißverständnis« zu belegen, unangebracht, um nicht zu sagen gehässig. Anstatt seine Beschuldigungen zu untermauern, hat uns Habermas eine Reihe von logischen Ungeheuerlichkeiten, durchsetzt mit homiletischen »ipse dixit«-Formulierungen, serviert. Es sollte aber klar geworden sein, daß nicht Freud, sondern Habermas selbst die klinische Theorie der Psychoanalyse in das Prokrustesbett einer ihr nicht angemessenen philosophischen Ideologie gepreßt hat.

Der springende Punkt ist eben nicht, daß Freud die Naturwissenschaften vergöttert (»Szientismus«), sondern daß Habermas sie mißversteht. Weit davon entfernt, eine philosophische Verdeutlichung der klinischen Theorie zu liefern, stellt Habermas sie statt dessen auf eine verwirrende Weise falsch dar.

Aber das ist noch nicht alles. In der zuletzt angeführten Passage und auch an anderer Stelle erwies Habermas der Exegese von Freuds Schriften insofern einen schlechten Dienst, als er tendenziös die einschlägigen Texte ignorierte. Wie wir nun anhand der ersten Seite von Freuds »Triebe und Triebschicksale« zeigen werden, verwendet Habermas unterschiedslos die Bezeichnung »Positivist«, um jeder Auffassung, die seinen eigenen methodologischen Separatismus für die Psychologie oder die Sozialwissenschaften verwirft, Abbruch zu tun. Freud beginnt seinen Aufsatz mit einer kurzen, aber prägnanten Abhandlung über die Wissenschaftsphilosophie (GW 10: 210; 1915). Er gibt dort eine Darstellung der Begriffsbildung in den komplexen empirischen Wissenschaften und führt unter anderem folgende interessante Punkte an:

(1) Auch die anfängliche Beschreibung von zu erklärenden Phänomenen ist – wie wir heute sagen würden – theoriebeladen. Natürlich ist dies ein quasi-kantisches Thema, im Gegensatz zur Dichotomie Theorie/Beobachtung, wie sie für die Anfänge des logischen Empirismus bezeichnend war. Nach Freud kann man es »schon bei der Beschreibung [...] nicht vermeiden, gewisse abstrakte Ideen auf das Material anzuwenden, die man irgendwoher, gewiß nicht aus der neuen Erfahrung allein, herbeiholt«. Und er betont, daß die Ideen, die zu den theoretischen Grundbegriffen der gegebenen Wissenschaft werden, eher freie Schöpfungen des menschlichen Geistes – um Henri Poincarés Begriff zu verwenden – als aristotelisch-thomistische Abstraktionen von sensorischen Phänomenen sind. So weist er darauf hin, daß diese postulierten Grundbegriffe dem »Erfahrungsmaterial

[. . .] entnommen scheinen«, während dieses »in Wirklichkeit ihnen unterworfen wird«.
(2) Freud erkennt an, daß die empirischen Befunde die Hypothesen, die zu ihrer Erklärung herangezogen werden, *unterdeterminieren*. Nachdem er darauf hingewiesen hat, daß die theoretischen Vorstellungen die frei postulierende Macht besitzen, dem Erfahrungsmaterial höchst abstrakte Begriffe aufzuerlegen, bemerkt Freud: »Sie [die auferlegten Ideen] haben also strenge genommen den Charakter von Konventionen, wobei aber alles darauf ankommt, daß sie doch nicht willkürlich gewählt werden, sondern durch bedeutsame Beziehungen zum empirischen Stoffe bestimmt sind, die man zu erraten vermeint, noch ehe man sie erkennen und nachweisen kann« (S. 210).
Kurz, für Freud läßt die wissenschaftliche Theorienbildung in der Psychologie oder einer anderen modernen empirischen Wissenschaft der schöpferischen Vorstellung freien Lauf, mit dem einzigen Vorbehalt, daß man bei einer solchen auf Vermutungen beruhenden Aktivität beim Einbringen relevanter Beobachtungen Sorgfalt walten lassen muß. Wie, so frage ich Habermas, stimmt das überein mit dem Vorwurf einer neurobiologischen Unheilstiftung im metapsychologischen Gewand? Auf welche Weise tut Freud Begriffen aus der klinischen Theorie Gewalt an, wie Verdrängung, Abwehr, Konflikt, Wunsch, Phantasie, Erinnerung, kognitiv-affektive Sehnsucht oder Abneigung, Kompromißbildung, Empfindung, Wahrnehmung usw.? Diese Fragen beantworten sich von selbst, wenn wir uns an den zu Beginn dieser Einleitung geführten exegetischen Nachweis erinnern.
Es stellt sich heraus, daß man die Habermassche Version aufgeben muß, wenn die hermeneutische Auffassung der psychoanalytischen Theorie und Therapie überhaupt lebensfähig sein soll. Daher wende ich mich nun der Version von Paul Ricœur zu.

3. Zur Kritik an Paul Ricœurs Philosophie der Psychoanalyse

A. *Ricœurs Beschneidung des Wirkungsbereichs der Freudschen Theorie*

Um den Rahmen für seine hermeneutische Rekonstruktion zu schaffen, schränkt Ricœur den Bereich ein, für den die psychoanalytische Theorie als relevant erachtet werden muß. Denn er beschränkt ihren realen Wirkungsbereich auf die *verbalen* Produktionen in der klinischen Transaktion zwischen dem Analytiker und dem Patienten. Gegenstand der psychoanalytischen Theorie ist, wie er sagt, die »analytische Erfahrung [in dieser dyadischen Transaktion], insofern sich diese im Bereich des Wortes vollzieht« (1974 a: 384). Deshalb legt er zu Beginn fest, daß »der Anspruch [der psychoanalytischen Theorie] auf Elementarwahrheit auf den Fallstudien beruht«, so daß »alle Wahrheitsansprüche der Psychoanalyse letztlich in der Erzählstruktur psychoanalytischer Fakten zusammengefaßt sind« (1981: 268; vgl. auch S. 38 und 248).

Nachdem nun gilt, daß der Relevanzbereich von Freuds Theorie gleichzusetzen ist mit »einer zusammen mit dem Patienten geleisteten Wortarbeit« (1974 a: 378), werden sogar die *nicht*verbalen Produktionen des Analysanden aus ihrem Kompetenzbereich ausgeschlossen. Wie ich aber belegen werde, bedeutet Ricœurs Eingrenzung (1981: 248) des Bereichs von »Fakten« – oder Wissensobjekten –, die das psychoanalytische Werk angeblich kodifiziert, eine mutwillige Verstümmelung seines Wirkungsbereiches. Daß er die klinischen Äußerungen zum eigentlichen Gegenstand der psychoanalytischen Untersuchung erhebt, ist in der Tat, wie sich nun zeigen wird, für seinen Zweck, die Psychoanalyse von der Pflicht zur wissenschaftlichen Beglaubigung zu entbinden, nutzlos.

Zunächst ignoriert Ricœur ungeniert, daß mutmaßliche

Beobachtungen in der Physik immer schon theoriebeladen sind und dann auch noch theoretisch weiter interpretiert werden. Dadurch stellt er dann fälschlich den Psychoanalytiker epistemisch dem Naturwissenschaftler im Gewand des *Verhaltens*psychologen gegenüber: »[...] absolut gesprochen gibt es in der Psychoanalyse keine ›Tatsachen‹, weil hier nicht beobachtet, sondern interpretiert wird« (1974a: 374). In Wahrheit haben bereits lange vor Erscheinen von Ricœurs Buch Popper, W. Sellars und N. R. Hanson – ganz zu schweigen von Kant – die krude Dichotomie Beobachtung/Theorie, wie Ricœur (1981: 247 f.) sie für die Naturwissenschaften unkritisch voraussetzt, in Zweifel gezogen. So übersieht er, sehr zum Nachteil für seine hermeneutische Argumentation, daß insofern, als die interpretative Tätigkeit eines Beobachters der Existenz von »Daten« – also zu erklärenden »Tatsachen« – gegenübersteht, die anerkannten Naturwissenschaften in epistemischer Hinsicht den interpretativen klinischen Folgerungen, wie Analytiker sie ziehen, gleichgestellt sind.

Nachdem er diesen Gemeinplatz mißachtet hat, formuliert Ricœur seine These, daß der Bereich der psychoanalytischen Theorie strikt auf das beschränkt sei, was der Patient auf der Couch spricht. Daraufhin zieht er dann folgende Schlüsse: (1) Anders als die Verhaltens-»Tatsachen« der wissenschaftlichen Psychologie »sind Tatsachen in der Psychoanalyse keinesfalls Tatsachen, die sich auf beobachtbares Verhalten beziehen« (1981: 248); und (2) die epistemische Gründlichkeit, wie wir sie von den empirischen Wissenschaften kennen, kann sich beim hermeneutischen Nachvollzug der Freudschen Theorie nicht störend bemerkbar machen.

Die Behauptung 1 begründet er teilweise damit, daß die *wissenschaftliche* Psychologie ontologisch und epistemisch den Skinnerschen Behaviorismus zum Vorbild habe. Seine Verwendung dieses Paradigmas ist jedoch unzulässig und tendenziös, allein schon deshalb, weil etwa die *kognitive* wissenschaftliche Psychologie durchaus auch *intra*psychische

Zustände anerkennt, nicht anders als die Psychoanalyse (Maxwell/Maxwell 1972). Es zeigt sich also, daß Ricœurs Behauptungen 1 und 2 selbst dann schlecht begründet sind, wenn man die ontologische Schrumpfung des Bereichs der psychoanalytischen Theorie in der Zwangsjacke der dyadischen »Wortarbeit mit dem Patienten« in der klinischen Transaktion unbeanstandet lassen wollte. Diese Einkapselung ist jedoch, wie sich noch herausstellen wird, selbst ein ungerechtfertigtes ideologisches Manöver.

Es trifft zu, daß Psychoanalytiker im allgemeinen ihre vielen Beobachtungen der verbalen und nonverbalen Interaktionen zwischen Patient und Arzt in den Behandlungssitzungen als Quelle für Befunde ansehen, die *als Daten* einfach einzigartig sind, und zwar nicht nur heuristisch, sondern auch in ihrem Beweiswert (Jones 1959: 3). Aber dieser erklärte epistemische Tribut an das in klinischen Untersuchungen gesammelte Beweismaterial ist etwas ganz anderes als die Begrenzung des eigentlichen Geltungsbereichs oder des Gegenstands der Gesamttheorie auf die Phänomene der klinischen Transaktion, geschweige denn auf »die Sprecharbeit mit dem Patienten«. Eine solche Verstümmelung läßt sich auch nicht rechtfertigen durch die Platitüde, daß Freud die Absicht hatte, die klinischen Befunde in den Erklärungsbereich seines Hypothesensystems *einzubetten*. Denn seine ätiologischen Hypothesen erklärten angeblich generell, warum Menschen im allgemeinen neurotisch werden, *unabhängig davon, ob sie jemals psychoanalytisch behandelt wurden oder nicht*. So behauptete Freud, er habe ätiologisch begründet, warum einige Menschen zu Paranoikern werden, auch wenn sie – wie der Richter Schreber – nie von einem Analytiker behandelt wurden.

Desgleichen behauptete er, aufgedeckt zu haben, warum auch unter den *Nicht-Analysierten* die Persönlichkeitsmerkmale Halsstarrigkeit, Ordentlichkeit und Sparsamkeit tendenziell gemeinsam auftreten und die ätiologische Bezeichnung »analer Charakter« verdienen. Außerdem spricht es gegen Ricœur ebenso wie gegen Habermas, daß die psychoanalytische Ätiologie der Paranoia durch den Hinweis auf die Abschwächung des Tabus der Homosexualität einen epidemiologischen Rückgang in der Vorkommenshäufigkeit der Paranoia erklären würde. Und diese Erklärung würde oder könnte geliefert werden, ohne daß man sich mit Daten aus der analytischen Behandlungssitzung befassen müßte. Wie die intersubjektive epidemiologische Überprüfbarkeit der psychoanalytischen Ätiologie der Paranoia die Erkenntnistheorie von Habermas widerlegt, so steht sie auch in Widerspruch zu Ricœurs Bestätigungsdichotomie zwischen psychoanalytischer Theorie und akademischer wissenschaftlicher Psychologie. Dennoch beharrt Ricœur darauf, daß »die Psychoanalyse den Kriterien der Beobachtungswissenschaften nicht genügen [kann]; die ›Tatsachen‹, mit denen sie sich befaßt, lassen sich nicht von mehreren unabhängigen Beobachtern verifizieren« (1974b: 113); »es geht in der Psychoanalyse weder um ›Tatsachen‹ noch um die Beobachtung von ›Tatsachen‹, sondern um die Interpretation einer ›Geschichte‹« (S. 114).

Die in der psychoanalytischen Theorie dargestellte therapeutische Dynamik beschränkt sich kaum auf Sprechhandlungen auf der Couch oder im Sprechzimmer des Analytikers. Dennoch ist es offensichtlich, daß in einem bestimmten Sinne Freuds Therapie als »talking cure« benannt werden kann und auch benannt worden ist. Wie Freud mitgeteilt hat (GW 8: 7, 17; 1910), prägte Breuers erste Patientin, Anna O., diese Bezeichnung für die protopsychoanalytische Behandlung, die sie von Freuds Mentor erhalten hatte. Es klingt aber wenig überzeugend, wenn Ricœur behauptet, daß die Analyse qua »talking cure« ein »geschlossener Raum des Wortes« sei (1974: 378). Und somit ist es kaum gerechtfertigt, daß er den Bereich der von Freud angeführten »Fakten« mutwillig einengt, mit dem Hinweis, daß die Psychoanalyse »eine zusammen mit dem Patienten geleistete Wortarbeit ist [. . .]; die Geschichte des Patienten kommt in einem Wortfeld zum

Ausdruck«. Später schränkte Ricœur etwas ein, daß »keine Notwendigkeit besteht, hier auf dem ›talkcure‹-Charakter der Psychoanalyse zu bestehen« (1981: 248). Aber er beeilte sich hinzuzufügen, daß »die Siebung [von Gedanken und Gefühlen] durch das Sprechen in der analytischen Situation auch ein Kriterium dafür ist, was man in dieser Wissenschaft für den Gegenstand [der Kenntnis] hält.« Und dieses Kriterium geht angeblich dahin, »nur denjenigen Teil der [analytischen Behandlungs-]Erfahrung, die *ausgesprochen werden* kann« (1981: 248), als Gegenstand der psychoanalytischen Kenntnis gelten zu lassen.

Die psychoanalytische Traumtheorie sprengt ebenso wie Freuds Ätiologien die Grenzen von Ricœurs Bercich der Sprechhandlungen. Nach Ricœur »kann nicht der geträumte Traum interpretiert werden, sondern nur der Text der Traumerzählung« (1974a: 17). Ohne uns mitzuteilen, was unter der Bezeichnung »kennen« zu verstehen ist, betont er mit Nachdruck: »Wir kennen Träume nur, wie sie beim Aufwachen erzählt werden« (1981:248). Erfordert hier ein »Kennen« das Bewußtsein über den manifesten Inhalt *und* darüber, daß man ihn sich einbildet? Wenn dem so ist, warum müssen Menschen dann die Erinnerungen an ihre Träume *verbalisieren*, wenn sie sie im Wachzustand »kennen« sollen? Aber selbst wenn sie das tun müssen, wie könnte dies dann beweisen, daß der Wirkungsbereich der psychoanalytischen Traumtheorie keine tatsächlich geträumten Träume enthält, sondern sich auf verbalisierte Erinnerungen an sie beschränkt? Warum umfaßt der Wirkungsbereich der physikalischen Theorie Elementarteilchen und nicht *nur* z. B. die Spuren, die sie in Wilsons Nebelkammern oder anderen Registriervorrichtungen hinterlassen, während der Wirkungsbereich der Traumtheorie *nur* verbalisierte Traumerinnerungen enthält? Was – außer einem aufgepfropften ideologischen Ziel – veranlaßte Ricœur, den *Gegenstand* der Freudschen Wunscherfüllungstheorie, die verdrängte infantile Motive für während des Schlafens geträumte Träume anbietet, auf rein

verbale Traumberichte während der Wachphase zu beschränken?
Vielleicht wurde Ricœurs ontologische Verstümmelung der psychoanalytischen Traumtheorie durch die nicht stichhaltige Schlußfolgerung begünstigt, daß die verbalisierten Erinnerungen des Träumers an seine Träume den Relevanzbereich für jede Traumtheorie bilden, einfach deshalb, weil diese Äußerungen als der *epistemische Ausgangspunkt* für eine solche Theorie angesehen werden. Natürlich vermied Freud diese Schlußfolgerung, obwohl er ihre Prämisse unterstützte. Seiner Ansicht nach war der epistemische Terminus a quo der Traumforschung tatsächlich eine Ansammlung von manifesten Trauminhalten, die möglicherweise etwas redigiert, vom Träumer fehlbar erinnert und berichtet wurden (GW 11: 79–81; 1916). Während er diese Fehler in den »Daten« anerkannte, rückte er sie dennoch zurecht: sie sprächen nicht gegen die generelle Erklärung von Träumen, wie sie vermutlich von der großen Mehrheit der Nicht-Analysierten ebenso wie von den analysierten Menschen geträumt werden.
In diesem Zusammenhang ist der Hinweis nützlich, daß das, was Astronomen zu erklären versuchen, in erster Linie nicht die visuellen Eindrücke sind, die sie von Himmelsereignissen erhalten, sondern die Himmelsereignisse, auf die sie aus diesen Eindrücken *rückwirkend schließen*, oder die Ereignisse, auf deren früheres Auftreten, wie man annimmt, die Eindrücke hindeuten. Und ebenso, wie Traumberichte ungenau sein können, so hat sich etwa auch die Genauigkeit der astronomischen Beobachtungen durch die Erdatmosphäre verringert. Es kann daher wenig wunder nehmen, daß das, was die Freudsche Theorie zu erklären sucht, in erster Linie nicht die verbalen Traum*berichte* sind, die der Träumer dem Analytiker oder anderen Personen liefert, sondern die manifesten Trauminhalte, auf die man aus den späteren Gedächtniseindrücken des Träumers schließen kann. Ja, Freud behauptete, eine Erklärung dafür gefunden zu haben, warum Menschen überhaupt träumen, und außerdem generell erläutert zu

haben, warum sie Wunschträume erleben, ob sie sich nun einer Analyse unterziehen oder nicht.
Gleichermaßen werden gemäß der psychoanalytischen Theorie die sogenannten »Übertragungs«-Phänomene in der Behandlungstransaktion genau deswegen wichtig, weil die Begegnung zwischen dem Analytiker und dem Patienten ein prägnantes *Beispiel* darstellt für Prozesse, die sich in uns allen abspielen, auch wenn wir niemals in unserem Leben in eine Analyse eintreten. So nimmt man an, daß die Nicht-Analysierten ebenso wie diejenigen, die sich einer Psychoanalyse unterziehen, unbewußte konfliktbeladene Einstellungen (z. B. ödipale Gefühle), die sie ursprünglich während der Kindheit gegenüber für sie wichtigen Menschen hatten (z. B. gegenüber einem Elternteil), auf ihre zwischenmenschlichen Beziehungen im Erwachsenenalter *übertragen*. Und dadurch, daß diese unbewußt übertragenen Dispositionen infantil sind, sind sie der Lebenssituation eines Erwachsenen unangemessen. Indem also der Erwachsene sie in seine zwischenmenschlichen Beziehungen überträgt, reagiert er auf andere, als wären sie Figuren aus seiner fernen, frühen Vergangenheit, und schreibt ihnen dadurch oft fremde, unangemessene Motive und Charakterzüge zu. Kurz, nach dieser Auffassung verzerren die »Übertragungsphänomene« allerorten die zwischenmenschlichen Beziehungen. Und auf Grund dessen, daß man die angenommene Übertragung für allgemeingültig hält, wird behauptet, sie könne die Interaktion zwischen psychoanalytischen Patienten und ihren Ärzten erklären. Also liefert die angenommene Übertragung noch ein weiteres Argument gegen Ricœurs tendenziösen Versuch, Freuds Theorie auf die Form der analytischen Couch-Erfahrung zu reduzieren.
Darüber hinaus stimmt dieser ideologische Eingriff in die Gestalt der Psychoanalyse kaum überein mit Ricœurs verspäteter Anerkennung des tatsächlichen Wirkungsbereichs der *kausalen Erklärung* in der Freudschen Theorie. Er glaubt mit Recht, daß in dieser Sammlung von Hypothesen kausale

Behauptungen immanent enthalten sind. Wie wir jedoch nun sehen werden, ist der Wirkungsbereich dieser Behauptungen weitaus größer als der Bereich der »Hermeneutik des Selbstverstehens« (1981: 264) in der Behandlungssitzung.

Ricœur teilt uns mit, daß »Tatsachen in der Psychoanalyse keinesfalls Tatsachen von beobachtbarem Verhalten sind« (S. 248). Im selben Kapitel widerspricht er aber diesem Diktum folgendermaßen:

»Das Bemerkenswerte an der psychoanalytischen Erklärung ist, daß sie ursächliche Motive sichtbar macht. [...] [Freuds] Erklärung bezieht sich in vielerlei Hinsicht auf ›kausal relevante‹ Faktoren. [...] Das einzig Wichtige für ihn ist, zu erklären, [...] was im Verhalten ›die Inkongruenzen‹ im Verhältnis zum erwarteten Verlauf einer menschlichen Handlung ausmacht. [...] Es ist der Versuch, die ›Inkongruenzen‹ zu reduzieren, der [...] nach einer *Erklärung* anhand von Ursachen verlangt. [...] Wenn man zum Beispiel sagt, ein Gefühl sei unbewußt, [...] bedeutet dies, daß man es als kausal relevanten Faktor sehen muß, um die Inkongruenzen eines Verhaltensaktes erklären zu können. [...] Daraus folgt, [...] daß die Hermeneutik des Selbstverstehens den Umweg über die kausale Erklärung nimmt« (S. 262–264).

Hier erkannte Ricœur offensichtlich an, daß psychoanalytische Erklärungen *kausal* sind und gleichzeitig verschiedene Arten von Verhalten erläutern sollen. Wenn dem so ist, dann muß ihre Bestätigung, wenn überhaupt, von einer Art sein, die diesen erklärten Merkmalen *entspricht*. Wie stellt sich aber Ricœur die Bewertung der psychoanalytischen Kodifikation einer behaupteten kausalen Verbindung vor? Wie ich im zweiten Teil dieses Buches im einzelnen darlegen werde, kann man die *kausale* Relevanz verschiedener Verdrängungsarten nicht anhand von solchen auf das Freudsche Unternehmen begrenzten klinischen Methoden wie der freien Assoziation demonstrieren. Statt dessen muß man sich, wenn man in der Psychoanalyse einen kausalen Zusammenhang herstellen will, ebenso wie in der »akademischen Psychologie« oder Medizin, auf Untersuchungsmethoden verlassen, die in verbesserter Form auf den althergebrachten Regeln der kausalen

Schlußfolgerung, wie sie von Francis Bacon und John Stuart Mill eingeführt worden sind, beruhen.

Nun wird die Notwendigkeit, einen überzeugenden Beweis für die angeblichen kausalen Verbindungen zu liefern, die die Fallgeschichte des Patienten erklären könnten, nicht geringer durch die Verfügung (Ricœur 1981: 266–268), auch das »narrative Kriterium« zu erfüllen. Letzteres erfordert, daß die »partiell erklärenden Segmente dieses oder jenes Verhaltensfragments Bestandteil einer narrativen Struktur sind«, die die ätiologische Lebensgeschichte des einzelnen Analysanden widerspiegelt (S. 267). Wie Ricœur aber betont, muß das psychoanalytisch rekonstruierte Szenarium nicht nur eine *»kohärente Geschichte«* sein (S. 267) – »verständlich« gemacht durch die erklärenden (ätiologischen) Segmente –, sondern es muß auch bestrebt sein, wahr, und nicht nur überzeugend und therapeutisch zu sein. Daher spricht er ganz richtig die Mahnung aus, daß »wir nicht nachlassen dürfen in unserem Bemühen um eine Verbindung zwischen dem Anspruch auf Wahrheit und dem narrativen Kriterium, selbst wenn dieser Anspruch auf einer anderen Grundlage als der Narrativität validiert ist« (S. 268).

In der Tat arbeitet er sorgfältig heraus (S. 268 f.), »was eine Erzählung zu einer Erklärung im psychoanalytischen Sinne macht: Es ist die Möglichkeit, verschiedene Stufen der kausalen Erklärung in Erzählform in den Prozeß des Selbstverstehens einzubringen. Und dieser Erklärungsumweg bringt den Rekurs auf nicht-narrative Beweismittel mit sich.« Aber die Herabstufung der unentbehrlichen kausalen Erklärung zu einem »Umweg« im Selbstverstehen ist psychoanalytisch völlig unberechtigt. Bezeichnenderweise fügt er hinzu, daß die drei Stufen, über die sich diese Beweismittel erstrecken, »die Stufe von gesetzesähnlichen Thesen, die [mirabile dictu!] auf typische Verhaltenssegmente (z. B. auf Symptome) angewendet werden« (S. 269), mit einschließt. Dennoch hatte Ricœur zuvor im selben Kapitel »selbst [neurotische] Symptome« zur Untermauerung seiner Behauptung angeführt, daß »Fakten in der Psychoanalyse keinesfalls Fakten von beobachtbarem Verhalten sind« (S. 248). Dort hatte er nämlich erklärt, daß »selbst Symptome, obwohl sie teilweise beobachtbar sind, in das Feld der Analyse nur im Zusammenhang mit anderen Faktoren eingehen, die im ›Bericht‹ verbalisiert werden.« Ich meine, man wird es dem gewissenhaften Leser nicht verdenken, wenn er sich fragt, ob Ricœur sich selbst darüber im klaren ist, was er behaupten will.

Auf jeden Fall zeigt sich, daß die kausalen Hypothesen, auf denen psychoanalytische Erklärungen basieren, letztlich nur anhand der Methoden der »akademischen Psychologie« und/oder der Naturwissenschaften bewertet werden dürfen. Ricœur aber hatte argumentiert – im ersten Abschnitt desselben Kapitels –, daß man genau diese Beurteilungsmethoden nicht gutheißen sollte. Sie sind, wie er sagte, ungeeignet, weil sie sich toto genere, um nicht zu sagen toto caelo, von den Normen unterscheiden, von denen die »Hermeneutik des Selbstverstehens« bestimmt wird.

In der Tat bestätigt Ricœur in einem Kommentar zur editorischen Einführung von J. B. Thompson, der 1981 eine Reihe seiner Aufsätze übersetzt und herausgegeben hatte (Ricœur 1981: 32–40, bes. S. 38), offensichtlich die methodologische Dichotomie, die Thompson in seinem Namen formulierte. Bezeichnenderweise erklärte dieser:

> »Als Antwort auf jene Kritiker, die behaupten, Freuds Theorie genüge den elementarsten Kriterien für Wissenschaftlichkeit nicht, [...] hält Ricœur daran fest, daß alle diese Behauptungen [...] den wesentlichen Kern der Psychoanalyse verraten. Letztere ist nämlich keine Beobachtungswissenschaft, die sich mit den Fakten des Verhaltens befaßt, sondern vielmehr eine interpretative Disziplin, die mit den Bedeutungszusammenhängen zwischen repräsentativen Symbolen und Urinstinkten befaßt ist. Psychoanalytische Konzepte sollten daher nicht nach den Erfordernissen einer empirischen Wissenschaft beurteilt werden, sondern ›gemäß ihrem Status als Voraussetzung für die Möglichkeit von analytischer [Behandlungs-]Erfahrung, insofern, als letztere auf dem Gebiet des Sprechens gemacht wird‹« (Ricœur 1981: 7).

Und wo Thompson von »der Beweisfrage in Freuds psychoanalytischen Schriften« spricht, weist er weiter darauf hin, daß »Ricœur sich bei seiner derzeitigen Behandlung dieser Frage [1981] von seinem früheren Werk [*De l'interprétation*, 1965] offenbar abgewendet hat: Sein Ausgangspunkt ist nun [1981] die analytische Situation, die festlegt, was als ›Faktum‹ in der Psychoanalyse zählt« (Ricœur 1981: 24).
Ricœurs Beschreibung der Erkenntnistheorie der Psychoanalyse ist also grundlegend inkohärent. Es nimmt deshalb nicht wunder, daß er bei seiner Darstellung der methodologischen Bedeutung der kausalen Natur von psychoanalytischen Erklärungen keine Beachtung schenkt. Wie er bemerkt (1981: 263), liefert Freud explizit kausale Erklärungen für die »Entstehung einer Neurose«. Wenn man aber dies anerkennt, kann jetzt gezeigt werden, daß die Tatsache, daß Freud seine ursprüngliche Verdrängungsätiologie der Hysterie modifiziert hat, für Ricœurs Beschuldigung einer »szientistischen« Psychoanalyse völlig unbrauchbar ist.

B. *Werden die naturwissenschaftlichen Erklärungs- und Validierungsmethoden in der Psychoanalyse widerlegt durch die Pathogenizität von Verführungs*phantasien *oder durch die Rolle der »Bedeutung« für die Erklärung?*

Wie Freud 1897 in einem erstaunlichen Brief an Wilhelm Fließ verkündete (Nr. 69; Anfänge: 186–189), sah er sich genötigt, *eingebildete* Verführungen während der Kindheit anzunehmen, nachdem er zunächst von tatsächlichen Verführungen als Pathogenen für die Hysterie ausgegangen war. Aber auch zu der Zeit, als er noch glaubte, der ätiologische Faktor seien wirkliche Verführungen, hielt er deren angenommene Pathogenizität natürlich für entscheidend vermittelt durch das *psychische* Trauma, das dadurch ausgelöst worden war, daß das Kind diese sexuellen Ereignisse *erlebt* hatte. Diese ätiologische Vermittlung von exogen *ausgelösten* und dennoch *innerpsychischen* Prozessen lenkt den Blick auf eine Passage bei Freud, die Ricœur (1981: 250) in dem irrigen Glauben anführte, sie liefere ihm Munition für seine anti-»szientistische« Sache. In der entsprechenden Passage zollt Freud den kindlichen Verführungsphantasien ätiologisch Anerkennung:

»[...] es bleibt eine Tatsache, daß der Kranke sich solche Phantasien geschaffen hat, und diese Tatsache hat kaum geringere Bedeutung für seine Neurose, als wenn er den Inhalt dieser Phantasien wirklich erlebt hätte. Diese Phantasien besitzen *psychische* Realität im Gegensatz zur *materiellen*, und wir lernen allmählich verstehen, daß *in der Welt der Neurosen die psychische Realität die maßgebende ist*« (GW 11: 383; 1917).

Ricœur kann aber philosophisch kein Kapital schlagen aus der Hypothese, daß – wie Freud nun meint – besagter ätiologischer Prozeß durch autochthone psychische Ereignisse kausal ausgelöst wird und nicht exogen und reaktiv durch Ereignisse, die »*materielle* Realität« besitzen. Denn der Einbildungscharakter der Verführungen setzt kaum die Forderung außer Kraft, daß die Pathogenizität, die diesen Phantasien zugeschrieben wird, nachgewiesen werden müsse. Ricœur ignoriert jedoch in diesem Zusammenhang – wie Roy Schafer (1982) in einem anderen Kontext –, daß unabhängig davon, ob die Verführungen wahr oder nur eingebildet sind, der Vertreter ihrer ätiologischen Rolle nicht davon entbunden werden kann, einen überzeugenden Beweis für diese kausale Zuschreibung zu liefern. Und wie man im zweiten Teil dieses Buches sehen wird, erfordert eine solche Bestätigung ihrerseits genau die Methoden der kontrollierten Untersuchung, die von den Hermeneutikern in Verruf gebracht worden sind. In einem von viel Aufsehen begleiteten Buch geht J. M. Masson (1984) über genau denselben Punkt der Beweisnot wie Ricœur hinweg, obgleich Masson eingebildete Verführungen als Pathogene zurückweist und statt dessen leichtgläubig diese ätiologische Rolle auf *tatsächliche* Fälle von sexuellem Kindesmißbrauch überträgt. Masson sieht daher in der Tatsache, daß Freud seine ursprüngliche Verführungsätiologie aufgab, einen verhängnisvollen Fehler, der den ganzen folgenden Theorienkomplex schwer in Mitleidenschaft zog. Und er behauptet, nicht durch Gegenbeweise, sondern durch Mangel an Mut sei Freud zu dieser Verleugnung getrieben worden. Aber welche Verdienste dieser Vorwurf auch immer haben mag – Massons Rehabilitierung von tatsächlichen Verführungen als Pathogene entbehrt der ätiologischen Grundlage ebenso wie die Pathogenizität von eingebildeten Verführungen.

Aus Kapitel 3 wird sich nun ergeben, daß die Methode der freien Assoziation ebenso untauglich ist, die Pathogenizität von wirklichen Verführungen in der Kindheit zu bestätigen, wie sie auch nicht bestätigen kann, daß eingebildete Verführungen ätiologisch waren. Ja, wie sich in Kapitel 8 erweisen wird, hat die Tatsache, daß Freud wirkliche Verführungen in der Kindheit durch lediglich eingebildete Verführungen als Pathogene ersetzt, letztlich nur zur Folge, daß die Validierung ihrer ätiologischen Relevanz viel schwieriger wird. Ricœur wiegt sich jedoch in dem schlecht begründeten Glauben, daß im Gegensatz zur akademischen Psychologie »die Psychoanalyse mit psychischer Realität und nicht mit materieller Realität befaßt ist. So [sic!] ist das Kriterium für diese Realität nicht mehr, daß sie beobachtbar ist [und sei es nur indirekt, wie in der Physik], sondern daß sie eine der materiellen Realität vergleichbare Kohärenz und Resistenz aufweist« (1981: 251). Aber wo findet sich in alledem auch nur ein Hinweis darauf, warum wir glauben sollten, daß Kinder, die sich – so die Annahme – Verführungsgeschichten zusammenphantasieren, anfällig für die Entwicklung einer Hysterie werden, eben *weil* sie solche Phantasien haben? Und könnte es nicht auch so sein, daß der Ursprung der Verführungsphantasien nicht vollständig innerpsychisch ist, sondern »materielle Realität« mit einschließt, ähnlich, wie der Tod eines Elternteils Depressionen auslösen kann (GW 10: 427–446; 1917)?

Andererseits wird, wenn es tatsächlich einen ätiologischen Zusammenhang zwischen solchen Phantasien und Hysterie gibt, die dafür in Anspruch genommene Wahrheit offensichtlich nicht im geringsten dadurch angefochten, daß die fabrizierten Verführungen erfunden sind. Ricœur modelt diese offensichtliche Tatsache einfach um in »die Hauptschwierigkeit angesichts der Wahrheitsansprüche der Psychoanalyse« (1981: 266). Wir wollen ihm sogar zugestehen, daß »das psychoanalytisch [ätiologisch] Relevante [in diesem Zusammenhang] das ist, was ein Mensch aus seinen Phantasien macht«, während wir entsprechend mißtrauisch sind gegenüber der irreführenden Ausdrucksweise, daß der Patient die Hysterie in pathogener Weise aus seinen Verführungsphantasien »macht«. Und wir wollen außerdem gutheißen, daß man »der Befreiung der Phantasie, der emotionalen Entwicklung und der Freude freieren Lauf läßt, als Freud dies wollte.« Wie, so frage ich aber, ist es dann »unzweifelhaft« der Fall, daß wir dadurch »das [nicht spezifizierte] Band zwischen Aufrichtigkeit [Wahrheitsagen] und Wahrheit zerschneiden« (S. 266)? Wenn man nicht auf Aufrichtigkeit besteht, hat dies doch wohl keinen Einfluß auf welches *Band* auch immer zwischen Aufrichtigkeit und Wahrheit.

Wenn ein Psychiater einem paranoiden Psychotiker die Freiheit läßt, seine Wahnvorstellungen auszudrücken – oder ihn sogar dazu ermuntert –, gefährdet der Arzt dadurch »das Band zwischen Aufrichtigkeit und Wahrheit«? Oder verzichtet er lediglich auf Aufrichtigkeit? Unbehindert durch solche prosaischen Überlegungen, beteuert Ricœur: »Trotzdem glaube ich, daß der Wahrheitsanspruch, der sich aus der Perspektive des richtigen Gebrauchs von Phantasien herleitet, noch immer etwas zu wünschen übrig läßt« (S. 266), was er dann in einer längeren Abhandlung ausführt.

Ricœur selbst hat scheinbar, wenn auch nur stillschweigend und unabsichtlich, eingeräumt, daß ätiologische Hypothesen deswegen einer Validierung bedürfen, weil sie kausal sind, unabhängig davon, ob man glaubt, das auslösende Pathogen sei ein autochthones psychisches Ereignis – z. B. eine Verführungs*phantasie* – oder die Reaktion auf Ereignisse, die »materielle Realität« besitzen, wie etwa eine reale Verführungserfahrung. Wie er bestätigt, schließt jede Rekonstruktion in der Psychoanalyse die »Aufgabe mit ein, ein Erklärungsstadium zu integrieren«, das »die Psychoanalyse davor bewahrt, sich als Bereich der exegetischen Disziplinen, die auf Texte angewendet werden, zu konstituieren – als Hermeneutik« (S. 261). Und dieses Erklärungsgebot »erfordert« seinerseits, »daß die Psychoanalyse in den Prozeß des Selbstverstehens Operationen miteinbezieht, die ursprünglich den Naturwissenschaften vorbehalten waren« (S. 261).

In der Tat sind die »nichtnarrativen« Verallgemeinerungen, die bei psychoanalytischen Erklärungen zur Anwendung kommen, erklärtermaßen

»bereits in den alltäglichen Erklärungen von individuellem Verhalten enthalten; angebliche Motive – beispielsweise Haß oder Eifersucht – sind keine besonderen Ereignisse, sondern Klassen von Zuneigung [Veranlagungsarten], unter die eine bestimmte Handlung eingeordnet wird, um sie verständlich zu machen. Wenn man sagt, jemand handele aus Eifersucht, beruft man sich in bezug auf diese besondere Handlung auf ein Merkmal, das von Anfang an für eine unbestimmte Anzahl von Individuen als wiederholbar und normal gilt. [. . .] Eine bestimmte Handlung zu erklären bedeutet deshalb, sie zu beschreiben, indem man ihr als Ursache ein Motiv, das als Beispiel für eine Klasse dient, zuschreibt« (S. 269).

Wenn man das aber anerkennt, bedeutet dies, daß die hermeneutische Kritik an den naturwissenschaftlichen Erklärungsmethoden in der Psychoanalyse vollständig ausgehöhlt wird. Denn dann wird es völlig nutzlos für diese Kritik, wenn man nach den Worten von George Klein (1976: 26) anführt, »das Hauptziel der psychoanalytischen klinischen Erklärung [sei] die *Interpretation der Intentionalität*; in diesem Sinne werden Verhalten, Erfahrung, Aussage auf ihre Bedeutung hin überprüft.« Statt dessen wird die hermeneutische Kritik an den naturwissenschaftlichen Methoden für die kausale Erklärung in der Psychoanalyse untergraben durch die *Tragweite* der folgenden Freudschen These: Wir alle haben verdrängte und auch bewußte Motive, die nicht nur als erstes von Analytikern ans Licht gebracht werden, sondern die auch die Art von Verhalten, Gedanken, Gefühlen usw. *verursachen*, die von ihnen vermeintlich erklärt werden. *Im Zusammenhang mit der psychoanalytischen klinischen Theorie der Psychopathologie* werden unbewußte Vorstellungen kaum dadurch ihrer angenommenen kausalen Rolle beraubt, weil sie ontologisch gesehen eher geistiger als physikalischer Natur sind. Denn wie wir sahen, wurde bei dieser freudianischen Verdrängungstheorie eine ausschließlich physikalistische Auffassung von kausaler Relevanz ausdrücklich aufgegeben. So ist es in dem von Freud beschriebenen psychischen Rahmen schlicht verbohrt, zu behaupten, eine verdrängte Vorstellung könne dadurch, daß sie geistiger Natur ist, nicht als motivationale [motivational] *Ursache* fungieren. Das wäre ebenso unsinnig wie die Behauptung, weil bei einer Explosion Erdgas beteiligt sei, könne diese Explosion nicht als Ursache für den Zusammenbruch eines Gebäudes und den Tod seiner Bewohner bezeichnet werden.

Ebenso hat Brenner zu Recht vor dem Fehlschluß gewarnt, man könne in der Psychoanalyse die Methoden der Naturwissenschaften schon deswegen nicht anwenden, weil sie Vorstellungen zum Gegenstand hat und sich insofern von der Physik oder auch der Neurophysiologie unterscheidet (1982: 4): »Diese Tatsache [eines unterschiedlichen Gegenstands] hat einige Psychoanalytiker zu der Schlußfolgerung verleitet, daß die Psychoanalyse überhaupt kein Zweig der Naturwissenschaft ist, sondern eine Wissenschaft sui generis, da sie mit Sprache und Bedeutung zu tun hat.«

Jedoch sind Verfechter der hermeneutischen Psychoanalyse wie George Klein (1976: 43) und Roy Schafer (1982: 134 f.) einer ebenso falschen Vorstellung erlegen. Nach ihrer falschen Auffassung von Freuds Ideen können die *Ursachen* des menschlichen Verhaltens höchstens *metapsychologisch* (im technischen Sinne) und nicht rein motivational in der geistigen Form von unbewußten oder bewußten Motiven sein. Und diese widersinnige Ansicht hat den schädlichen Mythos gefördert, daß Erklärungen in der Psychoanalyse genau insoweit, als sie tatsächlich motivational sind oder unbewußte »Ursachen« für unsere Handlungen liefern, nicht eine spezielle *Art* von kausaler Erklärung sein können. Wie Ricœur aber schließlich anerkennenswerterweise zugab (1981: 262 f., 269), ist es so, daß diejenigen, die diese Schlußfolgerung ziehen, Freuds klinische Erklärungen von Neurosen, Träumen und Fehlleistungen in Wirklichkeit *zurückweisen*, obwohl sie sie philosophisch zu erklären vermeinen! Denn in Freuds klinischer Verdrängungstheorie gelten unbewußte Motive genau deswegen als erklärend, weil man glaubt, sie *erzeugten* diese verschiedenen Manifestationen ihrer Existenz, indem sie für sie kausal relevant seien. Die Frage, die sich hier stellt, ist nicht, ob es vernünftig ist, menschliche Handlungen kausal zu erklären, sondern nur, ob man, wenn man dies nicht tut, die Psychoanalyse rekonstruieren kann, ohne sie zu verstümmeln.

So ergibt sich nun, daß die psychoanalytische Suche nach der sogenannten »Bedeutung« von neurotischen Symptomen, Träumen und Fehlleistungen auf zwei entscheidenden Voraussetzungen beruht. Erstens existiert die in Freuds Theorie postulierte *verdeckte* »Intentionalität« tatsächlich versteckt; dadurch werden diese verschiedenen Aspekte des menschlichen Lebens erst geeignet, psychoanalytisch entziffert zu werden; ohne die existentielle Annahme, daß es *tatsächlich* unbewußte Prozesse gibt, die den Schlüssel zu der Bedeutung, die man ergründen möchte, enthalten, ist es schließlich rein illusorisch, die geheimnisvolle »Bedeutung« der fraglichen Lebensereignisse psychoanalytisch untersuchen zu wollen. Zweitens gewinnt – im Gegensatz zu den genannten falschen Auffassungen – die vermeintlich verdrängte Vorstellung ihre *Erklärungsfähigkeit* in der Psychoanalyse aus ihrer

angenommenen *kausalen* Rolle, eine Erklärungsentwicklung, »die ursprünglich den Naturwissenschaften vorbehalten war« (Ricœur 1981: 261). Aber gerade die Tatsache, daß man der unbewußten Geistestätigkeit verschiedene Arten kausaler Wirksamkeit zuschreibt, erfordert eine überzeugende Rechtfertigung. So kann die Psychoanalyse ausgerechnet bei der Suche nach der versteckten »Bedeutung«, deren Enthüllung man von ihr erwartet, *ihr behauptetes Versprechen nicht einhalten*, ohne sich auf *Untersuchungs- und Validierungsmethoden* zu stützen, die Hermeneutiker für völlig ungeeignet erklären: genau jene kognitiven Verfahren, die sie für gewöhnlich als den Naturwissenschaften immanent klassifizieren. Insofern, als diese Autoren kausale Erklärungen in der Psychoanalyse gutheißen, profitiert ihr gesamtes hermeneutisches Unterfangen aber auch stillschweigend von einer Epistemologie, die sie, wie sie hartnäckig beteuern, ablehnen.
Ricœur macht sich dieser Flunkerei ebenso schuldig wie andere auch. Denn er verurteilt ganz entschieden die Logik der Validierung, wie man sie von den Naturwissenschaften her kennt, als Freuds klinischer Theorie fremd, und zwar, indem er diese Wissenschaften fälschlich in seine mythische Vorstellung von einer »Beobachtungswissenschaft« integriert (1981, Kap. 10; 1974a: 366–384), während er gleichzeitig leugnet, daß die Psychoanalyse eine solche Wissenschaft darstelle. Dieses philosophische Vergehen wird auch nicht durch sein Zugeständnis gemildert (1981: 261), die von der Psychoanalyse gelieferten kausalen Erklärungen widerlegten, daß das Freudsche Werk auf lediglich einen »Bereich« der exegetischen Hermeneutik beschränkt werden müsse.
Wie wir weiter sehen werden, setzt sich auch George Klein nicht damit auseinander, welche Bedeutung den stillschweigenden existentiellen und kausalen Annahmen zukommt, die seiner Erklärung zugrunde liegen, daß, wenn wir »nach den [unbewußten] Gründen für das Verhalten suchen, die klinische Erklärung es erfordert, daß wir nicht nur die [uner-

kannte oder sogar verleugnete] in Gestalt einer Erfahrung oder eines Verhaltens auftretende Intentionalität identifizieren, sondern auch die [ätiologische] Geschichte von solchen richtungweisenden Anleitungen im Leben eines Menschen (den ›genetischen Gesichtspunkt‹)« (1976: 27). Wie würde Klein z. B. die psychoanalytische Behauptung rechtfertigen, daß die freie Assoziation dazu dienen kann, die angeblich tätigen, jedoch unbewußten »richtungweisenden Anleitungen« des Verhaltens und die mutmaßliche ätiologische Rolle dieser verdrängten Intentionalität zu »identifizieren«? Man kann Freuds Metapsychologie, wie berechtigt auch immer, mit noch so viel Hohn überschütten, aber dadurch wird diese unentbehrliche Rechtfertigung nicht geliefert, ebensowenig wie eine noch so sorgfältige (und einfallsreiche) Artikulation der bisher geheimnisvollen »Bedeutung« dies leisten kann. Warum sollte beispielsweise ein vernünftiger Mensch der Behauptung eines Analytikers überhaupt Glauben schenken, daß die »richtungweisende Anleitung« für die chronische Schlaflosigkeit, unter der er als Erwachsener zu leiden hat, seine ungeheure, wenn auch unerkannte, zwanghafte Todesangst ist, ausgelöst durch den frühen Tod beider Elternteile *und* das Schuldgefühl, weil er sich ihren Tod gewünscht hatte?

Wir wollen nun anhand einiger prägnanter Beispiele deutlicher machen, inwieweit das gesamte hermeneutische Unternehmen in der Psychoanalyse *von der Konzeption her schlecht angelegt* ist, sofern es nicht in ausreichendem Maße die Möglichkeit bereitstellt, die kausalen Zuschreibungen zu validieren, die in der zu ergründenden versteckten »Bedeutung« implizit enthalten sind.

Angenommen, man betrachtet die Denkzerfahrenheit und das Geplapper einer bestimmten Gruppe von schizophrenen Frauen als Anzeichen für ihre schlau praktizierte Hexerei und/oder ihre Unkenntnis darüber, daß sie vom Teufel besessen sind. Wenn nun jemand behauptet, er habe akzeptable Gründe für eine solche Zuschreibung, wird er sich natürlich berechtigt glauben, einen Schamanen oder einen Exorzisten rufen zu lassen. Dieser Therapeut würde dann, indem er angeblich die Geister oder ähnliches beschwört, hermeneutisch die mutmaßliche »versteckte Bedeutung« des Geplappers dieser unglücklichen Frauen ergründen. Uns übrigen aber möge verziehen werden, wenn wir den Schamanen oder Exorzisten mitteilen, daß wir ihre hermeneutische Suche und die daraus folgenden Offenbarungen vom Ansatz her für verfehlt halten. Denn es gelingt ihnen offensichtlich nicht, die bizarren kausalen Zuschreibungen, auf die sich ihre »klinische Untersuchung« und ihre Therapie stützen, überzeugend zu validieren.

Natürlich können ihre Beschwörungen sogar die schizophrenen Symptome positiv beeinflussen, wenn auch nur vorübergehend. Aber auch dann, wenn diese therapeutischen Ergebnisse eindrucksvoll wären, würden wir kaum glauben, die Schamanen oder Exorzisten hätten die andernfalls schwer faßbare »Bedeutung« der Symptome von Hexerei oder Besessenheit zum Vorschein gebracht. Denn wir weisen die kausale Ontologie zurück, die alldem zugrunde liegt und die festlegt, welcher Art die »Bedeutung« ist, die sie bei ihrer Suche »entdecken«. Und deswegen weisen wir auch ihr »Verständnis von Intentionalität« als ganz und gar phantastisch zurück.

Ähnlich wäre es, wenn eine neue Schule von selbsternannten Archäologen eine Reihe von retrodiktiven Schlußfolgerungen, die auf dubiosen kausalen Hypothesen basieren, verkünden würde: wir würden unsere Zustimmung verweigern, wenn sie beteuerten, eine zuvor schwer faßbare »archäologische Bedeutung« gefunden zu haben.

In bezug auf die Psychoanalyse hat der bekannte Analytiker B. B. Rubinstein dieselbe Kritik gegenüber den Hermeneutikern im Zusammenhang mit der Traumtheorie geäußert. In einem Abschnitt zur »Erklärung im Sinne von Bedeutung und kausaler Erklärung« schrieb Rubinstein treffend:

»Wenn wir die Bedeutung eines Traumsymbols interpretieren, setzen wir voraus, daß die Prozesse, von denen wir annehmen, daß sie die

Erzeugung des Symbols kausal erklären, tatsächlich aufgetreten sind. Wenn natürlich die Prozesse, aus denen die Symbolerzeugung erklärt wird, unwahrscheinlich sind, dann haben wir, unabhängig davon, wie treffend die Interpretation eines Symbols hinsichtlich der [angeblichen latenten] Bedeutung auch sein mag, keine andere Wahl, als die Interpretation zu verwerfen. [...] Für den Interpretator [z. B. den Analytiker] liegt die *Bedeutung eines Symbols* jedoch darin, was das Symbol ohne jedes Wissen des Träumers angeblich *zu erkennen gibt*. [...] Jedoch ist das, was so zu erkennen gegeben wird, entweder auch das, was zum Erscheinen des Symbols Anlaß gegeben hat, d. h. das Erscheinen *verursacht* (oder zu seiner Ursache beigetragen) hat, oder aber man kann nicht sagen, das ›Symbol‹ weise darauf hin. Wir sehen, daß man von einem Symbol, von dem man gerechtfertigterweise sagt, es deute auf etwas hin, auch sagen kann, es *repräsentiere* dieses Etwas« (1975: 104 f.).

Eine nützliche Folge dieser überzeugenden Behauptung ist: Unabhängig davon, wie stark die *thematische Affinität* zwischen einem mutmaßlich verdrängten Gedanken und einer unangemessenen neurotischen Handlung auch ist, so reicht diese »Bedeutungsverwandtschaft« für sich genommen noch nicht aus, zu belegen, daß die angenommene Verdrängung »die versteckte Intentionalität« hinter dem gegebenen Verhalten ist. Denn thematische Affinität allein bürgt nicht für ätiologische Abstammung, wenn nicht weitere Beweise vorliegen, daß eine thematisch verwandte Verdrängung tatsächlich das Verhalten *erzeugte*. Und wenn es nicht berechtigt ist, den Verdrängungsvorgang aus dem Verhalten des Patienten zu folgern, dann ist es nur irreführend, zu behaupten, die Verdrängung sei »die Bedeutung« des Verhaltens, oder das Verhalten »weise« auf die Verdrängung hin. Denn das fragliche Verhalten verrät in der Tat nicht, ob eine Verdrängung vorliegt, und rechtfertigt so auch nicht, daß man eine solche in das Verhalten hineinliest. Indem er aber das heimtückische Wort »Bedeutung« verwendet, um wiederzugeben, was – soweit es sich belegen läßt – *nur* eine thematische Affinität ist, erweckt der Hermeneutiker den Anschein, als habe er letztlich eine »versteckte Intention« entdeckt. In meiner im

Erscheinen begriffenen Studie »The Role of the Case Study Method in the Foundations of Psychoanalysis« erörtere ich ausführlich, warum thematische Bedeutungsverwandtschaft eben nicht allein für kausale Abstammung bürgt.

Auch Analytiker, die keine erklärten Hermeneutiker sind, neigen dazu, »den thematischen Affinitätsfehler«, wie man ihn nennen könnte, zu begehen. Ich möchte nun anhand einer Diagnose, die am Ende des 4. Kapitels ausführlich zu diskutieren sein wird, einen ähnlichen Fallstrick aufweisen. Wie dort dokumentiert wird, hatte ein Analytiker eine Patientin in Behandlung, die sich übermäßig Sorgen gemacht hatte über ihr allgemeines Aussehen, hauptsächlich aber über ihre Haut. Natürlich besteht eine thematische Affinität zwischen dem dermatologischen Defekt, über den sich die Patientin ärgerte, und dem Phallusdefizit, über das sich laut Freuds Hypothese vom weiblichen Penisneid kleine Mädchen ärgern, die angeblich ihre Brüder um ihre männliche anatomische Ausstattung beneiden. Jedenfalls ist auch in beiden Fällen Ärger im Spiel. Aber angenommen, es gibt Gründe, kleinen Mädchen einen Penisneid zuzuschreiben, dann kann das allein noch lange nicht beweisen, daß ihr Gefühl, einen anatomischen »Defekt« zu haben, *auch pathogen* ist. In dem am Ende des 4. Kapitels diskutierten Fall diagnostizierte der Analytiker jedoch Penisneid als versteckte Intentionalität hinter der Unzufriedenheit der Patientin mit ihrer Haut und ihrer allgemeinen Erscheinung, nachdem er ihre Zustimmung zu diesem unterstellten Neid arrangiert hatte. In meiner zuvor genannten demnächst erscheinenden Studie belege ich, wie häufig Freud selbst dem Irrtum der thematischen Affinität in seinen Fallgeschichten aufsaß.

Interessanterweise sahen auch ehemalige Behavioristen darüber hinweg, daß der Übertritt zur hermeneutischen Psychologie nicht von der Forderung entbindet, die kausalen Hypothesen, auf die sie sich bei ihrem erklärten Unternehmen stillschweigend berufen, zu validieren. A. Gauld und J. Shotter (1977) stimmen unbekümmert zu, daß in der Psychoanalyse

versteckte Motive unterstellt werden, sagen aber nichts über die Gründe, die ein hermeneutischer Psychologe – abgesehen von thematischer Affinität – beispielsweise für die Behauptung anführen würde, daß die motivationale Ursache für ein bestimmtes Verhalten die unbewußte Aggression eines Patienten gegen seinen Vater war. Ihrer Ansicht nach besteht daher eine Aufgabe des hermeneutischen Psychologen darin, »anhand jeder verfügbaren Methode zu erklären, welche ›Bedeutungen‹ die Handlungen für die Ausführenden hatten. Diese Aufgabe ist dann abgeschlossen, wenn der Patient nach der Psychotherapie erkennt, daß es sich bei seiner merkwürdigen Handlung um einen symbolischen Aggressionsakt gegenüber seinem Vater handelte« (S. 80). Aus welchem Grund nehmen sie aber an, daß irgendeine der Methoden, die durch ihre hermeneutische Doktrin unterstützt wird, Aussicht darauf bietet, »die [unbewußten] ›Bedeutungen‹, die die Handlungen für die Ausführenden hatten«, aufzudecken?
Wie wir bereits bei Habermas bemerkt haben, ist es aus der kognitiven Psychologie bekannt, daß auch im Falle *bewußt* motivierten Verhaltens der Ausführende keinen privilegierten Erkenntniszugang zur Wahrnehmung der Motive für seine verschiedenen Alltagshandlungen genießt. Tatsächlich ist es allzuhäufig nachweislich falsch, wenn behauptet wird, man könne bewußte Motive introspektiv feststellen. Wenn daher ein Handelnder eine motivationale Erklärung für seine Handlungen offeriert, geschieht dies – ebenso wie bei außenstehenden Beobachtern –, indem er *auf Theorien basierende* Schemata beschwört, die durch das Glaubenssystem, an das er sich hält, gebilligt werden. Namentlich im Falle *unbewußt* erzeugten Verhaltens stützen sich Patient und Analytiker gleichermaßen eindeutig auf die psychoanalytische Theorie, wenn sie vorgeben, die zuvor unbekannte »Bedeutung« der »merkwürdigen Handlung« des Patienten verstehen zu können.
Wie kann man aber überhaupt annehmen, daß einer der beiden weiß – Gauld und Shotter zufolge, ohne die aufgegebe-

nen außerhermeneutischen Validierungsmethoden anzuwenden –, daß es sich bei dieser »Bedeutung« um die unbewußte Aggression gegenüber dem Vater handelte? Um eine Veränderung in dem merkwürdigen Verhalten des Ausführenden zu erreichen, ist es vielleicht völlig irrelevant, ob die Interpretation des Therapeuten in bezug auf das verursachende Motiv ein Mythos ist. Gauld und Shotter verwenden jedoch den Ausdruck »die [unbewußte] ›Bedeutung‹, die die Handlung für den Ausführenden hatte«. Und die Tatsache, daß sie die Vergangenheitsform benutzen, weist darauf hin, daß sie die Existenz eines Motivs voraussetzen, das tatsächlich schon wirksam war, bevor der Patient in die Therapie eintrat, und nicht ein mutmaßliches Motiv, das für ihn unter dem Einfluß der Behandlung lediglich retrospektiv glaubwürdig werden muß. Wenn dem aber so ist, dann ist es für ihr offen ausgesprochenes Erklärungsziel ganz und gar nicht unwesentlich, ob die motivationalen Zuschreibungen des Analytikers mehr als reine Phantasie sind. Trotzdem weichen sie diesem entscheidenden Thema aus, wenn sie selbstzufrieden feststellen: »Nachdem man die zuvor ›geheimnisvollen‹ Bedeutungen dieser verschiedenen Handlungen ans Licht gebracht hat, so daß diese nun ebenso verständlich sind wie Alltagshandlungen, die jeder begreifen kann, ist dieser Teil der Aufgabe für den hermeneutischen Psychologen abgeschlossen« (S. 81).
Andere Hermeneutiker haben versucht, sich gegen die Risiken von kausalen Zuschreibungen abzusichern, indem sie, noch radikaler als Ricœur oder Gauld und Shotter, die eigentlichen Ziele der psychoanalytischen Erklärung der »Bedeutung« in einen neuen Begriff faßten. Diese List fand auch bei einer ganzen Reihe von Analytikern großen Anklang. Denn angesichts der traurigen Tragweite, die die skeptischen Einwände gegenüber ihrer Hinterlassenschaft gewannen, sind sie fest entschlossen, diese in irgendeiner Form zu retten. Einige von ihnen werden daher verständlicherweise für eine Begründung empfänglich sein, die ihnen Absolution dafür verspricht, daß sie die Haupthypothesen ihrer klinischen Theo-

rie nicht validieren konnten, wie ich ausführlich in Teil II darlegen werde. ›Habt keine Angst‹, wird ihnen gesagt, ›und macht eine radikale *hermeneutische* Kehrtwendung‹. Freud, so heißt es, habe sich den Alpdruck der Validierung durch seine szientistischen Ambitionen selbst aufgeladen. ›Schwört seinem Programm der kausalen Erklärung ab‹, so die radikaleren Hermeneutiker, ›und ihr werdet die lästige Forderung, Freuds kausale Hypothesen rechtfertigen zu müssen, nicht mehr am Hals haben.‹ Einer dieser Hermeneutiker stellte die Verwerfung der Kausalität folgendermaßen dar: »Die Bedeutung eines Traumes liegt nicht in einem früheren latenten Traum [Trauminhalt, wie Freud behauptet hatte], sondern in dem manifesten Traum und den Assoziationen, die der Analysand damit verbindet« (Steele 1979: 400). Michael Moore hat diese Haltung anschaulich erläutert, bevor er sie energisch bestritt. Ihm zufolge behauptet der radikale Hermeneutiker,

»daß Freud in Wirklichkeit nicht erklärte, wie es zu dem einzelnen Traum kam; [...] er entdeckte nicht seine (motivationalen oder nichtmotivationalen) Ursachen. Deswegen haben die rationalisierenden, aber nichtkausalen Wünsche, die man nach dem Traum mittels freier Assoziation entdeckt, nichts zu tun mit der Traumproduktion; sie stellen nachträgliche Entdeckungen dar, zu denen man kommt, wenn man den manifesten Trauminhalt und das über die freie Assoziation produzierte Material gegeneinanderhält – eine interpretative Technik, bei der man vielleicht etwas über sich selber erfährt, aber absolut nichts darüber, was die Träume verursacht hat« (Moore 1983: 49).

Allgemeiner ausgedrückt, schließt der Rat, der kausalen Erklärung abzuschwören, die beruhigende Versicherung mit ein, daß der praktizierende Analytiker vor dem Hohn von Kritikern, die den Nutzen seiner Therapie in Frage stellen, geschützt sei. Und auch für die freudianischen Psychohistoriker hält der Hermeneutiker die frohe Botschaft bereit, daß sie von nun an als Protagonisten einer neu legitimierten Art von humanistischer Disziplin ihren Kopf hoch tragen können. Kurz, es wird behauptet, man könne die Forderung, die kausalen Aussagen zu validieren, umgehen, und deshalb sei die weitere Forderung danach zu einem Anachronismus geworden, dem sich nur noch positivistische Fanatiker hingeben.

Ich halte jedoch daran fest, daß die allgemeine Nichtanerkennung von kausalen Zuschreibungen, die die radikalen Hermeneutiker verfechten, eine nihilistische, wenn nicht gar leichtfertige Trivialisierung von Freuds gesamter klinischer Theorie darstellt. Ich behaupte, daß die Umarmung dieser Hermeneutiker der psychoanalytischen Apologetik sicher nicht als neue Zuflucht dienen kann, sondern vielmehr den Todeskuß für das Vermächtnis bedeutet, das gerettet werden sollte.

Ich möchte mein Argument gegen die genannte akausale hermeneutische Auffassung der psychoanalytischen Bedeutung verdeutlichen, indem ich auf eine Freudsche Gedächtnisfehlleistung verweise, die als paradigmatisches Beispiel in der Literatur auftauchte und auf die ich mich bereits früher bezog. Wenn man sagt, sich versprechen, sich verschreiben, sich verhören, sich versehen oder sich falsch erinnern sei eine echte »Freudsche« Fehlleistung, so meint man, daß sie durch ein *verdrängtes* Motiv hervorgerufen wurde. Wie in Kapitel 4 deutlich werden wird, erhob Freud auf diese Weise eine scheinbar unbedeutende Gedächtnisfehlleistung in den Rang eines minineurotischen Symptoms, indem er diesen Lapsus als *Kompromiß* zwischen einem (kurzfristig) verdrängten Motiv, das in Form einer Störung zutage tritt, einerseits und der bewußten Absicht, etwas Bestimmtes zu äußern, andererseits betrachtet.

Bei dem zugehörigen paradigmatischen Beispiel für einen Gedächtnisfehler handelt es sich um das lateinische Pronomen »aliquis« (›jemand‹), das ein junger Mann *Y* vergaß, als er eine Zeile aus Vergils *Äneis* zitierte (GW 4, Kap. 2; 1901). Freud ergänzte das fehlende Wort und wies *Y* an, das wiedergefundene Wort als Ausgangspunkt für freie Assoziationen zu nehmen. Nach einer Kette von Assoziationen, die Freud durch einige Einwürfe unterbrach, stellte sich heraus, daß *Y* vermutlich eine verdrängte Furcht hegte. Eine italienische Freundin war, wie er besorgt vermutete, von ihm schwanger geworden. Freud teilte ihm darauf mit, diese verdrängte Angst habe zweifellos seinen Fehler bei *aliquis* hervorgebracht. *Y* zog aber jede solche kausale Verknüpfung in Zweifel, obwohl er sich darüber im klaren war, daß er wirklich besorgt war.

Ich möchte nun Freuds Darstellung dieses Lapsus der hermeneutischen Behauptung gegenüberstellen, daß die Fehlleistung von *Y* sich zu einer akausalen und dennoch psychoanalytischen Interpretation eignet.

Der orthodoxe Grund, aus dem *Y* gebeten wurde, seine freien Assoziationen auf dem zurückgerufenen Wort aufzubauen, lag klar auf der Hand. Dadurch, daß Freud den Lapsus für ein minineurotisches Symptom hielt, schrieb er die Tatsache, daß er auftrat, *kausal* einer Verdrängung zu. Und als *Y* ihn darum bat, ihm zu *erklären*, wie das Vergessen des Pronomens verursacht worden war, versprach Freud, die kausal relevante Verdrängung zu identifizieren, indem er die freien Assoziationen, die bei *Y* durch das wiedergefundene Wort »aliquis« ausgelöst wurden, sichtete (GW 4: 14; 1901). So nahm er dann die Tatsache, daß die von *Y* zuvor verdrängte Angst vor einer Schwangerschaft aus diesen besonderen Assoziationen auftauchte, als Begründung für die Schlußfolgerung, daß genau diese Furcht – während sie noch bis zu der Gedächtnisfehlleistung verdrängt war – *Y* dazu veranlaßt hatte, dieses Wort zu vergessen. Freud hielt diese Schlußfolgerung für zulässig, weil er von dem Grundsatz ausging, daß eine Verdrängung *V*, die bereits existiert, noch bevor eine Person *X* eine Fehlleistung begeht, als deren Ursache in Frage kommt, sofern *V* im Gefolge von freien Assoziationen in das Bewußtsein von *X* vordringt, Assoziationen, die dadurch ausgelöst werden, daß die Person vom Inhalt ihres Irrtums erfährt.

Ich behaupte bestimmt nicht, zu wissen, was den Versprecher

von *Y* verursachte. Aber ich behaupte aus den in Kapitel 4 angeführten Gründen, daß, sofern es die verdrängte Sorge von *Y* war, die diesen dazu veranlaßte, »aliquis« zu vergessen, es Freud keinesfalls gelang, einen stichhaltigen Beweis für diese kausale Verknüpfung beizubringen. Und dieses Scheitern bei der Rechtfertigung seiner kausalen Schlußfolgerung ist tadelnswert, selbst wenn man Freud ganz allgemein zugestehen würde, daß, wie er behauptete, der Analytiker keine erkenntnismäßig kontaminierenden Einflüsse in die Assoziationskette einbringt (GW 13: 214; 1923). Dennoch bemüht sich Freud bei seiner Darstellung, auch wenn diese mit schweren Fehlern behaftet ist, eine Erklärung für Fehlleistungen *qua Fehlleistungen* zu liefern, indem er vorgibt, er habe unbewußte Motive *für ihr Auftreten* identifiziert.

Wie ich meine, wird nun die interpretative Bedeutung, die das akausale hermeneutische Grundprinzip liefern soll, ganz und gar nicht der Tatsache gerecht, daß das Wort »aliquis« in einer *Fehlleistung* des Gedächtnisses eine Rolle spielte. Um welche hermeneutische Bedeutung es sich auch immer handelt: ich behaupte, daß es sich auf *keinen* Fall um die Bedeutung *einer Fehlleistung qua Fehlleistung* handelt! Tatsächlich sichtet der obengenannte Hermeneutiker ebenso wie der orthodoxe Analytiker die freien Assoziationen, die *Y* auf das vergessene und bewußt wiedererhaltene Wort produziert. Jedoch wird aus radikaler hermeneutischer Sicht, die hier zur Debatte steht, die Postulierung von Ursachen ernsthaft bestritten (Steele 1979: 400) und dadurch auch die kausale Bedeutung aufgegeben, die daraus resultiert, daß man eine Fehlleistung als minineurotisches Symptom behandelt. Nach dieser Auffasung hat also die interpretative Bedeutung, die man aufdekken muß, indem man die Assoziationen von *Y* sichtet, erklärtermaßen keine *kausale* Relevanz für die Tatsache, daß »aliquis« innerhalb einer Fehlleistung bedeutsam wurde. Wie kann man dann aber glauben, daß die über den assoziativen Inhalt von »aliquis« zum Vorschein gekommene interpretative Bedeutung das Wesentliche am *Vergessen* von »aliquis«

ist, und nicht einfach die assoziative Bedeutung dieses Wortes per se, *unabhängig davon, ob es vergessen worden war oder nicht*? Warum sollte man in der Tat nach dem akausalen hermeneutischen Grundprinzip *Y* bitten, auf das Wort »aliquis« zu assoziieren und nicht auf eines der Wörter in der Zeile aus Vergil, die er *nicht* vergessen hatte? Warum kann, wenn doch die auftauchende Bedeutung nicht die Bedeutung einer Fehlleistung qua Fehlleistung ist, dieses akausale Grundprinzip den Grund zu der Annahme liefern, daß die Assoziationen auf ein *vergessenes* Wort an interpretativer Bedeutung reicher sind – was immer das ist – als die Assoziationen auf nicht-vergessene Wörter oder auf andere Dinge im Leben eines Menschen, die Assoziationen hervorrufen? Wie kann schließlich der radikale Hermeneutiker der Meinung sein, er habe überhaupt Freuds Theorie der Fehlleistungen *qua* Fehlleistungen rekonstruiert?

Man beachte, daß ich mich, wenn ich der akausalen Hermeneutik die völlige Verstümmelung zur Last lege, nicht auf folgende *empirische* Annahme verlasse, die sich nach Wittgenstein auf Freuds eigene kausale Auslegung nachteilig auswirkt:

»Es ist einfach so: immer, wenn man mit etwas beschäftigt ist, einer Schwierigkeit oder einem Problem, das im eigenen Leben eine große Rolle spielt – etwa mit der Sexualität –, dann kann man anfangen, wo man will, die Assoziation wird einen schließlich und unvermeidlich auf dasselbe Thema zurückführen« (Wittgenstein 1968: 85).

Wenn aber nun der radikale Hermeneutiker erwidert, daß, obwohl die Assoziationen keine Ursache für eine Fehlleistung erkennen lassen, sie doch eine ganze Menge über den gegenwärtigen psychischen Zustand der assoziierenden Person verraten? Ich gebe mit der Frage zurück: Auf welcher Grundlage schließt der Verfechter einer *akausalen* Hermeneutik von den freien Assoziationen einer Person auf deren psychischen Zustand? Verläßt er sich nicht bei seiner Schlußfolgerung stillschweigend auf mutmaßliche *kausale* Verknüpfungen zwischen Persönlichkeitsstruktur und Assoziationsleistung? Wenn dem so ist, dann hat der akausale Hermeneutiker nicht das Recht, sich auf sie zu berufen, schon weil die Validierung von kausalen Verbindungen nicht-hermeneutische Methoden erfordern würde, die er nicht gutheißt. Wir wollen aber annehmen, daß die Verallgemeinerungen, die man braucht, um die erforderlichen Schlußfolgerungen in bezug auf den Zustand einer Person ziehen zu können, nicht kausal sind. Selbst dann ist es bestenfalls unklar, wie sie validiert werden können, ohne daß man induktive Methoden wählt, die der Hermeneutiker als »szientistisch« verwirft.

Ähnliche Überlegungen berechtigen zu dem Schluß, daß das akausale hermeneutische Grundprinzip die Verdrängungsätiologie der Psychoneurosen so beschneidet, daß diese Ätiologie *qua* Theorie der Psychopathologie trivialisiert wird. Und ein solches Urteil führt dazu, daß man die genannte akausale Version der allgemeinen Traumtheorie verurteilen muß, wie Michael Moore es in seiner aufschlußreichen Kritik der hermeneutischen »Rationalisierung ohne Ursächlichkeit« getan hat (1983: 32). In der Tat gibt der radikale Hermeneutiker, indem er den Kausalansprüchen abschwört, nicht nur das ätiologische Prinzip der therapeutischen Wirkung durch das Aufdecken von Verdrängungen auf, sondern auch die kausale Zuschreibung einer solchen therapeutischen Wirksamkeit. Weshalb sollte ein besorgter Patient dann überhaupt einen Analytiker aufsuchen?

Auf der anderen Seite will Ricœur, wie wir sahen, das Vertrauen auf kausale Hypothesen in psychoanalytischen Erklärungen stützen. Bei dem Versuch, ihnen eine echte hermeneutische Dimension hinzuzufügen, schlägt er aber vor, sie mit Hilfe einer *semiotischen* Auffassung von Symptomen zu *semantisieren*. Und er stellt dieses Vorgehen in gedrängter Form dar, indem er den eigentlichen Gegenstand der psychoanalytischen Untersuchung und Erklärung als »Semantik des Wunsches« charakterisiert (1974a: 385). Wir müssen uns über den begrifflichen Zusammenhang im klaren sein, in den

Ricœur seine beabsichtigte Integration von *Symptomen* in *linguistische Repräsentationen* ihrer angenommenen unbewußten Ursachen einzubetten versucht hat.

C. Liefert die Verdrängungstheorie eine »Semantik des Wunsches«?

In der psychoanalytischen Theorie betrachtet man sowohl ausgewachsene neurotische *Symptome* als auch minineurotische Symptome (z. B. manifeste Trauminhalte, Freudsche Fehlleistungen, Witze) als *Kompromiß*bildungen, als Produkte des Abwehrkonflikts zwischen verdrängten und verdrängenden Vorstellungen (GW 1: 387; 1896; 11: 372 f.; 1917). In ihrer Eigenschaft als Kompromißbildungen wurden *Symptome* traditionellerweise auch als »Symbole« für das Verdrängte betrachtet, aber im insgesamt NICHT-semantischen Sinne von *Ersatz*bildungen, die Befriedigungen ersetzen oder Ventile bieten.

Diese nicht-semiotische Vorstellung von »Symbolen« in der Psychoanalyse wird noch deutlicher in Ernest Jones' bedeutender Darstellung »The Theory of Symbolism«, wo er erklärt:

> »Die Symbolik spielt sicher eine wesentliche Rolle bei vielen neurotischen Symptomen; ein Kastrationskomplex führt beispielsweise häufig zu einer Blindheitsphobie, da das Auge eines der am weitesten verbreiteten somatischen Phallussymbole darstellt. Die Ansicht, daß die Symbolik als Folge eines intrapsychischen Konflikts zwischen den verdrängenden und den verdrängten Neigungen auftritt, wird von allen Psychoanalytikern vertreten. [...] Nur das, was verdrängt wird, wird symbolisiert; nur das, was verdrängt wird, muß symbolisiert werden. Diese Schlußfolgerung ist der Prüfstein für die psychoanalytische Theorie der Symbolik« (1938: 158).

Bevor Jones darstellt, in welcher Hinsicht die »Symbolik« psychoanalytisch relevant ist, unterscheidet er *»Sublimierungen«* einerseits von »Symbolen« andererseits:

»Sublimierungen resultieren wie Symbole aus dem Konflikt zwischen unbewußten Impulsen und den hemmenden Kräften der Verdrängung, aber sie unterscheiden sich von Symbolen insofern, als bei der Sublimierung allein die psychische Energie und nicht deren Bedeutung aus den unbewußten Komplexen gewonnen und auf ein anderes Vorstellungsgefüge übertragen wird, das seine eigene, unabhängige Bedeutung hat, während beim Symbol die volle Bedeutung des ursprünglichen Komplexes unverändert beibehalten wird und lediglich auf eine sekundäre Vorstellung (die des Symbols) übertragen wird«.

Schließlich betont Jones, daß »die Bezeichnung ›Symbolik‹ der Symbolik in ihrer charakteristischsten Form vorbehalten sein soll«, ein Brauch, den Psychoanalytiker bereits übernommen haben:

»Die beiden wesentlichen Merkmale der Symbolisierung in diesem strengen Sinne sind, (1) daß der Prozeß vollständig unbewußt ist, das Wort also im Freudschen Sinne als ›dem Bewußtsein nicht zugänglich‹ verwendet wird, und nicht als Synonym für ›unterbewußt‹; und (2) daß der Affekt, der die symbolisierte Vorstellung umgibt, was die Symbolik betrifft, erwiesenermaßen nicht zu der Art von Modifikation führte, wie sie durch die Bezeichnung ›Sublimierung‹ vorgegeben wird. In beiderlei Hinsicht unterscheidet sich die Symbolik von allen anderen Formen indirekter Repräsentation.«

Wie Jones betont, unterscheiden sich Symptome, die »Symbole« darstellen, von Sublimierungen. Es wäre jedoch ein *Fehler*, anzunehmen, daß, zumindest in den meisten Fällen, eine thematische Affinität zwischen dem ideationalen [ideational] oder affektiven Inhalt einer Verdrängung und den Symptomen besteht, die sie ersatzweise »symbolisieren«, indem sie ein Ventil für diesen spezifischen Inhalt bereitstellen. Zwar war Breuers erste Patientin, Anna O, die es heftig ablehnte, Wasser zu trinken, vermutlich deswegen hydrophobisch geworden, weil sie den Ekel, den sie zuvor beim Anblick eines Hundes verspürt hatte, der aus einem Trinkglas Wasser schlürfte, abschnürte und verdrängte (Studien: 30). Wie Breuer und Freud aber von Anfang an betonten, haben »die typischen hysterischen Symptome« keinerlei thematische Verbindung zu ihren vermutlichen Pathogenen:

»Es besteht nur eine sozusagen symbolische Beziehung zwischen der Veranlassung und dem pathologischen Phänomen, wie der Gesunde sie wohl auch im Traume bildet, wenn etwa zu seelischem Schmerze sich eine Neuralgie gesellt oder Erbrechen zu dem Affekte moralischen Ekels. [...] In noch anderen Fällen ist eine derartige Determination zunächst nicht dem Verständnis offen; hieher gehören gerade die typischen hysterischen Symptome, wie Hemianästhesie und Gesichtsfeldeinengung, epileptiforme Konvulsionen u. dgl. m.« (GW 1: 83 f.; 1893).

Allgemeiner ausgedrückt haben, wie Freud hervorhob, die Produkte (»Derivate«) des dynamischen Unbewußten, die in das Bewußtsein zurückgedrängt werden, eine mehr oder weniger *entfernte* thematische Verbindung zu dem ursprünglich verdrängten Motiv, von dem sie offensichtlich abstammten (GW 10: 251 f., 289 f.; 1915). Und Freud betonte die thematische Ferne dieser Derivate (Symptome, freie Assoziationen und Phantasien) gerade in dem Augenblick, als er seine Zusammenarbeit mit Breuer beendete; bald darauf degradierte er ätiologisch die Verdrängungen bei Erwachsenen, die er mit Hilfe der kathartischen Methode seines Mentors aufgedeckt hatte, zu bloßen *Heraufbeschwörern* einer Neurose (GW 1: 429 f.; 1896). Wie in Kapitel 3 gezeigt wird, waren die Kindheitsverdrängungen, die dann die Verdrängungen der Erwachsenen als primogene Pathogene der Hysterie ersetzten, unweigerlich sexueller Natur und dadurch thematisch ebenso wie zeitlich in noch weitere Ferne gerückt worden. Wir brauchen nur an die zuvorgenannte homosexuelle Ätiologie der Paranoia zu denken, um verblüfft zu sein von der thematischen Entfernung zwischen dem Argwohn oder den Wahnvorstellungen, die dieses Leiden kennzeichnen, und dem verdrängten homosexuellen Verlangen, das als sein vermeintliches Pathogen gilt.

Ähnlich gilt, daß sich die zwanghaft gewissenhafte Ausübung religiöser Rituale ätiologisch davon herleiten läßt, daß damit die gewaltige, diffuse Angst, ausgelöst durch eine sexuelle Versuchung, gemindert wird (GW 7: 137; 1907). Die thematische »Entstellung« (GW 10: 251 f.; 1915), die als charakteristisch für einen großen Teil der Symptombildung galt, ist auch bei Ferenczi dargestellt, der die phobische Blindheit verdrängter Kastrationsangst zuschreibt (Jones 1938: 158). Kurz, ein Handelnder schließt unbewußt einen »Kompromiß«, wenn er an der triebhaften Verfolgung eines Zieles gehindert wird: er gibt sich zufrieden mit der Ersatzbefriedigung, die ein alternatives Verhalten bietet. Und genau dann, wenn es zu einem thematischen *Abrücken* vom ursprünglichen Ziel kommt, wird es dem Handelnden so vorkommen, als stehe dieses Ersatzverhalten motivational (kausal) *nicht in Beziehung* zum Ziel. Trotzdem wurde die thematische Affinität, da sie einen solch starken Reiz ausübte, sogar nach Ansicht von Karl Jaspers (1973: 374–385) zum Prüfstein für die verständliche Beziehung zwischen psychischen Zuständen.

Soweit zu dem Begriffszusammenhang, in den Ricœur seine *semiotische* Auffassung über die verschiedenen Erscheinungsformen verdrängter Vorstellungen einzubetten versuchte. Nach seiner Auffassung können diese Derivate linguistischen Mitteilungen angeglichen werden, so daß der Gegenstand der klinischen Theorie angeblich den Status einer echten »Wunschsemantik« besitzt. Wir wollen unter dem Blickwinkel der Bewertung dieser linguistischen Wendung zunächst gewisse alltägliche Teileffekte von rein physikalischen Zuständen betrachten, die meiner Ansicht nach – in entscheidenden Hinsichten – eine aufschlußreiche Parallele zu den Verdrängungssymptomen in Freuds konativem Bereich aufweisen.

Eine fußförmige Vertiefung im Sand eines Strandes ist kausal fast ausnahmslos auf die Fußeinwirkung eines am Strand gehenden Menschen oder Tieres zurückzuführen. Ein solches Sandgebilde ist kaum jemals die Folge einer »zufälligen« Anordnung von Sandteilchen, etwa unter der Einwirkung eines Windstoßes. Da sie also statistisch an eine frühere physikalische Interaktion zwischen dem Strand und einem entsprechend geformten Körper gebunden ist, kann die Fußstruktur des Sandes *ontologisch* als *Spur*, als Stempel oder als Zeichen für die vorangegangene Einwirkung klassifiziert werden (vgl. im einzelnen Grünbaum 1974, Kap. 9). Weil der Fußabdruck diesen ontologischen Status als Spur hat, kann man sagen, er gewinne *für einen menschlichen Beobachter, der ihn zu Gesicht bekommt, retrodiktive Bedeutung*: der Betrachter ist *erkenntnismäßig* dazu berechtigt, die Sandformation als *Zeugnis* für das zuvor Eingetretene zu *interpretieren*. Und der geometrische Isomorphismus – »die thematische Affinität« – zwischen einem Fuß und dem *Zeichen* für sein Eindringen erlaubt es in diesem Fall, daß man retrodiktiv auf dieses Ereignis des Eindringens *schließt*.

Frei heraus gesprochen, wenn auch etwas feierlicher, könnten wir sagen, die Sandform hat eine »Bedeutung«. Dies könnte aber einen andernfalls klaren Sachverhalt trüben: dadurch, daß die Sandfigur *kausal* auf einen Fußeindruck zurückgeht, ist sie epistemisch ein *glaubwürdiger Indikator* für dieses Eindringen.

Freud mindert oft das Risiko, das mit einer entsprechenden Eintrübung einhergeht, indem er den Begriff »Bedeutung« verkürzt zur Verdeutlichung eines Sachverhalts anwendet. Man beachte daher, wie er den Begriff »Bedeutung« im Sinne von *eindeutigem kausalem Ursprung* verwendet, wobei er gleichzeitig die epistemische Ableitbarkeit erwähnt, die dieser Ursprung gewährleistet: »Die Analyse [bedient sich] des Studiums der so häufigen kleinen Fehlleistungen und Symptomhandlungen des Menschen. [Ich habe darauf hingewiesen,] daß diese Phänomene nichts Zufälliges sind, daß sie [...] sinnvoll und deutbar sind und zum Schluß auf zurückgehaltene oder verdrängte Regungen und Intentionen berechtigen« (GW 14: 72 f.; 1925). Im Zusammenhang mit dem Fußabdruck besteht indes für eine begriffliche Taschenspielerei mittels *linguistischer* Nebentöne keine Gefahr, wenn wir nun eine *semantische Metapher* verwenden und erklären: Die fußähnliche Sandformation »verrät« oder *»bezeichnet«* retrodiktiv das Ereignis des Eindringens. Denn noch nicht einmal jemand mit Ricœurs Vorliebe für die Semantik käme in *diesem* Zusammenhang in Versuchung, diesen metaphorischen Ausdruck zu mißbrauchen und den epistemischen Status der Spur mit dem *semantischen* Status eines *linguistischen* Zeichens gleichzusetzen.

Der Fußabdruck ist nicht als solcher ein Vehikel der Mitteilung: er ist kein linguistisches Zeichen oder Symbol; er steht *nicht* semantisch für das frühere Eindringen des Fußes, er bezeichnet und kennzeichnet es nicht und weist nicht darauf hin. Wenn ein Sprachbenutzer die Schlußfolgerung verbalisiert, daß sich ein solches Eindringen ereignete, dann ist es die Äußerung dieser Retrodiktion – und *nicht* die Spur, die die Retrodiktion beglaubigt –, was *semantische* »Bedeutung« hat. Während jene »Symbole«, die linguistische Zeichen darstellen, tatsächlich *Intension* (im semantischen Sinne) und Extension (Bedeutung) besitzen, ist dies bei Spuren nicht der Fall. Und wie wir sehen werden, gilt das, was für Spuren gilt, auch für neurotische *Symptome*, auch wenn man sie – psychoanalytisch gesehen – aufgrund der Tatsache, daß sie die *konativ stellvertretende* Funktion besitzen, Ersatzbefriedigungen oder Ventile bereitzustellen, und die *epistemische* Funktion, verdrängte Sehnsüchte zu beglaubigen, auch als »Symbole« bezeichnen kann.

Obwohl man sowohl bei Fußabdrücken als auch bei (mini)-neurotischen Symptomen retrodiktiv auf ihre vermeintlichen Ursachen schließt, besteht natürlich ein eindrucksvoller Unterschied zwischen ihnen: Das Auftreten von ausgewachsenen oder minineurotischen Symptomen soll die *ersatzweise* Befriedigung der verdrängten, vereitelten Sehnsüchte gewähren, die sie bezeugen, während die Formation von physikalischen Spuren als solche keinerlei Ersatz-Wunscherfüllung impliziert. Dieser Unterschied ist aber für Ricœurs Vorstellung von der »Wunschsemantik« ebenso *fruchtlos*, wie er auch offensichtlich ist. Denn der Status einer Ersatzbefriedigung, den Freud in seiner Theorie z. B. dem manifesten Trauminhalt – einem minineurotischen Symptom –, zuweist, verleiht einer solch phantasierten Wunscherfüllung kaum die *semantische* Funktion eines linguistischen Vehikels der Mitteilung. Wie zu erwarten war, stellte Freud daher sogar die eher unbestimmten »alten Sprachen und Schriften« den manifesten Trauminhalten gegenüber: erstere sind, wie er sagt, »darauf berechnet, auf welchen Wegen und mit welchen Hilfsmitteln immer verstanden zu werden. Gerade dieser Charakter geht aber dem Traume ab. Der Traum will niemandem etwas sagen, er ist kein Vehikel der Mitteilung« (GW 11: 238; 1916).

Ironischerweise stellt Ricœur aber beim Konstruieren einer semantischen Rolle für Symptome gerade Träume in den Mittelpunkt, indem er die Tatsache ausnutzt, daß sie als Ersatzbefriedigungen wirken. Wie er es ausdrückt, »fordert Freud uns auf, auf die Träume selbst zu schauen, wenn wir die verschiedenen Beziehungen zwischen Wunsch und Sprache erkennen wollen.« Bei dem Versuch, diese fehlerhafte Exegese zu untermauern, stellt Ricœur drei Behauptungen auf: (1) »[. . .] nicht der geträumte Traum [kann] interpretiert werden, sondern nur der Text der [gesprochenen] Traumerzählung«, eine Behauptung, die wir bereits als heimtückisch irreführend bezeichnet haben. (2) Er stellt fälschlicherweise den *latenten* Trauminhalt gleich mit »einem anderen Text, der gleichsam die ursprüngliche Sprache des Wunsches wäre«, als wären verdrängte Wünsche verbale Vorrichtungen zur Mitteilung. (3) Dann kommt er zu dem Schluß, »nicht der Wunsch als solcher [stehe] im Mittelpunkt der [Psycho-]Analyse, sondern seine Sprache« (1974a: 17 f.). Mit solch einem Kunstgriff kann er zu der Ansicht gelangen, daß die Domäne der psychoanalytischen Theorie wahrhaftig eine »Wunschsemantik« sei.

Daß er mit diesen Anspielungen eine von der Konzeption her falsche Position einnimmt, wird in dem Moment deutlich, wo man einen konkreten Fall aus Freuds Triebbereich heranzieht. Wenn ein Paranoiker verbal oder nichtverbal (etwa durch mißtrauische Blicke) seinem Verfolgungswahn Aus-

druck verleiht, so ist für einen Anhänger der Psychoanalyse dieses mißtrauische Verhalten ein gutes *Indiz* dafür, daß der Kranke verdrängte homosexuelle Sehnsüchte hegt. Es bedeutet aber eine absolute Begriffsverschmelzung, wenn man die stellvertretenden paranoiden Erscheinungsformen dieser unbewußten sexuellen Gefühle mit Sprechakten gleichsetzt, die sich semantisch auf sie beziehen. Allgemeiner ausgedrückt: selbst wenn Symptome und andere Derivate *tatsächlich verbalisiert werden*, und auch dann, wenn sie thematisch mit ihren unbewußten Ursachen verwandt sind, bezeichnen sie doch nicht linguistisch die sie erzeugenden Verdrängungen, obwohl sie sie *offenbaren*!
Unbelastet von solchen Überlegungen faßt Ricœur die Wunscherfüllung *nicht* als das Erreichen eines erwünschten Ergebnisses auf, sondern vielmehr, à la Husserl, als Erfüllung einer »bedeutsamen Intention« (1974a: 43). Wenn dem so wäre, dann würde Freuds Traumtheorie zu einem Zweig der Theorie der deskriptiven Semantik, die sich mit natürlichen – im Unterschied zu formalisierten – Sprachen befaßt. Wie Shope (1983) angemerkt hat, stimmt Ricœur tatsächlich der verwirrenden Ansicht von Lacan zu, wonach ein Symptom wie eine Sprache sei, deren Sprechweise, was immer das auch ist, man erkennen müsse. Wenn diese Charakterisierung für neurotische Symptome angebracht wäre, warum sollte sie dann nicht auch anwendbar sein auf psycho*somatische* und selbst somatische Symptome?
Warum sollte man, wenn z. B. eine an einem bisher nicht diagnostizierten subduralen Hämatom leidende Person starke Kopfschmerzen hat, nicht Ricœurs Auffassung von jedem neurotischen Verhalten auf dieses somatische Symptom ausdehnen? Man könnte dann sagen, daß die Kopfschmerzen dunkel auf den intrakranialen Druck hinweisen, weil sie eine Art indirekte Sprache darstellen, bei der es einer *Interpretation* bedarf, um deren versteckte Hinweise artikulieren zu können. Hermeneutisch »unaufgeklärte« Neurologen sprechen bei solchen Interpretationen von »Diagnosen«,

nicht anders, als etwa Physiker, wenn sie versuchen, die Partikel, die bestimmte Spuren in Nebelkammern produzieren, theoretisch zu identifizieren, keine Veranlassung dazu sehen, von ihrer Aktivität als vom »hermeneutischen Entziffern von Spurentexten« zu sprechen. Denn es wäre unsinnig, somatischen Symptomen eine semantische Rolle anzuhängen, indem man sie etwa als *»verräterisch«* bezeichnet, mit der Absicht, sie dann als indirekte Sprache zu betrachten. Ricœur besteht jedoch darauf, eine linguistische Interpretation für Träume zu konstruieren: »[. . .] man muß anerkennen, [. . .] daß der Traum an sich selbst der Sprache nahesteht, da er sich erzählen, analysieren, interpretieren läßt« (1974a: 27). Aber es gibt eine ganze Reihe von physikalischen Erscheinungen – z. B. Sonneneruptionen, das Fallen des Barometers und die Produktionen von Quasaren und Pulsaren –, über die man berichten und die man *interpretieren* oder analysieren, aber natürlich nicht *psycho*analysieren kann.

Auf jeden Fall ist es nicht gerechtfertigt, die folgenden beiden Beziehungspaare miteinander gleichzusetzen: (1) die Art und Weise, in der die Auswirkung einer Ursache diese *offenbart* und so *epistemisch* als Indiz für ihr Wirken dienen kann, und (2) die Art und Weise, in der ein linguistisches Symbol seinen Referenten semantisch repräsentiert oder dessen Eigenschaften kennzeichnet. Es besteht ein großer Unterschied zwischen der Auswirkung *A* einer bestimmten Ursache *U*, bei der *A* Zeichen und Beweis für *U* ist, und *außerdem* eine *Ersatzbefriedigung* darstellt, einerseits und einer Art linguistischem Repräsentanten andererseits: paranoides *Verhalten* kann ein Ersatzventil für verdrängte Homosexualität sein, aber es ist auf keinen Fall eine verbale Kennzeichnung dafür! Wie wir sahen, handelt es sich bei diesem Verhalten um den Versuch des Kranken, die Ängste, die durch seine unbewußten sexuellen Bedürfnisse hervorgerufen wurden, zu bewältigen, und *nicht* um den unbewußten Versuch, diese Sehnsüchte mit Hilfe von Verfolgungswahn und Verfolgungsverhalten *mitzuteilen*. Ricœur hat jedoch unnachgiebig zu verstehen gegeben, daß die erkenntnismäßige Ableitbarkeit und konative Stellvertretung einerseits mit einer semantischen Referenz andererseits gleichzusetzen sind. Seine Begründung, daß Analytiker von Symptomen als »Symbolen« sprechen, wenn sie andeuten wollen, daß Symptome qua Kompromißbildungen *Ersatzbefriedigungen* darstellen, verfängt nicht. Damit wird offensichtlich, daß Ricœurs »Wunschsemantik« wertlos ist.

Robert Shope (1973; 1983) hat Freuds unterschiedliche Verwendung des Begriffs »Bedeutung« untersucht und jene Textstellen einer sorgfältigen Prüfung unterzogen, die Ricœur zur Untermauerung einer semantischen Auffassung von Symptomen anführte. In einer wirkungsvollen Widerlegung dieser Exegese bestreitet Shope erfolgreich eine Interpretation, nach der »Freud dachte, geistige Phänomene wie Träume hätten eine Bedeutung von der Art, wie eine Sprache etwas bezeichnet« (1973: 284). Wie Shope zu Recht betont, »deutet« ein manifester Trauminhalt auf den latenten Inhalt *nicht*, indem er ihn semantisch benennt, sondern »nur in dem Sinne, in dem eine Spur auf etwas hinweist« (S. 285). Zur Illustration führt er (1) Gesteinsschichten an, die dem Geologen als Hinweis auf die Vergangenheit dienen, »aber ohne daß irgendeine Absicht dahinterstünde« (S. 302), (2) physische Symptome, die auf eine Viruskrankheit hindeuten, und (3) eine Preiserhöhung, die eine Veränderung in einer anderen ökonomischen Variablen andeutet (S. 293). Dann faßt Shope klar zusammen:

»Freud sieht in der Beziehung zwischen diesen geistigen Phänomenen [Träumen, Symptomen oder Fehlleistungen] und ihrer Bedeutung etwas Ähnliches wie die Beziehung zwischen den Symptomen von Masern und ihrer Ursache. Sie sind nur in dem Sinne Anzeichen, wie organische Symptome Anzeichen für einen kranken Organismus sind, oder wie dunkle Wolken auf Regen hindeuten. Symptome sind für den Untersucher Anzeichen, und sie können in ihm die Erwartung wecken, daß er ihre Ursache finden kann, so wie dunkle Wolken die Erwartung von Regen erwecken können. Wenn der Untersucher es vorzieht, kann er aus diesen Phänomenen oder aus ihren Repräsentationen in seiner Zeichensprache Zeichen im Sinne von Ricœur machen. Für den Patienten bezeichnen oder bedeuten die Symptome aber noch nicht die ihnen zugrunde liegenden Ursachen, ebensowenig wie die dunkle Farbe einer Wolke für die Wolke oder für einen Menschen Regen bezeichnet oder bedeutet, bevor ein Beobachter eine Zeichensprache erfindet. Vielmehr stehen die Neurosensymptome quasi als Ersatz für ihre psychischen Ursachen, d. h., sie erscheinen im Bewußtsein anstelle ihrer versteckten Bedeutung; sie fungieren als Stellvertreter« (S. 294).

Und 1983 formuliert er überzeugend als Ergebnis seiner früheren Arbeit:

»zu sagen, daß etwas ein Ersatz ist, d. h. etwas, das auftaucht, weil man einen Wunsch nicht bewußt zuläßt, oder, in Ricœurs Worten, etwas, das anstelle dessen erscheint, ›was der Wunsch in einer Prosopopöe ohne Zwang sagen würde‹ [1974: 27], bedeutet nicht, daß das Symptom *für* den (Inhalt des) Wunsch(es) steht, so daß es sich auf ihn bezieht« (1983: 205).

D. Ricœur und die »Beweisfrage in der Freudschen Theorie«

Wir können nun unsere Untersuchung von Ricœurs Kapitel »Die Beweisfrage in Freuds Schriften« abschließen. Auf den letzten Seiten führt Ricœur (1981: 268–273) weiter aus, welche Bedeutung seiner Meinung nach seine früheren Argumente für die Beantwortung folgender Frage haben: »Zu welcher Art von Verifikation oder Falsifikation sind die Thesen der Psychoanalyse imstande?« Wie wir sahen, bereitet er eine Antwort vordergründig durch folgende List vor: (1) Er verstümmelt den Rahmen des psychoanalytischen theoretischen Systems, indem er es kategorisch gleichsetzt mit »einer zusammen mit dem Patienten geleisteten Wortarbeit« (1974 a: 378) und dadurch auch die nichtverbalen Produktionen des Analysanden ausschließt. (2) Nachdem er den Rahmen der Psychoanalyse auf diese Weise eingeschränkt hat, meint er, daß »es in der Psychoanalyse weder um ›Tatsachen‹

noch um die Beobachtung von ›Tatsachen‹, sondern vielmehr um die Interpretation einer Geschichte« gehe (1974b: 114). (3) Er konstruiert eine Pseudodichotomie zwischen der Psychoanalyse und der »akademischen Psychologie«, nachdem er letztere fälschlicherweise mit einem primitiv konzipierten Behaviorismus gleichgesetzt hat, und er leitet eine falsche Lehre ab aus der These, daß »die Psychoanalyse sich mit psychischer und nicht mit materieller Realität befaßt« (1981: 251). (4) Er setzt unrichtigerweise neurotische Symptome qua Kompromißbildungen mit *linguistischen* Repräsentationen ihrer angenommenen unbewußten Ursachen gleich.
So nimmt es nicht wunder, daß die Art und Weise, wie er das Problem der Validierung der psychoanalytischen Theorie behandelt, sich in eine Parodie dessen, was sie leisten sollte, verwandelt:
(1) Ricœur trägt nichts bei zur Validierung der *kausalen* Hypothesen, mit denen, wie er zugibt (1981: 262–264, 269 f.), Freuds klinische Theorie reichlich versehen ist! Zum Beispiel ist Ricœurs erstes Kriterium »der Validierung, das geeignet ist, den Wahrheitsanspruch für den Bereich der psychoanalytischen Tatsachen zu bestätigen«, ganz und gar *selbst*-validierend und abgedroschen: »eine gute psychoanalytische Erklärung muß mit der Theorie kohärent sein, oder, wenn man dies vorzieht, sie muß Freuds psychoanalytischem System entsprechen« (S. 271).
Ein weiteres Beispiel zeigt, daß er einer Untermauerung der kausalen Wirksamkeit der analytischen Behandlung ausweicht. Auf der einen Seite sagt er, man gehe davon aus, daß die dem Patienten gebotene psychoanalytische Erklärung »selbst ein kausal relevanter Faktor bei der [therapeutischen] Analysearbeit – beim Durcharbeiten –« sei (1981: 263). Bei der Darstellung seines dritten Validierungskriteriums für die Freudsche Theorie schweigt er sich aber völlig darüber aus, wie er – ohne auf die ihm verpönten Methoden der empirischen Wissenschaften zurückzugreifen – folgendes Gültigkeitskriterium zu gewährleisten beabsichtigt: »Eine gute psy-

choanalytische Erklärung muß [. . .] zu einem therapeutischen Faktor der Verbesserung werden. [. . .] der therapeutische Erfolg [. . .] stellt auf diese Weise ein autonomes Gültigkeitskriterium dar« (1981: 272 f.).

(2) Er weist naiv, um nicht zu sagen selbstgefällig, das völlig ungelöste Problem der epistemischen Kontamination durch Suggestion zurück, das seiner Ansicht nach von einem »kruden« Einwand herrührt:

»Ich werde den kruden [. . .] Einwand beiseite lassen, daß der Analytiker seinem Patienten *suggeriert*, er solle die Interpretation, die die Theorie bestätigt, akzeptieren. Ich nehme die Argumente, mit denen sich Freud gegen diesen Vorwurf der Beeinflußbarkeit stellt, als erwiesen an. Sie haben denselben Wert wie die Maßnahmen, die man auf der Ebene des Berufskodex und der analytischen Technik gegen den Verdacht der Suggestion ergreift« (1981: 270).

Wie in Teil I dieses Buches im einzelnen dargestellt wird, kämpfte Freud mutig, wenn auch erfolglos, zeit seines Lebens darum, diesem epistemischen Einwand zu begegnen, wobei er ihn als »ungemein interessant« (GW 11: 465; 1917) erachtete. Und wie ich bereits gegenüber Habermas bemerkte, war sich Freud (GW 11, 27. und 28. Vorlesung) allzu genau der Tatsache bewußt, daß es auch dann, wenn der Analytiker sein Bestes tut, um offene oder verdeckte Suggestion zu vermeiden, unzählige Wege gibt, auf denen er unbewußt, aber überzeugend, das Bewußtsein des Analysanden formen und eine willfährige Pseudobestätigung erzeugen kann. Deswegen reicht es einfach nicht aus, die Berufsintegrität und die erklärte Absicht des Analytikers, seinen suggestiven Einfluß nicht zu mißbrauchen, als adäquaten Schutz dagegen anzuführen, daß man dem Patienten *Scheinbestätigungen* entlockt.

(3) Ricœur kommt zum Schluß, indem er den hinsichtlich der Beweiskraft zusammenwirkenden, kumulativen Charakter der von ihm vorgeschlagenen Validierungskriterien ins Feld führt. Er gibt zu, daß besagtes »Beweissystem der Psychoanalyse [. . .] höchst problematisch ist«. Dennoch bleibt die

Tatsache bestehen, daß wir weiterhin völlig im dunkeln darüber gelassen werden, wie man auch nur *eines* seiner Kriterien erfüllen kann, und zwar innerhalb der erklärten *Grenzen* (1) der rein verbalen *intra*klinischen »Tatsachen«, die er dem Wirkungskreis der Freudschen Theorie zubilligt, und (2) des Verzichts auf naturwissenschaftliche Methoden kausaler Validierung zugunsten gewisser rein hermeneutischer Kunstgriffe. Es sieht daher so aus, als wären unter diesen Einschränkungen seine Kriterien im ganzen wie im einzelnen wenig hilfreich.

Ricœurs hermeneutische Auffassung der Psychoanalyse ist also nicht überzeugender als die von Habermas.

4. Handelt es sich bei verdrängten Motiven um *Gründe, nicht aber Ursachen* für das menschliche Denken und Verhalten?

Ein Teil der Anziehungskraft, die von einer hermeneutischen Auffassung der Psychoanalyse ausgeht, basiert nicht auf den spezifischen Argumenten, die Ricœur oder Habermas angeführt haben. Vielmehr gewinnt diese angebliche Rekonstruktion ihre Plausibilität aus einer Zusammensetzung von verwandten Thesen, die sich auf die Rolle der Intentionalität im menschlichen Handeln beziehen. Man hört von verschiedenen Seiten, die Erklärung einer Handlung durch ihre *Gründe* sei *nicht vereinbar* mit einer Erklärung durch *Ursachen* (Gauld/Shotter 1977: 12 f.).

So hat George S. Klein die Behauptung aufgestellt, die Freudsche Metapsychologie und die klinische Theorie »entstammen zwei verschiedenen Philosophien der Erforschung und Erklärung« (1976: 26; vgl. auch 1 f.). Und nachdem Klein die Metapsychologie herabgesetzt hat, lobt er die klinische Theorie für ihren Versuch, »Gründe und nicht Ursachen zu nennen« (56; vgl. auch 12, 21). Ähnlich charakterisiert von

Wright Erklärungen von menschlichen Handlungen: »Sie machen Phänomene teleologisch verständlich und nicht vorhersehbar [oder erklärbar] durch das Wissen um ihre effizienten Ursachen« (von Wright 1977: 8).

Wir dürfen nicht vergessen, daß die These von den Gründen *versus* Ursachen – im folgenden »*G vs. U*« – sich darauf bezieht, welche Rolle Gründe bei der *Erklärung* einer Handlung spielen, im Gegensatz dazu, welche Funktion ihnen bei der *Erwägung* vor dem Handeln oder bei der *Rechtfertigung* danach zukommt; mit den Worten K. Baiers:

»[Bei der Erklärung] wird der Begriff ›Grund‹ [. . .] für die Behauptung verwendet, daß eine Tatsache – die zu *dem* Grund erklärt wird – den Handelnden tatsächlich dazu bewegt hat, so zu handeln, wie er gehandelt hat. [. . .] Für die Erklärung gilt zwar, daß kein Faktor *der Grund* sein kann, *warum* der Handelnde etwas getan hat, oder *der Grund des Handelnden* für eine Handlung, wenn er nicht auch wirklich durch diesen Faktor zu dieser Handlungsweise bewegt wurde. [. . .] Bei der Erwägung und bei der Rechtfertigung kann eine Tatsache als Grund für eine Handlungsweise bezeichnet werden, obgleich die handelnde Person nicht dadurch zu der betreffenden Handlung bewegt worden ist oder obgleich sie weiß, daß sie dadurch nicht dazu bewegt werden wird« (Baier 1974: 144).

Kurz, erklärende Gründe sind *motivierende* Gründe, während andere Arten von Gründen sehr wohl nicht-motivierend sein können. Diese Unterscheidungen sind wesentlich für die Psychoanalyse, schon wegen der Rolle, die sie in der Vorstellung vom Verteidigungsmechanismus der »Rationalisierung« bei Ernest Jones spielen. Diese Vorstellung bezieht sich darauf, daß ein Handelnder falsche Gründe für das, was er getan hat, konstruiert. In solchen Situationen ist (1) das Wunsch/Glauben-Gebilde, das der Handelnde zum Motiv (»Gründen«) dessen, was er getan hat, erklärt, ganz *verschieden* von den tatsächlich entscheidenden, wahren Motiven, und (2) der Handelnde gibt den falschen Grund an, um sein Verhalten gegenüber anderen und auch gegenüber sich selbst zu *rechtfertigen*, da er (unbewußt) merkt, daß seine wahren Motive sein Verhalten nicht legitimieren könnten.

G vs. U zeigt sich im Zusammenhang mit dem sogenannten »praktischen Syllogismus«, der folgende Form aufweist: Man nimmt an, daß eine Handlung *H* ausgeführt wird, weil der Handelnde ein Ziel *Z* erreichen will *und* glaubt, daß *H* zum Erreichen von *Z* führt. Und unter Hinweis auf die genannten Gründe für *H bestreitet G vs. U*, daß der Umstand, daß ein Handelnder einen Grund zur Handlung (im *erklärenden* Sinne) hat, zur Gattung »Ursache« gehören kann.
Dennoch ist völlig klar, daß der Determinist Freud – ob zu Recht oder Unrecht – eine solche Einbeziehung befürwortet hat. Denn er hielt erklärende Gründe für eine Art von Motiv und – bewußte oder unbewußte – Motive wiederum für eine Spezies der Gattung Ursache. Außerdem *gestand er zu*, daß einige »Motive« noch nicht einmal geistiger Art sein müssen. So charakterisiert er die Suche des Psychoanalytikers nach einer »ausreichenden Motivierung« als subtile Erfüllung unseres »eingeborenen Kausalbedürfnisses« (GW 8: 38; 1908). Auch sind bei ihm Motive und Ursachen manchmal durchaus austauschbar. Beispielsweise nahm er an, daß bei einem Zwangsneurotiker »die Flucht in die [psychische] Krankheit«, so daß der Patient die Behinderung durch die Krankheit seelisch vorwegnahm, »in Wirklichkeit die [untergeordnete] Ursache, das [weitere] Motiv des Krankwerdens« war (GW 7: 420; 1909). Allgemeiner ausgedrückt, behauptet Freud nicht, wie Robert Shope in einer sorgfältigen Exegese darlegte, »daß Träume, Fehler oder Symptome motiviert sind oder sich in Motiven im alltäglichen Sinne ausdrücken« (1973: 291). Wie Shope zeigt (1983, Abschn. 2; 1973: 290 bis 292), verwendet Freud den Begriff »Motiv« vielmehr in einem technischen Sinn, der sich an die Etymologie des Wortes hält: in seinem Sprachgebrauch ist ein »Motiv« eine anregende, anstiftende Ursache, die uns zum Handeln *bewegt*. Trotzdem übersieht Freud nicht, daß ideationale [ideational] Ursachen des menschlichen Verhaltens – bewußte oder verdrängte – in ihrer Eigenschaft weit über rein *generische* [generic] Ursachen hinausgehen!

Shope zitiert zusammenfassend mehrere Textstellen (GW 2/3: 546 f., 566 f., 85 f.; 1900), die folgende Schlußfolgerungen belegen:

»Der Sinn, den Freud dem Ausdruck ›Motiv für‹ unterlegt, zeigt sich darin, daß er von der ›Motivkraft‹ hinter dem Traum als ›Trauminitiator‹ spricht. [. . .] Ihn interessiert, in welchem Sinne die Motorik die Motivkraft und die Kraft hinter der Bewegung liefert. So spricht Freud ganz natürlich davon, daß Wünsche als einzige in der Lage sind, ›den Apparat in Bewegung‹ oder ›in Tätigkeit‹ zu setzen [GW 2/3: 573, 604; 1900]. Dieser Verweis auf Kräfte als erregende Ursachen ist in die Bedeutung des Begriffs ›Motiv‹, wie Freud ihn verwendet, eingebaut« (1973: 292).

Es ist daher müßig, daß Stephen Toulmin ausgerechnet die psychoanalytische Traumtheorie zur Untermauerung der folgenden Behauptung anführt: »Der Kern der Freudschen Entdeckung ist die Einführung einer Technik, bei der der Psychotherapeut mit dem Studium der *Motive* für neurotisches Verhalten beginnt, und nicht mit dessen *Ursache*« (1954: 138). Um den Boden für diese dubiose Exegese zu bereiten, hatte Toulmin folgenden angeblich paradigmatischen Fall von kausaler Erklärung für menschliches Verhalten angeführt: Eine Person handelt auf eine bestimmte Weise, »weil sie vor zwanzig Minuten eine Kokaininjektion erhalten hat« (S. 134). Toulmin stellt dieses vermeintliche kausale Erklärungsmodell für eine Handlung solchen Beispielen gegenüber, in denen der *Wunsch*, nach Hause zu gehen, als *Grund* für ein Verhalten dargestellt wird. Die Frage war, ob man motivationale Erklärungen in der Psychoanalyse als eine Art kausale Erklärungen bezeichnen kann. Und mit seinem Vergleich wollte Toulmin zeigen, daß sich keine motivationale Erklärung für eine Handlung als *kausal* qualifizieren kann.

Als Paradigma einer kausalen Erklärung für Verhalten wird durch Toulmins Beispiel mit der Kokaininjektion jedoch *die Frage im voraus entschieden*. Bei dieser Darstellung schließt nämlich die erklärende physikalische Kokaininjektion *automatisch* von Anfang an die Konation und Ideation des Handelnden – zum Beispiel Wünschen und Glauben – aus, ob bewußt oder unbewußt. Offensichtlich hat Toulmin es unerlaubterweise ausgenutzt, daß für gewöhnlich die Begriffe »Grund«, »Motiv« und »Ursache« in Alltagsgesprächen über menschliches Verhalten in nichttechnischem Sinne verwendet werden. Indem er sich in derart zweifelhafter Weise auf den alltäglichen Sprachgebrauch stützt, glaubt er, nachgewiesen zu haben, daß man für »eine erfolgreiche Psychoanalyse [. . .] die Bedeutung von ›Handlungsgründen‹ im Gegensatz zu Handlungsursachen erneut hervorheben sollte« (S. 139). Und so glaubt er auch, seine Eingangsbehauptung gerechtfertigt zu haben, daß »es Schwierigkeiten mit sich bringt, wenn man die Psychoanalyse zu sehr in Analogie zu den Naturwissenschaften sieht« (S. 134).

Die behauptete hermeneutische Rekonstruktion psychoanalytischer Erklärungen im Rahmen der *G-vs.-U*-These scheint sich auf einen schwerwiegenden Fehler zu gründen. Diejenigen, die diese Rekonstruktion für plausibel und aufschlußreich oder sogar für entscheidend halten, begehen folgenden *ontologisch reduktiven* physikalistischen Fehler: sie übersehen, daß die *kausale Relevanz* eines früheren Zustands *X* für das Erscheinen von *Y* keineswegs von der *Physikalität* von *X* abhängt; vielmehr hängt die kausale Relevanz davon ab, ob *X* – sei es nun physisch, psychisch oder psychophysisch – EINEN UNTERSCHIED MACHT für das Auftreten von *Y*, oder DAS VORKOMMEN VON *Y* BEEINFLUSST. Genauer gesagt: Man stelle sich eine Klasse *C* vor (z. B. die Klasse aller lebenden Menschen), deren Mitglieder über die Eigenschaft *X* oder die Eigenschaft *Y* verfügen oder nicht verfügen. Dann können wir sagen, daß, wenn *X kausal relevant* für *Y* innerhalb der Klasse *C* ist, *X* diese Klasse *C* in zwei Unterklassen teilt, in denen die Wahrscheinlichkeit des Vorkommens von *Y unterschiedlich* ist. Kurz, wenn *X* kausal relevant für *Y* ist, dann ist es auch »statistisch relevant«. Doch die letztere Relevanz ist lediglich eine notwendige, nicht eine hinreichende Bedingung für die erstere. Obgleich die Bestimmung einer hinreichenden Bedingung schwieriger ist, sollte klar sein, daß *X* für das Vorkommen von *Y einen Unterschied machen* kann, auch wenn es sich bei beiden um geistige Vorgänge handelt.

Man stellt sich hier unwillkürlich die Frage, warum die ontologische Neutralität von *X* – zwischen physisch und ideational (konativ) – nicht bei sämtlichen Psychoanalyseforschern als Binsenwahrheit gilt. Wenn eine Verdrängung *V* tatsächlich das psychische Pathogen für eine Neurose *N* darstellt, dann ist die Präsenz von *V kausal relevant* für das Eintreten von *N* in der Gruppe derjenigen, die *V* in sich tragen, und zwar genau deswegen, weil *es einen Unterschied macht*, von *N* befallen zu werden. Und von *V* nimmt man an, daß sie das Auftreten von *N* ebenso beeinflußt, wie ein echtes Karzinogen das somatische Auftreten von Krebs beeinflußt oder wie nach Ansicht einiger Forscher gewisse psychische Dispositionen psychosomatisch das Auftreten von Darmgeschwüren beeinflussen. So geraten diejenigen, die dem Mythos anhängen, eine Ursache stelle irgendeine *physikalische Kraft* dar, in Konflikt mit der folgenden einfachen Tatsache: Wenn die Motive von Handelnden sich als Ursachen für ihre Handlungen ausweisen, dann basiert diese kausale Relevanz auf derselben ontologischen Grundlage wie in dem Fall, wo beispielsweise astronomische Ereignisse durch ihre physikalische Vorgeschichte verursacht werden, d. h., die Vorgeschichte *macht einen Unterschied* beim Resultat.

Wenn nun ein Handelnder tatsächlich es unternimmt, *A* zu tun, weil er einen bestimmten Grund oder ein Motiv *M* hat – so daß die Handlung *A* durch *M* erklärt wird –, dann war natürlich die Präsenz von *M* für die Aktion *A* von entscheidender Wichtigkeit. In diesem Fall erwies sich aber die Tatsache, daß der Handelnde *M* hatte, als *kausal relevant* für das, was er tat, *unabhängig davon, ob M nun bewußt oder verdrängt ist*. Und wie wir später sehen werden, ist es insbesondere dann, wenn die Motive verdrängt sind, natürlich *logisch kontingent*, aber nicht logisch notwendig, daß ein ideationa-

les Motiv das aktuelle Verhalten *beeinflußt*. So braucht man Querschnittsgelähmte und sonstige Paralytiker hinsichtlich bewußter Motive nicht zu überzeugen. Denn wie sie wissen, macht, auch wenn eine Handlung beabsichtigt wird, der Wunsch nach ihrer Durchführung es kaum logisch notwendig, daß die Handlung tatsächlich erfolgreich verwirklicht wird.
Man stelle sich als prosaisches Beispiel für eine bewußte Handlung eine Person vor, die ein Buch lesen möchte, das, wie sie meint, normalerweise in einer Bibliothek erhältlich ist. Wenn diese Kombination aus Wunsch und Glaube sie tatsächlich veranlaßt, dorthin zu gehen und das Buch auszuleihen, dann erweist sich der Grund (das Motiv) *M*, so zu handeln, genau deswegen als erklärend, weil *M* für das Gehen von entscheidender Bedeutung ist: wenn der Handelnde weder ein Buch braucht noch sonst irgend etwas in der Bibliothek zu tun hat, d. h., wenn er kein Motiv (keinen Grund) hat, dorthin zu gehen, dann wird er nicht gehen. Dadurch, daß das Motiv die Häufigkeit von Besuchen in einer Bibliothek beeinflußt, ist natürlich die Tatsache, daß man einen Grund hat, dorthin zu gehen, *kausal relevant* für solche Besuche. Mutatis mutandis sind dieselben Schlußfolgerungen auch auf komplexere Beispiele für begründetes Handeln anwendbar, z. B. auf den Fall eines Handelnden, der aufgrund von familiären Bindungen bei einer Beförderung bewußt einen Verwandten bevorzugt. So stellt sich heraus, daß meine Analyse die von Robert Holt geäußerte Ansicht rechtfertigt, der geschrieben hat: »Ich bin schon seit Jahren davon ausgegangen, daß ein Grund eine Art Ursache ist, eine *psychische* Ursache, und daß man verschiedene Arten von Ursachen in derselben Arbeit behandeln kann, ohne sie zu verwechseln« (1981: 135). Und Ofstad (1983: 48 f.) weist in einem umfassenden Kapitel über das Problem des freien Willens darauf hin, daß auch dann, wenn man den Begriff »Grund« *nicht* verwendet, um einen kausalen Faktor zu bezeichnen, »die Feststellung, daß eine Handlung aufgrund

einer Tatsache erfolgte, nicht bedeutet, daß sie nicht verursacht worden ist« (S. 49).

Ricœur pflichtet in seinem umfangreichen Buch über Freud, *De l'interpretation* (1965), Toulmins Behauptung bei, daß psychoanalytische Erklärungen *nicht* kausal sind, eben *weil* sie motivational sind. Nach der damaligen Ansicht Ricœurs kann in der Psychoanalyse »die Zuflucht zum Motiv nicht auf eine Zuflucht zur Ursache zurückgeführt werden [. . .], zwischen Motiv und Ursache [besteht] ein totaler Unterschied« (1974a: 368), und es ist nicht so, daß ein Motiv eine Spezies von Ursache ist. Man muß es daher begrüßen, daß Ricœur unter dem Einfluß von Michael Sherwood (1969) seine Ansicht in einer späteren Arbeit (1981: 262 f.) noch einmal überdacht und den alltagssprachlichen Zugang zu freudianischen Erklärungen zusammen mit der »Dichotomie zwischen Motiv und Grund« zurückgewiesen hat.

Einigen Befürwortern von *G vs. U*« (z. B. Schafer 1982: 146 f., und Gauld/Shotter 1977: 9 f.) ist zu Unrecht Plausibilität für ihre Lehrsätze bescheinigt worden: denn sie ignorieren, daß – in der Psychologie ebenso wie in der Physik und der somatischen Medizin – *kausale Relevanz* eine weniger anspruchsvolle, logisch schwächere Beziehung darstellt, als »kausal ausreichend« oder »kausal notwendig«. Eingedenk meiner früheren Bestimmung der kausalen Relevanz von *X* für *Y* können wir sagen, daß sie es zumindest nötig macht, zwischen der Wahrscheinlichkeit von *Y* innerhalb der Unterklasse von *X* und der Wahrscheinlichkeit von *Y* innerhalb der Unterklasse von Nicht-*X* zu unterscheiden. Doch wenn *X* für *Y* kausal hinreichend ist, erfordert dies zusätzlich mindestens, daß die erstere Wahrscheinlichkeit Eins sei; ist *X* für *Y* kausal notwendig, so erfordert dies zusätzlich zumindest, daß die *letztere* Wahrscheinlichkeit Null sei. Wir müssen jedoch sorgfältig unterscheiden zwischen einer *lediglich* notwendigen Bedingung und einer, die auch *kausal* notwendig ist; denn eine nur notwendige Bedingung braucht durchaus nicht kausal relevant zu sein. Daß jemand atmet, ist z. B. eine notwendige Bedingung dafür, daß er paranoid wird, aber Atmen ist keineswegs kausal relevant für Paranoia, weil Nicht-Paranoiker genauso atmen wie Paranoiker. Vor allem ist Atmen nicht *kausal* notwendig für Paranoia.

In der Medizin gibt es beispielsweise den Nachweis, daß starkes Tabakrauchen tatsächlich kausal relevant für kardiovaskuläre Erkrankungen und für Lungenkrebs ist. Aber es ist ein Gemeinplatz, daß ein solches Rauchen weder kausal notwendig noch kausal ausreichend ist, um daran zu erkranken. So bekannt diese Tatsachen auch sind, so versucht Roy Schafer doch philosophisches Kapital daraus zu schlagen, indem er von den Eigenschaften kausaler Relevanz als solchen keine Kenntnis nimmt. Denn er behauptet fälschlicherweise, daß jede Ursache sogar *sowohl* notwendig *als auch* ausreichend sei zur Erzielung des Resultats, für das sie kausal relevant sei. Und er bemerkt, daß bei der psychoanalytischen Erklärung eines Falls von männlicher Impotenz auf der Grundlage von Kastrationsangst die angeführten Motive (»Gründe«) weder *sicherstellen*, daß es zu der Impotenz, die sie erklären sollen, kommt, noch daß sie für das Auftreten der Impotenz *erforderlich* sind. Nachdem er von einer falschen Voraussetzung ausging, kommt er zu der Schlußfolgerung, daß unbewußte »Gründe« nicht zur Gattung »Ursache« gehören können. Nach Ansicht von Schafer

»benennen wir Gründe, die im wesentlichen neue Beschreibungen sind, welche eine Handlung verständlich machen. Wir benennen keine Ursachen – dies wären Bedingungen, welche den betreffenden Handlungen regelhaft vorausgehen. Ursachen sind diejenigen Bedingungen, bei deren Fehlen eine bestimmte Handlung nicht ausgeführt würde und bei deren Erfülltsein sie ausgeführt werden muß« (1982: 146).

Wie aber Freud 1896 erklärte (GW 1: 445), scheidet der Tuberkelbazillus keineswegs schon deswegen als spezifische Ursache für Tuberkulose aus, weil es viele Menschen gibt, die diesen Bazillus in sich tragen und diese Krankheit nicht bekommen. Und diese Feststellung erfolgte mit der Absicht, von der Vorstellung *abzubringen*, Verführungserlebnisse in der Kindheit könnten deshalb nicht die spezifische Ursache für die Hysterie bei Erwachsenen sein, weil es viele Menschen gebe, die solche Kindheitserlebnisse hatten, *ohne* Hysteriker zu werden.

Außerdem führten Breuer und Freud in ihren *Studien zur Hysterie* das sogenannte Prinzip der kausalen »Überdetermination« ein (Studien: 171; GW 1: 241, 261, 290 f.; 1895; vgl. auch GW 1: 366; 1895; 1: 453; 1896; 5: 220; 1905), das Freud auch präziser *»das Prinzip der Komplikation der Ursachen«* nannte (GW 4: 68 f.; 1901). Gemäß diesem Prinzip kann man klinische Phänomene normalerweise einer Verbindung und/oder einer zeitlichen Aufeinanderfolge von Ursachen zuschreiben, von denen *jede* lediglich eine *partielle* Ursache darstellt, und zwar genau deswegen, weil – *bestenfalls* – diese kausal relevanten Faktoren nur *gemeinsam* und nicht vereinzelt kausal ausreichend sind für die Ausbildung des gegebenen klinischen Phänomens. Ich behaupte, daß Schafer sich in seiner Darstellung dieses grundlegenden Prinzips der kausalen Erklärung in der psychoanalytischen klinischen Theorie einfach nicht bewußt ist. Denn wie wir sahen, behauptet er, diese Theorie stütze seine *G-vs.-U*-These. Und eine der Schlüsselbegründungen für seine Behauptung, ein Motiv könne nicht die Ursache für ein Verhalten, sondern lediglich den »Grund« darstellen, ist, daß ein Motiv typischerweise nicht *ausreichend* sei für das Auftreten der nachfolgenden Handlung.

Allgemeiner ausgedrückt, muß man sich – im Rahmen von Schafers Kausalitätsschema – fragen, in welchen aktuellen naturwissenschaftlichen Theorien seine Vorstellung tatsächlich zur Anwendung kommt. Sicherlich nicht in der statistischen Physik, wie beispielsweise in der Theorie vom radioaktiven Verfall, oder in der somatischen Medizin. Bei ersterer ist die kausal relevante Vorgeschichte, die ihre Erklärungen aufweisen, ganz sicher *nicht* ausreichend und notwendig für die Erscheinungen, die sie erklärt, wie es nach Schafers Kausalitätsbeschreibung erforderlich wäre. In der Medizin ist die Syphilis kausal notwendig, aber kaum ausreichend für eine Parese, da nur eine Minderheit von Syphilitikern tatsächlich Opfer einer solchen Parese wird. Schafer ist sich offenbar über die Tatsache nicht im klaren, daß seine weitgehend unrealistischen Ansprüche an die Kausalität in den Theorien und Anwendungen der gegenwärtigen Naturwissenschaften nicht erfüllt werden; denn er beruft sich auf diese Erfordernisse, wenn er behauptet, die Freudsche Theorie sei »im strengen oder nicht-trivialen Sinn des Wortes« (1982: 147) von der Anwendung des Kausalitätskonzepts *ausgeschlossen*.

Außerdem begeht Schafer in dem Glauben, er versetze der Vorstellung von der motivationalen Verursachung den Gnadenstoß, den hartnäckigen reduktiven Fehler, den ich so sehr bemüht war anzuprangern. Er behauptet nämlich, daß nur vorangegangene Ereignisse in der externen oder in der *meta*psychologischen Welt, *nicht* aber unsere *ideationalen Vorstellungen* von solchen Vorgeschichten oder unsere nachfolgenden Motive, eine kausale Rolle spielen können, die diesen Namen verdient. Aufgrund dieser falschen Prämisse zieht Schafer den Schluß, daß Motive, da sie nur »Merkmale« der »persönlichen Welt von Sinnbezügen und Zielen« eines Handelnden sind, »nur als Gründe des Handelnden«, nicht aber als Ursachen, »bestehen können« (S. 146). Offensichtlich verläßt sich Schafer wie viele andere auch auf eine mythologische Auffassung von Naturwissenschaft, um einen Pseudokontrast zwischen dieser und der Psychoanalyse aufbauen zu können.

Bedauerlicherweise wird nun auch die ganze von Gauld und Shotter vertretene Hermeneutik-Konzeption zumindest durch die folgenden Faktoren beeinträchtigt: (1) dieselbe stark vereinfachende Auffassung von der kausalen Beziehung wie bei Schafer; (2) die brüchige Konstruktion, daß die Ontologie vom Reiz-Reaktions-Behaviorismus paradigmatisch für jede psychologische Theorie menschlicher Handlungen sei, die wissenschaftlichen Ansprüchen zu genügen trachtet, und folglich (3) den Mythos, daß die Erklärungsstandards der Naturwissenschaften einen physikalistischen Reduktionismus enthielten, so daß psychische Zustände (z. B. Absichten, Ängste, Hoffnungen, Glaube, Wünsche, Erwartungen usw.) bestenfalls als Epiphänomene gelten könnten, denen selbst keine kausale Relevanz zukomme.

Diejenigen, die Motive für eine Art Ursache halten (z. B. Moore 1983), können ebenso wie die Verfechter der *G-vs.-U*-These den praktischen Syllogismus als solchen schlüssig anwenden, zumindest auf bewußt motivierte Handlungen oder Verhalten. Die auf der *G-vs.-U*-These basierende Lehre geht jedoch davon aus, daß man den praktischen Syllogismus auf jedes Verhalten, das durch »Gründe«, d. h. durch ein Wunsch/Meinungs-Gebilde, erklärt wird, zur Erklärung heranziehen kann. So wird der Versuch, psychoanalytische Erklärungen des Verhaltens hermeneutisch *innerhalb* des Systems von *G vs. U* zu rekonstruieren – wie es beispielsweise die britische Schule der Umgangssprachenanalyse unternimmt –, stark ausgehöhlt, wenn wichtige Gruppen von psychoanalytischen Erklärungen sich der Assimilation an den praktischen Syllogismus einfach widersetzen. Wir wollen einige Gründe für diese Behauptung anführen, obwohl wir zuvor bei der Darstellung der kausalen Relevanz sahen, daß *G vs. U* ohnehin entkräftet wurde.

Die oben erwähnte Ätiologie der Paranoia liefert ein aufschlußreiches Gegenbeispiel zu der unterstellten Anwendbarkeit des praktischen Syllogismus. Wie erinnerlich, postuliert diese Ätiologie, daß *verdrängte* Homosexualität *kausal notwendig* sei für die Ausbildung von paranoiden Wahnvorstellungen (GW 10: 237 f.; 1915). Dieses Postulat ist selbst natürlich unvereinbar mit der Behauptung von *G vs. U*, daß weder unbewußte noch bewußte Motive eine Art Ursache sein können. Ich möchte nun zeigen, daß die Erklärungsrolle von verdrängten Vorstellungen in Freuds Ätiologie der Paranoia sich dem praktischen Syllogismus *widersetzt*.

Freud postuliert eine Art *kausaler Mikrostruktur*, die zwischen der angenommenen verdrängten Homosexualität und den Wahnvorstellungen, die sie erzeugt, *vermittelt* (GW 8: 299; 1911). Wie wir in einem anderen Zusammenhang (Kap. 1, Abschn. B) sehen werden, funktioniert die kausale Vermittlungsdynamik folgendermaßen: Vorausgesetzt, männliche Homosexualität wird sozial tabuisiert, dann ist es sehr gut möglich, daß die gescheiterte Verdrängung von homosexuellen Impulsen zu starken Angst- und Schuldgefühlen führt. Man könnte dann dieser Angst Herr werden, indem man das Gefühl »Ich liebe ihn« in sein Gegenteil »Ich hasse ihn« verkehrt, eine Art von Transformation, die Freud als »Reaktionsbildung« bezeichnete. Die Reaktionsbildung läuft also nach dem Schema ab, daß ein gefährlicher Impuls, wenn er einmal weitgehend verdrängt wurde, in Gestalt eines akzeptableren *gegensätzlichen* Gefühls auftaucht, eine Umwandlung, die deswegen der *Abwehr* gegen die *Angst*, die mit dem zugrundeliegenden gefährlichen Impuls verbunden ist, dient. Wenn die Abwehr durch die Reaktionsbildung sich jedoch als ungenügend erweist, die Angst zu lindern, ist es möglich, daß der Leidende einen Ausweg in einem weiteren Abwehrmanöver, nämlich der »Projektion«, sucht, bei der »Ich hasse ihn« verwandelt wird in »Er haßt mich«. Bei dieser Endstufe des Abwehrprozesses handelt es sich um eine voll ausgebildete Paranoia. Mit dieser eher epigrammatischen Formulierung werden also die Reaktionsbildung und die Projektion als die verdrängten Abwehrmechanismen dargestellt, die durch das postulierte spezifische Pathogen der Paranoia ausgelöst werden.

Es stellt sich nun die Frage: Kann man bei der psychoanalytischen Erklärung des Wahnverhaltens des Paranoikers berechtigterweise davon ausgehen, daß der Betroffene »Gründe« für sein Verhalten hat, daß er also unbewußt glaubt, es stelle ein Mittel zur Erfüllung seiner homosexuellen Wünsche dar? Kann man sagen, der Paranoiker habe unbewußt seine Ver-

folgungswahnideen und das entsprechende Verhalten *beabsichtigt*, um seine erotischen Ziele zu erreichen?
Nehmen wir rein theoretisch an, es gebe den klinischen Nachweis, daß der paranoid Handelnde seine Verfolgungsideen unbewußt für ein Mittel hält, mit dem er der Angst, die durch seine Homosexualität ausgelöst wurde, Herr zu werden hofft. Und nehmen wir außerdem an, er werde in seinem Glauben nicht durch das Bewußtsein davon belastet, daß diese Angstreduktion auf Kosten der Tatsache erkauft wird, daß er aufgrund der negativen Reaktionen derjenigen, die seinen unbegründeten Verdächtigungen zum Opfer fallen, andere Ängste entwickelt. Selbst dann wäre ein solcher unterstellter unbewußter Glaube kaum mit der völlig andersartigen Überzeugung gleichzusetzen, diese Verdächtigungen könnten dazu beitragen, seine homosexuellen Ziele zu verwirklichen.
Wie Shope im einzelnen dargelegt hat (1970; 1973: 290–292), betrachtete Freud psychopathologische Symptome, Fehlleistungen und manifeste Trauminhalte *nicht* als Formen von *absichtlichen Handlungen*. Jedoch nahm er damit vereinbar an, daß die *Ursachen* für diese Phänomene verdrängte »Absichten« seien, und daß daher Symptome usw. unbewußte Bestrebungen bezeugten. Wie Shope weiter ausführt, ist es außerdem »wirklich außerordentlich schwierig, einen Analytiker zu finden, der berichtet, ein Patient erinnere sich nicht nur an einen unbewußten Wunsch oder eine Absicht, sondern auch daran, daß zwischen diesen und einem Symptom oder einer Fehlleistung eine absichtliche oder willentliche Verbindung bestanden hatte« (1973: 292 f., Anm. 11)! Schließlich macht Shope (S. 290, Anm. 9) auf die Tatsache aufmerksam, daß in Freuds ursprünglichem Text die Rede von der Absicht ist, »in deren Dienst« eine Patientin ihre Zwangshandlung ausführte, während die englische Übersetzung der *Standard Edition* von der Absicht spricht, »mit welcher [with which]« die Zwangshandlung vorgenommen wurde (SE 16: 277; 1917; GW 11: 286). Bei dieser Übertra-

gung wird die Tatsache *verdeckt*, daß Freud »sich gewöhnlich weigert, zu sagen, die Person beabsichtige die Tat, um die unterdrückte oder verdrängte Absicht zu verwirklichen«, obwohl er natürlich behauptet, daß die Absicht die Handlung *erzeugt*.

Sehen wir uns nun Freuds zuvor erwähnten Bericht über die Gedächtnisfehlleistung bei dem lateinischen Wort »aliquis« an, die er der verdrängten Angst vor einer Schwangerschaft zuschrieb (s. Kap. 4). Dieser bekannte Fall richtet sich nicht nach dem praktischen Syllogismus. Denn es gibt nicht den Funken eines Beweises, daß der Mann, als ihm der Gedächtnisfehler unterlief, unbewußt – wie töricht das auch immer wäre – der Überzeugung war, er könne dadurch seinen Wunsch (seine Hoffnung) wahrmachen, daß seine Geliebte *nicht* schwanger sein möge. Der Verfechter von *G vs. U* hat daher keinen Grund, zu behaupten, die Person *beabsichtige* ihren eigenen Gedächtnisfehler, um zu dem höchst erwünschten Nichtvorhandensein einer Schwangerschaft zu kommen, auch wenn man glaubt, daß sein Wunsch selbst eine »Absicht« darstellt. Wie Morris Eagle betont hat (1980a: 368 f.), klafft eine große Lücke zwischen dem bloßen Wunsch und dem Plan, ihn zu verwirklichen. Wenn es keinen Plan gibt, kann man aber nicht davon ausgehen, daß der Handelnde sein Verhalten als Mittel sieht, seine Wünsche zu erfüllen. Ebensowenig kann man, wie Eagle weiter ausführt, (S. 371), besagte Lücke überbrücken mit Roy Schafers rein *verbaler* Devise, wonach man ein solches Verhalten als »verleugnete Handlung« *bezeichnen* kann. Eine solche semantische Taufe trägt nichts dazu bei, Freuds motivationale Erklärungen solchen Erklärungen gleichzusetzen, bei denen die Motive »Gründe für eine Handlung« im Sinne des praktischen Syllogismus darstellen. Kurz, es gab keine unbewußt geplante Handlung, die sich auf die Überzeugung an eine Mittel/Zweck-Verbindung gründete. Und ohne sie kann man nicht behaupten, Freuds Beispiel richte sich nach dem praktischen Syllogismus.

Ich muß jedoch warnen vor einem schwerwiegenden Mißverständnis meiner Zurückweisung des praktischen Syllogismus als des Prototyps der psychoanalytischen Erklärung. Zur Vermeidung dieses Mißverständnisses müssen wir die beiden folgenden Behauptungen unterscheiden: (1) Der Patient benutzt unbewußt seine bestimmte Krankheit als Mittel zur Erfüllung seiner pathogenen verdrängten Wünsche; und (2) sein pathogener Konflikt erregt eine unerträgliche Spannung, und er erstrebt dann eine Spannungsverminderung mittels einer Krankheit als das kleinere Übel. Im Falle des Rattenmanns z. B. läßt sich der Unterschied zwischen 1 und 2 folgendermaßen illustrieren: (a) Dieser Patient benutzte seine wahnhaften Ängste, um die verdrängten feindseligen Wünsche, die er gegen seinen Vater hegte, zu erfüllen; und (b) er *intendierte* die Behinderung, die aus seinen lähmenden Zwangsvorstellungen resultierte, als ein Mittel, sich mit seinem Konflikt nicht befassen zu müssen. Gestützt auf Freuds Fallbeispiel von Dora habe ich festgestellt, daß die Behauptungen 1 und a *keine* Rolle in der psychoanalytischen Erklärung spielen. Im Grunde macht Freud dort auf die Unterscheidung zwischen 1 und 2 aufmerksam: »Die Motive zum Kranksein sind begrifflich scharf zu scheiden von den Krankheitsmöglichkeiten, von dem Material, aus dem die Symptome gefertigt werden« (GW 5: 202; 1905).

Ich gebe jedoch zu, daß Freuds Zurückweisung der Behauptung 1 ihn nicht daran hinderte, 2 zu behaupten. Wenn er z. B. beim Rattenmann von der »Flucht in die Krankheit« spricht, stellt er die Behauptung 2 in der Form der Behauptung b auf (GW 7: 420 f.; 1909). Im übrigen sagt Freud auch, der Patient mache vorsätzlich Gebrauch von seiner Krankheit als Mittel zur Erreichung dessen, was Freud den »sekundären Krankheitsgewinn« nennt (GW 5: 202 f.; 1905): Die Krankheit weckt bei anderen Menschen Empfindungen des Mitleids und der Liebe, und der Patient benutzt die Fortführung oder Wiederholung seines Leidens, um diese Reaktionen, die ihm sonst nicht zuteil würden, zu erreichen. Doch wir sehen:

Weder der Wunsch nach Minderung des Spannungszustands, der den pathogenen Konflikt begleitet, noch die Antizipation des sekundären Krankheitsgewinns fungieren in der psychoanalytischen Theorie als die *grundlegenden* erklärenden Pathogene bestimmter Störungen (d. h. Paranoia oder Zwangsneurose): weder das ein noch das andere liefert das, was Freud das »Material, aus dem die Symptome gefertigt werden«, nennt. Letzteres Material wird statt dessen von dem ursprünglichen unbewußten Konflikt konstituiert. Ich will daher kein Mißverständnis darüber aufkommen lassen, daß ich von den grundlegenden erklärenden Pathogenen spreche, wenn ich behaupte, daß ätiologische Erklärungen in der Psychoanalyse nicht im Einklang mit dem praktischen Syllogismus stehen.

Robert Shope (1973: 301) macht auf eine weitere eindrucksvolle Illustration der Tatsache aufmerksam, daß es keinen Beweis für eine unbewußte Überzeugung von einer Mittel/Zweck-Verbindung gibt: Da es Freud an dieser Art Beweis mangelte, leugnete er, daß eine solche Überzeugung eine Rolle spiele, und bevorzugte statt dessen den bloßen *»Mechanismus« von hysterischer Konversion.* Denn in seiner Fallgeschichte der Elisabeth von R. stellt er die Hypothese auf, daß »anstatt der seelischen Schmerzen, die sie sich erspart hatte, [hysterische] körperliche auftraten«. Das »Motiv« der Patientin war »die Abwehr«, die Flucht vor einem unerträglichen psychischen Zustand, während »der Mechanismus der der Konversion« war. Bezeichnenderweise *leugnet* Freud, daß bei der Konversion eine *absichtliche*, willkürliche Handlung eine Rolle spielt:

»Allerdings eine Anleitung dazu, wie man bei sich eine solche Konversion herstellt, kann ich nicht geben; man macht das offenbar nicht so, wie man mit Absicht eine willkürliche Handlung ausführt; es ist ein Vorgang, der sich unter dem Antriebe des Motivs der Abwehr [...] vollzieht« (GW 1: 233; 1895).

Außerdem wäre es ein wesentlicher Irrtum, sich in dem Bemühen, psychoanalytische Erklärungen mit dem praktischen Syllogismus gleichzusetzen, darauf zu berufen, daß Freud verdrängte seelische Zustände mit bewußten Zuständen verglichen habe. Tatsächlich teilte er mit, man könne »die latenten [verdrängten] Zustände des Seelenlebens [...] mit einer gewissen Arbeitsleistung [freier Assoziation] in bewußte seelische Vorgänge [...] umsetzen, sie ersetzen«. Und weiter erklärte er, sie könnten

»mit all den Kategorien beschrieben werden, die wir auf die bewußten Seelenakte anwenden, als Vorstellungen, Strebungen, Entschließungen u. dgl. Ja, von manchen dieser latenten Zustände müssen wir aussagen, sie unterscheiden sich von den bewußten eben nur durch den Wegfall des Bewußtseins« (GW 10: 266 f.; 1915).

Es wäre jedoch ein großer Fehler, diese Erklärung als Erlaubnis dafür zu nehmen, eine typische psychoanalytische Erklärung dem praktischen Syllogismus anzugleichen. Wenn wir uns darauf stützten, daß Freud hier verdrängte seelische Zustände mit bewußten seelischen Vorgängen gleichsetzte, dann würde diese Angleichung folgende *konjunktivische* Form annehmen: Wenn der Handelnde, der bestimmte verdrängte Absichten hat (Wünsche, Ziele oder »Intentionen«), sich dieser Absichten bewußt *würde*, dann würde er *glauben*, sein neurotisches Verhalten sei ein Mittel zur Erfüllung dieser Absichten, *und* er würde sich auf dieses unangepaßte Verhalten einlassen. Faßt man z. B. die psychoanalytische Erklärung von paranoidem Verhalten so auf, würde man sich in einem Fall, wo man ein derartiges Denken und Verhalten verdrängten homosexuellen Impulsen zuschriebe, zu dem folgenden Konditional berechtigt glauben: *Wären* die homosexuellen Gefühle bewußt, dann würden sie mit der erwähnten vermeintlichen Mittel/Zweck-Überzeugung zusammenwirken und *motivationale Gründe* für die Paranoia des Handelnden hervorbringen, wie es der praktische Syllogismus erfordert.

Zum Schaden für die These von *G vs. U* erweist sich aber dieser in Aussicht genommene Versuch, die psychoanalytische Anwendbarkeit des praktischen Syllogismus zu rechtfertigen, gänzlich als Bumerang, weil Freuds Theorie die Behauptung dieses Konditionals, den man zu Hilfe gerufen hatte, *leugnet*. Denn in der Verdrängungsätiologie ist eben die Verdrängung von homosexuellen Absichten kausal *notwendig* für den Verfolgungswahn des Handelnden. Die psychoanalytische Theorie versichert also ganz und gar nicht, daß die Umwandlung dieser erotischen Wünsche in bewußte Wünsche dem Handelnden eine motivierende Begründung dafür liefert, warum er sein pathologisches Verhalten fortsetzt, sondern sie lehrt, daß ein solches Aufdecken der sexuellen Verdrängung die Störung *auflösen* kann. Außerdem wären nach Freuds Ätiologie die homosexuellen Impulse – auch wenn sie noch verdrängt wären – lediglich kausal notwendig und nicht ausreichend für die Paranoia. Allerdings wäre es im Sinne Freuds, diese erotischen Wünsche, auch wenn sie verdrängt sind, als »Intentionen« zu bezeichnen. Trotzdem sehen wir, daß *diese* Gleichsetzung von latenten seelischen Zuständen mit bewußten Zuständen es wohl *verbietet* – und nicht erlaubt –, daß die Erklärung des paranoiden Verhaltens entsprechend konjunktivisch dem praktischen Syllogismus gleichgesetzt wird.

So kann der Verfechter von *G vs. U* ein weiteres Mal nicht zeigen, daß der Paranoiker sein Wahnverhalten *absichtlich* als Mittel einsetzt, um sein sexuelles Verlangen zu stillen (seine »Absichten« zu erreichen)! Keine noch so verschwommene, allgemeine Erörterung der »Bedeutung« oder der »Zielrichtungen« (Klein 1976: 39) im Verhalten des Paranoikers sollte diesen Irrtum vertuschen dürfen. Denn bei der »Bedeutung« dieses pathologischen Verhaltens, das in diesem Zusammenhang in der Psychoanalyse enthüllt wird, handelt es sich einfach um die verdrängte Homosexualität, von der man annimmt, daß sie das relevante Pathogen darstellt. Und es hat sich erwiesen, daß eine solche der »Bedeutung« immanente »Intentionalität« völlig ungenügend ist, das erzeugte Wahnverhalten in eine willentliche Handlung zu verwandeln, die der Handelnde als Mittel zur Erreichung seines erotischen

Ziels *absichtlich* einsetzt. Wenn jedoch das Verhalten des Handelnden nicht so beabsichtigt ist, dann entbehrt seine psychoanalytische Erklärung motivierender Gründe, wie es für die These von *G vs. U* wesentlich wäre.

Es gibt sogar *bewußt* verursachte Handlungen, deren Erklärung eine nützliche *Warnung* mit einer ähnlichen Moral bedeutet. Michael Moore liefert dazu ein aufschlußreiches Beispiel:

»Angenommen, *X* sei ein Gefangener, der den starken Wunsch hat, aus dem Gefängnis zu kommen. Er rüttelt an den Gitterstangen seiner Zelle, ›weil er hinaus will‹. Das Rütteln an den Stäben ist eine Handlung, die er ausführt, und sein Wunsch ist die Ursache dafür; er rüttelt jedoch nicht an den Gitterstangen, *um hinauszukommen*, weil er keinen Moment daran glaubt, daß er die Stangen lockerrütteln kann« (1980: 497).

X drückt also seinen Wunsch nach Freiheit *aus*, indem er an den Zellengittern rüttelt. *Dieser* Wunsch bezeichnet jedoch – da *X* der entsprechende Glaube fehlt – nicht seinen »Grund für« diese Handlung im Sinne des praktischen Syllogismus, wenngleich ein sekundäres *Verlangen nach einem Ausdruck* des ersten Wunsches derart bezeichnet werden könnte.

In seiner äußersten Not wird der Verfechter von *G vs. U* vielleicht versuchen, sich auf die These zurückzuziehen, daß die Verbindung zwischen motivierenden Gründen und Handlungen logisch notwendig und nicht logisch kontingent sei, unabhängig davon, ob es sich um bewußte oder verdrängte Motive handelt. Wenn man diese These im Zusammenhang mit psychoanalytischen Erklärungen aufrechterhalten könnte, würde sie tatsächlich die kausale Rolle von verdrängten Motiven zugunsten der These von *G vs. U* widerlegen. Denn wenn die Verbindung zwischen solchen Motiven und dem Verhalten, das sie erklären, kausal sein soll, dann muß sie logisch *kontingent* sein. Wie ich aber bereits kritisch bemerkt habe, ist die These kaum überzeugend, selbst wenn man sie auf bewußt motivierte Handlungen anwendet (zur detaillierten Verteidigung dieser Schlußfolgerung vgl. Sellars 1973). Außerdem ist es nachweislich anfechtbar, daß man sie auf psychoanalytische Erklärungen des Verhaltens anwenden kann.

Betrachten wir unser früheres Beispiel zur Mikro- und Makrostruktur der Freudschen Ätiologie der Paranoia, so geht daraus doch klar hervor, daß die angenommene Umwandlung bei der Reaktionsbildung – bei der »Ich liebe ihn« durch »Ich hasse ihn« ersetzt wird – genauso logisch kontingent ist wie beispielsweise Newtons Gravitationsgesetz des inversen Quadrats. Wie konnte man, wo Freud noch nicht einmal Allgemeingültigkeit für eine solche Reaktionsbildung von seiten des homosexuell Verdrängten beanspruchte, diese Affektumwandlung für logisch notwendig erklären? Wofür er Allgemeingültigkeit in Anspruch nahm, war *im Gegenteil*, daß bei jedem Paranoiker die verdrängten Motive einer Reaktionsbildung unterlagen. Ebenso eindeutig ist die weitere Projektionsumbildung, bei der »Ich hasse ihn« ersetzt wird durch »Er haßt mich«, logisch kontingent. Namentlich wäre es *absurd*, zu behaupten, die kontingent entstandene Verbindung zwischen der verdrängten Homosexualität und dem Wahnverhalten des Paranoikers sei logisch notwendig: offensichtlich ist diese Verkettung ebenso logisch kontingent wie die Tatsache, daß das lineare Moment erhalten bleibt, eine Beziehung, die man anhand der Bewegung von zwei kollidierenden Billardkugeln beispielhaft zeigen kann. Zu derselben Schlußfolgerung gelangt man, wenn man sich weitere Fälle ansieht, zum Beispiel den folgenden einer Freudschen Reaktionsbildung: »Übertriebene Sympathie kann die Abwehr gegenüber einem Impuls zur Grausamkeit sein« (Wallerstein 1976: 220). Also kann der hermeneutische Verfechter der These von *G vs. U* seine These nicht retten, indem er behauptet, zwischen Freudschen Motiven und dem Verhalten, das sie erklären sollen, bestehe eine logisch notwendige Verbindung.

Wir wollen dennoch rein theoretisch annehmen, die psychoanalytischen Erklärungen, die Freud in seiner *klinischen*

Theorie lieferte, könnten hermeneutisch im Rahmen von *G vs. U* rekonstruiert werden. Selbst dann würde das noch nicht genügen, die hermeneutische Auffassung des psychoanalytischen Unternehmens zu stützen. Die Frage, ob ein solcher Zugang angemessen ist, hängt nämlich davon ab, ob die klinische Theorie als Erklärung *autonom* ist. Und eine solche Autonomie hängt davon ab, ob die klinische Theorie über »Ursprung und Ätiologie« der »Gründe«, die der Handelnde für seine Aktionen hat, Rechenschaft ablegen kann (Eagle 1980a: 341), *ohne* daß man sich auf Ursachen beziehen muß, die nicht in der klinischen Theorie angeführt werden. Dennoch haben B. B. Rubinstein (1976) und M. Eagle (1980a: 331, 333, 341 f., 344, 346, 356 f.) stichhaltige Argumente dafür angeführt, daß die klinische Theorie tatsächlich genau in diesem Punkt nicht explanatorisch autonom ist. Zwar war Freuds Metapsychologie in sehr starkem Maße mit Fehlern behaftet (Holt 1976). Trotzdem wird die anregende Suche nach den notwendigen Erklärungen, die über die von der klinischen Theorie gelieferten Erklärungen hinausgehen, kaum dadurch in Mißkredit gebracht, daß sie ihren berüchtigten Fehlschlag erlitt (Holt 1981). Es ist daher bedauerlich, daß Analytiker wie George Klein, Roy Schafer und auch Merton Gill, im Gegensatz zu seinem Mitautor K. Pribram (Pribram/Gill 1976), auf ihre berechtigte Unzufriedenheit mit der Metapsychologie hin so überreagiert haben, daß sie erweiterte Erklärungsziele, von denen diese inspiriert war, mieden – oder zumindest die Hoffnung darauf aufgaben. Das resignierte Einkapseln in den Erklärungshorizont der klinischen Theorie – indem man sie zum A und O der Psychoanalyse erklärt – verhindert die weiterführende Vision, nach der die Phänomene dringend verlangen (Holt 1982).

Zum Abschluß seiner aufschlußreichen Arbeit »Freud's Early Theories of Hysteria« schränkte der bekannte Psychoanalytiker B. B. Rubinstein wirkungsvoll und prägnant die klinische Theorie gegenüber der Metapsychologie auf die ernüchternde Perspektive ein:

»Die Theorie der Hysterie ist nicht die ganze Psychoanalyse. Aber sie verkörpert eine Reihe von Problemen, mit der sich diese Disziplin zu befassen hat. [. . .] Kritische Psychoanalytiker haben die Angewohnheit, Freuds Metapsychologie für alle der Theorie immanenten Schwierigkeiten die Schuld zuzuweisen. Die Metapsychologie stellt jedoch ein vergleichsweise geringes Problem dar. Obwohl wir vielleicht noch weit von einer Lösung entfernt sind, müssen wir deswegen nicht beunruhigt sein, wenn wir erst einmal ihre Funktion erkannt haben, die uns an die Tatsache erinnern soll, daß der Geist nicht ohne Körper existieren kann, und daß man entsprechend die Geistestätigkeiten, für die sich die Psychoanalyse interessiert, auch als physiologische Prozesse sehen kann, und manchmal, um sie richtig zu verstehen, auch so sehen muß.
Was in Wirklichkeit beunruhigend ist, ist der klinische Teil der Psychoanalyse. Er ist kopflastig mit Theorie, hat aber nur eine schmale Beweisgrundlage« (1983: 187).

Da die Hermeneutiker oft darauf hingewiesen haben, daß für sie Freuds Traumtheorie das Kernstück bildet, ist es ganz besonders aufschlußreich, daß dieser Teil des Freudschen Werkes ihre Behauptung ganz und gar nicht bestätigt. Wie wir bereits gesehen haben, konnte Shope zeigen, daß im allgemeinen Freud selbst manifeste Trauminhalte genausowenig wie Symptome oder Fehlleistungen als eine Art beabsichtigter Handlung betrachtete, obwohl er von ihren vermeintlichen *Ursachen* als »Absichten« sprach. Aber ganz abgesehen von Freuds eigenen expliziten Ansichten argumentierte Moore (1980; 1983) ausführlich und scharfsinnig, daß aufgrund von Freuds Beweismaterial das Träumen von manifesten Trauminhalten schlicht nicht den Anforderungen genügt, die an eine beabsichtigte Handlung gestellt werden. Denn es stellt sich heraus, daß – trotz der linguistischen Insignien des Begriffs »Absicht«, in die Freud seine Erklärungen verschiedener Träume kleidete – die begriffliche Überprüfung dieser Erklärungen zeigt, daß »Träume keine Produktionen darstellen, die wir aus [unbewußten] Gründen inszenieren, sondern Ereignisse, die durch Wünsche verursacht werden« (Moore 1980: 538).

In der Reihe von Gründen, die Moore für diese Schlußfolgerung anführt, verdienen die beiden folgenden besondere Beachtung:

(1) Zum Fall von Freuds »Traum von Irmas Spritze«, einem exemplarischen Traum, der ausführlich in Kapitel 5 diskutiert wird, schreibt er:

»Freud führte den Traum von Irmas Spritze nicht aktiv herbei. [. . .] Der Traum kam über ihn, wie der Tod seines Vaters über ihn kam – in keinem Fall führte er diesen Umstand herbei (wobei nicht zu verhehlen ist, daß er in beiden Fällen Wünsche in bezug auf das entsprechende Ereignis gehegt haben könnte). Träumen ähnelt insofern dem ungerichteten Denken – einer plötzlichen Eingebung, einer Offenbarung, oder Vorstellungen u. ä. –, als es ohne den Willen oder die Vermittlung des Menschen geschieht« (1983: 49 f.).

(2) Die dem praktischen Syllogismus untergeordnete Prämisse, wonach der Handelnde bewußt *oder unbewußt* der Überzeugung ist, sein Verhalten sei ein Mittel zur Erreichung seines Ziels, findet keine Anwendung, wenn Wünsche in einem Traum als erfüllt *phantasiert* werden:

»Der Träumer ist nicht der *Überzeugung*, daß seine ›Handlung‹ des Träumens ein Mittel darstellt, um sein Wunschobjekt zu erreichen. [. . .] Freud kann sich laut eigenem Bericht nicht an eine solche Überzeugung erinnern, und zwar weder als Teil seines Traums noch als Teil seiner Überzeugungen im Wachzustand. Ebensowenig wird behauptet, man könne mit Hilfe der freien Assoziation die Erinnerung an eine solche Überzeugung wachrufen. Ohne eine solche Überzeugung fehlt jedoch ein wesentliches Element in der praktischen Argumentation, was zu der Schlußfolgerung führt, man könne die ›Handlung‹ überhaupt nicht nach dem Vorbild der praktischen Argumentation verstehen« (1980: 523).

Allgemeiner ausgedrückt: »Man kann bei fast keinem Traum, den Freud analysiert, die Überzeugung finden, daß der Traum ein Mittel darstellt, mit dem man tatsächlich das Wunschobjekt erreichen kann« (1980: 524).

Und wenn man ein solches Grundprinzip erfinden würde, könnte es nicht zu einer Erklärung beitragen, da es sich hier

um eine »Rationalisierung ohne kausale Herleitung« handeln würde (1980: 492–495; 1983: 32–34).
Ebenso hat Morris Eagle einen anschaulichen Einwand erhoben:

»Man nimmt an, daß Träume, weil sie persönlich bedeutungsvoll erscheinen und weil sie scheinbar unsere innersten Anliegen, unsere Sorgen und Wünsche widerspiegeln, motiviert sind [durch Gründe, die zu dem Traum geführt haben, im Sinne des praktischen Syllogismus]. Die Tatsache aber, daß Träume sich inhaltlich zusammensetzen aus Anliegen und Wünschen, die uns am meisten bedrücken (und nehmen wir einmal an, sie tun dies tatsächlich), bedeutet nicht, daß wir diese Inhalte träumen *wollten* oder daß wir diese Inhalte träumten, um bestimmte Sehnsüchte und Wünsche zu erfüllen. Es könnte einfach bedeuten, daß Anliegen und Wünsche, die uns bedrücken, weiterhin das Denken beeinflussen (oder vielleicht sogar insbesondere das Denken im Traum beeinflussen). [. . .] Träume sind nicht die Erreichung von Absichten und Zielen. Sie sind vielmehr Ereignisse, die Absichten und Ziele *widerspiegeln*« (1980a: 363 f.).

5. Zur Kritik an George S. Kleins Version der hermeneutischen Psychoanalyse

Zum Abschluß wollen wir noch die Hermeneutik in der Version von George Klein systematischer als bisher untersuchen. Jedoch ist hier ein exegetischer Vorbehalt angebracht, weil der plötzliche Tod Klein daran hinderte, seine *Psychoanalytic Theory* (1976) in eine abschließende Form zu bringen; das Buch verdankt seine postume Herausgabe vielmehr der redaktionellen Arbeit von Merton Gill und Leo Goldberger. Es ist daher durchaus denkbar, daß Klein, wäre er noch am Leben, einige der Formulierungen, die die Grundlage für meine Kritik bilden, überarbeitet hätte. Dieser Einschränkung sollte man sich stets bewußt bleiben.
George Kleins Philosophie der Psychoanalyse weist in reiner Form einige der Hauptmängel der hermeneutischen Auffas-

sung auf, um deren Darlegung ich mich bemüht habe. Dies ist nicht überraschend, denn die Lehre, die er aus den Unterschieden zwischen der Metapsychologie und der klinischen Theorie zog, basierte erklärtermaßen (Klein 1976: 26) auf Ricœur sowie der Philosophie der Umgangssprache, wie sie Toulmin in seiner Darstellung der Psychoanalyse beispielhaft angewendet hatte.

Erinnern wir uns an meine zu Beginn dieses Kapitels erhobenen Einwände gegen die Freud-Exegese, auf die Habermas und Ricœur ihren gegen Freud erhobenen Vorwurf des »szientistischen Selbstmißverständnisses« stützten. Folgende Punkte bleiben festzuhalten:

(1) Der reife Freud bezeichnete die klinische Theorie der Verdrängung als »Grundpfeiler, auf dem das Gebäude der Psychoanalyse ruht, so recht das wesentlichste Stück derselben« (GW 10: 54; 1914). Obendrein hielt er ausdrücklich die Metapsychologie, verglichen mit der klinischen Theorie, für *epistemisch entbehrlich*.

(2) Nachdem Freuds »Projekt« von 1895 verfallen war, war sein Wissenschaftlichkeitskriterium erklärtermaßen *methodologisch* oder *erkenntnismäßig* und *nicht* ontologisch reduktiv. Und nachdem er ausdrücklich betont hatte, daß die klinische Theorie eher »direkter Ausdruck der Erfahrung« mit Patienten ist als der »spekulative [metapsychologische] Überbau« (GW 14: 58; 1925), beanspruchte er den naturwissenschaftlichen Status vor allem für seine sich in der Entwicklung befindliche klinische Theorie der Persönlichkeit und Therapie. Jedoch setzte er die Metapsychologie wissenschaftlich nicht herab, geschweige denn, daß er sie verleugnete. Daher sprach Robert Holt meiner Meinung nach nicht nur für sich selbst, sondern auch im Sinne des reifen Freud, als er treffend formulierte: »Die Wissenschaft wird durch ihre Methoden definiert, nicht durch ihren Inhalt« (Holt 1981: 133).

(3) Welche langfristigen Hoffnungen in bezug auf eine teilweise Reduktion der klinischen Theorie auf die Metapsychologie der reife Freud auch immer gehegt haben mag, er

betrachtete ganz sicher *nicht* die Metapsychologie als *ursprünglich wissenschaftlich* gegenüber der klinischen Theorie. Ebensowenig glaubte er nach 1896, die Wissenschaftlichkeit der klinischen Theorie *hänge ab* von ihrer vermeintlichen Reduktion auf metapsychologische Hypothesen.

(4) Freud sah in der Wissenschaftlichkeit seines erklärten klinischen Grundpfeilers alles andere als sozusagen den Ausfluß aus dem anerkannten spekulativen Überbau; vielmehr hielt er die klinische Theorie angesichts der großen Menge an Beweisen, die er in seiner Praxis und bei seiner Selbstanalyse gesammelt hatte, gleichsam von unten nach oben für wissenschaftlich bestätigt.

Dennoch hat Habermas, wie wir gesehen haben, unbelastet davon, daß die Schriften Freuds ein ganz anderes Bild ergeben, den exegetischen Mythos konstruiert, der reife Freud habe die Metapsychologie aufgrund ihrer Ontologie für ursprünglich wissenschaftlich gehalten – angeblich als lebenslanges Relikt aus der stürmischen Zeit des »Projekts« im Jahre 1895. Darüber hinaus habe der reife Freud unter dem langjährigen Einfluß der Lehren von Helmholtz, Meynert und Brücke den wissenschaftlichen Status der klinischen Theorie mit ihrer vermeintlichen Reduktion auf die Metapsychologie *begründet*. Hat er seine Mythenbildung einmal so weit getrieben, behauptet Habermas nun, die ins Auge gefaßte Reduktion sei ein Schwindel, und wenn Freud der klinischen Theorie Wissenschaftlichkeit zuspreche, so sei das eine *verfehlte Extrapolation* aus der ursprünglich wissenschaftlichen Metapsychologie. Dann erhält Freud vermeintlich den philosophischen Gnadenstoß: Er wird beschuldigt, seine eigene klinische Theorie szientistisch mißverstanden zu haben.

Klein (1976: 42 f., 46) unterstützte vieles davon unabhängig oder übernahm es von Ricœur. Tatsächlich erlag Klein (S. 2, 28 f., 42–49), wie eine Reihe anderer auch, einem ebenso tiefverwurzelten wie abgedroschenen reduktiven Irrtum, nämlich der These, der wissenschaftliche Status einer Theorie in jeglichem Bereich von Phänomenen sei abhängig von ihrer *ontologischen Reduktion* auf die physikalistischen Entitäten der allgemein anerkannten Naturwissenschaften. In bezug auf die Psychoanalyse zog er daher die Schlußfolgerung, sie könne Anspruch auf den naturwissenschaftlichen Status erheben lediglich aufgrund der Tatsache, daß sie ontologisch auf die *nicht*mentalistischen Hypothesen der Neurologie und der Physiologie, wenn nicht gar der Physik, zurückführbar sei. Diese falsche Vorstellung veranlaßte Klein dann zu der folgenden irrigen Annahme: Da Freud für sein Unternehmen konstant einen wissenschaftlichen Status beanspruchte, habe auch noch der reife Freud eine solche physikalistische Reduktion angestrebt, um eben dieses Bekenntnis zur Wissenschaftlichkeit zu *rechtfertigen* (S. 42–46). Daß Freud schon seit langer Zeit sein frühes reduktives ontologisches Merkmal für Wissenschaftlichkeit zugunsten eines epistemischen oder methodologischen Kriteriums verworfen hatte, scheint Klein übersehen zu haben.

Klein (1976: 43, 46) meint, Freud habe jede Erklärung, die auf den Begriffen seiner klinischen Theorie basierte, als *unwissenschaftlich* abgetan; und er belastet die Freudsche »Wissenschaftsphilosophie« nicht nur damit, daß sie die klinische Theorie wissenschaftlich verunglimpfe, sondern auch danach trachte, diese Theorie als Erklärung zu ersetzen und letztlich aufzulösen, indem sie das psychoanalytische Gebäude von all seinen konativen (»zweckmäßigen«) Kategorien säubere:

»Die Freudsche Philosophie setzt voraus: (1) daß Begriffe der Zweckmäßigkeit und Bedeutung für die *wissenschaftliche* Erklärung unannehmbar sind; (2) daß eine annehmbare *Erklärung* von teleologischen Implikationen frei sein muß; (3) daß Regelmäßigkeiten, die in Begriffen der Zweckmäßigkeit beschrieben werden, letztlich erklärbar werden, wenn man rein psychologische Modelle anwendet, die die Ursachen aufdecken, die im Zweckprinzip lediglich beschreibend zum Ausdruck kommen.

[. . .] Freud war in der inzwischen gut dokumentierten Tradition des wissenschaftlichen Wertesystems von Brücke und Meynert großgeworden, bei dem man von dem Grundsatz ausging, eine Erscheinung gelte erst dann als ›erklärt‹, wenn dies in physikalisch-chemischen

Begriffen geschah, wobei ›neurophysiologisch‹ in diese Klassifikation fiel. [. . .] Es besteht wenig Grund zu der Annahme, daß Freud dies bestritt« (S. 43 f.).

Und unter Bezugnahme auf »zeitgenössische Psychoanalytiker« (S. 45) beklagt sich Klein:

»Ich glaube, sie sind sich nicht genügend im klaren über das Ausmaß, in dem die Freudsche Wissenschaftsphilosophie, die den Anstoß zum ›Projekt‹ gab, sein ganzes Leben lang fortdauerte, über das Ausmaß, in dem sie das determinierte, was wir Metapsychologie nennen, und über die Tatsache, daß der ökonomische Standpunkt lediglich eine versteckte Erweiterung der Physiologisierungsbemühungen ist« (S. 46).

Zusätzlich zu den Textbelegen, die ich bereits angeführt habe, zeigt aber paradoxerweise ein im Jahre 1915 erschienener Artikel von Freud über die Metapsychologie eindeutig, daß er sich über die reduktive Philosophie, die den Anstoß zu seinem frühen »Projekt« gegeben hatte, hinausentwickelt hatte. In seinem Artikel »Das Unbewußte« heißt es:

»Immerhin ist es klar, daß die Frage, ob man die unabweisbaren latenten Zustände des Seelenlebens als unbewußte seelische oder als physische auffassen soll, auf einen Wortstreit hinauszulaufen droht. Es ist darum ratsam, das in den Vordergrund zu rücken, was uns von der Natur dieser fraglichen Zustände mit Sicherheit bekannt ist. Nun sind sie uns nach ihren physischen Charakteren vollkommen unzugänglich; keine physiologische Vorstellung, kein chemischer Prozeß kann uns eine Ahnung von ihrem Wesen vermitteln. Auf der anderen Seite steht fest, daß sie mit den bewußten seelischen Vorgängen die ausgiebigste Berührung haben; sie lassen sich mit einer gewissen Arbeitsleistung in sie umsetzen, durch sie ersetzen, und sie können mit all den Kategorien beschrieben werden, die wir auf die bewußten Seelenakte anwenden, als Vorstellungen, Strebungen, Entschließungen u. dgl. Ja, von manchen dieser latenten Zustände müssen wir aussagen, sie unterscheiden sich von den bewußten eben nur durch den Wegfall des Bewußtseins. Wir werden also nicht zögern, sie als Objekte psychologischer Forschung und in innigstem Zusammenhang mit den bewußten seelischen Akten zu behandeln« (GW 10: 266 f.; 1915).

Der eigentliche Anstoß zu Kleins verhängnisvoller Fehlinterpretation der Wissenschaftsphilosophie des reifen Freud scheint aber nicht in den Schriften des Begründers zu liegen. Vielmehr dürfte der Impuls von den ideologischen Spannungen innerhalb der psychoanalytischen Gemeinschaft zu Kleins Zeit ausgegangen sein; Spannungen, die dadurch verursacht waren, daß einige Mitglieder dieser Gemeinschaft abgöttisch auf der Redlichkeit der noch existenten Metapsychologie beharrten. Diese Vermutung drängt sich auf, wenn sich Klein darüber beklagt, daß viele seiner Analytikerkollegen klinische Begriffe als Erklärung degradierten:

»Als die Analytiker jedoch darangingen, ihre Ideen systematisch zu formulieren, verließen sie diese [klinische] Ebene und übernahmen die Ziele und Angewohnheiten der Naturwissenschaftler, die über Energien, Kräfte, Besetzungen, Systeme, Schichten, Mechanismen und physikalische Analogien, nicht aber über Bedeutungen reden« (1976: 42 f.).

Der Mythos, Freud habe fortwährend die klinische Theorie als Erklärung gegenüber der Metapsychologie herabgesetzt, paßt genau zu dem zuvor sichtbar gewordenen Irrglauben, die Beziehung der *kausalen Relevanz* sei von Natur aus physikalistisch, eine Ansicht, die offensichtlich auch von Klein geteilt wird (1976: 26–29). Daß Freud auf konstruktive Weise die biochemische *Erweiterung* der klinischen Theorie und nicht deren physikalisch-chemische Ersetzung im Auge hatte, wird bezeugt durch die *gemeinsame* Rolle, die er klinischen und vermeintlich biophysikalischen Faktoren in der Ätiologie der Neurosen zuschrieb. So nahm Freud an (GW 1: 447; vgl. auch S. 425, 437; 1896), daß traumatische Erfahrungen als Pathogene kausal notwendig und nicht kausal ausreichend seien. Denn er glaubte Grund zu haben zu der Annahme, daß in der Gruppe derjenigen, die psychologisch solche Erfahrungen durchgemacht haben, eine vererbte Verwundbarkeit determiniert, wer neurotisch wird und wer nicht. Und er dachte oder vermutete im voraus, vererbte Verwundbarkeit könne vielleicht etwas mit biochemischen Eigenschaften zu tun haben. Dieser wesentliche Gesichts-

punkt der psychoanalytischen Theorie der Neurosenentstehung spricht nachdrücklich für den oben unterstützten Lehrsatz, daß man die klinische Theorie hinsichtlich ihrer Erklärungsfähigkeit nicht für autonom halten sollte.
Kleins Fehlinterpretation beschränkt sich nicht auf philosophische Themen, sondern erstreckt sich auch darauf, wie er Freuds Entwicklungshypothesen und deren Neurosenätiologien darstellt. Denn Freud führte schon im Jahre 1895 (GW 1: 372) den Begriff der »spezifischen« Ätiologie einer bestimmten nosologischen Einheit *N* ein (z. B. Zwangsneurose, Angstneurose). Und eines der Merkmale, die das spezifische Pathogen *P* eines gegebenen *N* definieren, ist, daß *P* kausal *»notwendig«* ist für die Genese von *N*, ein Merkmal, das es mit den sogenannten ätiologischen *»Bedingungen«* (GW 1: 372) gemeinsam hat. So behauptete Freud in bezug auf alle spezifischen Ätiologien, daß der Genese von *N unweigerlich P vorausgegangen* sein muß. Aber Klein schreibt: »In der klinischen Theorie bezieht sich der genetische Gesichtspunkt auf die Tatsache, daß Ziele [Pläne] eine Geschichte haben, nicht in dem Sinne, daß man versucht, unveränderliche und bedingungslose Voraussetzungen zu spezifizieren, sondern im Sinne der Spezifizierung einer inneren Logik in der Entwicklung« (1976: 29 f.). Was auch immer »eine innere Logik in der Entwicklung« sein mag, alle spezifischen Ätiologien – wie die homosexuelle Ätiologie der Paranoia oder die Verführungstheorie der Hysterie – »spezifizierten unveränderliche Voraussetzungen«. Denn sie erlaubten alle die allgemeingültige retrodiktive Schlußfolgerung von *N* auf *P*.
Klein bringt noch weitere philosophische Einwände gegen Freud vor. Bedauerlicherweise hielt er es für angebracht (1976: 43, 45), Freud als lebenslangen »Positivisten« zu bezeichnen, ein besonders schlimmes Wort in seinem Sprachgebrauch. Wie Habermas gibt er jedoch keinerlei Belege dafür, daß sich dieser *vorbelastete* philosophische *Fach*begriff auf den reifen Freud anwenden ließe, weder im Comteschen noch im Machschen Sinne. Klein ist überzeugt, daß Freud die

beabsichtigten kritischen Untertöne verdiene, denn er unterstellt ihm noch einen weiteren anfechtbaren Lehrsatz: die Ansicht, daß die klinische Theorie lediglich ein befristetes Hilfsmittel, eine heuristische Zwischenstation auf dem Weg zu einer Metapsychologie sei, die alle motivationalen Erklärungen überflüssig mache, indem sie die klinische Theorie auf wirklich wissenschaftliche Kategorien reduziere (S. 46–49). Ja, Klein behauptet sogar:

»Freuds Wissenschaftsphilosophie impliziert einen Standpunkt bezüglich des Geist/Körper-Problems: daß mentalistische Vorstellungen befristete Hilfsmittel seien, die letztlich auf Begriffe von physiologischen Mechanismen reduziert werden müßten. Freud war die Teleologie ein Greuel. Für ihn hatten deskriptive Konzepte, die in Zweckbegriffen formuliert werden, nicht den Status von Erklärungen des Verhaltens« (S. 46).

Nach dieser Darstellung soll der reife Freud angenommen haben, daß, wenn die klinische Theorie *B* tatsächlich auf eine wissenschaftlich angesehene physikalistische Theorie *A* reduziert werde – in einem Sinne, den Klein leider ziemlich unbestimmt läßt –, *B* dadurch jeden erklärenden und/oder wissenschaftlichen Gehalt, den sie vielleicht einmal besessen hat, *einbüße*. Meines Wissens haben aber weder Klein noch die Hermeneutiker, die ihn beeinflußten, irgendeinen *überzeugenden* Textbeweis dafür beigebracht, daß Freud in der Zeit nach 1896 jemals diese Ansicht vertreten hat, geschweige denn, daß sein theoretisches Werk ständig von ihr bestimmt wurde. Beispielsweise wird eine solche Interpretation nicht gestützt durch Freuds Bemerkung, daß »all unsere psychologischen Vorläufigkeiten einmal auf den Boden organischer Träger gestellt werden sollen« (GW 10: 144; 1914). Denn er stellt eine solche Verankerung anschaulich dar als Zustand, bei dem »sich die Sexualfunktion durch einen besonderen Chemismus von den anderen Körpervorgängen scheidet« (GW 10: 218). Wie kleinlich eine solche Interpretation ist, zeigt sich, wenn man die Argumentation, die Klein Freud unterstellt, mutatis mutandis auf einige Fälle in der Geschichte der Physik anwendet.

Nehmen wir etwa die approximative probabilistische Reduktion der klassischen Thermodynamik – mit ihren Begriffen »Temperatur«, »Wärmevolumen«, »Druck« usw. – auf die statistische Mechanik der Bestandteile des thermodynamischen Systems. Kein Physiker würde sagen, diese Art von erklärender Subsumption der thermodynamischen Theorie unter die statistische Mechanik bedeute, daß erstere auf ihrem definierten makroskopischen Sektor ihres Erklärungswertes beraubt und dadurch wissenschaftlich völlig überflüssig werde. Zweifellos verlor die klassische Thermodynamik wissenschaftlich nicht deshalb an Boden, weil die statistische Mikrotheorie Erklärungsvorteile bot, durch die sie, wie sich herausstellte, als probabilistische Approximation gestützt wurde. Statt die Makrothermodynamik der Vergessenheit anheimzugeben, dienten die Vorzüge der Mikrotheorie vielmehr dazu, die wissenschaftliche Befugnis und den Erklärungsrahmen der nunmehr reduzierten Makrotheorie einzuschränken, kaum aber dazu, sie abzuschaffen. Ebenso führte die Tatsache, daß die Keplerschen Gesetze der planetarischen Bewegung sich als spezifizierte Approximationen von den Bewegungs- und Gravitationsgesetzen von Newton herleiten, kaum dazu, daß Keplers Theorie hinsichtlich ihrer Erklärungsfähigkeit steril oder wissenschaftlich gänzlich abgetan wurde. Noch schließlich hätte Newton geglaubt, sein Gravitationsgesetz des inversen Quadrats wäre als Erklärung zwecklos geworden, wenn es ihm gelungen wäre, »die Ursache« für eine solche Gravitation zu finden. Warum sollten wir dann mit Klein annehmen, daß der reife Freud tatsächlich darauf abzielte, durch die metapsychologische und/oder biophysikalische Erweiterung der klinischen Theorie diese als Erklärung vollständig aufzugeben? Ohne daß ihm solche Überlegungen Halt geboten hätten, wiederholte Klein: »Man denke daran, daß Freud der teleologischen [konativen] Erklärung entgehen mußte« (1976: 48), war er doch angeblich zeit seines Lebens von dem physikalisch-chemischen Reduktionismus von Brücke und Meynert beherrscht. Und weiter:

»Daher war die Metapsychologie [. . .] Ausdruck seiner Wissenschaftsphilosophie. [. . .] Sie ist einfach eine philosophische Einstellung in bezug auf das, was eine wahre Erklärung ist und was wirklich ›wahr‹ ist« (S. 49).

Wie wir uns erinnern, vertritt Klein die Meinung (1976: 13), daß die klinische Theorie (KT) und die Metapsychologie (M) »zwei unvereinbare Erklärungsarten« darstellen. In Einklang mit dieser Antithese steht der Satz von Gill (1976), wonach die »Metapsychologie keine Psychologie« ist. So argumentiert Gill (S. 85 f.), daß aufgrund der Tatsache, daß M und KT unterschiedlichen Diskurswelten angehören, jede Reduktion von KT auf M eine »Pseudo-Erklärung« sein muß (S. 86). Auf den ersten Blick gehören aber auch in der Physik die klassische elektromagnetische Theorie und die Strahlenoptik von Linsen zu »unterschiedlichen Diskurswelten«. Dennoch erwies sich die Reduktion der ersteren auf letztere in einer triumphalen Vereinigung des theoretischen Verständnisses als echte erklärende Subsumption. Leider war Freud philosophisch von einigen der berühmtesten zeitgenössischen Protagonisten seiner klinischen Theorie schlecht bedient. Das ist um so bedauerlicher, als Gill den potentiellen Erklärungs*wert* von geeigneten Reduktionen folgendermaßen berücksichtigt: »Ich nehme an, es gibt eine materielle Grundlage für einen unbewußten Wunsch – oder schließlich für einen bewußten Wunsch«, und »die Erkenntnis, daß viele Triebregungen biopsychologisch sind, [. . .] bedeutet nicht, daß klinische psychoanalytische Entdeckungen über die Sexualität verworfen werden müssen« (S. 95).

Wie steht es aber mit den Vorzügen, die Klein den durch die klinische Theorie gelieferten Erklärungen zubilligt? Wie wir bereits gesehen haben, empfahl er die klinische Theorie, weil sie den Versuch unternehme, »Gründe und nicht Ursachen aufzudecken« (1976: 56), wenn sie nach »den Motiven des Verhaltens« suche (S. 27), und rühmt sie im Hinblick auf »die Interpretation der Intentionalität« (S. 23, 26, 71) und darauf, daß sie »*Bedeutungen erschließe*« (S. 48; vgl. auch S. 53, 70 f.). Noch klarer heißt es:

»Zentrales Ziel der psychoanalytischen klinischen Erklärung ist die *Interpretation der Intentionalität*; Verhalten, Erfahrung und Aussagen werden in dem Sinne auf ihre Bedeutung hin untersucht, als sie gemeinsam Beispiele darstellen für richtungweisende ›Spannungen‹, eingestandene, uneingestandene, verdrängte, abgewehrte. [. . .] Wird eine solche Erklärung beispielsweise auf das Verständnis von Symptomen angewendet, geht das so vor sich, daß man von einem Symptom zurückgeht, und zwar nicht auf die Wirkungen eines Mechanismus, der selbst aktuell oder potentiell beobachtbar ist, sondern auf einen lebensgeschichtlichen Zusammenhang, in dem das Symptom als Beispiel für eine planvolle Lösung verständlich wird« (S. 26).

Diese Erklärung erfordert mehrere kritische Anmerkungen:

(1) Wie bereits bemerkt, ist es im psychoanalytischen Rahmen von verdrängten Vorstellungen unzulässig, wie Klein das Handlungsvokabular »*Intentionalität*«, »planvoll«, »Absicht« usw. im herkömmlichen Sinne des praktischen Syllogismus auszunutzen. Denn der Handelnde glaubt im Zusammenhang mit einer vorsätzlichen bewußten Handlung, sein Verhalten diene der Realisierung seiner Ziele. Und diese Überzeugung spielt eine entscheidende Rolle, wenn man menschliches Verhalten durch *motivierende Gründe* erklären will. Fehlt aber im Fall unbewußt verursachten Verhaltens offensichtlich die entsprechende Überzeugung, so ist bestenfalls eine *metaphorische* Anwendung der Adjektive »intendiert« oder »intentional« auf ein solches Verhalten erlaubt. Deswegen tut sich Klein mit seinem voreingenommenen Gebrauch des allgemein gebräuchlichen Handlungsvokabulars keinen Gefallen, wenn er darauf abzielt, die begriffliche Kluft zwischen der klinischen Theorie und der Metapsychologie über die von Freud anerkannten Dimensionen hinaus zu erweitern. Insbesondere sein Schlüsselwort von der »Interpretation der Intentionalität« ist ein heimtückischer Begriff. Er führt in die Irre, nicht anders als das kniffligeWort »Symbol«, wenn man ihn anwendet, um Ersatzventile für ver-

drängte Impulse zu bezeichnen – wenn auch nicht so kraß wie Ricœurs monströser Ausdruck »Semantik des Wunsches«.

(2) Aus den vorangegangenen Kritikpunkten folgt im wesentlichen, daß Klein offensichtlich einen Pseudokontrast aufstellte, als er die klinische Theorie wegen ihrer Bemühungen, »Gründe und nicht Ursachen festzustellen«, empfahl (1976: 56). Die erklärenden Verdrängungen haben sich nicht als motivierende *Gründe* qualifiziert. Daher kann die Frage nicht lauten, ob es sich bei diesen Verdrängungen um Gründe *im Gegensatz* zu Ursachen handelt. Auf jeden Fall büßen diese latenten Inhalte ihre kausale Relevanz kaum deswegen ein, weil sie unbewußte Wünsche darstellen. So gab es in Freuds These, daß das erklärende unbewußte Vorstellungsvermögen in dieser Theorie eine Spezies der Gattung »Ursache« darstelle, nichts, was unzulässig physikalistisch, metapsychologisch oder sonst der klinischen Theorie fremd gewesen wäre. Auch wurde dieses Vorstellungsvermögen durch eine solche Spezifizierung nicht ärmer, da Freud ihr unzählige faszinierende Eigenschaften (z. B. Merkmale des »Primärvorgangs«) beimaß, die über diejenigen von rein generischen Ursachen hinausgingen. Kurz, Kleins Interpretation der »Intentionalität« oder der »latenten Bedeutung« ist nichts anderes als die Anwendung der klinischen Grundbedingungen, die Freud aufgestellt hatte, um in Einzelfällen Verhalten theoretisch interpretieren zu können, indem er auf seine unbewußten Ursachen schloß. Denn spezielle psychoanalytische Interpretationen *artikulieren die psychischen Inhalte*, denen die allgemeinen klinischen Hypothesen bestimmte Symptome, Fehlleistungen und Träume zuschreiben – verdrängte Inhalte, die angeblich aufgrund der Abwehrmechanismen Zensur, Verschiebung, Verdichtung usw. verzerrt dargestellt sind.

Aber auch Physiker ›lesen‹ Phänomene, und zwar insofern, als sie sie theoretisch interpretieren, indem sie Hypothesen über deren erklärende Ursachen aufstellen. Und physikalische Weltentstehungslehren wie die Urknalltheorie des Universums sind historisch oder narrativ, genauso wie die historische Geophysik. Ähnlich ›lesen‹ Darwinisten biogeographische Ausbreitungen, indem sie für sie eine erklärende historische Geschichte liefern. Außerdem weiß jeder Anfänger auf diesem Gebiet, daß die generische *Identität* der Erscheinungen, die der Psychoanalytiker interpretiert, ideational ist und daß sie sich deswegen in ihrer *Identität* von den Phänomenen unterscheiden, die der Physiker ›liest‹. So ist es nicht nur irreführend, sondern einfach hochtrabend, das *Interpretations*handwerkzeug des Psychoanalytikers als »hermeneutisch« zu bezeichnen. Und es ist auch nicht nötig, die *meta*interpretative *Philosophie* der Psychoanalyse als »hermeneutisch« zu etikettieren, ebensowenig wie es erhellend wäre, beispielsweise die metainterpretative Philosophie der Physik so zu bezeichnen. Es stimmt zwar, daß nicht Ricœur, Habermas, Klein und andere, sondern Dilthey den Begriff »Hermeneutik« aus seinem ursprünglich philologischen Zusammenhang (der Bibelexegese) auf die Psychologie übertragen hat. Aber wie auch immer das Urteil darüber ausfällt, wie gut dieser Begriff zu Diltheys idiographischer, antinomothetischer Auffassung der Psychologie paßt – meine Argumentation ging dahin, daß die Extrapolation der Hermeneutik auf Freuds *nomothetische* klinische Theorie begrifflich Unheil stiftet. Denn ihre *nicht-triviale* Anwendung auf diesen Hypothesenkomplex gründet sich auf die philosophischen Thesen der modernen Hermeneutiker, die der psychoanalytischen Theorie sehr fremd sind.

(3) Klein ist der Ansicht, er habe Freuds Metapsychologie verbannt, Freuds klinische Theorie dagegen verdeutlicht oder genau dargelegt. Eagle hat jedoch anschaulich gezeigt, daß Klein auch aus dem Hypothesenkomplex des letzteren zentrale Begriffe und Grundsätze nicht anerkennt. So habe Klein »die Verdrängung neu definiert« (Eagle 1980b: 180, 188). Ähnliches geschieht mit Freuds Sexualitätsbegriff:

»Ausgesprochen freudianisch ist die Vorstellung, daß jedes Verhalten – einschließlich des Verhaltens, das offenkundig nicht triebabhängig ist – direkt oder indirekt im Dienste der Triebbefriedigung steht. Klein kehrt diesen Standpunkt im wesentlichen um, indem er argumentiert, daß die sexuelle Befriedigung im Dienste der Erhaltung des eigenen Wesens steht. So folgt aus seinen Formulierungen, daß nicht nur die Libido oder die Triebentladungskomponenten der Freudschen Sexualitätstheorie, sondern auch die Freudsche Behauptung, daß die Sexualität eine besondere, zentrale und allgegenwärtige Rolle bei der Verhaltensmotivierung einnimmt, zurückgewiesen werden. [. . .] kurz, es sind exakt die in der Triebtheorie und der Libidotheorie enthaltenen Annahmen, die es gestatten, die Sexualität als zentrale Motivation in einem weiten Verhaltensbereich zu sehen. Ohne solche Annahmen nimmt die Sexualität nur einen Platz unter vielen Motiven ein« (Eagle 1980b: 186).

Schließlich versäumt es Klein ebenso wie Ricœur, sich der wichtigen Tatsache zu stellen, daß die klinische Theorie einer *Validierung* bedarf. Mit lobenswerter und erfrischender Deutlichkeit stellt er fest:

»Die Logik und Zuverlässigkeit von Schlußfolgerungen aus der Phänomenologie [d. h. aus den ›Beobachtungsdaten in der psychoanalytischen Situation‹] hat einen ganz entscheidenden Einfluß darauf, ob außerphänomenologische Begriffe gültig sind. Wenn jene Schlußfolgerungen nicht gültig sind, beziehen sich die Begriffe auf Hexen und Einhörner« (Klein 1976: 51).

Im Sinne dieser Verfügung erklärt Klein sich bereit, ihr Beachtung zu schenken, allerdings unter der Bedingung, daß unter anderem »die psychoanalytische Erklärung [. . .] darauf abzielt, den Ausgangspunkt eines Menschen zu spezifizieren, [. . .] [eine Rekonstruktion, die] einen Prozeß darstellt, bei dem man eher eine Struktur oder ein ›passendes‹ Muster zu finden als Ursachen zu ermitteln sucht« (S. 27). Obwohl er sich damit erneut weigert, klinische Erklärungen als eine Art kausaler Erklärung zu betrachten, beeilt er sich hinzuzufügen:

»Fragen nach der Validierung und nach Beweisregeln sind nicht weniger entscheidend für diese Einstellung zur Erklärung, und zwar im Hinblick auf die Bedeutungen, wie sie ein Beobachter wahrnimmt und ein Mensch sie ausdrückt. Sie sind tatsächlich von großer, vernachlässigter Bedeutung in der Psychoanalyse, aber es würde uns von dem von mir eingeschlagenen Weg abbringen, wenn wir dieses Thema verfolgen würden« (S. 27 f.).

Man kann verstehen, daß Klein diesem *zentralen* Problem dort nicht nachgehen konnte. Da aber eine solche entscheidende Untersuchung kaum schon vorliegt, war es unangebracht, daß er die psychoanalytische Methode der klinischen Untersuchung als Methode zur Validierung mit epistemischem Lob überhäufte (S. 36–38). Tatsächlich geht dies weit über die Anerkennung hinaus, die der *heuristische* Wert der klinischen Untersuchung verdient hätte:

»Ich möchte hier betonen, daß man die Gesetzmäßigkeit von Daten, die man in der psychoanalytischen Situation erhält, ähnlich wie bei einem Experiment streng systematisch induktiv erarbeiten kann. Es wird manchmal behauptet, die Daten aus der analytischen Situation könnten nur Hypothesen generieren, sie aber nicht ›beweisen‹. Es gibt aber prinzipiell keinen Grund, zu leugnen, daß strenge Beweismaßstäbe auf die nichtexperimentellen Ereignisse in der psychoanalytischen Situation angewendet werden können« (S. 66).

Wie sich in Teil II in den Kapiteln 3 bis 5 und 8 zeigen wird, verfügt das psychoanalytische Milieu im Gegenteil schlicht nicht über die Beweismittel, um die wichtigsten Erklärungshypothesen der klinischen Theorie zu bestätigen, selbst wenn man die in der analytischen Behandlungssitzung gewonnenen Daten unbesehen als epistemisch unkontaminiert nehmen könnte. Das bedeutet aber noch nicht, daß man der kognitiven Forderung nach einer solchen Validierung entgehen kann, wenn man sich an die hermeneutischen Versionen von Klein, Ricœur oder Habermas klammert. Weil jedoch diese Lehren auf der intraklinischen Überprüfung bestehen, weisen sie angemessene Methoden für die erforderliche Untersuchung zurück. H. Thomä und H. Kächele (1973: 206, 219, 221, 224) gehen ebenfalls so weit, zu behaupten, der *einzige* Weg zur Validierung sei die Beweisautonomie für die intraklinische Überprüfung. Und diese Behauptung wird nicht weniger unhaltbar dadurch, daß sie die extreme Anklage des szientistischen Selbstmißverständnisses, die Habermas gegenüber Freud vorgebracht hatte, zurückweisen.

Außerdem wird sich in den genannten Kapiteln von Teil II zeigen, daß es von der Konzeption her falsch und widersinnig ist, wenn Klein (1976: 36–38) die *therapeutische* Wirksamkeit der psychoanalytischen Behandlung bestreitet, während er die Erkenntnisfähigkeiten der klinischen Untersuchungsmethode rühmt. Denn wie wir sehen werden, waren seit der Zeit, als Freud mit Breuer zusammengearbeitet hatte, die therapeutischen Leistungen die *einzigen*, die die Methode der freien Assoziation als glaubwürdigen Zugang zur Bestätigung von Pathogenen, wie auch zu den Kräften der Traumbildung und den »Fehlleistungen« erzeugenden Kräften rechtfertigten.

Obwohl Klein meines Wissens sich nicht ausdrücklich zur Hermeneutik bekannte, kann man ihn zweifellos als einen der führenden und prononcierten Anwälte dieser Bewegung innerhalb der psychoanalytischen Gemeinschaft betrachten.

6. Der Zusammenbruch der szientophobischen Rekonstruktion der Freudschen Theorie

Worauf läuft nun letzten Endes meine Untersuchung der wesentlichen Grundsätze von Habermas, Ricœur und Klein hinaus? Erstens beruht ihre Rekonstruktion der klinischen Theorie auf einer mythischen Exegese des Wissenschaftlichkeitsbegriffs, wie Freud ihn immer vertreten hatte. Im Zusammenhang mit dieser Interpretation ist ihr Paradigma von den Naturwissenschaften ganz und gar anachronistisch. Zweitens haben sie in irreführender Weise die den psychoanalytischen motivationalen Erklärungen angemessene »Intentionalität« ausgenutzt, indem sie sie – auf die eine oder andere Weise – fälschlich entweder dem praktischen Syllogismus oder der symbolischen Funktion einer *Sprache* anpaßten. Tatsächlich hat eine solche, für menschliches Verhalten charakteristische, metaphorische Intentionalität, sofern es psychoanalytisch erklärt wird, weder die ontologische noch die epistemische Bedeutung, wie es in ihren philosophischen Thesen behauptet wird. Drittens wird, wenn die hermeneutische Auffassung erst einmal ihrer szientophobischen Mythen beraubt ist, offenbar, daß sie für die konstruktive Anwendung des Freudschen Vermächtnisses in Psychologie und Psychiatrie nutzlos ist. Was von Diltheys Originalversion der Hermeneutik für die Forschung übriggeblieben ist, hat sich als rein negativistischer ideologischer Schlachtruf entpuppt. Auch die jüngste hermeneutische Auslegung der Psychoanalyse trägt alle Kennzeichen, die sie eher als *Sackgasse* der Forschung denn als Trutzburg der psychoanalytischen Apologetik erscheinen lassen.

Auch wenn sich in den folgenden Kapiteln zeigen wird, daß Freuds Argumente Schwachstellen enthalten, so werden wir doch sehen, daß sie von astronomisch höherem Format und in ihrem oftmals brillanten Inhalt unvergleichlich aufschlußreicher sind als die Anmerkungen und Rügen von Freuds hermeneutischen Kritikern, die ihm in herablassender Weise Szientismus vorwerfen. Soviel zu ihrer ungerechtfertigten Forderung, wir sollten gerade den Validierungsnormen abschwören, mit denen Freud selbst seine Theorie bewertet wissen wollte.

Freuds Validierungskriterien sind erklärtermaßen im wesentlichen diejenigen des hypothetisch-deduktiven Induktivismus (GW 10: 142; 1914; 10: 210; 1915; 14: 58; 1925). Und er hielt an ihnen fest als Kennzeichen der wissenschaftlichen Redlichkeit, die er für seine Theorie beanspruchte. Daher obliegt es mir, Freuds *Argumente* für seine monumentale klinische Theorie der Persönlichkeit und Therapie nach seinen eigenen Maßstäben zu bewerten, und das Urteil, zu dem ich auf dieser Grundlage kommen werde, wird gewiß nicht darauf basieren, daß ich ihn einem methodologischen Purismus unterwerfe, der ihm nicht zukommt. Wenn ich nun Freuds erklärte Norm für wissenschaftliche Rationalität auf die Psychoanalyse anwende, bedeutet dies nicht, daß ich selbst seinen Prüfstein für *das* Abgrenzungskriterium zwischen Wissenschaft und Nicht-Wissenschaft halte. Kurz, ich gestehe Freud seinen eigenen Maßstab für Wissenschaftlichkeit zu, wenn ich folgende Schlüsselfrage stelle: Rechtfertigten seine klinischen Argumente die Erkenntnisansprüche, die er für seine entstehende Theorie erhob, indem er sie als »wissenschaftlich« bezeichnete?

Meine Antwort ist zweifach. Die Argumentation, auf die Freud die Hauptthesen seines Werkes stützte, war im wesentlichen fehlerhaft, auch wenn die Redlichkeit der von ihm angeführten klinischen Beobachtungen nicht in Frage stünde. Darüber hinaus sind klinische Daten aus der psychoanalytischen Behandlungssitzung selbst epistemisch ziemlich fragwürdig, geschweige denn, daß man sie für bare Münze nehmen kann.

Trotz meiner Eingangsbemerkungen mag sich mancher Leser vielleicht gefragt haben, warum ich in einer so ausführlichen Einleitung zu meiner Kritik an Freud zunächst einmal die hermeneutische Position untersucht habe. Ich hoffe, er wird nun besser verstehen, warum dies wünschenswert war, und daß jetzt diejenigen, die zuvor von der hermeneutischen Auffassung der Psychoanalyse überzeugt waren, meiner Einschätzung des psychoanalytischen Unternehmens gegenüber aufgeschlossen sein werden, und zwar von einem Standpunkt aus, den sie bisher vielleicht als anachronistisch betrachtet haben. Wie dem auch sei, ich wende mich nun der Untersuchung der klinischen Grundlagen der Psychoanalyse in ihrer herkömmlichen Form zu.

Teil I

Die klinische Methode der psychoanalytischen Untersuchung – Wegbereiter oder Fallstrick?

Kapitel 1

Ist Freuds Theorie empirisch überprüfbar?

A. Klinische versus experimentelle Überprüfbarkeit. Darstellung der Kontroverse

Hans Eysenck hat behauptet (1963: 220), daß »wir die Freudschen Hypothesen ebensowenig ›auf der Couch‹ [auf der der Patient während der psychoanalytischen Behandlung liegt] überprüfen können, wie wir über die konkurrierenden Hypothesen von Newton und Einstein entscheiden können, indem wir uns unter einem Apfelbaum zum Schlafen legen«. Nach Ansicht von Eysenck können, auch wenn klinische Daten von der Couch heuristisch ergiebig sein mögen, weil sie zu Hypothesen anregen, nur entsprechend geplante *experimentelle* Studien die *beweiserhebliche* Rolle von *Prüfverfahren* übernehmen. Gegen eine solche Leugnung der klinischen Überprüfbarkeit wandte Clark Glymour ein (1974: 304), »die von Sigmund Freud um die Jahrhundertwende entwickelte Theorie [sei] stark genug, [stichhaltig] auf der Couch überprüft werden zu können«. Darüber hinaus will Glymour aufzeigen, wie geringschätzig Eysenck die klinischen Daten behandelt, was er aber dann im folgenden dialektisch wieder abschwächt:

»Ich denke, sie [die Geringschätzung] rührt zum Teil von echten Nachteilen der klinischen Überprüfung her; beispielsweise dem Problem, wie man sicherstellen kann, daß die Antworten eines Patienten nicht *bloß* das Ergebnis von Suggestion sind, oder das nicht grundlose Gefühl, daß die ›Basisdaten‹ aus klinischen Sitzungen – die introspektiven Berichte des Patienten über seine Gefühle, seine Träume, seine Erinnerungen an Kindheit und Jugend – weniger zuverlässig sind, als uns lieb wäre. Keine dieser Überlegungen scheint aber ausreichend, die klinische Methode generell zurückzuweisen, obwohl sie natürlich ausreichen können, uns dazu zu berechtigen, einzelne klinische Ergebnisse abzulehnen. Man kann Kliniker erfolgversprechend darauf trainieren, daß sie ihren Patienten die erwarteten Antworten nicht über Suggestion entlocken; die Berichte der Patienten können manchmal, wie im Falle von Erinnerungen, unabhängig überprüft werden, und selbst wenn dies nicht möglich ist, besteht kein Grund, ihnen generell zu mißtrauen. Aber ich denke, Verurteilungen wie die von Eysenck leiten sich von einer Überzeugung über die klinische Überprüfung her, die in beträchtlichem Maße über jeden der angeführten Punkte hinausgeht: die Überzeugung, daß klinische Sitzungen, auch wenn sie gereinigt sind von Suggestibilität und von Zweifeln bezüglich der Verläßlichkeit von Patientenberichten, keine vernünftige Strategie zur Überprüfung von Theorien in sich schließen können. [...]

Ich glaube, Eysencks Behauptung ist falsch. Meiner Meinung nach gibt es eine vernünftige Strategie zur Überprüfung wesentlicher Teile der Psychoanalyse, eine Strategie, die sich fast ausschließlich auf den klinischen Beweis stützt; außerdem denke ich, diese Strategie kommt in mindestens einer von Freuds Fallstudien, nämlich der vom Rattenmann, zur Anwendung. Ja, ich möchte eine noch gewagtere Behauptung aufstellen. Bei der Strategie im Fall des Rattenmannes handelt es sich im wesentlichen um eine Strategie, wie sie auch sehr häufig bei der Überprüfung von physikalischen Theorien angewendet wird. Außerdem ist diese Strategie, so einfach sie auch ist, wirkungsvoller als die hypothetisch-deduktive Falsifikationsstrategie, wie sie uns von so vielen Wissenschaftsphilosophen beschrieben wurde« (S. 287 f.).

Trotz dieses erkenntnistheoretischen Tributs an Freuds Couch meldet Glymour einen Vorbehalt an:

»Ich behaupte gewiß nicht, daß es gute klinische Belege für Freuds Theorie gibt; ich behaupte nur, daß es, wenn man die Psychoanalyse überprüfen will, eine vernünftige Strategie dafür gibt, die in klinischen Sitzungen entstehen kann und in gewissem Maße auch daraus entstanden ist« (S. 288).

Sechs Jahre später machte Glymour noch deutlicher, warum wir der Begründung, durch die Freud zur klinischen Untersuchung der psychoanalytischen Hypothesen während der Behandlung des »Rattenmannes«, seines Patienten Paul Lorenz, angeregt wurde, zustimmen sollten. Glymour verweist auf mindestens drei wichtige spezifische Episoden in der Geschichte der Physik, bei denen er genau die logische Strategie der stückweisen Überprüfung erkennt, wie er sie auch Freuds Analyse des Patienten Lorenz entnommen hat. So ist nach seinen Worten, »so unwahrscheinlich es auch klingen mag, [. . .] das Hauptargument im Fall des Rattenmannes nicht so sehr verschieden von dem Hauptargument im 3. Buch von Newtons *Principia*« (Glymour 1980: 265). Und er betont nachdrücklich, daß nach dieser Argumentation eine logische *Teil*strategie zur mehr oder weniger *stückweisen* Überprüfung *innerhalb* einer Gesamttheorie angewendet wird, anstatt der vollständig globalen Theorienbewertung bei der hypothetisch-deduktiven Methode, die ganz und gar jedem Versuch entsagt, verschiedene Komponenten der Theorie einzeln danach zu beurteilen, welcher Wert ihnen für die Beweisführung zukommt.

Weil Glymour aber in dem schrittweisen Verfahren eine Möglichkeit sieht, *innerhalb* der Gesamttheorie Lob oder Tadel *zuzuweisen*, hält er diese Methode für ein nützliches und wirksames Gegenmittel gegen den intratheoretischen erkenntnistheoretischen Wirrwarr, wie er in dem modischen Holismus eines Duhem und Quine vertreten wird (Glymour 1980: 145–152). Wer unter dem holistischen Dogma gelitten hat, wonach intratheoretische epistemische Verwirrung zum unvermeidlichen Schicksal des Vernunftmenschen gehört, dem gibt Glymour zu verstehen, er möge guten Mutes sein: die ›stückweise Methode‹ bringt die Erlösung, indem sie es *rechtfertigt*, Wissenschaft und gesunden Menschenverstand als Gegensätze zum Holismus zu behandeln, das heißt, jene besonderen Teilhypothesen anzunehmen oder zu verwerfen, die zu einem gegebenen Zeitpunkt in einer wissenschaftlichen Debatte oder im täglichen Leben anstehen.

Dennoch anerkennt Glymour (1980: 151), daß in der Tatsache, daß der Holismus den *Netz*charakter der Verkettungen zwischen den Teilhypothesen einer Theorie betont, ein »Körnchen Wahrheit« steckt. Dieses Körnchen besteht darin, daß die Teile einer Theorie gemeinsam *beurteilt* werden müssen, bevor man einzelne Teile herauslöst, um sie anzunehmen oder zu verwerfen, weil diese Auswahl »davon abhängen muß, was wir sonst noch glauben oder was wir sonst noch verwerfen« (S. 152). Kurz, eine Lehre, die Glymour aus der Zangenstrategie zieht, ist, daß wir wegen des brauchbaren Rests der holistischen Hinterlassenschaft keinen philosophischen Widerstand gegenüber der wissenschaftlichen Praxis und dem gesunden Menschenverstand zu leisten brauchen.

Glymour lobt nicht nur Freuds klinische Studie vom Rattenmann wegen ihrer Begründung, sondern er schreibt außerdem *einigen wenigen* von Freuds anderen Untersuchungen ein beträchtliches Maß an wissenschaftlicher Strenge zu. Aber er verbindet diese speziellen anerkennenden Werturteile mit einer weitgehend wenig schmeichelhaften Gesamteinschätzung, indem er es bedauert, daß das Freudsche Werk von sehr ungleichmäßiger logischer Qualität sei. In der Tat ist es in Glymours Augen noch »milde ausgedrückt«, wenn er Freuds im Jahre 1909 erschienene Fallstudie vom Kleinen Hans für »entsetzlich« hält (1980: 265). Für ihn sind »Freuds Argumente für die psychoanalytische Theorie im großen und ganzen schrecklich« und dadurch beeinträchtigt, daß häufig – wenn auch keineswegs im allgemeinen – »rhetorische Floskeln« die echten Argumente ersetzten und eine »Überfülle an Erklärungen« anstelle eines triftigen Beweises vorherrsche (S. 264). All das hindert freilich Glymour nicht daran, Partei zu ergreifen für die klinische Überprüfbarkeit von so zentralen Teilen der psychoanalytischen Theorie wie der spezifischen Ätiologie der Psychoneurosen, zumindest in den ätiologischen Versionen, die Freud vor 1909 formuliert hatte.

Gerade dieses Eintreten für den *beweiserheblichen* Wert von

Daten aus den analytischen Behandlungssitzungen ist aus philosophischer Sicht Musik in den Ohren derjenigen, die Freuds entschiedene Behauptung weitertragen, der Großteil der psychoanalytischen Theorie sei empirisch wohlbegründet. Denn wie Ernest Jones in seinem »redaktionellen Vorwort« zu Freuds *Collected Papers* jedem in Erinnerung gerufen hatte, bilden die klinischen Befunde »die wirkliche Grundlage der Psychoanalyse. Alle anderen Werke und Theorien von Professor Freud gründen sich im wesentlichen auf die klinischen Untersuchungen« (Jones 1959: 3). So sehen die meisten Verfechter dieses theoretischen Korpus in den vielen Beobachtungen, die der Analytiker über die Interaktion zwischen dem Patienten und ihm in den Behandlungssitzungen mache, die Quelle für schlichtweg *unvergleichliche* Befunde, nicht nur im heuristischen, sondern *auch* im beweiserheblichen Sinne. Im Laufe einer typischen Analyse, die sich über mehrere Jahre hinziehe, sammele der Analytiker über jeden Patienten eine gewaltige Menge der verschiedensten Daten, die für Freuds Persönlichkeitstheorie ebenso wie für die Dynamik und das Ergebnis seiner Therapie Belege lieferten. Man behauptet, in den sogenannten »psychoanalytischen Gesprächs«-Sitzungen fielen authentische beweiserhebliche Daten an, weil die inhaltsreiche Beziehung zwischen dem Analytiker und dem Analysanden angeblich von einer Art sei, wie sie auch im wirklichen Leben vorkommt. Auch ein Analytiker, der erklärte, es sei höchste Zeit, daß Freudianer »sich von dem übermäßigen Vertrauen, das sie in unsere hypothetischen Entdeckungen setzen, hin zu einer dringend benötigten Validierung unserer grundlegenden theoretischen und klinischen Vorstellungen bewegen« (Kaplan 1981: 23), bezeichnet »die naturalistischen Beobachtungen in der psychoanalytischen Behandlungssituation« als »die wesentlichste wissenschaftliche Methode der Psychoanalyse« (18). Es wird daher behauptet, der klinische Rahmen oder die »psychoanalytische Situation« sei Schauplatz von *Experimenten in situ*, in deutlichem Gegensatz zu der künstlich geschaffenen Umgebung des psychologischen Labors, mit seiner oberflächlichen, kurzlebigen Interaktion zwischen dem experimentellen Psychologen und seiner Versuchsperson. So sagen die Analytiker Cooper und Michels (1978: 376), daß man bei »dieser [psychoanalytischen] Untersuchung in immer stärkerem Maße erkannt hat, daß die analytische Situation selbst ein Musterbeispiel für jede menschliche Interaktion darstellt«. Es heißt gar, die psychoanalytische Methode sei dazu prädestiniert, als erste einige der wichtigen Offenbarungen von unbewußten Prozessen ans Licht zu bringen, auf die sich Freuds *Tiefen*psychologie bezieht (Brenner 1982: 3), und diese Untersuchungsmethode sei »den Methoden der akademischen Psychologie weit überlegen«, weil sie es *auch* »ermöglicht, jene [wichtigen] Aspekte des geistigen Lebens unabhängig und objektiv zu beurteilen«. Ihre Ergebnisse seien folglich, sofern man sie sachkundig behandele, »wissenschaftlich zuverlässig« (S. 2). Ja, Brenner behauptet sogar (1970: 42), verglichen mit der analytisch ungeschulten Introspektion und der dürftigen akademischen Psychologie sei »die psychoanalytische Methode die einzige bisher verfügbare Methode, die die wissenschaftliche Beobachtung der bedeutendsten motivationalen Kräfte im geistigen Leben des Menschen möglich macht«.

Es besteht also die Ansicht, dieser überragende Ermittlungswert der klinischen Techniken des Analytikers mache das psychoanalytische Gespräch gleichzeitig zum wichtigsten Prüffeld und zur heuristischen Inspiration für Freuds Persönlichkeitstheorie wie auch für seine Therapie. Einigen führenden orthodoxen analytischen Theoretikern ist daran gelegen, die sogenannte »Metapsychologie« von Freuds Modell der psychischen Energie, erst recht in ihrem einstigen neurobiologischen Aufputz, aus dem erklärten Geltungsbereich der klinischen Gültigkeitserklärung *auszuschließen*. Der Ausdruck »psychoanalytische Persönlichkeitstheorie« ist daher so aufzufassen, daß er die Metapsychologie der psychischen Energie mit ihren Besetzungen und Gegenbesetzungen *aus*-

schließt. Auf jeden Fall sind die meisten Analytiker normalerweise sehr skeptisch, um nicht zu sagen ausgesprochen feindselig gegenüber Versuchen, die Freudsche Theorie experimentell *außerhalb* der psychoanalytischen Exploration zu überprüfen.

Eine solche Einschätzung erfolgte durch Lester Luborsky und Donald Spence (1978). Sie melden den ernüchternden Vorbehalt an, daß »Psychoanalytiker, wie andere Psychotherapeuten auch, buchstäblich *nicht wissen*, wie sie zu ihren Ergebnissen kommen« (S. 360). Aber sie koppeln diese Erklärung mit der Anerkennung, daß Analytiker »einen einzigartigen Vorrat an klinischer Einsicht besitzen«. Außerdem betonen Luborsky und Spence ausdrücklich, *»daß man heute* [in der Psychoanalyse] *weit mehr aufgrund klinischer Einsicht als durch quantitative* [d. h. kontrollierte] *objektive Studien weiß«* (S. 350). Kurz, sie behaupten, daß – auf diesem Gebiet – die klinische Bestätigung der experimentell erreichten Gültigkeitserklärung gegenwärtig überlegen ist. Und für sie sind Befunde aus den psychoanalytischen Sitzungen nicht nur hinsichtlich der Therapie epistemisch überlegen, sondern auch bezüglich der Gültigkeitserklärung von Freuds allgemeiner Theorie der unbewußten Motivation (S. 356 f.). In jüngerer Zeit haben Luborsky und seine Mitarbeiter behauptet, Freuds »bedeutendste Hypothese« der Übertragung *klinisch* verifizieren zu können, was ich nachdrücklich in Zweifel gezogen habe (Grünbaum 1986a: 276, 278 f.). Ähnlich gilt der Anspruch der klinischen Gültigkeit auch für die derzeit einflußreiche Variante der Psychoanalyse von Heinz Kohut, bei der Freuds Ödipuskonflikt überragt wird durch den *prä*ödipalen, narzißtischen Kampf des Kindes um ein geschlossenes Selbst als wesentlichen Bestimmungsfaktor für die Persönlichkeitsstruktur des Erwachsenen (Ornstein 1978; Goldberg 1978).

Nachdem Luborsky und Spence nun die »klinische Einsicht« gegenüber experimentellen Studien lobend hervorgehoben haben, erklären sie (1978: 356), daß »Freud wahrscheinlich zu Recht« den Psychologen Saul Rosenzweig in knapper Form abschlägig beschied, als dieser ihm experimentelle Ergebnisse zusandte, die, wie er glaubte, Freuds Verdrängungstheorie untermauern konnten (Rosenzweig 1934). Obgleich Freud damals schon weit über siebzig war und an Krebs litt, reagierte er umgehend auf diese ungebetene Bestätigungsbehauptung. Er schrieb an Rosenzweig beinahe gönnerhaft ernüchternd:

»Ich habe ihre experimentellen Arbeiten zur Prüfung psychoanalytischer Behauptungen mit Interesse zur Kenntnis genommen. Sehr hoch kann ich diese Bestätigungen nicht einschätzen, denn die Fülle sicherer Beobachtungen, auf denen jene Behauptungen ruhen, macht sie von der experimentellen Prüfung unabhängig. Immerhin, sie kann nicht schaden.« (Zit. nach der Handschrift, wiedergegeben in: MacKinnon/Dukes 1964: 703; vgl. Rosenzweig 1986: 37.)

Aus welchem Grund fühlte sich Freud nun dazu berechtigt, Rosenzweigs experimentelle Untersuchung in dieser Art und Weise abzutun?

Zunächst einmal ist zu bemerken, daß Freud *nicht* behauptete, Rosenzweigs Experiment eigne sich logisch nicht für eine authentische Prüfung der psychoanalytischen Vorstellung von Verdrängung; auch *nicht*, die fehlende Beweiskraft der experimentellen Ergebnisse liege etwa an einer direkten Beweis*unerheblichkeit*. Er bezeichnete sie vielmehr als *»Bestätigungen«*. Was ihn jedoch enttäuschte, war, daß seiner Ansicht nach diese Ergebnisse als *Beweis überflüssig* oder *redundant*, wenn auch als solche harmlos waren. *Warum* aber hielt Freud sie für überflüssig? Wie er erklärte, waren für ihn psychoanalytische Hypothesen bereits in reichlichem Maße klinisch gut abgesichert aufgrund einer »Fülle sicherer Beobachtungen«. Folglich sah er keinen Bedarf an einer weiteren Untermauerung durch Experimente, die außerhalb der psychoanalytischen Situation durchgeführt wurden (Rosenzweig 1986: 38–41).

Drei Jahre nach Freuds abschlägiger Antwort gab Rosenzweig dazu einen Kommentar, indem er schrieb: »Heute würden viele Analytiker nicht mit Freuds Ansicht übereinstimmen, [...] und [...] möglicherweise hat Freud selbst in der Zwischenzeit seine Meinung geändert« (1937: 65). Tatsächlich stimmten einige Psychoanalytiker nicht mit Freud darin überein, wie er Rosenzweigs Behauptung der experimentellen Bestätigung beurteilte. Gleichzeitig wurde von diesen anderen Analytikern aber Rosenzweigs Behauptung, diese Befunde unterstützten Freuds Verdrängungstheorie, eher *angegriffen* als gutgeheißen. Man erhob nämlich den gravierenden Einwand, Rosenzweigs Arbeit führe keineswegs bloß zu harmlosen, überflüssigen Bestätigungen, sondern sei grundsätzlich verkehrt angelegt, da sein Experiment sich logisch einfach nicht zur Prüfung der *psychoanalytischen* Vorstellung von Verdrängung eigne (MacKinnon/Dukes 1964: 703–709). Ich stimme völlig mit diesen anderen Analytikern darin überein, daß Rosenzweigs Befunde, so relevant sie auch für *nicht*-psychoanalytische Fälle von Vergessen sein mögen, offenkundig keinen eindeutigen Bezug zur Freudschen Verdrängung haben, wie sie in Freuds klassischem Aufsatz von 1915 dargestellt ist (GW 10: 248–261). In der Tat ist es äußerst rätselhaft, daß sich Rosenzweig dieser Tatsache nicht bewußt war, bevor andere darauf aufmerksam machten. In dem zuvor zitierten Artikel von 1934 stellt Rosenzweig nämlich zu Beginn (S. 248) ausdrücklich fest, welche Auffassung seiner Meinung nach Freuds 1915 erschienener Abhandlung zugrunde liegt. Und ich behaupte, daß aus dieser Formulierung die *Beweisunerheblichkeit* der Laborbefunde von Rosenzweig sofort deutlich wird. Für unsere Zwecke sind jedoch die Einzelheiten dieses logischen Fehlers nicht von Interesse.

Trotz ihrer gravierenden Differenzen sind sich in diesem Disput über die Beweiskraft *klinischer* Daten für die empirische Einschätzung der psychoanalytischen Theorie beide Seiten doch darin einig, daß zumindest ein Teil des Freudschen Werkes tatsächlich durch eine *bestimmte Art* von empirischen Befunden stichhaltig überprüfbar ist: die Freudianer erhalten etwa Unterstützung durch Glymour, wenn sie behaupten, daß *tatsächlich realisierbare* Beobachtungen in den Grenzen der Behandlungssitzung eine epistemisch verläßliche Überprüfbarkeit ermöglichen, und antifreudianische Protagonisten wie Eysenck behaupten im Gegenteil, daß epistemisch gut geplante Prüfverfahren, zumindest im Prinzip, tatsächlich realisierbar seien, allerdings *nur* in der kontrollierten Umgebung des Labors oder in einem anderen *außer*klinischen Rahmen. Und natürlich wird die von den Disputanten geteilte Annahme, daß es tatsächlich eine empirische Überprüfbarkeit gibt, auch dadurch bestätigt, daß jemand behauptet, zur Überprüfung der Psychoanalyse eigneten sich, zumindest im Prinzip, *sowohl* klinische als auch außerklinische Befunde.

Diese Annahme, daß es eine reale Überprüfbarkeit gebe, ist jedoch von Popper wiederum schlechthin verneint worden; er bestreitet sogar die *logische* Möglichkeit einer empirischen Überprüfbarkeit der Psychoanalyse. Noch 1974 wiederholte er in einer Erwiderung an seine Kritiker (1974 b: 984 f.) seine frühere Behauptung, die Theorien von Freud und Adler seien »einfach nicht überprüfbar, nicht zu widerlegen. Man kann sich kein menschliches Verhalten vorstellen, das ihnen widersprechen würde« (1962: 37). Es ist dann nur noch eine zwangsläufige Folgerung aus dieser These von der Nichtüberprüfbarkeit, daß insbesondere *klinische* Daten auch nicht die Grundlage für echte empirische Prüfverfahren bilden können. Wenn aber Popper die Behauptung aufstellt, sein Falsifizierbarkeitskriterium für die Abgrenzung zwischen Wissenschaft und Nicht-Wissenschaft schließe die Psychoanalyse aus der Ruhmeshalle der echten empirischen Wissenschaften aus, gilt sein *Haupt*interesse nicht der Freudschen Theorie als solcher, so wichtig sie auch ist. So hob er 1974 die durchaus allgemeine Rolle seines Abgrenzungskriteriums innerhalb seiner Gesamtphilosophie hervor, als er schrieb:

»Mein Abgrenzungskriterium [...] ist mehr als scharf genug, um eine Unterscheidung zwischen vielen physikalischen Theorien auf der einen Seite und metaphysischen Theorien wie der Psychoanalyse oder dem Marxismus (in seiner derzeitigen [im Unterschied zu der ursprünglichen] Form) auf der anderen Seite zu erlauben. Hierbei handelt es sich natürlich um eine meiner Hauptthesen; und keiner, der sie nicht verstanden hat, kann meine Theorie verstanden haben« (1974b: 984.).

Uns interessiert aber, warum Popper so nachdrücklich seine Behauptung so verstanden wissen will, daß, anders als der Marxismus, »die Psychoanalyse [gegen jede Falsifikation durch einen logisch möglichen empirischen Befund] zunächst gefeit war und dies auch blieb« (S. 985). In der Fußnote, die er diesem Satz beifügt, verweist er uns auf sein Buch *Conjectures and Refutations* (1962). In dieser früheren Arbeit (Kap. 1, Abschn. 1 und 2; S. 156 f., 255–258) finden wir, daß das Hauptziel seines Vorwurfs der Nicht-Falsifizierbarkeit nicht so sehr die Psychoanalyse selbst (oder der heutige Marxismus) ist, sondern vielmehr die Rolle, die sie als *Mittelstück* in seiner Kritik des *Induktivismus* als der Methode der wissenschaftlichen Gültigkeitserklärung von Theorien und/oder als Abgrenzungskriterium, das die *empirische* Wissenschaft von Pseudo-Wissenschaft und »Metaphysik« trennt, spielt. Denn wenn ich Popper recht verstanden habe (S. 33–38), soll der Induktivismus den Anspruch auf allgegenwärtige empirische Bestätigung in Freuds Theorie unterstützen, den ihre Anhänger erheben. Und entsprechend heißt es, der Induktivismus sanktioniere die angeblichen Gültigkeitserklärungen der Psychoanalyse in der revisionistischen Version Adlers und des heutigen Marxismus. So hatte sich Popper um 1919 selbst davon überzeugt, daß der Induktivismus nicht die methodologischen Mittel besitzt, die wissenschaftlichen Zeugnisse der Psychoanalyse in Zweifel zu ziehen, *und* daß Freuds Theorie – ebenso wie der Adlersche Revisionismus und der Marxismus – tatsächlich empirisch unwiderlegbar ist. Auf dieser Grundlage argumentierte Popper, daß die induktivistische

Methode der Bestätigung und ihr Abgrenzungskriterium *untragbar permissiv* seien.

Der eigentliche philosophische Bösewicht in dieser Geschichte war also eher der Induktivismus als die Psychoanalyse oder der Marxismus, wenn er diese auch mißbilligte. Nachdem Popper im Jahre 1919 zu seiner Bestürzung erfahren hatte, daß der Induktivismus noch immer als Abgrenzungskriterium vorherrschte, führte er die Psychoanalyse – von Freud und Adler – als *krönendes Beispiel* für seine Gegenbegründung an. Deswegen schloß er: »Es bestand also Bedarf für ein anderes Abgrenzungskriterium« (1962: 256). Kurz, die Psychoanalyse war und blieb – zumindest bis 1974 – das Hauptbeispiel, das Popper anführte, um zu zeigen, daß er für sein Falsifizierbarkeitskriterium eine größere Trennschärfe beanspruchte. Wenn er aber damit recht hätte, daß Freuds Theorie insgesamt einfach unüberprüfbar ist, dann wäre es natürlich sinnlos, zu untersuchen, ob diese Theorie *klinisch* stichhaltig überprüft werden kann. Wir werden nun daher auf Poppers Herausforderung antworten.

B. Die angebliche Unüberprüfbarkeit der psychoanalytischen Persönlichkeitstheorie

In früheren Veröffentlichungen habe ich argumentiert, daß weder die Freudsche Persönlichkeitstheorie noch die therapeutischen Grundsätze der Psychoanalyse unüberprüfbar im Sinne Poppers seien (Grünbaum 1976; 1977; 1979a). Weiterhin habe ich im einzelnen behauptet, daß Poppers Darstellung der Psychoanalyse als einer Theorie, die zu Recht gute *induktivistische* Referenzen für sich in Anspruch nehmen darf, sich auf eine Karikatur der Voraussetzungen für eine Theorienvalidierung gründet, wie sie von Erzinduktivisten wie Bacon und Mill festgelegt wurden. So habe ich darauf hingewiesen, daß Freuds Theorie reichlich versehen ist mit *kausalen* Hypothesen und daß die Voraussetzungen hinsichtlich der Beweiskraft, die vorliegen müssen, damit solche Hypothesen echte, induktive Unterstützung erfahren, sehr streng sind. Aber ich habe nachdrücklich betont, daß genau diese strengen induktivistischen Voraussetzungen kläglich *unerfüllt* geblieben sind bei denjenigen Freudianern, die behaupteten, das psychoanalytische Werk erfahre allgegenwärtige Bestätigung, worüber Popper zu Recht sehr bestürzt war.

Meine in einigen dieser früheren Aufsätze vorgenommene erkenntnistheoretische Untersuchung der Psychoanalyse als wissenschaftlicher Theorie rief eine höchst erfreuliche positive Reaktion bei John Watkins hervor (1980: 405 ff.). Er zog meinen Schluß, daß die Psychoanalyse tatsächlich falsifizierbar ist, nicht in Zweifel. Jedoch stellte er in Frage, welche *Tragweite* diese Behauptung im Zusammenhang mit Poppers Abgrenzungskriterium habe: »Nehmen wir (mit Grünbaum) an, die psychoanalytische Theorie sei prüfbar; dann hatte Popper in diesem Punkt unrecht, die Theorie ist besser, als er meinte.« Warum, fragt Watkins (S. 408), sollte man annehmen, Poppers »Abgrenzungskriterium sei in Schwierigkeiten geraten, weil es etwas zuließ, was Popper irrtümlich abgelehnt hatte«? Und er wendet ein: »Grünbaum [scheint] die Unwissenschaftlichkeit der Freudschen Theorie als eine Gegebenheit zu nehmen, an der das Abgrenzungskriterium zu messen sei, und nicht umgekehrt« (S. 408). Ähnliche Bedenken äußerte auch David Miller (persönliche Mitteilung).

Bei ihrem Einwand übersehen diese Autoren aber den wesentlichen Punkt, auf den ich hinauswollte, als ich Freuds Theorie im Zusammenhang mit der Wissenschaftsphilosophie von Popper diskutierte. Der Titel zu dem entsprechenden Abschnitt im ersten Aufsatz, in dem ich mich mit diesem Thema befaßte, lautet nämlich: »Poppers Geschichtsschreibung des Induktivismus und das Probestück in der Freudschen psychoanalytischen Theorie« (Grünbaum 1976: 215). Weder dort noch an anderer Stelle habe ich die Widerlegbarkeit der Psychoanalyse als Gegenbeispiel zu Poppers Abgrenzungskriterium der Falsifizierbarkeit angeführt. Statt dessen habe ich die Falsifizierbarkeit der Freudschen Theorie gegen Poppers Behauptung angeführt, daß diese einflußreiche Theorie das Mittelstück der folgenden von ihm vertretenen Hauptthese darstelle: das Falsifizierbarkeits-Abgrenzungskriterium ist *restriktiver* als das induktivistische und sollte daher an seine Stelle treten! Meine Schriften bieten keinen Anlaß, meine Auffassung so darzustellen, wie Watkins (1980: 408) es getan hat, als er schrieb: »Nach Grünbaum ist Poppers Abgrenzungskriterium [...] zu schwach, weil es nicht, wie Popper möchte, die Freudsche psychoanalytische Theorie ausschließe.« Vielmehr habe ich mich auf der entsprechenden Seite (Grünbaum 1976: 227) ausdrücklich der, wie ich es nannte, »Popperschen Abgrenzungs*asymmetrie*« (S. 214) gewidmet, bei der es sich um den von Popper aufgestellten Gegensatz zwischen seinem Kriterium für Wissenschaftlichkeit und dem induktivistischen Kriterium handelt. Bezüglich dieses Gegensatzes habe ich tatsächlich nur behauptet, daß er zu »brüchig« sei, um Poppers Falsifizierbarkeitskriterium *mehr Einschränkungskraft* zu verleihen, wenigstens »im Hinblick auf die Psychoanalyse«.

Daß ich mich dabei auf die *verhältnismäßige* Restriktionskraft der beiden Abgrenzungskriterien konzentrierte – und *nicht* auf die Angemessenheit des Popperschen Kriteriums *als solches*! –, geht außerdem daraus hervor, daß ich gleich im folgenden die Strenge des induktivistischen Kriteriums bewertet habe. Dort ist die Rede von den Verfechtern des eliminierenden Induktivismus im Unterschied zum aufzählenden Induktivismus, den Bacon verächtlich als »kindisch« bezeichnete, und ich erklärte: »Allein die Tatsache, daß [...] Induktivisten den Versuch machen, erhärtende Beispiele anzuführen, um Hypothesen wahrscheinlich oder glaubwürdig zu machen, verpflichtet sie noch NICHT, einer Hypothese *ausschließlich* aufgrund der Tatsache, daß es, wenn auch zahlreiche, positive Beispiele gibt, einen zuverlässigen wissenschaftlichen Status zuzugestehen« (1976: 227 f.). Daraufhin kam ich »zum Ergebnis meines Vergleichs der induktivistischen Auffassungen von Wissenschaftlichkeit mit Poppers Auffassung« und meinte, daß

»ich folgende Lehre daraus ziehe: Popper befand sich schwer im Irrtum, als er behauptete, daß BEI ABWESENHEIT VON NEGATIVBEISPIELEN alle Induktivismusformen notwendigerweise auf die (wahrscheinlich gemachte) wissenschaftliche Glaubwürdigkeit einer Theorie festgelegt werden, und zwar lediglich deswegen, weil diese Theorie zahlreiche positive Beispiele beibringen kann.«

»Speziell auf die Psychoanalyse« angewandt, bedeutete dies:

»Folglich bleibt der Induktivist, der bereit ist, Theorien, die wirklich unterstützende positive Beispiele bereitstellen können, wahrscheinlich oder irgendwie glaubwürdig zu machen, nicht hilflos zurück, wenn er die von Psychoanalytikern beigebrachten positiven Beispiele als nicht beweiskräftig abtut« (1976: 229.).

Ich glaube daher, daß Watkins' Einwand dagegen, daß man den unwissenschaftlichen Status der Freudschen Theorie »als Grundlage« nimmt, auf der das Falsifizierbarkeits-Abgrenzungskriterium beurteilt wird, sich nicht hätte gegen mich richten sollen. Tatsächlich frage ich mich, ob nicht Popper, als er sein Abgrenzungskriterium entwickelte (1962: Kap. 1), mit seiner Darstellung der logischen Rolle, die die Freudsche Theorie spielen soll, einen Rechtfertigungsgrund dafür liefert, daß man Watkins' Einwand gegen die Argumentation von Popper selbst richten könnte. Wenn ich die ersten vier Seiten dieses Kapitels recht verstanden habe, beginnt Popper mit der folgenden Prämisse: die Psychoanalyse »reicht«, wie die Astrologie und die marxistische Geschichtstheorie, »nicht an wissenschaftliche Normen heran«, aber sie gewinnt an Glaubwürdigkeit durch die *»induktive«* empirische Methode der Theorienvalidierung. Seine Aufgabe besteht nun, wie er sagt, darin, sich ein Abgrenzungskriterium auszudenken, das strenger ist als das des Induktivismus, zumindest in dem Maße, daß man die Psychoanalyse (abgesehen vom Marxismus) als nichtwissenschaftlich ausschließen kann: »Mein Problem bestand vielleicht zunächst einfach darin: ›Was ist nicht in Ordnung am Marxismus, an der Psychoanalyse und der [Adlerschen] Individualpsychologie? Warum unterscheiden sie sich so sehr von physikalischen Theorien, von Newtons Theorie, und insbesondere von der Relativitätstheorie?‹« (1962: 34)

Nach Ansicht von Peter Urbach habe ich Popper darin mißverstanden, daß er die allgegenwärtigen Bestätigungen, die die Freudianer, denen er begegnete, für sich in Anspruch nehmen, epistemisch zurückgewiesen habe. Denn nach Urbachs Verständnis wies Popper auf diese angeblichen Gültigkeitserklärungen *nicht* deswegen hin, weil er sich gegen die nachgiebigen Bestätigungskriterien, die von den Induktivisten unterstützt wurden, wenden wollte; statt dessen war Popper nach Urbach darum bemüht, die *Illusion* der Freudianer zu entlarven, daß die angeblichen Bestätigungen induktivistischen Regeln gehorchen. Ich behaupte aber, daß Urbachs Interpretation, abgesehen davon, daß sie die Nächstenliebe strapaziert, wie ein Bumerang auf ihn zurückkommt; denn sie unterhöhlt vollständig Poppers erklärtes Ziel, die Psychoanalyse als wesentliche Illustration für seine These darzustellen, daß das induktivistische Abgrenzungskriterium unannehmbar permissiv sei und seine Falsifikationsalternative größere Einschränkungskraft besitze (Popper 1962: 33–36; 1974: 984).

In bezug auf die Psychoanalyse, die Adlersche Psychologie und den Marxismus erklärte Popper (1962: 36) daher: »[...] es war praktisch unmöglich, ein menschliches Verhalten zu beschreiben, von dem man nicht behaupten könnte, es sei ein Beleg für diese Theorien« – eine Behauptung, auf die unmittelbar seine Grundsatzerklärung der Falsifikation folgt, die als erstes festlegt: »Es ist einfach, für beinahe jede Theorie Bestätigungen oder Verifikationen zu erhalten – wenn wir nach Bestätigungen suchen« (S. 36). Zweifellos führt Popper nicht darüber Klage, daß die nach Ansicht der Freudianer reichlich vorhandenen Bestätigungen in Wirklichkeit induktivistisch nicht gerechtfertigt seien; sein Vorwurf geht vielmehr dahin, daß man, wenn man die von den Freudianern behaupteten Gültigkeitsbeweise für ihre Theorie in Abrede stellen will, mit induktivistischen Kriterien nichts ausrichten könne.

In früheren Aufsätzen galt meine Aufmerksamkeit Poppers Ansichten über die Psychoanalyse. Er hat aber noch weitere philosophische Einwände gegenüber Freud (und Adler) erhoben, die ich damals noch nicht untersucht habe. Seine zusätzliche Kritik umfaßt sowohl nachdrückliche Argumente für die Behauptung, daß die psychoanalytische Theorie nicht überprüfbar sei, als auch die kritische Anwendung einer angeblichen Textexegese von Freuds 1923 erschienenem Aufsatz über Theorie und Praxis der Traumdeutung. Ich bin der Meinung, daß Poppers weitere Beanstandungen einer kritischen Untersuchung bedürfen. Da mein Interesse in der vorliegenden Arbeit aber vorwiegend den *klinischen* Zeugnissen der Psychoanalyse gilt, werde ich die zusätzlichen Einwendungen, die Popper gegenüber Freud vorgebracht hat, unterteilen in: (1) diejenigen, die sich *nicht* speziell auf *klinische* Beobachtungen beziehen, und (2) diejenigen, die die Beweiskraft von *klinischen* Befunden als solche in Abrede stellen.

Ich möchte mich nun mit der ersten Gruppe dieser zusätzlichen Popperschen Anklagen gegenüber der Psychoanalyse befassen. Die Untersuchung der zweiten Gruppe stelle ich zurück, bis ich im einzelnen begründet habe, daß die klinische Gültigkeitserklärung der Freudschen Theorie nach *induktivistischen* Maßstäben trotz des *heuristischen* Wertes von klinischen Daten weitgehend falsch ist.

In der Antwort an seine Kritiker schrieb Popper (1974b: 985):

»Der Marxismus war einst eine Wissenschaft, die allerdings durch einige der Tatsachen widerlegt wurde, die zufällig mit ihren Vorhersagen kollidierten.

Heutzutage ist der Marxismus jedoch keine Wissenschaft mehr; denn er brach die methodologische Regel, daß wir Falsifikation akzeptieren müssen, und er immunisierte sich gegen die eklatantesten Widerlegungen seiner Vorhersagen.

Bei der Psychoanalyse liegt der Fall ganz anders. Sie ist eine interessante psychologische Metaphysik (und zweifellos ist etwas Wahres an ihr, wie so oft bei metaphysischen Vorstellungen), war aber nie eine Wissenschaft. Es mag eine ganze Reihe von Menschen geben, die Freudsche oder Adlersche Fälle darstellen: Freud selbst war zweifellos ein Freudscher Fall und Adler ein Adlerscher Fall. Was aber ihre Theorien daran hindert, im hier beschriebenen Sinne wissenschaftlich zu sein, ist ganz einfach, daß sie keinerlei physikalisch mögliches menschliches Verhalten ausschließen. Was immer jemand auch tun mag, ist im Prinzip in Freudschen oder Adlerschen Begriffen erklärbar. (Adlers Bruch mit Freud war eher adlerianisch als freudianisch, aber Freud sah darin nie eine Widerlegung seiner Theorie.)

Die Sache liegt klar auf der Hand. Weder Freud noch Adler schließen die spezifische Handlung eines Menschen in einer spezifischen Situation aus, wie auch immer die äußeren Umstände sein mögen. Ob ein Mann sein Leben opferte, um ein Kind vor dem Ertrinken zu retten (ein Fall von Sublimierung), oder ob er das Kind ermordete, indem er es ertränkte (ein Fall von Verdrängung), läßt sich durch Freuds Theorie unmöglich vorhersagen oder ausschließen; *die Theorie war mit allem, was geschehen könnte, vereinbar – auch ohne besondere immunisierende Behandlung.*

Während also der Marxismus unwissenschaftlich wurde, weil er eine Immunisierungsstrategie verfolgte, war die Psychoanalyse von Anfang an immun und ist es bis heute geblieben.«

Diese wichtige Passage gibt mir Veranlassung zu folgenden kritischen Anmerkungen:

1. Die flüchtige Durchsicht der bloßen Titel von Freuds Aufsätzen und Vorlesungen in den *Gesammelten Werken* erbringt bereits zwei Beispiele für Falsifizierbarkeit. Bei dem zweiten handelt es sich noch dazu um einen Fall von anerkannter Falsifikation. Das erste Beispiel ist der Aufsatz »Mitteilung eines der psychoanalytischen Theorie widersprechenden Falles von Paranoia« (GW 10: 234–246; 1915); das zweite die Vorlesung »Revision der Traumlehre« (GW 15: 6–33, bes. 30 f.; 1933). Ich möchte zunächst das erste Beispiel betrachten.

Bei der »psychoanalytischen Theorie der Paranoia« geht es um die Hypothese, daß *verdrängte* Homosexualität *kausal notwendig* sei für das Leiden an paranoiden Wahnvorstellungen (GW 10: 237 f.). Die Patientin war eine junge Frau, die einen Rechtsanwalt aufgesucht hatte, um Schutz vor den Belästigungen eines Mannes, mit dem sie ein Verhältnis gehabt hatte, zu erbitten. Der Rechtsanwalt vermutete, es könne sich um Paranoia handeln, als sie behauptete, ihr Liebhaber habe Zeugen veranlaßt, sie ungesehen zu fotografieren, während sie sich liebten, und er befinde sich jetzt in der Lage, die Fotografien zu benutzen, um sie öffentlich zu beschämen und sie zum Aufgeben ihrer Stellung zu zwingen. Überdies drückte der Liebhaber in Briefen, die sie dem Rechtsanwalt überlassen hatte, sein Bedauern darüber aus, daß ihre schöne, zärtliche Beziehung durch ihre unglückselige, krankhafte Vorstellung zerstört werde. Dennoch wandte sich der Rechtsanwalt – dessen eingedenk, daß die Wahrheit manchmal seltsamer ist als eine Erfindung – an Freud und bat ihn um sein Urteil als Psychiater, ob die junge Frau tatsächlich paranoid sei.

Die Briefe des Liebhabers machten auf Freud »den besten Eindruck« und ließen dadurch den Wahncharakter der Klagen der jungen Frau glaubwürdig erscheinen. Aber angenommen, sie war tatsächlich paranoid, so führte Freuds erste Sitzung mit ihr zu einem theoretisch verwirrenden Ergebnis: »Das Mädchen schien die Liebe zu einem Mann abzuwehren, indem sie den Geliebten unmittelbar in den Verfolger verwandelte; vom Einfluß des Weibes, von einem Sträuben gegen eine homosexuelle Bindung war nichts zu finden« (S. 237). Wenn sie tatsächlich unter Wahnvorstellungen litt, dann sprach dieses scheinbar völlige Fehlen von verdrängter Homosexualität »mit aller Entschiedenheit« gegen Freuds Hypothese von der homosexuellen Ätiologie der Paranoia. Deshalb schloß er: »Man mußte wohl auf diese Erkenntnis verzichten, wenn man sich nicht etwa durch diese Abweichung von der [theoretischen] Erwartung bestimmen ließ, sich auf die Seite des Rechtsfreundes zu schlagen, und wie er ein richtig gedeutetes Erlebnis anstatt einer paranoischen

Kombination anzuerkennen« (S. 238). Und weiter: »Bei dieser Sachlage war es wohl das Einfachste, die Parteinahme für eine allgemein gültige Abhängigkeit des Verfolgungswahnes von der Homosexualität und alles, was sich weiter daran knüpfte, wieder aufzugeben« (S. 238). Kurz, Freud räumte ausdrücklich ein, daß, wenn die junge Frau *tatsächlich* paranoid war, ihr Fall eine *Widerlegung* der von ihm für diese Störung behaupteten Ätiologie darstellte; als Alternative hielt er es für möglich, daß sie nicht paranoid war. Außerdem bestätigte Freud (S. 237), daß aus der Kombination zweier anderer Informationsteile Widerlegung drohte: (1) Einerseits schien seine Ätiologie der Paranoia zu der »Forderung, der Verfolger müsse von demselben Geschlecht sein wie der Verfolgte«, zu führen, aber (2) andererseits: »In der psychiatrischen Literatur fehlte es gewiß nicht an Fällen, in denen sich der Kranke von Angehörigen des anderen Geschlechts verfolgt glaubte« (S. 237). Hier werde ich lediglich erwähnen, wie Freud sich mit der ersten dieser beiden Schwierigkeiten, die sich ihm stellten, befaßte.

Wie sich während einer zweiten Sitzung herausstellte, erhöhten Berichte der Patientin über Vorfälle an ihrem Arbeitsplatz nicht nur stark die Wahrscheinlichkeit, daß sie von Wahnvorstellungen heimgesucht wurde, sondern standen insofern auch in Einklang mit der behaupteten Ätiologie, als sie eine konfliktbeladene homosexuelle Zuneigung zu einer dort beschäftigten älteren Dame enthüllten. Der springende Punkt ist aber, daß die psychoanalytische Ätiologie der Paranoia empirisch falsifizierbar (diskonfirmierbar) ist *und* daß Freud dies ausdrücklich anerkannte. Denn wie wir sahen, besagt diese Hypothese, daß für dieses Leiden ein homosexueller psychischer Konflikt kausal notwendig ist. Empirische Indikatoren können ebenso von der Abwesenheit eines homosexuellen Konflikts wie von der Anwesenheit von paranoiden Wahnbildungen zeugen und damit besagte Ätiologie zweifelhaft erscheinen lassen.

Deshalb läßt sich aus diesem Beispiel eine wichtige allgemeine

Lehre ziehen: Wenn empirische Indikatoren sowohl die *Abwesenheit* eines bestimmten theoretischen Pathogens *P* als auch die Differentialdiagnose der *Anwesenheit* einer bestimmten theoretischen Neurose *N* gewährleisten können, dann ist eine ätiologische Hypothese der strengen Form »*P* ist kausal notwendig für *N*« zweifellos empirisch falsifizierbar. Sie wird falsifiziert durch jedes Opfer von *N*, das nicht *P* ausgesetzt war. Denn die Hypothese *sagt vorher*, daß jeder, der nicht *P* ausgesetzt war, vom Leiden an *N* verschont bleibt, eine Vorhersage, die von wesentlicher prophylaktischer Bedeutung ist. Entsprechend besagt die Hypothese *retrodiktiv*, daß jedes Beispiel für *N* auch ein Fall von *P* war. Wenn daher gleichfalls empirische Indikatoren für die *Anwesenheit* von *P* vorliegen, dann kann diese Retrodiktion empirisch durch einen Menschen, der sowohl *N* als auch *P* aufweist, beispielhaft erwiesen werden. Popper (1983, Kap. 2) hat in allen seinen Schriften zwei Behauptungen unzureichend auseinandergehalten, die er zu verschiedenen Zeiten aufstellte: (1) In logischer Hinsicht sei die psychoanalytische Theorie durch kein menschliches Verhalten zu widerlegen; und: (2) konfrontiert mit offensichtlichen Gegenbelegen, seien Freud und seine Nachfolger einer Widerlegung durch Rückgriff auf Immunisierungsmanöver ausgewichen. Behauptung 1 folgt jedoch eindeutig nicht aus Behauptung 2. Schließlich kann eine Theorie durchaus objektiv durch anerkannte Gegenbeweise entkräftet sein, während ihre treuen Anhänger dies nicht wahrhaben wollen und weiter an sie glauben. Popper selbst hat interessanterweise an anderer Stelle betont, daß Theorien einerseits und das intellektuelle Verhalten ihrer Anhänger andererseits »*zwei gänzlich verschiedenen ›Welten‹* angehören« (1974a: 144).

Als strenger Determinist strebte Freud in seiner Ätiologie nach *Universal*hypothesen (GW 10: 237). Aber er war der Meinung, er habe empirische Gründe, anzunehmen, daß die Entwicklung einer Störung *N* im Anschluß an die pathogene Erfahrung *P*, die ein Individuum *I* macht, auch von *I*s erbbedingter Verwundbarkeit abhänge. Seine universalen ätiologischen Hypothesen machten daher bezeichnenderweise geltend, daß es *kausal notwendig*, *nicht* aber, daß es kausal ausreichend für die Entwicklung von *N* sei, daß man *P* ausgesetzt war.

Tatsächlich behauptete Freud, indem er *P* zum »spezifischen« Pathogen von *N* erklärte, nicht nur, *P* sei kausal notwendig für *N*, sondern auch, *P* sei nie oder fast nie ein ätiologischer Faktor in der Pathogenese eines anderen, nosologisch verschiedenen Syndroms (GW 1: 371–375; 1895). Als Vorbild diente ihm Robert Kochs spezifische Ätiologie der Tuberkulose, d. h. der pathogene Tuberkelbazillus (GW 1: 373). So verwies Freud auf den Tuberkelbazillus, um zu zeigen, daß ein Pathogen durchaus erklärend sein kann, auch wenn seine bloße Anwesenheit noch nicht garantieren kann, daß die Krankheit auftritt (GW 1: 446; 1896). Und er pflegte bis spät in seiner Laufbahn *spezifische* Ätiologien für die verschiedenen Psychoneurosen vorzuschlagen (GW 14: 82; 1925). Daher besitzen diese Ätiologien, wie das obige Beispiel für Paranoia gezeigt hat, offensichtlich in hohem Maße empirische Falsifizierbarkeit, wann immer empirische Indikatoren eine Differentialdiagnose von *N* wie auch die Abwesenheit von *P* bezeugen können. Denn die Hypothese, daß *P* das spezifische Pathogen von *N* ist, hat die Universalvorhersage zur Folge, daß jeder Fall von Nicht-*P* ein Nicht-*N* bleiben wird, und entsprechend die Universalretrodiktion, daß jedes *N* an einem *P* gelitten hat, obgleich sie nicht vorhersagt, ob die Tatsache, daß man *P* ausgesetzt war, in *N* endet. So zeigt Glymour (1974) in seiner Darstellung von Freuds Fallstudie vom Rattenmann, wie Freuds spezifische Ätiologie der Zwangsneurose des Rattenmannes dadurch falsifiziert wurde, daß die Retrodiktion, die Freud auf sie begründet hatte, nicht stichhaltig war. (Dies wird im einzelnen in Kap. 8 dargestellt.)

Zurück zu unserem Paranoia-Beispiel. Wie ich in einem früheren Aufsatz (Grünbaum 1979a: 138) gezeigt habe, trifft die von der Psychoanalyse behauptete Ätiologie der Paranoia gleichfalls eine wichtige »statistische« Vorhersage, die sich im Hinblick auf jede konkurrierende »Hintergrund«-Theorie, welche bestreitet, daß verdrängte Homosexualität ätiologisch relevant für die Ausbildung einer Paranoia ist, als »gewagt« erweist. Nach Poppers Maßstäben spräche ein Nichteintreffen dieser Vorhersage gegen Freuds Ätiologie, während sie sich bei erfolgreichem Eintreffen bewährte. In meiner »Einleitung« habe ich bereits dieses Ergebnis in groben Zügen gegen Habermas ins Feld geführt.

Um genau zu sein, formulierte Freud ursprünglich (GW 8: 299; 1911) seine Hypothese zur Ätiologie der männlichen Paranoia (im Fall Schreber) etwa folgendermaßen: Vorausgesetzt, es existiert ein soziales Tabu der männlichen Homosexualität, dann kann der gescheiterte Versuch, homosexuelle Neigungen zu verdrängen, zu schweren Angst- und Schuldgefühlen führen. Man könnte dieser Angst dann Herr werden, indem man das Liebesgefühl »Ich liebe ihn« in sein Gegenteil verkehrt, nämlich in »Ich hasse ihn«, eine Art Umwandlung, die Freud als »Reaktionsbildung« bezeichnete. Die Reaktionsbildung erfolgt also nach dem Muster, daß ein gefährlicher Trieb, nachdem er einmal weitgehend verdrängt wurde, in Gestalt eines weit annehmbareren *gegensätzlichen* Gefühls wieder auftaucht, eine Verwandlung, die folglich der *Abwehr* gegen die *Angst*, die mit dem zugrundeliegenden gefährlichen Trieb einhergeht, dient. Wenn sich jedoch herausstellt, daß die Abwehr durch Reaktionsbildung nicht ausreicht, die Angst zu mindern, dann kann der Betroffene auf das weitere Abwehrmanöver der »Projektion« zurückgreifen, bei dem »Ich hasse ihn« verwandelt wird in »Er haßt mich«. Bei dieser Endstufe in der Entwicklung von Abwehrmechanismen handelt es sich dann um eine ausgewachsene Paranoia. In dieser ziemlich kurzgefaßten Darstellung werden demnach Reaktionsbildung und Projektion als verdrängte Abwehrmechanismen beschrieben, die durch das postulierte *spezifische* Pathogen der Paranoia ausgelöst werden. Wenn aber verdrängte Homosexualität tatsächlich der spezifische ätiologische Faktor bei der Paranoia ist, dann müßte die Abnahme des Homosexualitätstabus in unserer Gesellschaft von einem Rückgang in der Vorkommenshäufigkeit von männlicher Paranoia begleitet sein. Und umgekehrt hätte die Paranoia in jenen alten Gesellschaften, in denen die männliche Homosexualität stillschweigend geduldet oder sogar gutgeheißen wurde, relativ selten sein müssen. Denn eine Abnahme der massiven Angst und Verdrängung in bezug auf homosexuelle Gefühle würde zur Beseitigung von Freuds Conditio sine qua non für dieses Syndrom beitragen.

Wie Freud im übrigen erklärt (GW 10: 237; 1915), hatte er, noch bevor er allgemein die Homosexualität zum spezifischen Pathogen für Paranoia erklärte, in einer früheren Veröffentlichung etwas vorsichtiger behauptet, sie sei »vielleicht ein konstanter« ätiologischer Faktor (GW 8: 295–297, 299, bes. 295; 1911). Als ich aus Freuds Ätiologie zum erstenmal die obengenannte »statistische« Vorhersage herausarbeitete (Grünbaum 1979a: 139), habe ich seine vorsichtigere frühe Formulierung berücksichtigt. Ich habe dort die Voraussage einer abnehmenden Auftretenshäufigkeit im Zuge eines Taburückgangs auf den »ceteris paribus«-Satz gegründet, daß keine anderen möglichen Ursachen für Paranoia zur Wirkung kommen. Indem Freud aber mit seiner spezifischen Ätiologie verdrängte Homosexualität zur Conditio sine qua non des Syndroms macht, wird diese Vorhersage eindeutig möglich, *ohne* daß ein solcher Vorbehalt angebracht wäre.

Fisher und Greenberg haben darauf hingewiesen, daß »das Vorkommen einer offenen homosexuellen [...] Aktivität bei einem Paranoiker einen Widerspruch [...] zu Freuds Theorie der Paranoia darstellen würde« (1977: 259). Popper, den nach seinen Worten W. W. Bartley im Jahre 1980 auf diese Folgerung aufmerksam gemacht hat, schreibt: »Aber dies [die Paranoia-Hypothese] gehört nicht zu der grundlegenden Theorie, die ich kritisiert habe. Im übrigen könnte Freud von jedem anscheinend paranoiden aktiven Homosexuellen behaupten, er sei nicht *wirklich* paranoid oder nicht *vollständig* aktiv« (1983: 169). Vor 1983 hatte Popper jedoch stets ohne jede Einschränkung behauptet, daß Freuds Theorie schlichtweg unüberprüfbar und unwiderlegbar sei (z. B. 1962: 37; 1974a: 1004). Im Zusammenhang mit dem ihm von Bartley genannten Beispiel sagt Popper seltsamerweise nichts darüber, was denn zu der »grundlegenden« Theorie der Psychoanalyse *gehöre*, und gibt auch keine Begründung dafür, warum er die Paranoia-Hypothese nicht dazurechnet. Zudem gehört die Paranoia-Hypothese zu Freuds Theorie der Psychopathologie, und diese ist nun in der Tat der »grundlegendste« Teil seiner Verdrängungstheorie. Poppers verschwommene Verwendung des Begriffs »grundlegende Theorie« von 1983 wird auch durch die 1962 von ihm vorgenommene Unterscheidung zwischen der »Psychoanalyse selbst« und »einer besonderen analytischen Diagnose« (1962: 38, Anm. 3) nicht deutlicher.

Freuds Hypothese besagt: (A) Wenn jemand homosexuelle Regungen nicht verdrängt, wird er nicht paranoid werden. Ich hatte behauptet (S. 73 f.), daß das Verhalten eines erklärten, aktiven homosexuellen Paranoikers der These A widerspricht, weil das offene homosexuelle Verhalten den »Wenn«-Satz (die Voraussetzung) von A erfüllt und Wahnvorstellungen – etwa, daß er verfolgt werde – dem »Dann«-Satz von A widersprechen. Für Popper ist es jedoch »kaum möglich«, die Wahrheit der Voraussetzung festzustellen, weil Freud von jedem anscheinend paranoiden aktiven Homosexuellen behaupten könne, *einige* homosexuelle Regungen habe er trotzdem verdrängt (Popper 1983: 169). Ich bin der Meinung, daß Freuds Theorie die Anwendung von Poppers Strategie ausschließt. Wie Freud ausdrücklich mitteilt, sind bei Paranoia (wie bei Hysterie) quantitativ intensive Verdrängungen, nicht nur Verdrängungen überhaupt, die notwendigen Bedingungen für die Entwicklung des Syndroms (GW 13: 201 f.; 1922). Die Behauptung A ist daher so zu verstehen, daß sie sich auf jemanden bezieht, der homosexuelle Regungen nicht *stark* verdrängt, eine quantitative Einschränkung, die ich in meiner Darstellung ausdrücklich vorgenommen habe (S. 71). Selbst ein normal aktiver paranoider Homosexueller würde diese Bedingung erfüllen, erst recht einer mit ausgeprägter und auffälliger Aktivität. Poppers Behauptung, wonach niemand diese Voraussetzung erfüllen könnte, ist daher unzutreffend.

Könnte Freud des weiteren behaupten – wie Popper meint (1983: 169) –, der aktive Homosexuelle sei »nicht *wirklich* paranoid«, wie wahnhaft sein Verhalten auch sein möge? Zwar gilt in der Tat, daß selbst offene Wahnvorstellungen und intensive Gefühle des Verfolgtseins eine Paranoia zunächst lediglich wahrscheinlich machen. Doch Poppers Berufung auf die Fehlbarkeit der Differentialdiagnose und die Möglichkeit einer neuen Diagnose ist irreführend: Wie er sehr gut weiß, stellen empirische Daten in der Physik nicht minder als in der somatischen Medizin oder der Psychologie keine deduktiv hinreichenden Bedingungen für das Vorhandensein vermuteter Zustände dar, obgleich sie als Anzeichen für solche Zustände gelten. Selbst in der Physik werden theoretische Zustände durch empirische Belege unterdeterminiert, und letztere deuten lediglich auf eine größere oder geringere Wahrscheinlichkeit des Auftretens der ersteren. Wie Carl Hempel bemerkt hat, bietet nicht einmal die kreisförmige Anordnung von Eisenspänen deduktiv die Gewähr für das Vorhandensein eines Magnets. Und wie Popper anerkannt hat (1974a: 1004), sind auch in der Physik Immunisierungsmanöver stets möglich. Wie ich später darstellen werde, war im übrigen Freud, wenn er eine Differentialdiagnose zurücknahm, um eine bestimmte kausale Hypothese zu halten, sich sehr wohl bewußt, daß diese alternative Diagnose unabhängiger Beweise bedurfte.

Doch auch solche Behauptungen pathogener kausaler Relevanz, die logisch *schwächer* sind als die spezifischen Ätiologien, lassen sich empirisch entkräften. Sie können von überprüfbarer (diskonfirmierbarer) vorhersagender Bedeutung sein, reichen allerdings nicht so weit, *P* als kausal notwendig für *N* zu erklären. Wenn daher einschlägige empirische Daten die Vorhersage, daß *P* das Auftreten von *N* positiv beeinflußt, nicht bestätigen können, zeugen sie davon, daß *P* für *N* kausal *irrelevant* ist. Folglich ist die derzeitige Annahme, daß starkes Zigarettenrauchen für Lungenkrebs und kardiovaskuläre Erkrankungen kausal relevant ist, diskonfirmierbar, ebenso wie die angebliche kausale Relevanz von Laetril für das Abklingen von Krebs, die, wie verlautet, aufgrund neuer Befunde in den Vereinigten Staaten angezweifelt wird.

Die Ätiologie, die Freud für eine seiner homosexuellen Patientinnen vorschlägt, erweist sich für den zur Debatte stehenden Fall als nützlich. Als Kernpunkt dieser Ätiologie führt Freud an:

»Das Mädchen befand sich in der Phase der Pubertätsauffrischung des infantilen Ödipuskomplexes, als die Enttäuschung über sie kam. Hell bewußt wurde ihr der Wunsch, ein Kind zu haben, und zwar ein männliches; daß es ein Kind vom Vater und dessen Ebenbild sein sollte, durfte ihr Bewußtes nicht erfahren. Aber da geschah es, daß nicht sie das Kind bekam, sondern die im Unbewußten gehaßte Konkurrentin, die Mutter. Empört und erbittert wendete sie sich vom Vater, ja vom Manne überhaupt ab. Nach diesem ersten großen Mißerfolg verwarf sie ihre Weiblichkeit und strebte nach einer anderen Unterbringung ihrer Libido« (GW 12: 284; 1920.).

Später warnt er aber:

»Wir wollen also nicht behaupten, daß jedes Mädchen, dessen aus der Ödipuseinstellung der Pubertätsjahre herrührende Liebessehnsucht eine solche Enttäuschung erfährt, darum notwendigerweise der Homosexualität verfallen wird. Andersartige Reaktionen auf dieses Trauma werden im Gegenteil häufiger sein« (S. 297).

Er bestreitet also, daß die lesbische Neigung in jedem konkreten *Fall* aus der festgestellten Enttäuschung in der Pubertät vorhergesagt werden kann. Jedoch hat die Enttäuschung tatsächlich eine diskonfirmierbare vorhersagende Bedeutung, auch wenn man nicht behaupten kann, sie besitze die kausale Relevanz eines spezifischen Pathogens. Indem Freud nämlich die erwähnte Art von Enttäuschung als *einen* ätiologischen Faktor für eine lesbische Neigung bestimmt, behauptet er, daß das Auftreten einer solchen Enttäuschung das Vorkommen von lesbischer Neigung *positiv beeinflußt*.

Man sollte diese vorhersagende Konsequenz im Gedächtnis behalten, da Freud durch die Fallstudie über seine lesbische Patientin zu der allgemeinen Beobachtung veranlaßt wurde, die ätiologische Erklärung eines bereits existierenden Beispiels für eine Störung sei in der Regel nicht mit der Vorhersagbarkeit des Syndroms *in jedem einzelnen Fall* gleichzusetzen (GW 12: 296 f.; 1920). Ein Parteigänger Poppers kam dadurch zu dem Schluß, daß die von Freud anerkannte Beschränkung auf die Vorhersagbarkeit in der Psychoanalyse auf eine generische Nichtvorhersagbarkeit und folglich auf eine Nichtwiderlegbarkeit hinausläuft. Merkwürdigerweise ist dieser Verteidiger aber nicht bereit, die kausale Relevanz von starkem Rauchen auf kardiovaskuläre Erkrankungen als vollständig nicht-vorhersagend oder nicht-widerlegbar zu betrachten, obwohl das Kettenrauchen noch nicht einmal als spezifischer Faktor gilt, geschweige denn als einer, der diese Krankheit allgemeingültig vorhersagt.

Meine bisherigen Kommentare zu Poppers Erklärung, die ich S. 181 f. zitierte, haben sich weitgehend auf Freuds im Jahre 1915 erschienenen Aufsatz zur Paranoia konzentriert, dessen Titel bereits darauf hinweist, daß es sich hier um ein Beispiel für empirische Falsifizierbarkeit handelt. Darüber hinaus wird in Freuds »Revision der Traumlehre« von 1933 eine anerkannte Falsifikation durch die wiederholten Träume von Kriegsneurotikern vorgestellt. Wir werden aber in Kapitel 5 noch Gelegenheit haben, die klinischen Zeugnisse der psychoanalytischen Traumtheorie zu diskutieren. Es wird daher genügen, wenn ich hier Freuds Revision von 1933 lediglich erwähne, bevor ich zur zweiten Gruppe der durch Poppers Erklärung von 1974 veranlaßten Kommentare übergehe.

2. Beim Popper-Symposium im Jahre 1980 stellte ich die Frage, welchen *Beweis* Popper dafür beigebracht hat, daß

keine der *Konsequenzen*, die sich aus den theoretischen freudianischen Postulaten ergeben, empirisch überprüfbar sei, wie er in seiner These der Nicht-Falsifizierbarkeit behauptete. Einer von Poppers Schülern entgegnete tatsächlich, diese Unüberprüfbarkeit könne man gleichsam dadurch erkennen, daß man die Postulate direkt untersuche. Darauf erwidere ich: die Tatsache, daß einige Wissenschaftsphilosophen bei einer solchen Untersuchung keine überprüfbaren Konsequenzen identifizieren konnten, mag vielleicht ein Grund gewesen sein, eine Unüberprüfbarkeit zu vermuten, für den erforderlichen Beweis der Nicht-Falsifizierbarkeit reicht sie jedoch nicht aus.

Tatsächlich lassen sich aus den Beispielen für Falsifizierbarkeit, die ich bereits angeführt habe, sehr unterschiedliche Lehren ziehen: die Tatsache, daß bestimmte Wissenschaftsphilosophen *keinerlei* überprüfbare Konsequenzen aus Freuds Theorie feststellen konnten, deutet eher darauf hin, daß sie ihren logischen Inhalt nur ungenügend kennen oder untersucht haben, als darauf, daß die Psychoanalyse wissenschaftlich anfällig ist. Das ist so, als würde jemand, der nur flüchtig Kontakt mit der Physik hatte, aufgrund seiner Introspektion den Schluß ziehen, ihre komplexen Hypothesen seien nicht falsifizierbar, nur weil er keine Möglichkeit sieht, wie man sie überprüfen könnte. So haben erst kürzlich Sachverstand und Einfallsreichtum die Entwicklung von Testverfahren ermöglicht, mit deren Hilfe sich die Hypothese falsifizieren läßt, daß die Ruhmasse von Neutrinos gleich Null ist (Robinson 1980). Ebenso weise ich die übertriebene Erwartung zurück, daß, wenn komplexe psychoanalytische Hypothesen überhaupt überprüfbar sind, praktisch jeder vernunftbegabte Akademiker in der Lage sein müßte, eventuell falsifizierende Prüfverfahren für sie zu entwickeln. Gelänge dies nicht, meinen einige Popperianer etwas vorschnell, läge die Annahme nahe, daß sie im Grunde nicht überprüfbar sind.

Welchen Beweis hat Popper aber nun überhaupt für seine nachdrückliche Behauptung angeführt, das Freudsche theoretische Korpus sei bar jeglicher empirisch überprüfbarer Konsequenzen? Um einen solchen Beweis zu erbringen, wäre es notwendig, die *Unrichtigkeit* der Behauptung nachzuweisen, daß unter den logischen Konsequenzen der psychoanalytischen theoretischen Postulate sich mindestens eine empirische Aussage über menschliches Verhalten finde. Wie Popper aber an anderer Stelle gewarnt hat, kann eine existentielle Aussage, die geltend macht, daß sich in einer *unendlichen* Klasse *A* mindestens ein Mitglied befindet, das eine bestimmte Eigenschaft *E* besitzt, nicht deduktiv falsifiziert werden durch eine endliche Anzahl von »grundlegenden« Evidenzsätzen, von denen jeder *leugnet*, daß ein Individuum in *A* die Eigenschaft *E* besitzt. Popper hat sich jedoch kurzerhand selbst festgelegt auf die *Unrichtigkeit* der folgenden existentiellen Aussage: In der unendlichen Anzahl von Tarskischen Konsequenzen im psychoanalytischen theoretischen Korpus befindet sich mindestens eine, die man als empirische Aussage über menschliches Verhalten bezeichnen kann.

Daher muß ich die Frage stellen: Welche *Argumente* hat Popper angeführt, um seine Leugnung dieser existentiellen Aussage zu rechtfertigen? Wie kam er zu der Überzeugung, daß in der unendlichen Klasse von Konsequenzen in Freuds Theorie überhaupt keine überprüfbaren Elemente enthalten seien? Wie würde überhaupt ein *Beweis* für diese Leugnung aussehen, der den an einen Deduktivisten zu stellenden Anforderungen genügt? Würde man etwa zunächst versuchen, die gesamte Freudsche Theorie zu axiomatisieren, vielleicht in der Absicht, sich der Craigschen Methode der Re-Axiomatisierung zu bedienen, um möglichst alle dem ersten Anschein nach theoretischen Begriffe zu entfernen, und festzulegen, ob alle verbleibenden Theoreme noch immer *gattungsmäßig* »*nicht* beobachtbar« sein dürfen? Ich behaupte nicht, die Antwort zu kennen, doch ist dies hier Poppers und nicht mein Problem.

Was er anstelle eines Arguments, das dergestalt einen *allgemeinen* Charakter trüge, tatsächlich anbietet, ist ein Verfahren, von dem es zumindest den Anschein hat, als stütze es sich auf sein methodologisches rotes Tuch: die Induktion durch Aufzählung. Denn an der oben zitierten Stelle und auch bei anderer Gelegenheit beruft er sich lediglich auf Beispiele. So verweist er auf das völlig verschiedene Verhalten von zwei Männern gegenüber einem Kind, wobei der eine versucht, das Kind vor dem Ertrinken zu retten, und der andere, das Kind zu ertränken. Popper hatte dieses angebliche Beispiel etwas ausführlicher auch in seinen früheren Schriften angeführt (1962: 35). Er gibt keinerlei Hinweis darauf, ob er dieses Beispiel einer konkreten Fallstudie oder einer Veröffentlichung von Freud (oder Adler) entnommen hat. Wenn Freud und Adler jedoch beim Zuschreiben von Veranlagungen Schindluder in der von Popper behaupteten Manier getrieben hätten, dann müßte man in ihren Fallstudien in reichem Maße konkrete Beispiele für solches Fehlverhalten erwarten können. So, wie das Beispiel jedoch aussieht, erscheint es kraß erkünstelt und ist in jedem Fall unbrauchbar (vgl. Grünbaum 1979a: 134 f.). Inwiefern wäre es schließlich ein triftiger Einwand gegen die Psychoanalyse, wenn Popper zeigen könnte, daß die psychoanalytische Theorie tatsächlich *in beiden Fällen* das Verhalten gleichermaßen gut erklärt? In der Tat: Falls es mindestens einen Menschen gibt, der bei dem Versuch, ein Kind zu retten, ertrinkt, und mindestens einen anderen Menschen, der wirklich ein Kind ins Wasser stößt, um es zu ertränken – warum sollten wir von einer *soliden* psychologischen Theorie nicht erwarten dürfen, daß sie *beide* unterschiedlichen Verhaltensweisen erklärt?

Wenn Poppers Beispiel mit dem ertrinkenden Kind überhaupt triftig sein soll, müßte er zeigen, daß Freuds Theorie die uneingeschränkte *Freiheit* gewährt, *nach Belieben* potentiell erklärende Ausgangsbedingungen zu postulieren in bezug auf die Motivation oder die Dispositionen einer bestimmten Person unter besonderen äußeren Umständen. In Poppers Dokumentation sucht man nach einer solchen äußersten Freiheit in der Psychoanalyse vergeblich. In der zuvor zitierten Passage unterstellt er sie jedoch wieder implizit, indem er schlichtweg behauptet: »Was immer jemand tun mag, ist im Prinzip in Freudschen oder Adlerschen Begriffen erklärbar.« Und dies, obgleich Freud die Zuschreibung einer solchen allgemeingültigen Erklärungskraft für seine Theorie als ein plattes Mißverständnis verworfen hat, als er von der Psychoanalyse sagte: »Es ist ihr nie eingefallen, ›Alles‹ erklären zu wollen« (GW 13: 227; 1923).

Daher habe ich in bezug auf die Psychoanalyse die Frage gestellt (1979a: 135): »Wird das Postulieren von *beliebigen* Ausgangsbedingungen, ohne daß *unabhängig* nachgewiesen werden muß, daß sie auch verwirklicht werden, tatsächlich durch diese Theorie generell in viel stärkerem Maße unterstützt als beispielsweise in der Physik, die Popper für eine echte Wissenschaft hält?« Ich behaupte, Freuds Schriften rechtfertigen eine negative Antwort auf diese Frage. Außerdem hat William Goosens meiner Beurteilung des Falles vom ertrinkenden Kind noch Prägnanz verliehen, indem er darauf hinwies, daß die Art und Weise, wie Popper dieses Beispiel benutzt, um seinen Vorwurf der Nicht-Falsifizierbarkeit zu untermauern, sich für ihn als Bumerang erweist. Denn dadurch, daß es unberechtigterweise voraussetzt, man könne uneingeschränkt Ausgangsbedingungen nach Art des Beispiels postulieren, könnte man mutatis mutandis auch einfach sagen, daß die Newtonsche Physik »nicht ausschließt, daß ein bestimmtes Teilchen sich in einer bestimmten Weise verhält«, indem man sich willkürlich die Tatsache zunutze macht, daß Newtons Bewegungsgesetze selbst die Richtung nicht einschränken können, in der sich ein Teilchen durch einen gegebenen Punkt bewegen wird.

Unmittelbar im Anschluß an die Feststellung, daß die Theorien von Freud und Adler kein physikalisch mögliches menschliches Verhalten ausschließen, sagte uns Popper, daß, »was immer jemand auch tun mag, im Prinzip in Freudschen oder Adlerschen Begriffen erklärbar ist«. Wenn aber eine Theorie *keinerlei* Verhalten, unter welchen Ausgangsbedingungen auch immer, *ausschließt*, wie kann sie dann deduktiv ein *bestimmtes* Verhalten *erklären*? Deduktiv zu erklären bedeutet auszuschließen: wie Spinoza hervorhob, bedeutet die Behauptung von *p* die Leugnung einer jeden Aussage, die nicht mit *p* übereinstimmt. Ich kann mich auf zwei Überlegungen stützen, die Michael Martin (1978: 10–16) entwickelt hat, um die Behauptung zu untermauern, es bestehe eine relevante Verbindung zwischen der Falsifizierbarkeit der Psychoanalyse einerseits und ihrer Fähigkeit, einzelne Aspekte des menschlichen Denkens oder Handelns zu erklären, andererseits. Wie Martin bemerkte, können die Folgen einer Theorie empirisch verschwommen sein, und/oder es kann unklar sein, welche empirischen Tatbestände im einzelnen die Theorie überhaupt mit sich bringt. Er spricht daher von »Verschwommenheit der Folgen« bzw. »deduktiver Unbestimmtheit«, und er weist darauf hin, daß jede dieser beiden Eigenschaften die Überprüfbarkeit einer Theorie ungünstig beeinflußt. Unter Verwendung dieser Aussagen behaupte ich, daß insofern die Verschwommenheit der Folgen und/oder die deduktive Unbestimmtheit gegen die empirische Falsifizierbarkeit von Freuds Theorie spricht, sie ihre *Erklärungsfähigkeit* sowie ihre *Fähigkeit zur induktiven Bestätigung* unterhöhlt und umgekehrt. Wenn nämlich eine Theorie *T* mittels geeigneter Ausgangsbedingungen weder deduktiv noch probabilistisch ein bestimmtes Verhalten *V* erklären kann, dann kann *V* die Theorie *T* nach induktivistischen Maßstäben nicht bestätigen oder untermauern, ungeachtet Poppers Karikatur dieser Bestätigungskriterien.

3. In der S. 181 f. zitierten Passage von 1974 hat Popper scheinbar eine beiläufige Geste in Richtung eines dokumentarischen Belegs bei Freud gemacht, als er versuchte, die Nicht-Falsifizierbarkeit der Psychoanalyse und/oder Freuds Abneigung gegen Falsifikationen folgendermaßen zu *veranschaulichen*: »Adlers Bruch mit Freud war eher adlerianisch als freudianisch, aber Freud sah darin nie eine Widerlegung seiner Theorie.« Ich behaupte, daß Poppers Nebenbemer-

kung über den Bruch zwischen Freud und Adler als Illustration von Freuds angeblicher Abneigung gegen Widerlegungen nichts zur Sache tut und ziemlich oberflächlich ist.
Als Adler noch Freudianer war, soll er Freud mitgeteilt haben, es sei für ihn wenig befriedigend, sein ganzes Leben lang intellektuell in Freuds Schatten zu stehen (Colby 1951: 230). Man hat daher gemutmaßt, Adlers theoretischer Bruch mit Freud sei zumindest teilweise auf den Wunsch zurückgegangen, selbst als innovativer Denker anerkannt zu werden. In seiner eigenen psychologischen Theorie hat Adler dann in der Folge den Sexualtrieb dem Drang nach Selbstbehauptung und nach der Überwindung von Minderwertigkeitsgefühlen auch in der sexuellen Begegnung untergeordnet. Vielleicht bezog sich Popper auf Adlers erklärten Wunsch, *nicht* die zweite Besetzung für Freud spielen zu müssen, als er meinte, Adlers Bruch mit Freud sei »eher adlerianisch als freudianisch« gewesen. Ich sehe jedenfalls *nicht*, daß das Beispiel von Adlers Abweichung eine *Entkräftung* von Freuds Theorie darstellt. *Wenn* dem aber so wäre, warum sieht dann Popper den falsifizierenden Wert dieser Abweichung dadurch geschmälert, daß »Freud sie nie als Widerlegung seiner Theorie sah«?
Im Gegenteil, wenn Freuds Theorie tatsächlich derart empirisch *inhaltlos* ist, wie das Beispiel von dem ertrinkenden Kind suggeriert, wie kann Popper dann den Anspruch erheben, zu *wissen*, daß »Freud selbst zweifellos ein Freudscher Fall und Adler ein Adlerscher Fall war«? Wenn nämlich Psychoanalyse und Adlersche Psychologie nach Popper keinerlei empirische Bedeutung haben, wie können selbst Freuds Selbstanalyse und Adlers »mannhafter Protest« in seinem Widerstand gegen Freud Poppers Behauptung rechtfertigen, ihre unterschiedlichen Persönlichkeiten hätten beispielhaft für ihre jeweiligen Theorien gestanden?
Noch grundsätzlicher: wenn es sich bei Freuds Theorie lediglich um »psychologische Metaphysik« oder einen »Mythos« handelt, die sich möglicherweise erst in der Zukunft in eine

überprüfbare Theorie verwandeln könnte – wie auch die Evolutionstheorie des Empedokles lange Zeit nur ein Mythos war (Popper 1962: 38) –, wie konnte Popper dann im Jahre 1974 behaupten, er wisse aufgrund seiner eigenen Maßstäbe für tatsächliches empirisches Wissen, daß »etwas [nichttautologisches] Wahres in ihr ist«? Leider liefert er uns dazu keine Einzelheiten. Nicht nur, daß die psychoanalytische Theorie nicht, wie der Mythos, *außerstande* ist, falsifizierbare Vorhersagen zu machen, sie macht sogar Vorhersagen, die nach Poppers Maßstäben als »gewagt« zu bezeichnen sind. In unserer Diskussion des »Symptomersatzes« in Kapitel 2, Abschnitt C, findet sich ein weiteres Beispiel für eine solche Vorhersage. Der Leser mag sich auch daran erinnern, was über den erwarteten Rückgang in der Vorkommenshäufigkeit der Paranoia mit zunehmender Akzeptanz der Homosexualität gesagt wurde (vgl. S. 188).

4. Freud machte im Hinblick auf die *charakteristischen* therapeutischen Vorzüge, die er für seine Art psychiatrischer Behandlung nachdrücklich beanspruchte, einen wesentlichen Rückzieher. So hatte er in der ausführlichsten Darstellung der Dynamik, die er für seine Version der analytischen Therapie postulierte (GW 11: 466–482; 1917), behauptet, daß die Analyse, anders als andere Therapien – die lediglich Kosmetik betrieben, anstatt die Pathogene, durch welche die Neurosen am Leben erhalten werden, zu entfernen –, »wie eine Chirurgie wirkt« (S. 468), indem sie Widerstände des Patienten gegen die einer Erziehung vergleichbare Einsicht in die Rolle dieser Pathogene überwindet (vgl. a. GW 14: 69; 1925). Und auf dieser Grundlage meinte er in jener Darstellung von 1917 wie auch einige Seiten zuvor (GW 11: 462 f.), die psychoanalytische Behandlung besitze die einzigartige *prophylaktische* Macht, nicht nur verhindern zu können, daß der Patient in sein früheres Leben zurückfalle, sondern auch dem vorbeugen zu können, daß er an einer anderen, neuen Neurose erkranke. In seiner bekannten Arbeit »Die endliche und die unendliche Analyse« (GW 16: 59–99; 1937) hat Freud jedoch

beide prophylaktische Fähigkeiten zurückgewiesen. (Die Herausgeber der Standard Edition geben jedoch zu bedenken [SE 23: 214 f.; 1937], daß Freud *scheinbar* die Dauerhaftigkeit der therapeutischen Überwindung einer *früheren* Neurose wiederhergestellt hat, und zwar in einer Arbeit, die nur ein Jahr später entstand, aber erst nach seinem Tod veröffentlicht wurde [GW 17: 105; 1940].) Übrigens bezieht sich in diesem Buch die Bezeichnung »analytische Therapie« durchweg auf *Freuds* eigene, bahnbrechende Konzeption und/oder die Praxis von Breuers therapeutischem Vermächtnis, falls nicht ausdrücklich anders angezeigt.

F. J. Sulloway (1979), der die Entwicklung der Freudschen Theorien unter dem Einfluß ihrer ursprünglich biologischen Verankerungen ausführlich historisch dargestellt, und R. E. Fancher (1973), der bereits früher die Entwicklung der psychoanalytischen Psychologie geschildert hat, liefern reiche Belege dafür, daß Freuds ständige Veränderungen vieler seiner Hypothesen empirisch gewiß nicht unmotiviert waren oder sich persönlichen Launen und Vorlieben verdankten. Wie aber würde oder könnte Popper Freuds Gründe für diese wiederholten Theorienänderungen rekonstruieren und dabei weiterhin an seinem Vorwurf der Nicht-Falsifizierbarkeit und/oder dem Vorwurf, Freud habe Gegenbeweise abgelehnt, festhalten? Die Schlußfolgerung lautet, daß dieser Vorwurf niemals hätte erhoben oder zumindest nicht von Popper noch 1974 wiederholt werden dürfen. Man lese nur Freuds Briefe an Wilhelm Fließ, die schon zwei Jahrzehnte vor Poppers letzter Aussage zu diesem Thema im Druck erhältlich waren (Freud 1954). So entnehmen wir – um ein folgenschweres Beispiel zu nennen – einem Brief Freuds von 1897, wie ein von ihm selbst entdeckter Gegenbeweis ihn dazu veranlaßte, die Verführungsätiologie der Hysterie, die er zuvor vertreten hatte, zu verwerfen (Anfänge: 186–189). Und selbst die Tatsache, daß er zumindest gelegentlich einer Widerlegung durch andere aufgeschlossen war, geht aus dem Schluß eines Briefes an Fließ hervor, worin er vertraulich den Kernpunkt seines ersten Aufsatzes zur Angstneurose aus dem Jahre 1895 umreißt. Der letzte Satz lautet: »Suggestionen, *endlich Widerlegungen* und Aufklärungen [werden] höchst dankbar aufgenommen« (Anfänge: 86; Hervorh.: A. G.). Tatsächlich lieferte diese Arbeit aus dem Jahre 1895, wie wir gleich sehen werden, eine falsifizierbare Ätiologie.

5. In seiner aufschlußreichen Arbeit »Zur Kritik der ›Angstneurose‹« (GW 1: 357–376; 1895) stellte Freud ausdrücklich fest, welche Art von Befund er als Beispiel für eine *Widerlegung* seiner angenommenen Ätiologie der Angstneurose akzeptieren würde. Tatsächlich zeigt seine Antwort wie auch die ursprüngliche Studie, die er dort verteidigt, deutlich, welche Normen Freud bei der Bestätigung von kausalen Hypothesen erfüllt sehen wollte. Eine Darstellung seiner Beweisführung in diesen beiden Arbeiten zur Angstneurose aus dem Jahre 1895 wird Aufschluß darüber geben, wie der frühe Freud als *Methodologe* fungierte, auch wenn seine Theorie der Angstneurose nicht Teil der eigentlichen *psychoanalytischen* Theorie ist.

Und warum ist Freuds Theorie der Angstneurose nicht Teil der eigentlichen psychoanalytischen Theorie? Er nahm an, bei den Pathogenen der Angstneurose – dieses Syndrom hatte er als eigenes nosologisches Gebilde von der Neurasthenie geschieden, nachdem der amerikanische Neurologe Beard diese als klinisches Phänomen bestimmt hatte – handele es sich nicht um verdrängte Vorstellungen. Da somit unbewußte Vorstellungen in der Ätiologie der Angstneurose nicht inbegriffen sind, ist die *psychoanalytische* Methode nicht imstande, geschweige denn notwendig, ihre Pathogenese aufzudecken. Aus demselben Grunde ist die analytische *Therapie* für sie nicht nur nutzlos, sondern auch auf sie nicht anwendbar. Tatsächlich folgte aus der Ätiologie, die Freud für die Angstneurose vorschlug, daß nur eine Änderung im aktuellen Sexualleben – und nicht die Untersuchung des unbewußten Vermächtnisses aus der Kindheit – ihr angenommenes *somatisches* Pathogen zu entfernen vermag.

Wie Freud schrieb, hatte er die Angstneurose von Beards Neurasthenie als besondere klinische Einheit deshalb abgetrennt, weil die Symptome der Angstneurose »klinisch einander weit näher« stehen als den für die Neurasthenie typischen Symptomen: »sie kommen häufig zusammen vor, vertreten einander im Krankheitsverlauf.« Und er bezeichnete das zugrundeliegende theoretische Syndrom als »Angstneurose«, weil sich alle seine Erscheinungsformen um das Hauptsymptom der Angst gruppieren lassen (GW 1: 316; 1895). Nachdem Freud also die Teilglieder dieses *Bündels* von Symptomen und ihr Auftreten in verschiedenen Lebenssituationen spezifiziert hatte, sah er sich imstande, fehlbare Differentialdiagnosen im Hinblick auf das Vorkommen dieses Symptombündels insgesamt zu erstellen.

Wenn er dann in sehr theoretischen Begriffen seine Hypothese zur Ätiologie dieses Syndroms formuliert, nimmt er zwei Arten von Fällen aus ihrem Geltungsbereich aus: (1) Patienten, bei denen der Nachweis vorliegt, daß ihr Leiden auf »einer schweren hereditären Belastung« beruht, und (2) erklärtermaßen *sehr seltene* und daher *vernachlässigbare* Fälle »mit zweifelhafter oder andersartiger Ätiologie« (GW 1: 325, 362; 1895). Zum ersten Punkt betont er, er werde dort, wo bei Vorliegen des Syndroms »sich Heredität nicht nachweisen läßt«, »den Fall für einen erworbenen« ansehen und seine angenommene Ätiologie für ihn in Anspruch nehmen (S. 371). Was aber zählte für Freud als Nachweis »einer schweren hereditären Belastung«?

Obwohl er speziell in diesem Aufsatz darüber nichts sagt, deuteten Breuer und er im selben Jahr auf der ersten Seite der grundlegenden Fallstudie von Anna O. eine Antwort an. Es heißt dort, die Patientin erscheine »als neuropathisch mäßig stark belastet durch einige in der großen Familie vorgekommene Psychosen« (Studien: 20). Sie nehmen also als Kriterium für eine neuropathische Heredität eine stärkere Verbreitung der Störung unter entfernteren Verwandten in den Blick. Wie Freud jedoch in seiner Abhandlung »L'hérédité et l'étiologie des névroses« anmerkte, »läßt sich nur äußerst selten mit Erfolg retrospektiv die Diagnose der Krankheiten von Vorfahren oder abwesenden Familienmitgliedern stellen« (GW 1: 409; 1896; aus dem Frz. von der Übers.). Der Bedingung, daß die Verwandten, bei denen die Symptome überdurchschnittlich häufig auftreten, »weiter entfernt« sein müssen, maß er offenbar besondere Bedeutung bei, denn er warnte davor, lediglich aus der verstärkten Auftretenshäufigkeit unter Geschwistern oder zusammenlebenden Vettern unbedacht Erblichkeit abzuleiten. Wie er betonte, könnte es sich bei dieser verstärkten Auftretenshäufigkeit sehr wohl um eine *»Pseudoheredität«* handeln (S. 445, 421).

Wenn heutzutage Forscher bestimmen würden, ob Heredität die Anfälligkeit für eine affektive Störung erhöht, würden sie Informationen über das verhältnismäßige Vorkommen der Störung unter eineiigen und zweieiigen Zwillingen sowie das Vorkommen in der Gesamtbevölkerung sammeln (Winokur 1975). Man würde zuallererst sehr strenge Anforderungen an die Beweiskraft stellen, wenn diejenigen, die an einer bestimmten Störung leiden, in hereditäre oder erworbene Fälle zu unterteilen wären, wie Freud dies vorschlug. Zweifellos war sich Freud aber schon zu seiner Zeit darüber im klaren, daß seine Entscheidung, einen Fall von Angstneurose lediglich aufgrund der Tatsache, daß er nicht *nachweislich* hereditär war, als »erworben« zu zählen, mit dem Risiko belastet war, daß man einen authentischen hereditären Fall aus bloßem Mangel an Information fälschlicherweise als »erworben« klassifizierte. Dadurch, daß er die pathogenen Bedingungen von Freuds spezifischer Ätiologie nicht erfüllt, kann ein solcher *pseudo*-erworbener Fall diese ätiologische Hypothese, die sich auf erworbene Fälle beschränkt, *scheinbar falsifizieren.* Obwohl Freud dieses Risiko der Pseudofalsifikation wahrscheinlich ebenso wie wir erkannte, bleibt die Tatsache bestehen, daß er gewillt war, es auf sich zu nehmen. Und offensichtlich war er auch gewillt, es darauf ankommen zu lassen, daß die Testfälle, mit denen er von seinen Kritikern konfrontiert werden würde, nicht unbedingt zu jenen sehr seltenen ätiologisch abweichenden zählen würden, deren Existenz er zu Beginn anerkannt hatte. Denn wie wir sehen werden, forderte er seinen Kritiker Löwenfeld ausdrücklich dazu auf, ihn mit solchen Fällen des Syndroms zu konfrontieren, bei denen die bei Freuds spezifischer Ätiologie erforderlichen vorausgehenden Ereignisse *fehlten*. Er verpflichtete sich also selbst dazu, einen solchen Befund als falsifizierend zu akzeptieren.

Er hatte behauptet, das spezifische Pathogen der Angstneurose sei die psychisch unangepaßte neurophysiologische Auswirkung von ununterbrochener oder verkümmerter rein somatischer sexueller Erregung. Beispielsweise führt die fehlende sexuelle Spannungsabfuhr beim Coitus interruptus oder reservatus bei beiden Partnern oft dazu, daß genau die Bedingung erzeugt wird, die er als ätiologisch postuliert hatte. Freud erklärt, wie er seine Hypothese in diesen Fällen mit Hilfe eines Verfahrens prüfte, das mit der von J. S. Mill eingeführten Methode von Übereinstimmung und Verschiedenheit verwandt ist, und herausfand, daß sie sich in einem solchen Testverfahren gut bewährte. Wie aber Benjamin Rubinstein angemerkt hat, wissen wir weder, welche Methode Freud benutzte, noch, ob seine Befunde statistisch signifikant waren.

Was nun seine Auseinandersetzung mit Löwenfeld anlangt, so sei an folgendes erinnert: Freud hatte die schwerwiegende, quasi-*allgemeingültige* Behauptung aufgestellt, daß, sofern man die Ätiologie des Angstsyndroms bei einem Patienten nicht mühelos als *rein* hereditär erkennen kann, die angegebene Beeinträchtigung des Sexuallebens die »spezifische Ursache« dieses Syndroms sei, und zwar in zweifacher Hinsicht: diese sexuelle Beeinträchtigung sei nahezu kausal *notwendig* für das Auftreten des Syndroms, und außerdem sei dieses sexuelle Defizit nie (oder fast nie) ein ätiologischer Faktor bei einem *anderen*, verschiedenen Syndrom (GW 1: 325, 362, 370–376; 1895). Freud behauptete daher unter anderem, die angegebene Abweichung im Sexualleben müsse praktisch bei *jedem*, der an einer *erworbenen* (nicht rein hereditären) Angstneurose leide, vorhanden gewesen sein. Entsprechend erklärte er unmißverständlich (S. 364), daß Löwenfeld, wenn er diese Behauptung widerlegen wolle, ihm Fälle von erworbenen Syndromen vorweisen müsse, bei denen das von Freud postulierte spezifische Pathogen fehle. Freud betrachtete ein wahrnehmbar normales Sexualleben als *empirisch ausreichenden* Hinweis auf die *Abwesenheit* seines unterstellten Pathogens; denn er forderte Löwenfeld auf, ihm »Fälle von Entstehung der Angstneurose nach psychischem Schock bei (im ganzen) *normaler vita sexualis*« vorzustellen. Diese Bedingung, so merkte er weiterhin an, habe Löwenfeld nicht erfüllt, als er den Fall einer Patientin anführte, deren Angstneurose nach Löwenfeld auf ein einziges schreckerregendes Ereignis zurückging (S. 363). Daher formulierte Freud – von der Angstneurose hier auch als »Phobie« sprechend – eine zusammenfassende Darstellung, die einem Anhänger des Falsifizierungsprinzips alle Ehre machen würde:

»Die Hauptsache an dem Problem der Phobien scheint mir zu sein, daß Phobien bei *normaler vita sexualis* – d. i. bei Nichterfüllung der spezifischen Bedingung von Störung der vita sexualis im Sinne einer Ablenkung des Somatischen vom Psychischen – *überhaupt nicht zustande kommen*. Mag sonst am Mechanismus der Phobien noch so vieles dunkel sein, meine Lehre ist erst widerlegt, wenn man mir Phobien bei normaler vita sexualis oder selbst bei nicht spezifisch bestimmter Störung derselben nachweist« (S. 370).

Man hat eingewendet, Freuds Kritik an Löwenfeld sei letztlich gegenstandslos gewesen. Denn gesetzt den Fall, beide seien sich bei einem Patienten über die Differentialdiagnose »Angstneurose« einig. Und nehmen wir weiter an, der Patient habe nach allem, was man hört, ein normales Sexualleben. Der Vorwurf lautet dann, daß man jedermanns Sexualleben in *irgendeiner* Hinsicht für abnorm halten könne, so daß Freud eine Widerlegung unter Verweis auf eine solche

Abnormität immer habe umgehen können. Ich sollte aber darauf hinweisen, daß Freud in einem späteren Artikel ausdrücklich ein solches Ausweichmanöver verwarf: »Da kleinere Abweichungen von einer normalen vita sexualis viel zu häufig sind, als daß man ihrer Auffindung Wert beilegen dürfte, wird man bei seinen neurotisch Kranken nur schwere und lange Zeit fortgesetzte Abnormität des Sexuallebens als Aufklärung gelten lassen« (GW 1: 498; 1898). Im übrigen hatte er sogar schon in seinem Aufsatz von 1895 einen solchen Ausweg versperrt, indem er beiläufig zugestand, daß auch dann ein Widerlegungsbeispiel vorliege, wenn das Sexualleben des Angstneurotikers »im ganzen« normal sei (GW 1: 364).

Wie steht es aber mit der Zurückweisung der Differentialdiagnose zur Vermeidung der Falsifikation, wenn der phobische Patient ein ausgesprochen glückliches Sexualleben führt? Auf den *ersten* Blick kann man den ganz falschen Eindruck bekommen, die Zurücknahme einer Differentialdiagnose um der Aufrechterhaltung einer Ätiologie willen *müsse* unzulässig sein, und Freud habe sich genau dessen schuldig gemacht. Tatsächlich rettete er die Ätiologie der Neurasthenie, wenn auch nicht der Angstneurose, indem er die anfängliche Differentialdiagnose zurückwies. Er schreibt,

»[. . .] daß es für die Lehre von der sexuellen Ätiologie der Neurasthenie negative Fälle nicht gibt. Bei mir wenigstens ist diese Überzeugung so sicher geworden, daß ich auch den negativen Ausfall des Examens diagnostisch verwertet habe, nämlich um mir zu sagen, daß solche Fälle keine Neurasthenie sein können« (GW 1: 499; 1898).

Es ist unwesentlich, daß sich diese Aussage auf die Neurasthenie und nicht auf die Angstneurose bezieht, denn man kann mit Sicherheit annehmen, daß Freud nicht abgeneigt war, im Hinblick auf die Ätiologie der Angstneurose ebenso zu verfahren. Und da wir uns mit letzterer befassen, werde ich diese Annahme machen, zumindest zum Zwecke der Erklärung. Freilich muß ich darauf hinweisen, daß Freud im Anschluß an seine Zurücknahme einer Differentialdiagnose zur Rettung seiner Ätiologie sogleich betont: es habe sich bald herausgestellt, daß seine Zurücknahmen durch *unabhängige* Belege für eine *alternative* Diagnose gerechtfertigt wurden. (S. 498 f.). Um ermessen zu können, welche Verdienste sich Freud damit erwarb, daß er sich ausführlich mit dieser unabhängigen Bestätigung befaßte, werden wir uns zunächst ansehen, wie Nicht-Freudianer heutzutage mit ähnlichen Problemen umgehen.

Die Differentialdiagnose »Angstneurose« wirft heute wie zu Freuds Zeiten mindestens zwei Arten von Problemen auf: (1) das Problem, sie als Primärsyndrom von organischen Krankheiten, die häufig viele derselben Symptome *nachahmen*, zu unterscheiden, (2) das Problem, zwischen Angstneurose und anderen psychischen Leiden, hauptsächlich der Depression, zu unterscheiden. Was das erste Problem anbelangt, so ist es wichtig, auch wenn der Patient ein typisches Bündel von angstbezogenen Symptomen aufweist, unter anderem solche körperlichen Krankheiten wie Ischemia (Koronarinsuffizienz), Überfunktion der Schilddrüse, Koffeinismus, paroxysmale Tachykardie, psychomotorische Epilepsie, Hypoglykämie, Drogenmißbrauch und Drogenentzugssyndrome auszuschließen. Und in bezug auf das zweite Problem ist anzumerken, daß die Symptome der beiden psychiatrischen Krankheiten sich immer überschneiden, zumindest hinsichtlich Schlaf-, Appetit- und Sexualstörungen. Es ist allgemein bekannt, daß, wenn ein Symptomenkomplex für eine bestimmte Krankheit nicht pathognostisch ist, es normalerweise in der Tat sehr schwierig ist, eine eindeutige Diagnose zu stellen, indem man mögliche diagnostische Fallen ausschließt (Slater/Roth 1977: 96 f.).

Gesetzt den Fall, eine erste Differentialdiagnose ordnet einige Patienten einer bestimmten nosologischen Kategorie *C* zu. Nehmen wir aber weiter an, die Vorgeschichten der solchermaßen Klassifizierten sind nicht vereinbar mit einer zuvor angenommenen, akzeptierten Ätiologie von *C*. Oder die als *C* klassifizierten Patienten sprechen, wenn sie sich einer

Behandlung *t* unterziehen, die man zuvor als wirksam für *C* erachtete, schlecht darauf an und stellen dadurch die Therapie *t* in Frage. Dann kann die nämliche Fehlbarkeit von Differentialdiagnosen es angemessen erscheinen lassen, die ursprüngliche Differentialdiagnose zurückzuziehen und zuvor akzeptierte ätiologische oder therapeutische Hypothesen aufrechtzuerhalten, vorausgesetzt, daß dann unabhängiges Beweismaterial für eine alternative Diagnose zum Vorschein kommt. Genau ein solches Verfahren findet sich in einem Buch zur Psychiatrie dargestellt, dessen Autoren alles andere als Freudianer sind (Slater/Roth 1977: 96 f.).

Sie machen im wesentlichen deutlich (S. 97): Wenn dem ersten Anschein nach depressive Patienten mit einer akuten Verschlimmerung ihrer Symptome auf Behandlungen reagieren, die als wirksam bei Depressionen gelten, wird deren Anspruch auf therapeutische Wirksamkeit nicht zurückgewiesen; statt dessen nimmt man den Behandlungsmißerfolg als gute Begründung, nun eine neue Differentialdiagnose der Angstneurose zu stellen. Es ist nicht einfach, unabhängige Beweise zur Untermauerung dieser neuen Klassifizierung beizubringen: es bedurfte moderner statistischer Methoden, um ein befriedigendes Maß an Unterscheidung zwischen Depression und Angstneurose zu erhalten (Slater/Roth 1977: 226).

Angesichts dessen wollen wir uns die Frage stellen: Hat Freud, als er seine Ätiologien durch die Zurücknahme der ursprünglichen Differentialdiagnosen rettete, das stete Festhalten an dieser Schlußfolgerung von der Erbringung *unabhängiger* Beweise für die Unzuverlässigkeit der ursprünglichen Diagnosen abhängig gemacht? Wie er mitteilt, war er bei einer Anzahl von Personen, die dem ersten Anschein nach Neurastheniker waren, gezwungen, sie als Opfer einer progressiven Paralyse neu zu klassifizieren, als sich herausstellte, daß ihre persönliche Geschichte nicht mit der vorausgesetzten sexuellen Ätiologie der Neurasthenie vereinbar war. Und, so Freud, »der Verlauf dieser Fälle gab mir nachträglich

Recht« (GW 1: 499; 1898). In einem anderen Fall erhielt die alternative Diagnose, daß ein körperliches Leiden die Symptome der Neurasthenie nachahme, unabhängige Bekräftigung (S. 269 f.).

Es wurde aber schwieriger, unabhängige Beweise für eine alternative Differentialdiagnose beizubringen, sofern es galt, sich dabei auf die psychoanalytische Methode zu verlassen. Die Ätiologien, die Freud sowohl für die Angstneurose als auch für die Neurasthenie postulierte, hatten verdrängte Vorstellungen von ihrer Pathogenese *ausgeschlossen*. Daher bot die diagnostische Identifizierung von Patienten, die an diesen sogenannten »Aktual«-Neurosen litten, keine Möglichkeit, die psychoanalytische Methode der klinischen Untersuchung anzuwenden, deren Kennzeichen die Aufdeckung von Verdrängungen war. Breuers Arbeit zur Hysterie hatte jedoch Freud dazu veranlaßt, Verdrängungsätiologien für die »Psychoneurosen« Hysterie und Zwangsneurose zu formulieren. Als daher das Bedürfnis entstand, zu *bestätigen*, daß die Symptome eines Patienten neu diagnostiziert werden sollten, weil sie eher auf eine der Psychoneurosen als auf eine »Aktual«-Neurose hindeuteten, wurde es wesentlich, auf die psychoanalytische Methode zu setzen, um ätiologische Bekräftigung zu finden.

Eben dieses Bedürfnis nach unabhängiger Bestätigung durch die psychoanalytische Methode entstand, als Freud sich auf eine alternative Diagnose für die Psychoneurose verlegte, um zu verhindern, daß die Ätiologien, die er für die Aktualneurosen artikuliert hatte, widerlegt wurden:

»Das Examen weist mitunter ein normales Sexualleben bei Personen nach, deren Neurose einer Neurasthenie oder einer Angstneurose für oberflächliche Beobachtung wirklich genug ähnlich sieht. Tiefer eindringende Untersuchung deckt aber dann regelmäßig den wahren Sachverhalt auf. Hinter solchen Fällen, die man für Neurasthenie gehalten hat, steckt eine Psychoneurose, eine Hysterie oder Zwangsneurose. [. . .] Es ist aber keine wohlfeile Auskunft, wenn man für die Neurasthenien mit sexuell negativer Auskunft auf die Psychoneurosen rekurriert; man kann den Nachweis hiefür führen auf jenem

Wege, der allein eine Hysterie untrüglich entlarvt, auf dem Wege der später zu erwähnenden Psychoanalyse« (GW 1: 499 f.; 1898).

Kurz, Freud verfuhr so, daß er die Ätiologien der Psychoneurosen – die er mittels der psychoanalytischen Methode entwickelt hatte – als Grundlage für eine unabhängige Bestätigung von alternativen Diagnosen anführte, die er zur Rettung seiner Ätiologien der Aktualneurosen benötigte. Denn wenn Fälle, bei denen es sich dem ersten Anschein nach um Angstneurose oder Neurasthenie handelte, die von Freuds Ätiologien beanspruchte Vorgeschichte nicht aufwiesen, *diagnostizierte* er sie *neu* als Fälle von Psychoneurosen. Wenn die psychoanalytische Methode nicht grundlegend fehlerhaft ist und/oder es keinen Grund gibt, Zweifel an den Ätiologien, die sich auf sie gründen, zu hegen, kann Freud mit Recht behaupten, daß dieses Verfahren in der Tat »keine wohlfeile Auskunft« darstellt.

Eine der Hauptthesen der vorliegenden Darstellung lautet, daß die klinische psychoanalytische Methode und die kausalen (ätiologischen) Schlußfolgerungen, die sich auf sie gründen, epistemisch grundlegend fehlerhaft sind, aber aus *anderen* Gründen als dem der Nicht-Falsifizierbarkeit. Um die Tatsache bewerten zu können, daß Freud sich auf *psychoanalytische* Neudiagnosen von mutmaßlichen Neurasthenikern verließ, ist, worauf Glymour hinweist (persönliche Mitteilung), vielmehr etwas von Bedeutung, das mit der eigenen wissenschaftlichen Integrität zu tun hat: wir wissen aus Freuds vertraulichem Brief an Fließ (Nr. 69, 1897; Anfänge: 186–189), daß er zu der Zeit, als er *abstritt*, eine »wohlfeile Auskunft« benutzt zu haben, allen Grund hatte, gegenüber *solchen* Neudiagnosen sehr zurückhaltend zu sein, weil seine Verführungsätiologie der Hysterie in Scherben lag. Wir wissen zwar ebenfalls aus einem dieser im Jahre 1898 geschriebenen Briefe an Fließ, daß Freud dem ganzen Aufsatz, in dem er 1898 für die Neudiagnose eintrat, ziemlich zynisch gegenüberstand: »Du mußt mir versprechen, [von dem Artikel] gar nichts zu erwarten. Es wird wirkliches Geschwätz, gut genug für die Leute, zwischen uns mit keinem Wort zu berühren« (Anfänge: 209). Nachdem er jedoch im Sommer des Jahres 1897 mit seiner Selbstanalyse begonnen hatte (s. GW 1: 491) und dadurch im Oktober 1897 zur Postulierung des Ödipuskomplexes kam (Brief Nr. 71; Anfänge: 191–194), hegte Freud Anfang 1898 vielleicht doch Hoffnungen auf eine Bestätigung der psychoanalytischen Methode.

Auf jeden Fall widersetzt sich eine angemessene Einschätzung von Freuds Methodologie selbst während der Entwicklungsjahre der Psychoanalyse den kruden Kategorien Poppers. Die stark vereinfachenden Urteile, zu denen Popper kommen konnte, weil er nicht beachtete, was Freud eigentlich geschrieben hatte, haben jedoch bedauerlicherweise nicht nur weite Verbreitung gefunden, sondern finden weiterhin Anklang. Es bedarf nur eines Blickes in Bücher aus jüngerer Zeit, wie die von Stannard (1980: Kap. 3, 4) oder Clark (1981). Ich glaube jedoch, daß aus der Überprüfung der klinischen Gültigkeit, die ich hier vornehmen werde, klar hervorgehen wird, warum Poppers Falsifizierbarkeitskriterium zu unempfindlich ist, als daß es die *krassesten* unter den epistemischen Fehlern, die die Freudschen Ätiologien, die Trauminterpretation, die Theorie der Fehlleistungen usw. belasten, aufzeigen könnte. Altehrwürdige induktivistische Regeln für die Gültigkeitserklärung von kausalen Behauptungen sind jedoch, wie ich darlegen werde, genau dazu imstande.

6. Im Jahre 1937, zwei Jahre vor seinem Tod, veröffentlichte Freud seine »Konstruktionen in der Analyse« (GW 16: 43–56). Diese methodologisch entscheidend wichtige Arbeit befaßt sich mit der Logik der klinischen Entkräftung und Bestätigung von psychoanalytischen Interpretationen und von Rekonstruktionen der Vergangenheit des Patienten, die den epistemischen Lebensnerv von Freuds gesamter Theorie darstellen. In Kapitel 10 werde ich zeigen, daß die *Übereinstimmung* von klinischen Induktionen, die Freud in dieser Arbeit von 1937 vertritt, unzuverlässig ist. Aber dies berechtigt niemanden dazu, Freud der völligen Unempfindlichkeit

gegenüber der Falsifizierbarkeit zu bezichtigen, vor allem wenn der folgende erste Absatz dieser maßgebenden Arbeit gänzlich unberücksichtigt bleibt:

»Ein sehr verdienter Forscher [...] hat doch einmal eine ebenso kränkende wie ungerechte Äußerung über unsere analytische Technik getan. Er sagte, wenn wir einem Patienten unsere Deutungen vortragen, verfahren wir gegen ihn nach dem berüchtigten Prinzip: *Heads I win, Tails you lose*. Das heißt, wenn er uns zustimmt, dann ist es eben recht; wenn er aber widerspricht, dann ist es nur ein Zeichen seines Widerstandes, gibt uns also auch recht. Auf diese Weise behalten wir immer recht gegen die hilflose arme Person, die wir analysieren, gleichgültig, wie sie sich gegen unsere Zumutungen verhalten mag. Da es nun richtig ist, daß ein Nein unseres Patienten uns im allgemeinen nicht bestimmt, unsere Deutung als unrichtig aufzugeben, [...] verlohnt [es] sich darum, eingehend darzustellen, wie wir das ›Ja‹ und das ›Nein‹ des Patienten während der analytischen Behandlung, den Ausdruck seiner Zustimmung und seines Widerspruchs, einzuschätzen pflegen« (S. 43 f.).

7. Obwohl Popper die Ambivalenz in seiner zitierten Erklärung von 1974 nicht erwähnte, möchte ich mich an dieser Stelle kritisch äußern zu seiner rhetorischen Frage, ob die psychoanalytische Auffassung der Ambivalenz nicht typisch sei für eine ganze Gattung von Freudschen Begriffen, »die es schwierig, wenn nicht gar unmöglich machen würden«, sich über Kriterien zur Falsifikation der erklärenden Relevanz solcher Auffassungen »zu einigen« (Popper 1962: 38, Anm. 3). Nebenbei bemerkt, verbindet Popper diese rhetorische Frage mit dem aufreizenden beiläufigen Vorbehalt, daß er die Existenz einer Ambivalenz nicht leugne. Insofern aber tatsächlich Übereinstimmung über eindeutige *Kriterien* der Falsifikation in denjenigen Theorien herrscht, die Popper als »wissenschaftlich« erachtet, sehe ich nicht, warum eine solche Übereinstimmung prinzipiell im Falle von Ambivalenz schwerer erreichbar sein sollte, es sei denn, man weicht aus in die recht dehnbaren »Schutzgurte« (I. Lakatos) der von Duhem aufgezeigten Möglichkeit, angesichts widersprechender Daten lediglich die Hilfshypothesen zu modifi-

zieren, um die Kernhypothese erhalten zu können. Denn wo Freud dem Kleinen Hans, oder allgemeiner, Kindern, Ambivalenz gegenüber ihren Eltern zuschreibt (Laplanche/Pontalis 1972: 55–58), liegt meiner Ansicht nach aus folgendem Grund Überprüfbarkeit vor: es gibt *einige* feindselige Verhaltensäußerungen wie auch offene Zuneigungsäußerungen, und *einer* dieser beiden gegensätzlichen Affekte kann zu jedem Zeitpunkt weitgehend unbewußt oder verdeckt sein. Gäbe es eine solche gemischte Verhaltensausrichtung überhaupt nicht, würde die Ambivalenzzuschreibung entkräftet. Natürlich sagt Freuds Theorie der kindlichen Ambivalenz nicht vorher, welchen der beiden polaren Affekte ein Kind bei einer bestimmten Gelegenheit zeigen wird. Aber eine *solche* Nichtvorhersagbarkeit ist nicht mit einer Unüberprüfbarkeit gleichzusetzen.

Soviel zu den Einwänden Poppers gegen Freud, die *nicht speziell* darauf abzielten, die Beweiserheblichkeit der *klinischen* Daten aus dem analytischen Behandlungsrahmen in Zweifel zu ziehen. Kapitel 11 befaßt sich mit Poppers Kritik an solchen Daten.

Kapitel 2

Hat Freud seine Methode der klinischen Untersuchung gerechtfertigt?

Der Leser sei daran erinnert, daß »klinische Daten« hier aufgefaßt werden als Befunde, die sich *innerhalb* des psychoanalytischen Behandlungsrahmens ergeben. Wenn ich diese Daten von der Couch den Beobachtungsergebnissen, die *außerhalb* des psychoanalytischen Gesprächs erzielt wurden, gegenüberzustellen habe, werde ich erstere zur Verdeutlichung als »*intra*klinisch« bezeichnen. Ich gebe zunächst einen Überblick über die Probleme, mit denen wir uns in diesem Kapitel befassen.

1. Freud hat für die psychoanalytische Methode der klinischen Untersuchung und für die Redlichkeit der von ihr gelieferten Daten eine grundsätzliche erkenntnistheoretische Rechtfertigung geliefert, die bislang scheinbar völlig unbemerkt geblieben ist. Ich habe in früheren Veröffentlichungen (Grünbaum 1979b, 1980) diese Kardinalverteidigung als das »Übereinstimmungsargument« (»Tally Argument«) bezeichnet. *Diese* Verteidigung – oder ihre kühne gesetzesähnliche Prämisse – bildete meiner Meinung nach die Grundlage für fünf Behauptungen, von denen jede von größter Bedeutung für die Legitimation zentraler Teile seiner Theorie ist.

(i) Eine unabänderliche epistemische Kontamination von klinischen Daten durch Suggestion wird geleugnet.

(ii) Hinsichtlich der *Dynamik* der Therapie wird ein entscheidender Unterschied zwischen der psychoanalytischen Behandlung und allen konkurrierenden Therapien, die tatsächlich vollständig mit Suggestion arbeiten, behauptet.

(iii) Behauptet wird, die psychoanalytische Methode sei in der Lage, ihre wesentlichen kausalen Behauptungen zu validieren – wie z. B. ihre spezifischen sexuellen Ätiologien der verschiedenen Psychoneurosen –, und zwar mit Hilfe von im

wesentlichen *retrospektiven* Methoden, ohne Beeinträchtigung durch Fehlschlüsse à la »post hoc ergo propter hoc« und ohne Belastung durch prospektive Studien unter der Kontrolle von experimentellen Untersuchungen.
(iv) Behauptet wird, ein günstiges therapeutisches Ergebnis könne berechtigterweise *ohne* statistische Vergleiche mit den Ergebnissen aus unbehandelten Kontrollgruppen der psychoanalytischen Intervention zugeschrieben werden.
(v) Erklärt wird, man könne, nachdem die Motivationen der Patienten nicht mehr durch verdrängte Konflikte verzerrt oder verdeckt werden, ihren introspektiven Selbstbeobachtungen mit Recht Glauben schenken, weil diese Angaben dann für die Beweiserhebung bedeutsame Informationen liefern (vgl. Kohut 1959; Waelder 1962: 628 f.).
2. Die erkenntnistheoretischen Überlegungen, die Freud dazu veranlaßten, sein Übereinstimmungsargument zu verkünden, lassen ihn als raffinierten wissenschaftlichen Methodologen erscheinen, der die diesbezüglichen Einschätzungen so wohlgesonnener Kritiker wie Fisher und Greenberg (1977) oder Glymour (1980), ganz zu schweigen von sehr strengen Kritikern wie Eysenck, weit übertrifft.
Die Ergebnisse, die sich in den letzten Jahrzehnten angesammelt haben, machen jedoch die Hauptprämisse des Übereinstimmungsarguments empirisch so gut wie unhaltbar und untergraben damit in vernichtender Weise die Rückschlüsse, die Freud aus ihnen zog. Und es ist offenbar keine empirisch einleuchtende Alternative zu jener ins Wanken geratenen entscheidenden Prämisse in Sicht, die in der Lage wäre, die von Freud erwünschten Rückschlüsse zu liefern.
3. Ohne brauchbaren Ersatz für Freuds Übereinstimmungsargument hat jedoch die Rechtfertigung der intraklinischen Überprüfbarkeit der Hauptlehren der Psychoanalyse (insbesondere ihrer allgegenwärtigen kausalen Behauptungen) – eine Überprüfbarkeit, die traditionellerweise von Analytikern, und seit kurzem auch von Glymour aufgrund der Zangenstrategie, unterstützt wird – höchst unzulängliche Grund-

lagen. Zu dieser unvorteilhaften Schlußfolgerung führt die Anwendung von neo-baconschen induktivistischen Normen, deren Forderungen nach einer Validierung von Freuds kausalen Behauptungen sich natürlich nicht auf intraklinischem Wege erfüllen lassen, sofern die psychoanalytische Methode nicht durch einen wirksamen Ersatz für das erledigte Übereinstimmungsargument Unterstützung findet. Es erscheint überdies reichlich utopisch, daß ohne einen solchen Ersatz ein Großteil dessen, was der Patient auf der Couch hervorbringt, von den suggestiven Auswirkungen dessen, was der Analytiker übermittelt, unbefleckt bleiben sollte. Nehmen wir aber einmal rein theoretisch an, wir *könnten* die klinischen Antworten des Patienten für bare Münze nehmen, und zwar als epistemisch unkontaminiert. *Selbst dann* blieben Freuds klinische Hauptargumente für seine gesamte grundlegende Verdrängungstheorie im wesentlichen fehlerhaft.

4. Insofern die Zeugnisse der psychoanalytischen Theorie, wie die meisten ihrer offiziellen Vertreter uns glauben machen wollen, auf klinischen Befunden basieren, läßt der Mangel an annehmbaren, stichhaltigen klinischen Daten diese Zeugnisse ziemlich schwach erscheinen. Angesichts des Fehlens einer brauchbaren Alternative zu dem gescheiterten Übereinstimmungsargument mit vergleichbarer Reichweite und Zielen wird die zukünftige Gültigkeitserklärung der Freudschen Theorie, wenn überhaupt, zum allergrößten Teil von *extra*klinischen Befunden kommen müssen (Masling 1983).

5. Zwei Jahre vor seinem Tod führte Freud die *Übereinstimmung* von klinischen Induktionen (im Sinne von William Whewell) an, um die Stichhaltigkeit der Zustimmung oder Ablehnung des Patienten bezüglich der vom Analytiker vorgebrachten Interpretationen zu ermitteln (GW 16: 43–56; 1937). Ein solches Vertrauen in die Übereinstimmung der Induktionen ist aber nutzlos, wenn nicht eine bisher ungeahnte glaubwürdige Methode in Erscheinung tritt, mit der

jedes der *scheinbar* unabhängigen, übereinstimmenden Teile des klinischen Beweismaterials epistemisch dekontaminiert werden kann. Denn wie ich zeigen werde, gehen die methodologischen Mängel in Freuds »Grundregel« der freien Assoziation (GW 13: 214; 1923; 14: 66; 1925; 17: 99; 1940) *in gleichem Maße* in die Interpretation einiger dieser dem ersten Anschein nach unabhängigen Beweisstücke ein (z. B. des manifesten Trauminhalts, von Fehlleistungen, von Wachphantasien). Dieses vielfache Eingehen macht das scheinbare Zusammentreffen als Beweismittel unecht. Selbst wenn aber das konziliante Hervortreten einer Verdrängung echt wäre, würde dies noch nicht beweisen, daß Verdrängungen Neurosen, Träume oder »Versehen« hervorrufen.

6. Nach dem früher angeführten düsteren induktivistischen Urteil über die klinische Überprüfbarkeit findet die *klinische* Gültigkeitserklärung der Psychoanalyse durch die traditionelle induktivistische Methodologie der Theorienbewertung ebensowenig Unterstützung wie durch Popper (1962: 38, Anm. 3). Folglich sind die spezifisch klinischen Bestätigungen, auf die viele Freudianer Anspruch erheben, die aber nach induktivistischen Maßstäben als nicht stichhaltig aufgegeben werden müssen, als Grundlage für Poppers Vorwurf der übermäßigen Permissivität gegenüber einem induktivistischen Abgrenzungskriterium nicht verfügbar. Und wie ich bereits in Kapitel 1, Abschnitt B, gezeigt habe, folgt aus der tatsächlichen Falsifizierbarkeit der Psychoanalyse, daß Freuds Theorie Poppers Anspruch, ein schärferes Abgrenzungskriterium zu besitzen, untergräbt. Daß schließlich Popper Freuds ausdrücklichen Verweis auf das Übereinstimmungsargument an einer Stelle, die er gegen ihn anführte, übergeht, macht Poppers Freud-Exegese ungerecht und irreführend. Denn Popper beschuldigte Freud, er sei äußerst blind gegenüber den Einflüssen des Analytikers auf den Patienten. Aber in Wirklichkeit hat sich Freud unermüdlich mit den kontaminierenden Auswirkungen der Suggestion befaßt.

A. *Sind klinische Bestätigungen ein Kunsterzeugnis der positiven »Übertragungs«-Gefühle des Patienten gegenüber dem Analytiker?*

Obwohl Freud sich epistemisch grundsätzlich auf die klinische Überprüfung stützte, anerkannte er auch die Herausforderung, wonach Daten von der Couch – als unzulässig kontaminiert – abgetan werden sollten. Selbst wohlwollende Kritiker wie Wilhelm Fließ brachten die Beschuldigung vor, daß Analytiker ihre fügsamen Patienten durch Suggestion veranlassen, genau die klinischen Antworten zu liefern, die benötigt werden, um die psychoanalytische Theorie der Persönlichkeit für gültig erklären zu können (Anfänge: 286). Freud selbst hielt es für notwendig, dieser verhängnisvollen Beschuldigung der *unechten* klinischen Bestätigung entschieden zu begegnen. Denn er war sich dessen sehr bewußt, daß, sofern es nicht gelingt, die methodologisch abträgliche Bedeutung, die in der Willfährigkeit des Patienten bezüglich der Erwartungen seines Arztes liegt, irgendwie aufzuheben, der Arzt sich auf dünnem Eise bewegt, wenn er vorgibt, seinem Patienten wahrhaftig Einsichten zu vermitteln und nicht nur wirklichkeitsfremde *Pseudo*einsichten mit einem Anklang von Wahrscheinlichkeit. Sollte der Beweiswert der Antworten des Analysanden infolge von Gehirnwäsche aufgehoben werden, kann man sehr wohl der Ansicht sein, die Freudsche Therapie wirke als emotionales Ausgleichsmittel, und zwar *nicht*, weil sie den Analysanden in die Lage versetzt, zu echter Selbsterkenntnis zu gelangen, sondern weil er der bekehrenden *Suggestion* unterliegt, die um so heimtückischer unter dem Vorwand wirkt, die Analyse sei *nicht*-lenkend.

Nachdem Freud einige Zeit die Analyse praktiziert hatte, indem er dem Patienten seine Interpretationen zu dessen unbewußten Motivationen mitteilte, fühlte er sich dazu veranlaßt, die Dynamik seiner Therapie abzuändern, indem er den positiven Gefühlen des Patienten gegenüber dem Analytiker die Rolle eines Katalysators, eines Vermittlers oder eines Eisbrechers zusprach. Denn Freud mußte diese positiven Gefühle mobilisieren, um die Widerstände des Analysanden zu überwinden, mit der Absicht, nach Möglichkeit den Analysanden zur Bestätigung durch seine Erinnerung zu bringen (GW 13: 16; 1920). Und je nachdem, ob die Gefühle, die der Analysand gegenüber seinem Arzt äußerte, positiv oder negativ waren, sprach Freud von der emotionalen Beziehung als einer positiven oder negativen »Übertragung« (GW 8: 371; 1912). Indem Freud nun die therapeutische Mittlerrolle der positiven Übertragungsbeziehung anerkannte und sie der Autorität des Arztes als Elternersatz zuschrieb, war er sich dessen nur allzugut bewußt (GW 11: 464 f.; 1917), daß er jenen Kritikern direkt in die Hände arbeitete, die folgenden Vorwurf erhoben: klinische Daten hätten keine Beweiskraft für die Bestätigung der psychoanalytischen Theorie der Persönlichkeit, und ein therapeutischer Gewinn, der sich aus der Analyse ergebe, werde *nicht* durch echte, einsichtsvolle Selbstentdeckung bewirkt, sondern stelle einen durch den suggestiven Einfluß des Analytikers herbeigeführten Placeboeffekt dar. Freud lieferte sich diesen Kritikern aus dadurch, daß er eingestand: Um die heftigen Widerstände des Patienten gegenüber den Interpretationen, die der Analytiker zu seinen unbewußten Konflikten liefert, zu überwinden, kann sich der Analytiker nicht auf die verstandesmäßige Einsicht des Patienten verlassen, sondern muß das Bedürfnis des Patienten nach der Anerkennung seines Arztes in dessen Eigenschaft als Elternersatz entscheidend miteinbeziehen (GW 11: 463; 1917; 12: 183; 1919). Und Freud weist selbst darauf hin, daß es genau diese gefühlsmäßige, hilfesuchende Abhängigkeit von seiten des Analysanden ist, die »den Arzt mit Autorität [bekleidet und] sich in Glauben an seine Mitteilungen und Auffassungen um[setzt]« (GW 11: 463; 1917). So bittet Freud den Patienten, an die theoretischen Retrodiktionen des Analytikers zu wichtigen Geschehnissen im frühen

Leben des Klienten zu glauben, wenn der Patient selbst *nicht in der Lage ist*, sich an diese angenommenen fernen Ereignisse *zu erinnern* (GW 13: 16 f.; 1920). Denn, wie Freud bemerkt: »Der Kranke kann von dem in ihm Verdrängten nicht alles erinnern, vielleicht gerade das Wesentliche nicht, und erwirbt so keine Überzeugung von der Richtigkeit der ihm mitgeteilten Konstruktion« (S. 16).

Trotz größter Anstrengungen scheitert daher der Analytiker möglicherweise, wenn er nach Bestätigung für seine Rekonstruktionen der Kindheit des Patienten sucht, indem er dessen verdrängte Erinnerungen zurückruft. In solchen Situationen rechtfertigt Freud seine Forderung, der Patient möge seinen Retrodiktionen vertrauen, mit der Annahme, daß der Analysand einem »Wiederholungszwang« oder dem Drang, prototypische konfliktbeladene Themen aus der Kindheit mit dem Arzt wieder durchzuspielen, unterliegt: »Er [der Patient] ist vielmehr genötigt, das Verdrängte als gegenwärtiges Erlebnis zu *wiederholen*, anstatt es, wie der Arzt es lieber sähe, als ein Stück der Vergangenheit zu *erinnern*« (S. 16). Die wiederholten Themen lassen sich angeblich auf infantile sexuelle Sehnsüchte, die der Patient einst seinen Eltern gegenüber hegte, zurückführen (GW 14: 69; 1925). Als Hauptbeweisstück für seinen Wiederholungszwang führt Freud nun an, die Wirklichkeit des Erwachsenen zum Zeitpunkt der analytischen Transaktion zeige, daß die positiven Gefühle, die der Patient seinem Analytiker entgegenbringt, sowohl in ihrem Ausmaß übertrieben als auch ihrem Wesen nach grotesk sind (GW 10: 130; 1914; 11: 457–462; 1917). Dieser Geisteszustand verstärkt aber ganz natürlich die Beeinflußbarkeit des Patienten dadurch, daß er sich intellektuell und psychologisch seinem Arzt unterordnet. Und diese Beeinflußbarkeit findet in nicht geringem Maß in einer Analyse statt, bei der die von Merton Gill (1980: 287) empfohlene Technik zur Anwendung kommt, wonach Interpretationen zur genetischen Übertragung wohl eine Rolle spielen dürfen, aber auch nachdrücklich betont wird, daß »der Großteil der analytischen Arbeit in der Übertragung im Hier und Jetzt stattfinden sollte« (S. 286).

Seit der Zeit, als er bei Charcot studiert (1885) und dann die prohibitive Suggestion angewandt hatte, um hypnotisierte Patienten zum Ablegen ihrer Symptome zu bringen, hatte Freud überdies gern zur Kenntnis genommen, daß kraft reiner Suggestion eindrucksvolle, wenn auch nur vorübergehende Remissionen bewirkt werden konnten (GW 5: 314 f.; 1905). Als Breuer und er 1893 ihre gemeinsame »Vorläufige Mitteilung« zu Breuers kathartischer Methode für die Behandlung von Hysterie (GW 1: 81–98; 1893) veröffentlichten, waren sie daher bestrebt, einleuchtend *darzulegen*, daß *nicht* Suggestion, sondern vielmehr das kathartische Freisetzen eines abgeschnürten Affekts, der mit einer traumatischen Erinnerung einhergehe, für die Therapieerfolge bei Hysterikern, die dieser Behandlungsmethode unterzogen wurden, verantwortlich ist (S. 86). Freud betonte in späteren Jahren, wenn er über Breuers ursprüngliche Hypnoseversion der kathartischen Methode sprach (z. B. in GW 5: 6; 1904), immer wieder, daß er sich von der prohibitiven Suggestion distanziere. Und nachdem Freud Breuers Methode abgeändert und in die vollentwickelte Psychoanalyse umgewandelt hatte, war er stets darum bemüht – sogar noch vor seiner einen Markstein darstellenden Arbeit »Die analytische Therapie« von 1917 –, die Dynamik seiner Therapie von der prohibitiven Suggestion, wie sie in anderen Behandlungsarten zur Anwendung kommt, *abzusetzen*, wie Breuer und er auch die kathartische Methode selbst abgesondert hatten (GW 1: 155, 311; 1895; 5: 6, 17 f., 314; 1904; 8: 110 f.; 1910; 8: 371–373; 1912; 8: 457 f., 477 f.; 1913; 10: 136; 1914).

Tatsächlich *gründeten* Breuer und Freud ihre *ätiologische* Bestimmung von verdrängten traumatischen Erinnerungen als Pathogene gerade auf ihre »Beobachtung«, daß die therapeutischen Erfolge der kathartischen Methode dadurch zustande kommen, daß der hypnotisierte Patient sich in einer Abreaktion an die vergessene traumatische Erfahrung erinnert, nicht aber durch prohibitive Suggestion. So erwies sich das therapeutische Zurückrufen einer verdrängten Erinnerung gewissermaßen als Vorform des Einblicks in das Pathogen der Psychoneurose des Patienten. Freud zog aus der kathartischen Methode, nachdem er bei der psychoanalytischen Behandlungs- und Forschungsmethode die Hypnose durch freie Assoziation ersetzt hatte, die Lehre, daß jeder echte therapeutische Gewinn, den seine Patienten erzielen, Einsicht in die aktuellen Pathogene ihres Leidens *erfordert*. Deshalb konnte man annehmen, daß die dauerhafte Erzielung eines wesentlichen therapeutischen Fortschritts auf die Richtigkeit der mittels der psychoanalytischen Untersuchungsmethode erschlossenen Ätiologie hindeutet.

Bisher sind wir stillschweigend davon ausgegangen, daß das traumatische Ereignis, das der hypnotisierte Patient zurückruft, der Wirklichkeit entspricht. Neuere experimentelle Studien über hypnotisches Zurückrufen (Dywan/Bowers 1983) haben aber starke Zweifel an der Echtheit von hypnotisch gesteigertem Erinnern aufkommen lassen. Diese Untersuchungen haben gezeigt, daß hypnotische Hypermnesie weitgehend auf Kosten der Wahrhaftigkeit erreicht wird: Wenn in hohem Maße hypnotisierbare Personen sich unter Hypnose an *doppelt* so viele neue Versuchsreize erinnern konnten wie die Kontrollpersonen, führten sie *dreimal* so viel neue Fehler ein, obwohl sie der festen Überzeugung waren, ihre neuen Erinnerungen seien zuverlässig! Die hypnotische Erinnerung ist also in *geringerem* Maße zuverlässig als normales Zurückrufen vor der Hypnose. Es hat den Anschein, daß der Hypnotisierte dadurch, daß er stärker beeinflußbar wird, einige seiner eigenen Ansichten und/oder Ansichten des Hypnotiseurs in *Pseudo*-Erinnerungen überträgt. Um das Jahr 1900 hatte Wilhelm Fließ den Einwand erhoben, daß es zu einem verwandten Einverständnis mit den Interpretationen des Analytikers komme, wenn man den Patienten Erinnerungen auf dem Weg über die freie Assoziation und nicht über die Hypnose zurückholen lasse (Anfänge: 286).

Es nimmt daher nicht wunder, daß Freud die klinischen Bestätigungen seiner *ätiologischen* Hypothesen gefährdet sah, als seine Bekundung, der Übertragungsbeziehung zwischen dem Patienten und seinem Analytiker komme die Rolle eines *Katalysators* im Heilvorgang zu, von Kritikern aufgegriffen wurde. Letztere führten die Rolle der Übertragung ins Feld, um zu *bestreiten*, daß der therapeutisch wirksame Bestandteil einer Analyse die wahrheitsgemäße Einsicht des Analysanden in die Pathogene der Neurose sei. Am Ende seiner 1917 gehaltenen Vorlesung »Die Übertragung«, die sehr schön die darauffolgende entscheidende Vorlesung »Die analytische Therapie« vorbereitete, setzte sich Freud offen mit dem verhängnisvollen Suggestibilitätseinwand auseinander:

»Wir müssen gewahr werden, daß wir in unserer Technik die Hypnose nur aufgegeben haben, um die Suggestion in der Gestalt der Übertragung wiederzuentdecken.

Jetzt halte ich aber ein und lasse Ihnen das Wort. Ich merke, eine Einwendung schwillt bei Ihnen so mächtig an, daß sie Ihnen die Fähigkeit rauben würde zuzuhören, würde man sie nicht zu Worte kommen lassen: ›Also Sie haben endlich zugestanden, daß Sie mit der Hilfskraft der Suggestion arbeiten wie die Hypnotiker. Das haben wir uns ja schon lange gedacht. Aber dann, wozu der Umweg über die Erinnerungen der Vergangenheit, die Aufdeckung des Unbewußten, die Deutung und Rückübersetzung der Entstellungen, der ungeheure Aufwand an Mühe, Zeit und Geld, wenn das einzig Wirksame doch nur die Suggestion ist? Warum suggerieren Sie nicht direkt gegen die Symptome, wie es die anderen tun, die ehrlichen Hypnotiseure? Und ferner, wenn Sie sich entschuldigen wollen, auf dem Umweg, den Sie gehen, haben Sie zahlreiche bedeutsame psychologische Funde gemacht, die sich bei der direkten Suggestion verbergen: wer steht denn jetzt für die Sicherheit dieser Funde ein? Sind die nicht auch ein Ergebnis der Suggestion, der unbeabsichtigten nämlich; können Sie denn nicht dem Kranken auch auf diesem Gebiete aufdrängen, was Sie wollen und was Ihnen richtig scheint?‹

Was Sie mir da einwerfen, ist ungemein interessant und muß beantwortet werden« (GW 11: 464 f.; 1917).

Freuds kompromißlose Berücksichtigung sowohl des zweifachen Vorwurfs der Suggestion als auch das vorsichtige Argument von 1917, womit er diesen Vorwurf damals entschärfen wollte, stehen in erfrischendem Gegensatz zu der Art und Weise, in der typische zeitgenössische Analytiker unbekümmert über den Kern der Sache hinweggehen oder ihn verharmlosen.

So behauptet Linn A. Campbell (1978: 1, 8 f., 20 f.), daß der *wohlüberlegte* Gebrauch von Suggestion mit der Absicht, eine *unkritische* oder unüberlegte Reaktion vom Patienten zu erhalten, zu den *Untersuchungszielen* der analytischen Therapie im Widerspruch steht. Aber Campbell stellt sich nicht einmal die Frage, wie denn der gute Vorsatz des Therapeuten, den Patienten kritisch sein zu lassen, Gewähr bieten soll gegen willfährige, aber überlegte Patientenreaktionen, die dann zu klinischen Pseudobestätigungen führen. Das Äußerste, was Campbell in dieser Hinsicht gelten läßt, ist folgendes: Er anerkennt das Risiko einer *unabsichtlichen*, verdeckten Suggestion, wenn nämlich der Analytiker ein unbewußtes, neurotisches Bedürfnis verspürt, sich auf abgekürztem Wege die Dankbarkeit des Patienten zu verschaffen (S. 19 f.). Jedoch versichert uns Campbell, daß es in einem solchen Fall die Sonne an den Tag bringen werde: jede Symptomentlastung, die sich aus einer solchen unbewußten Mesalliance zwischen Patient und Therapeut ergibt, könne nur vorübergehend sein, da der Patient für spätere Belastungen anfällig bleiben werde. So wird in Campbells Artikel das Hauptthema bis zum Schluß erfolgreich umgangen.

In einem anderen neueren Aufsatz über Psychoanalyse und Suggestion stellt der deutsche Analytiker Helmut Thomä (1977: 51) die Behauptung auf, die Skepsis des Patienten wirke den suggestiven Einflüssen des Analytikers entgegen, insbesondere, wenn der Analysand feindselige Gefühle gegenüber seinem Arzt hege. Aber es ist ein Gemeinplatz unter Analytikern, daß selbst Patienten, die im Ärger ihren ersten Therapeuten verlassen und in eine neue Analyse bei einem anderen Therapeuten eintreten, erwiesenermaßen an

Ideen festhalten, die sie bei ihrem ersten Analytiker erworben haben. Neuerdings haben Thomä und Kächele zu diesem Problem bemerkt: »Ob Grünbaums Kontaminationsthese zu Recht besteht oder nicht, ist auf dem Boden empirischer Prozeßforschung zu entscheiden« (1985: 381).

Als letztes Beispiel für unzulängliche epistemische Sorgfalt zitiere ich den Chicagoer Analytiker Michael Basch (1980: 70 f.):

»Nur die Hoffnung auf Erfüllung kindlicher Wünsche kann einen Patienten für die therapeutische Aufgabe mobilisieren. Im Erwachsenen- wie im Kindesalter kann nur die Hoffnung auf Liebe und die Furcht vor Liebesentzug den Widerstand gegenüber der Erforschung von Verteidigungsstrukturen überwinden, die schließlich aufgebaut worden sind, um Angst zu vermeiden.

Ein Patient, der positiv auf den Therapeuten überträgt, möchte ihm gefallen und wird über das reden, von dem er annimmt, daß es den Therapeuten interessiert. [. . .] Der Patient läßt zu, daß man über ihn Bescheid weiß, auch wenn er befürchtet, sich der Demütigung und Bestrafung auszusetzen, weil er die Zuneigung und Anerkennung des Therapeuten will, nicht nur, weil er wieder gesund werden will. Wenn man dies über einen Patienten weiß, bedeutet das, daß man auf der Hut sein muß vor den Gefahren der Übertragungsbeziehung. Der Patient in einer positiven Übertragungssituation wird unbewußt sein bestes tun, um den Wünschen des Therapeuten zu entsprechen, wie er, der Patient, sie versteht. Wenn der Therapeut in Begriffen des Ödipuskomplexes und der inzestuösen Sexualität reden will, wird der Patient sein möglichstes tun, Material von der Art zu liefern, daß es in dieses Muster paßt; wenn ein anderer Therapeut sich demselben Patienten in einem anderen Rahmen nähert, wird der Patient dann wieder diesem Therapeuten gefällig sein.«

Wenn Basch aber auf diese Willfährigkeit hinweist, um die Gefahren aufzuzeigen, die in dem Eifer des Patienten, seinem Analytiker zu gefallen, schlummern, läßt er die *epistemisch* verheerenden Auswirkungen dieser Willfährigkeit unbekümmert außer acht; denn er sagt, es sei »alles in Ordnung«, solange die Therapiesitzungen nicht ins Stocken gerieten oder langweilig würden und sich das Verhalten des Patienten ändere. Wenn eine solche Stagnation vermieden wird, könne

man zuverlässig voraussetzen, daß der Patient zu echter Einsicht kommen werde. Nur die erwähnte Art der Stagnation gilt als Nachweis dafür, daß »das Thema, auf das sich der Therapeut konzentrierte, nicht das richtige war und daß er die Introspektion des Patienten in eine andere Richtung lenken muß« (S. 71). Dies läßt aber außer acht, daß der Patient einer Gehirnwäsche unterzogen werden und mythologische analytische Interpretationen annehmen kann, auch wenn sich seine Symptome bessern und er die Sitzungen interessant findet.
Ich werde im folgenden untersuchen, wie Freud selbst sich in brillanter Weise, wenn auch erfolglos, mit der ganzen Tragweite des bedrohlichen Problems der Suggestibilität, das er selbst so deutlich benannt hatte, auseinandersetzte.

B. Freuds Vertrauen auf die angenommene Dynamik der Therapie als Rechtfertigung für seine Theorie der unbewußten Motivation

Freud beginnt seine im Jahre 1917 gehaltene Vorlesung »Die analytische Therapie« folgendermaßen:

»Sie haben mich gefragt, warum wir uns in der psychoanalytischen Therapie nicht der direkten Suggestion bedienen, wenn wir zugeben, daß unser Einfluß wesentlich auf Übertragung [was bedeutet: auf der Nutzbarmachung der persönlichen Beziehung des Patienten zum Analytiker], d. i. auf Suggestion, beruht, und haben daran den Zweifel geknüpft, ob wir bei einer solchen Vorherrschaft der Suggestion noch für die Objektivität unserer psychologischen Funde einstehen können [und nicht nur für sich selbst erfüllende Erzeugnisse *unbeabsichtigter* Suggestion]. Ich habe versprochen, Ihnen ausführliche Antwort zu geben« (GW 11: 466).

Diese Antwort zerfällt in zwei Teile. Erstens versucht er, genau zu erklären, daß bei der *Hypnose* die *zentrale* Rolle der Suggestion darin besteht, den Symptomen einfach förmlich ihre Existenz zu *verbieten*, während in der Dynamik der psychoanalytischen Therapie die Suggestion als *Katalysator* oder »Träger« beim *erzieherischen* Ausgraben der verdrängten Ätiologie fungiert, die den Symptomen zugrunde liegt. Und fast ein Jahrzehnt später betonte er, »daß es irrig wäre zu glauben, dies Moment [der Suggestion] sei durchaus der Träger und Förderer der Behandlung. Zu Anfang wohl« (GW 14: 217; 1926). Zum zweiten ist es durchaus nicht so, daß Freud eine unbegründete Vorentscheidung träfe, indem er die epistemisch zuträgliche Rolle der Suggestion in der Analyse einfach nur *behaupten* würde, sondern er rechtfertigt diese Behauptung, indem er folgende Prämisse aufstellt: Die wahrhaftige Enthüllung der versteckten Konflikte des Patienten, die für seine Neurose pathogen sind, ist kausal notwendig für eine dauerhafte und durchgreifende Überwindung der Krankheit. Die für den therapeutischen Erfolg erforderliche Enthüllung wird aber ihrerseits *nur* dann eintreten, wenn unrichtige analytische Interpretationen, die durch *kontaminierte* Antworten des Patienten eine irrtümliche Bekräftigung erfahren, ausgeschieden werden zugunsten korrekter Deutungen, die sich aus klinischen Daten ableiten, die ihrerseits *nicht* dadurch entstellt sind, daß der Patient den vom Analytiker übertragenen Erwartungen zu entsprechen strebt. Kurz, im zweiten Teil seiner Erwiderung auf den genannten Kontaminationsvorwurf führt Freud ein *Argument* dafür an, warum das therapeutisch günstige Ergebnis einer Analyse durchaus Beweiskraft beanspruchen kann: »Was an den Vermutungen des Arztes unzutreffend war, das fällt im Laufe der Analyse wieder heraus« (GW 11: 470; 1917).

Wie Freud betont (S. 467 f.), beseitigt die Hypnose Symptome gewöhnlich nur vorübergehend und macht daher eine quasi suchtartige Wiederholung der Behandlung erforderlich. Im Verlauf einer solchen Symptomverhinderung erfährt der Arzt nichts über deren »Sinn und Bedeutung«. Daher fährt Freud fort:

»Im Lichte der Erkenntnis, welche wir aus der Psychoanalyse gewonnen haben, können wir den Unterschied zwischen der hypnotischen und der psychoanalytischen Suggestion in folgender Art beschreiben: Die hypnotische Therapie sucht etwas im Seelenleben zu verdecken und zu übertünchen, die analytische etwas freizulegen und zu entfernen. Die erstere arbeitet wie eine Kosmetik, die letztere wie eine Chirurgie. Die erstere benützt die Suggestion, um die Symptome zu verbieten, sie verstärkt die Verdrängungen, läßt aber sonst alle Vorgänge, die zur Symptombildung geführt haben, ungeändert. Die analytische Therapie greift weiter wurzelwärts an, bei den Konflikten, aus denen die Symptome hervorgegangen sind, und bedient sich der Suggestion, um den Ausgang dieser Konflikte abzuändern. Die hypnotische Therapie läßt den Patienten untätig und ungeändert, darum auch in gleicher Weise widerstandslos gegen jeden neuen Anlaß zur Erkrankung. Die analytische Kur legt dem Arzt wie dem Kranken schwere Arbeitsleistung auf, die zur Aufhebung innerer Widerstände verbraucht wird. Durch die Überwindung dieser Widerstände wird das Seelenleben des Kranken dauernd verändert, auf eine höhere Stufe der Entwicklung gehoben und bleibt gegen neue Erkrankungsmöglichkeiten geschützt. Diese Überwindungsarbeit ist die wesentliche Leistung der analytischen Kur, der Kranke hat sie zu vollziehen, und der Arzt ermöglicht sie ihm durch die Beihilfe der im Sinne einer *Erziehung* wirkenden Suggestion. Man hat darum auch mit Recht gesagt, die psychoanalytische Behandlung sei eine Art von *Nacherziehung*« (S. 468 f.).

Nach einem theoretischen Zwischenspiel schließt Freud seine Darstellung des Unterschieds zwischen der *therapeutischen* Anwendung von Suggestion in der Hypnose einerseits und in der Analyse andererseits ab:

»Durch eine sorgfältige Technik sucht man das Zustandekommen von vorläufigen Suggestionserfolgen zu verhüten; aber es ist auch unbedenklich, wenn sich solche einstellen, denn man begnügt sich nicht mit dem ersten Erfolg. Man hält die Analyse nicht für beendigt, wenn nicht die Dunkelheiten des Falles aufgeklärt, die Erinnerungslücken ausgefüllt, die Gelegenheiten der Verdrängungen aufgefunden sind. Man erblickt in Erfolgen, die sich zu früh einstellen, eher Hindernisse als Förderungen der analytischen Arbeit und zerstört diese Erfolge wieder, indem man die Übertragung, auf der sie beruhen, immer wieder auflöst [d. h. man analysiert die emotionale Bindung des Patienten an den Analytiker *und* bringt ihn von der dadurch erzeugten Abhängigkeit ab]. Im Grunde ist es dieser letzte Zug, welcher die analytische Behandlung von der rein suggestiven scheidet und die analytischen Ergebnisse von dem Verdacht befreit, suggestive Erfolge zu sein. Bei jeder anderen suggestiven Behandlung wird die Übertragung sorgfältig geschont, unberührt gelassen; bei der analytischen ist sie selbst Gegenstand der Behandlung und wird in jeder ihrer Erscheinungsformen zersetzt. Zum Schlusse einer analytischen Kur muß die Übertragung selbst abgetragen sein, und wenn der Erfolg jetzt sich einstellt oder erhält, so beruht er nicht auf der Suggestion, sondern auf der mit ihrer Hilfe vollbrachten Leistung der Überwindung innerer Widerstände, auf der in dem Kranken erzielten inneren Veränderung.

Der Entstehung von Einzelsuggestionen wirkt wohl entgegen, daß wir während der Kur unausgesetzt gegen Widerstände anzukämpfen haben, die sich in negative (feindselige) Übertragungen zu verwandeln wissen« (S. 471).

Wie Freud selbst betont, muß man aber sehen, daß der Arzt es dem Patienten ermöglicht, »durch die Beihilfe der im Sinne einer *Erziehung* wirkenden Suggestion« Widerstände zu überwinden (S. 469). Und wie wir uns erinnern, hatte er zugegeben: was die Übertragungsbindung des Patienten an den Analytiker anbelangt, so »bekleidet sie den Arzt mit Autorität, setzt sie sich in Glauben an seine Mitteilungen und Auffassungen um« (S. 463). Daher kann man leicht einwenden, daß genau deswegen, weil der Arzt den Patienten in dieser Weise ›führt‹ – ganz so, wie wenn ein Anwalt seinen Zeugen im Gerichtssaal ›führt‹ –, die angeblichen *therapeutischen* Unterschiede zwischen Hypnose und Analyse sich als Bumerang erweisen, da eine erklärtermaßen *erzieherische* Anwendung der Suggestion noch mehr Raum für eine Indoktrination des Patienten und seine ideologische Gefügigmachung läßt als die prohibitive Art der Suggestion, die sich im wesentlichen auf die Symptome beschränkt.

Freud begegnet nun diesem Vorwurf frontal in einem Abschnitt, der meiner Ansicht nach, erkenntnistheoretisch betrachtet, vielleicht der bedeutendste in seinen gesamten Schriften ist:

»Nun werden Sie sagen, gleichgültig, ob wir die treibende Kraft unserer Analyse Übertragung oder Suggestion heißen, es besteht doch die Gefahr, daß die Beeinflussung des Patienten die objektive Sicherheit unserer Befunde zweifelhaft macht. Was der Therapie zugute kommt, bringt die Forschung zu Schaden. Es ist die Einwendung, welche am häufigsten gegen die Psychoanalyse erhoben worden ist, und man muß zugestehen, wenn sie auch unzutreffend ist, so kann man sie doch nicht als unverständig abweisen. Wäre sie aber berechtigt, so würde die Psychoanalyse doch nichts anderes als eine besonders gut verkappte, besonders wirksame Art der Suggestionsbehandlung sein, und wir dürften alle ihre Behauptungen über Lebenseinflüsse, psychische Dynamik, Unbewußtes leicht nehmen. So meinen es auch die Gegner; besonders alles, was sich auf die Bedeutung der sexuellen Erlebnisse bezieht, wenn nicht gar diese selbst, sollen wir den Kranken ›eingeredet‹ haben, nachdem uns in der eigenen verderbten Phantasie solche Kombinationen gewachsen sind. Die Widerlegung dieser Anwürfe gelingt leichter durch die Berufung auf die Erfahrung als mit Hilfe der Theorie. Wer selbst Psychoanalysen ausgeführt hat, der konnte sich ungezählte Male davon überzeugen, daß es unmöglich ist, den Kranken in solcher Weise zu suggerieren. Es hat natürlich keine Schwierigkeit, ihn zum Anhänger einer gewissen Theorie zu machen und ihn auch an einem möglichen Irrtum des Arztes teilnehmen zu lassen. Er verhält sich dabei wie ein anderer, wie ein Schüler, aber man hat dadurch auch nur seine Intelligenz, nicht seine Krankheit beeinflußt. Die Lösung seiner Konflikte und die Überwindung seiner Widerstände glückt doch nur, wenn man ihm solche Erwartungsvorstellungen gegeben hat, die mit der Wirklichkeit in ihm übereinstimmen. Was an den Vermutungen des Arztes unzutreffend war, das fällt im Laufe der Analyse wieder heraus, muß zurückgezogen und durch Richtigeres ersetzt werden« (S. 470).

Man beachte sogleich, daß Freud dem Patienten *intellektuelle* Fügsamkeit zugesteht. Aber er unterstreicht, daß die Tatsache, daß der Arzt »keine Schwierigkeit [hat], ihn auch an einem möglichen Irrtum des Arztes teilnehmen zu lassen«, »nur seine Intelligenz, nicht seine Krankheit beeinflußt«. Freud verläßt sich also voll auf die vermeintliche Widerstandskraft der Neurose gegen ihre Vertreibung durch bloße Pseudoeinsichten, wie sie durch falsche Mutmaßungen des Analytikers hervorgerufen werden. Und er ist auf besagte Widerstandskraft angewiesen, die ihm zu nichts geringerem als zum epistemischen Garanten für die klinische Gültigkeitserklärung seiner Gesamttheorie dient. Denn Freud räumt ein, daß der am häufigsten gegen die Psychoanalyse erhobene Einwand folgender ist: Vom erkenntnistheoretischen Standpunkt aus ist der therapeutische Erfolg *nicht* beweiskräftig, weil er *nicht* aufgrund wahrer Einsicht erzielt wird, sondern vielmehr durch das überzeugende Suggerieren von wirklichkeitsfremden Pseudoeinsichten, die für den folgsamen Patienten lediglich wie Wahrheit klingen. Er läßt keinen Zweifel daran, wie ausgesprochen verheerend dieser Einwand wirken würde, wenn man ihn nicht zerstreuen könnte. Er erklärt: »Wäre sie aber berechtigt, so würde die Psychoanalyse doch nichts anderes als eine besonders gut verkappte, besonders wirksame Art der Suggestionsbehandlung sein, und wir dürften alle ihre Behauptungen über Lebenseinflüsse, psychische Dynamik, Unbewußtes leicht nehmen« (S. 470).

Wir wollen nun systematisch das *Argument*, das er benutzt, um dem Vorwurf der epistemischen Kontamination klinischer Daten durch Suggestion zu begegnen, und seinen Versuch, die verhängnisvolle Tragweite dieses Vorwurfs abzuwenden, darlegen. Bei seinem Gegenargument beruft er sich auf *therapeutischen* Erfolg. Man sollte daher daran denken, daß die therapeutische Überwindung der Neurose des Analysanden in einer adaptiven Neustrukturierung der innerpsychischen Persönlichkeitsdispositionen gesehen wird, begleitet von einer anhaltenden offenkundigen Symptomentlastung ohne Symptomersatz. Die innerpsychische Neustrukturierung gilt als entscheidend für die Sicherung der Qualität und Dauerhaftigkeit der offenkundigen Symptomverbesserung.

Unmittelbar im Anschluß an seine Erklärung, die theoretische Einstellung des Arztes, *sofern sie falsch sei*, könne die Intelligenz des Patienten durch Überzeugung beeinflussen, doch sie *könne nicht* seine Krankheit vertreiben, nennt Freud die grundlegende Prämisse, auf die er diese Unzugänglichkeit der Neurose des Patienten gründet: »Die Lösung seiner Konflikte und die Überwindung seiner Widerstände glückt doch nur, wenn man ihm solche Erwartungsvorstellungen [d. h. erklärende Beschreibungen der analytischen Bedeutung] gegeben hat, die [objektiv und subjektiv] mit der Wirklichkeit in ihm übereinstimmen« (S. 470). Diese kühne Behauptung von der *kausalen Unentbehrlichkeit* der psychoanalytischen Einsicht für den Sieg über die Psychoneurose des Patienten ist eine knappe Darstellung der These, die Freud zuvor deutlicher in seiner Fallstudie vom Kleinen Hans im Jahre 1909 formuliert hatte:

»Jedesmal gibt der Arzt in der Psychoanalyse dem Patienten die bewußten Erwartungsvorstellungen, mit deren Hilfe er imstande sein soll, das Unbewußte zu erkennen und zu erfassen, das eine Mal in reichlicherem, das andere in bescheidenerem Ausmaße. Es gibt eben Fälle, die mehr, und andere, die weniger Nachhilfe brauchen. Ohne solche Hilfe kommt niemand aus. Was man etwa bei sich allein zu Ende bringen kann, sind leichte Störungen, niemals eine Neurose, die sich dem Ich wie etwas Fremdes entgegengestellt hat; zur Bewältigung einer solchen braucht es den andern, und soweit der andere helfen kann, soweit ist die Neurose heilbar« (GW 7: 339).

Man kann die Annahmen, die Freud in diesem Zusammenhang aufstellt, als Konjunktion (Satzverbindung durch »und«) zweier kausal notwendiger Bedingungen formulieren, deren Teilsätze folgendermaßen lauten: (1) Nur die psychoanalytische Interpretations- und Behandlungsmethode kann dem Patienten die richtige Einsicht in die unbewußten Pathogene seiner Psychoneurose gewähren oder vermitteln, und (2) die richtige Einsicht des Analysanden in die Ätiologie seines Leidens und in die unbewußte Dynamik seines Wesens ist ihrerseits *kausal notwendig* für die therapeutische Überwindung seiner Neurose. Ich werde auf die *Konjunktion* dieser beiden Freudschen Behauptungen als »These von der notwendigen Bedingung« [»Necessary Condition Thesis«] oder abgekürzt »TNB« verweisen. Mein Anliegen war, diese These in bezug auf die »Psychoneurosen«, im Unterschied zu den sogenannten »Aktual«-Neurosen, zu formulieren. Denn wie wir weiter sehen werden, bestritt Freud, daß die TNB für die *Aktual*neurosen gilt, und ich bitte darum, diesen wichtigen Vorbehalt im Gedächtnis zu behalten, auch wenn ich zur Abkürzung auf die nähere Bestimmung verzichte. Natürlich besagt die TNB nicht nur, daß es keine Spontanremissionen von Psychoneurosen gibt, sondern auch, daß, wenn es überhaupt eine Heilung gibt, die Psychoanalyse, verglichen mit *konkurrierenden* Therapien, für solche Störungen von *einzigartigem* therapeutischen Wert ist. Angesichts der Tragweite der TNB habe ich sie auch als »Freuds Hauptthese« [»Freud's Master Proposition«] tituliert (Grünbaum 1983b: 17).

Bewaffnet mit seiner kühnen TNB, macht Freud unverzüglich von ihr Gebrauch, um die von psychoneurotischen Patienten, deren Analysen mutmaßlich erfolgreich verlaufen waren, gelieferten klinischen Daten als Beweismittel zu rechtfertigen. Ja, wenn man die Existenz von solchen therapeutisch erfolgreichen Patienten *P* und zugleich Freuds TNB geltend macht, ergeben sich für alle erdenklichen Patienten *P*, die geheilt aus ihren Analysen hervorgehen, *zwei* Schlußfolgerungen:

Schlußfolgerung 1: Die psychoanalytischen Interpretationen der verborgenen Ursachen von *P*s Verhalten, die ihm der Analytiker gibt, sind in der Tat korrekt, und folglich »stimmen« nach Freud diese Interpretationen »mit der Wirklichkeit [in *P*] überein«.

Schlußfolgerung 2: Nur die analytische Behandlung konnte den Sieg über die Psychoneurose von *P* bewirkt haben.

Im Hinblick darauf, wie Freud den reizvollen Ausdruck »mit der Wirklichkeit übereinstimmen« verwendete, habe ich für das Argument, dessen zwei Prämissen und zwei Schlußfolgerungen ich soeben dargestellt habe, die Bezeichnung »Übereinstimmungsargument« (»Tally Argument«) benutzt. Diese Bezeichnung wurde seither auch von anderen Autoren übernommen.

Bemerkenswerterweise versucht Freud, das Übereinstimmungsargument zur Rechtfertigung der folgenden erkenntnistheoretischen Behauptung anzuführen: Ein wirklich *dauerhafter* therapeutischer Erfolg garantiere *nicht nur*, daß die relevanten analytischen Interpretationen für den Analysanden wahr oder glaubwürdig *klingen*, *sondern auch*, daß sie *tatsächlich* der Wahrheit entsprechen oder ihr zumindest sehr nahe kommen. Gestützt auf diese kühne Behauptung, kommt Freud dann zu keiner geringeren Schlußfolgerung als dieser: Zusammengenommen bilden die erfolgreichen Analyseergebnisse einen *triftigen* Beweis für all das, was uns die allgemeine psychoanalytische Theorie über die Einflüsse der unbewußten Dynamik des Seelenlebens auf unser Leben sagt. Kurz, die psychoanalytischen Behandlungserfolge bürgen im ganzen gesehen für die Wahrheit der Freudschen Persönlichkeitstheorie, einschließlich der spezifischen Ätiologien der Psychoneurosen und selbst der allgemeinen Theorie der psychosexuellen Entwicklung.

Des weiteren wird der Anspruch erhoben, die psychoanalytische Erforschung des Unbewußten sei aufgrund ihrer therapeutischen Leistungen eine Methode der ätiologischen Untersuchung. Diese Methode besitze die außerordentliche Fähigkeit, wesentliche kausale Behauptungen durch in der Hauptsache retrospektive Nachforschungen zu bestätigen, *ohne* die Belastungen prospektiver Längsschnittuntersuchungen unter Verwendung von (experimentellen) Kontrollgruppen. Dennoch seien diese kausalen Schlußfolgerungen nicht beeinträchtigt durch Fehlschlüsse à la »post hoc ergo propter hoc« oder andere bekannte Fallen bei kausalen Rückschlüssen. Es wäre herrlich, wenn dem so wäre!

Freud meinte also, seine Persönlichkeitstheorie müßte die Zustimmung der wissenschaftlichen Öffentlichkeit finden. Schließlich hatte die erste Schlußfolgerung aus dem Übereinstimmungsargument geleugnet, daß die psychoanalytische Untersuchungsmethode durch die Tatsache, daß der gebieterische Analytiker den unglücklichen Patienten *erzieherischer*

Suggestion unterwirft, kognitiv beeinträchtigt werde. Und wie wir in der »Analytischen Therapie« sahen, der 28. seiner Einführungsvorlesungen von 1917, hatte er diese Verteidigung auf die Existenz von echten Behandlungserfolgen aus der Analyse begründet, indem er behauptete, der Analytiker *könne* zwar den Patienten falsch indoktrinieren, aber damit nicht seine Krankheit beseitigen.

Es ist sehr wichtig, zu erkennen, daß Freuds Übereinstimmungsargument vor allem einen Versuch darstellt, sein gesamtes psychoanalytisches Unternehmen durch das Bemühen zu rechtfertigen, die Gültigkeit seiner klinischen *Daten und Methode* wiederherzustellen! Dieser Versuch der Rechtfertigung *unterscheidet sich* von seinen Bemühungen, spezifische klinische Daten in bestimmten Fallgeschichten (z. B. der vom Rattenmann) zu benutzen, um *unmittelbar* etwa seine ätiologische Erklärung der Zwangsneurose zu stützen. Die Bedeutung von Freuds Vorlesung über die »Analytische Therapie« als grundlegenden Versuch, die Kritik hinsichtlich Suggestion und Kontamination zurückzuweisen, hat Ernest Jones wie folgt gewürdigt: »Es gibt auf diese Kritik keine vollständigere Entgegnung als die, die Freud in seiner Schlußvorlesung [. . .] gegeben hat« (1962a: 268).

In einer früheren Vorlesung (Nr. 16) derselben Reihe ignorierte Freud schlichtweg die zentrale Rolle, die der therapeutische Erfolg in seinem Übereinstimmungsargument spielen sollte: »Zeigte sich die Psychoanalyse bei allen anderen Formen nervöser und psychischer Erkrankung ebenso erfolglos wie bei den Wahnideen, so bliebe sie doch als unersetzliches Mittel der wissenschaftlichen Forschung voll gerechtfertigt« (GW 11: 263).

Angesichts des Problems suggestiver Einflußnahme bedeutet diese Behauptung aber ein Stück unangebrachter Geschäftstüchtigkeit, jenes Freud nicht würdig, der uns das Übereinstimmungsargument geliefert hat. Tatsächlich weist dieser ausdrücklich darauf hin (GW 11: 455 f., 463 f.; 1917), daß innerhalb der Klasse der Psychoneurosen die Unterklasse der sogenannten »narzißtischen Neurosen« – im Unterschied zu den Übertragungsneurosen« (Laplanche/Pontalis 1972: 323, 559) – seiner Therapie schlicht *Widerstand leistet*. Folglich kann im Falle der erstgenannten Unterklasse von Störungen das Übereinstimmungsargument natürlich nicht herangezogen werden, um Freuds klinisch abgeleitete Ätiologien mittels des therapeutischen Erfolgs zu beglaubigen. In einer anderen Vorlesung (Nr. 27) gab er aber ausdrücklich dieselbe epistemische Zustimmung zu den klinischen Ätiologien der beiden Unterklassen von Psychoneurosen (GW 11: 455 f.; 1917), und zwar vermutlich dadurch, daß er die therapeutische Rechtfertigung der psychoanalytischen Methode der ätiologischen Untersuchung aus den Übertragungsneurosen auf die narzißtischen Neurosen *extrapolierte*.

Ich habe die Aufmerksamkeit auf *zwei* Schlußfolgerungen gelenkt, die sich aus den Prämissen von Freuds Übereinstimmungsargument ergeben. Eine der beiden behauptet, die psychoanalytische Persönlichkeitstheorie sei wahr; die andere beansprucht eine für die analytische Therapie einzigartige Wirksamkeit. Freud selbst hat jedoch nur die erste der beiden Schlußfolgerungen ausdrücklich abgeleitet; die zweite führte er in derselben Vorlesung von 1917 ganz getrennt an, als sollte sie epistemisch auf eigenen Füßen stehen (GW 11: 477).

So teilt er uns, eine gute Weile nach seiner ersten Behauptung, mit, daß die therapeutischen Erfolge der Analyse nicht nur »hinter den schönsten auf dem Gebiete der internen Therapie nicht zurückstehen«, sondern daß die psychoanalytischen Behandlungserfolge »durch kein anderes Verfahren erreicht worden wären«, schon gar nicht von selbst. Bei dem Anspruch auf einzigartige therapeutische Kraft handelt es sich um eine Wiederholung der ebenso zuversichtlichen Behauptung, die er im Jahre 1895 aufgestellt hatte, als er seine therapeutischen Ergebnisse aus der kathartischen Vorläuferin der Analyse beurteilte. Zu diesem sehr viel früheren Zeitpunkt hatte er nämlich erklärt: »Ich habe [...] manches zustande gebracht, wozu sonst kein therapeutisches Mittel gereicht hätte« (GW 1: 265). Es nimmt daher nur wenig wunder, daß Freud am Ende seiner Vorlesung »Die analytische Therapie« von 1917 über die Zweifel bezüglich der therapeutischen Wirksamkeit der Analyse ungeniert hinwegging, nachdem er lediglich andeutungsweise auf Schwierigkeiten hingewiesen hatte, die sich beim statistischen Vergleich von Behandlungsergebnissen mit Resultaten von unbehandelten Kontrollgruppen – geschweige denn mit den Ergebnissen von konkurrierenden Therapien – ergeben. Genau dieselbe selbstzufriedene Haltung nimmt beispielsweise auch Erich Fromm (1970: 196 f.) ein, wenn er behauptet: »Viele Patienten erlebten sogar ein neues Gefühl von Vitalität und Lebensfreude, und keine andere therapeutische Methode als die Psychoanalyse hätte diese Veränderungen hervorbringen können«.

Kurz, *wenn* die psychoanalytische Behandlung tatsächlich das aus dem Übereinstimmungsargument sich ergebende therapeutische Monopol besitzt, kann sie sich zu Recht die Genesung ihrer Patienten als Verdienst anrechnen, und zwar *ohne* statistischen Vergleich mit den Ergebnissen von unbehandelten oder mit konkurrierenden Verfahren behandelten Kontrollgruppen (vgl. GW 11: 480 f.; 1917). Des weiteren handelt es sich, wenn die analytische Therapie wirklich Heilerfolge erzielt, bei diesen Besserungen *nicht* um Placeboeffekte (Grünbaum 1986). Denn wenn man dem zweiten Bestandteil der TNB Glauben schenken will, besteht der entscheidende Heilfaktor darin, daß der Patient die unbewußten Konflikte durcharbeitet. Und diese therapeutische Hauptrolle ist dann nicht gefährdet durch die Funktion des Analytikers als Elternersatz und förderlicher Eisbrecher auf früheren Behandlungsstufen (GW 14: 216; 1926).

Man beachte, daß Freud, *falls* er berechtigt ist, seine »These von der notwendigen Bedingung« zu behaupten, und falls das psychoanalytische Behandlungsergebnis tatsächlich von der therapeutischen Wirksamkeit der Einsicht zeugt, zweifellos berechtigt ist, die Dynamik der heilsamen Einsicht im Verlauf der Behandlung von den Mechanismen bei den rein suggestiven Therapien zu *trennen.* Indem er so seine Therapie von der reinen oder prohibitiven Suggestion unterscheidet, kann er der Tatsache unerschrocken ins Auge sehen, daß er der Übertragungsbeziehung die Rolle als Förderer und Vermittler zugewiesen hatte. In der Tat konzentriert er sich darauf, welche Rolle die Übertragung bei der Einsichtgewinnung des Patienten spielt, wenn er ausdrücklich das grundlegende Merkmal darlegt, das seiner Ansicht nach »die analytischen Ergebnisse von dem Verdacht befreit, suggestive Erfolge zu sein« (GW 11: 471; 1917). Freud gesteht natürlich zu, daß der »besondere persönliche Einfluß des Analytikers [...] existiert und [...] in der Analyse eine große Rolle« spielt (GW 14: 216; 1926). Aber er betont sogleich, »daß es irrig wäre zu glauben, dies Moment sei durchaus der Träger und Förderer der Behandlung. Zu Anfang wohl« (S. 217); denn ein hauptsächliches therapeutisches Ziel der Analyse besteht darin, dem Patienten Einsicht in seine unbewußten Konflikte zu verschaffen. Ironischerweise wird jedoch beim Patienten die Übertragung der kindlichen Konflikte auf den Analytiker aktiviert und wirkt gerade dann als Ablenkung *hemmend*, wenn den höchst empfindlichen verdrängten Inhalten die Enthüllung droht, so daß »uns bei der Analyse die [positive und negative] Übertragung als der *stärkste Widerstand* gegen die Behandlung entgegentritt« (GW 8: 366; 1912).

Wenn daher der Patient die Widerstände, die ihm den Zugang zu der erwünschten Einsicht verwehren, »durcharbeiten« und überwinden soll, dann muß seine Übertragungsbindung analysiert und *aufgelöst* werden, während sie in den suggestiven Therapien unberührt und *erhalten* bleibt (GW 11: 471; 1917). Eine Analyse verfolgt das Ziel, den Patienten emotional *unabhängig* vom Arzt zu machen; die rein suggestive Behandlung erhält dagegen die Abhängigkeit vom Therapeuten. Für Freud ist es »im Grunde« gerade dieser Unterschied in der Behandlung der Übertragung, »welcher die analytische Behandlung von der rein suggestiven scheidet« (GW 16: 471; 1917; vgl. auch 10: 136; 1914). Er schreibt:

»Es ist ganz richtig, daß auch die Psychoanalyse mit dem Mittel der *Suggestion* arbeitet wie andere psychotherapeutische Methoden. Der Unterschied ist aber, daß ihr – der Suggestion oder der Übertragung – hier nicht die Entscheidung über den therapeutischen Erfolg überlassen wird. Sie wird vielmehr dazu verwendet, den Kranken zur Leistung einer psychischen Arbeit zu bewegen, – zur Überwindung seiner Übertragungswiderstände –, die eine dauernde Veränderung seiner seelischen Ökonomie bedeutet. Die Übertragung wird vom Analytiker dem Kranken bewußt gemacht, sie wird aufgelöst, indem man ihn davon überzeugt, daß er in seinem Übertragungsverhalten Gefühlsrelationen *wiedererlebt*, die von seinen frühesten Objektbesetzungen, aus der verdrängten Periode seiner Kindheit, herstammen. Durch solche Wendung wird die Übertragung aus der stärksten Waffe des Widerstandes zum besten Instrument der analytischen Kur. Immerhin bleibt ihre Handhabung das schwierigste wie das wichtigste Stück der analytischen Technik« (GW 14: 68 f.; 1925).

Gleichermaßen unterscheidet er zwischen Übertragungsremissionen und analytischen Heilungen:

»Die Übertragung kann häufig genug die Leidenssymptome allein beseitigen, aber dann nur vorübergehend, solange sie eben selbst Bestand hat. Das ist dann eine Suggestivbehandlung, keine Psychoanalyse. Den letzteren Namen verdient die Behandlung nur dann, wenn die Übertragung ihre Intensität zur Überwindung der Widerstände verwendet hat. Dann allein ist das Kranksein unmöglich geworden, auch wenn die Übertragung wieder aufgelöst worden ist, wie ihre Bestimmung es verlangt« (GW 8: 477 f.; 1913).

Erstaunlicherweise hat man sich *unmittelbar* auf die *Analyse* sowie die Behebung der Übertragungsunterordnung des Patienten gegenüber seinem Analytiker berufen, um folgenden Vorwurf zu *diskreditieren*: infolge der epistemisch verwirrenden Auswirkungen, die die Einwilligung des Patienten in die Lehren der quasi-elterlichen Autorität des Analytikers hat, laufen die sich daraus ergebenden klinischen Daten Gefahr, nur *Schein*bestätigungen für psychoanalytische Hypothesen zu liefern. Auf welcher Grundlage beruht aber die angebliche Fähigkeit der Übertragungsanalyse, die psychoanalytische Untersuchung von sich selbst erfüllenden, unechten Befunden reinigen zu können? Es ist die Tatsache, daß die kindliche Willfährigkeit des Patienten gegenüber den Lehren seines Therapeuten *selbst* ein fester Bestandteil des Ziels der Auflösung seiner »Übertragungsneurose« ist. Ich kann jedoch nicht nachdrücklich genug betonen, daß ein solches Beschwören der Übertragungsanalyse, um den Vorwurf der Selbstvalidierung zu entkräften, vom logischen Standpunkt aus ein Zirkelschluß ist.

Denn natürlich setzt die psychoanalytische Analyse der ehrerbietigen Unterordnung des Patienten unter seinen Arzt bereits voraus, daß gerade die Hypothesen, deren Scheinbestätigung durch die klinischen Antworten des Analysanden von Anfang an problematisch war, empirisch gültig sind. Freud sagt ausdrücklich: »Die Übertragung wird vom Analytiker dem Kranken bewußt gemacht, sie wird aufgelöst, indem man ihn davon überzeugt, daß er in seinem Übertragungsverhalten Gefühlsrelationen *wiedererlebt*, die von seinen frühesten Objektbesetzungen, aus der verdrängten Periode seiner Kindheit, herstammen« (GW 14: 68; 1925). Aber die ätiologischen Hypothesen, die dem Patienten genau diese besagten Einsichten und Überzeugungen liefern, basieren selbst erklärtermaßen auf klinischen Daten, und diese Daten stehen anerkanntermaßen immer schon in Verdacht, durch den Einfluß des Analytikers in Verwirrung geraten zu sein.

Es ist daher offenkundig ein Circulus vitiosus zu behaupten, die Analyse der Übertragung schließe Scheinbestätigungen aus, indem sie gewährleiste, daß der Patient davon befreit wird, die ihm vom Analytiker vermittelten Erwartungen zu erfüllen. Dieser trügerischen Bewältigung des genannten Vorwurfs der klinischen Scheinbestätigung läßt sich kaum dadurch abhelfen, daß man eine von Merton Gill (1980: 286) erlassene Verfügung beachtet, wonach »der Großteil der analytischen Arbeit bei der Übertragung im Hier und Jetzt stattfinden sollte«. Denn eine Analyse, die sich auf diesen Schwerpunkt konzentriert, beruht offensichtlich auf Hypothesen, deren Gültigkeitserklärung nicht weniger fraglich ist als die Zeugnisse der *genetischen* Übertragungsinterpretationen, deren Rolle Gill gerne schwächen würde.

Doch wir wollen zu Freuds eigener Darstellung der Analyse der Übertragung zurückkehren. Um zu einer Auflösung zu kommen, bemerkt er: »Der Analytiker hat die Aufgabe, den Patienten jedesmal aus der gefahrdrohenden Illusion [den Analytiker zu lieben] zu reißen, ihm immer wieder zu zeigen, daß es eine Spiegelung der Vergangenheit ist, was er für ein neues reales Leben [d. h. für eine realistische Zuneigung] hält« (GW 17: 102; 1940). Es ist daher ganz selbstverständlich ein immer wiederkehrendes Thema in Freuds Schriften, daß bei seiner Therapie die Pathogene der Symptome des Patienten wie bei einem operativen Eingriff entfernt werden, während die grundlegende Pathologie bei den suggestiven Behandlungen erhalten bleibt, die daher lediglich kosmetisch wirken (GW 11: 468, 478; 1917; 8: 56, 110; 1910; 5: 17 f.; 1905). Im übrigen wurde dieser Gegensatz zwischen psychoanalytischer Behandlung und reiner Suggestion durch Freuds Wiederholung im Jahre 1921, daß die Suggestibilität ein »Rätsel« sei, ganz und gar nicht widerrufen. Damals trat er erneut für seinen lebenslänglichen Agnostizismus hinsichtlich der kausalen Mechanismen von individueller Suggestibilität ein, wonach Gruppensuggestion eine unlogische psychologische Vorherrschaft über Individuen bewirkt und in einer Veränderung ihres Verhaltens resultiert (GW 13: 96–98).

Eine in jüngerer Zeit von einem Analytiker ausgesprochene Warnung liefert ein Beispiel dafür, daß zumindest von einigen Seiten Freud weiterhin die Treue gehalten wird, was seine Unterscheidung zwischen (1) durch Übertragung verursachten Symptomremissionen, die man für kurzlebig und unter neuen Spannungen für zerbrechlich erachtet, und (2) dem analytischen Ausrotten des zugrundeliegenden Pathogens betrifft. In einem Artikel über die Übertragung schreibt Brian Bird (1972: 285 f.):

»Eines der schwerwiegendsten Probleme der Analyse betrifft die ganz beträchtliche Hilfe, die der Patient direkt vom Analytiker und der analytischen Situation erhält. Für so manchen Patienten ist der Analytiker in der analytischen Situation in der Tat der gefestigtste, vernünftigste, klügste und verständnisvollste Mensch, dem er jemals begegnet ist, und der Rahmen, in dem sie sich treffen, kann tatsächlich die ehrlichste, offenste, direkteste und regelmäßigste Beziehung darstellen, die er jemals erfahren hat. [...] Zusammengenommen kann der gesamte *reale* Wert, den die analytische Situation für den Patienten darstellt, sicher ungeheuer groß sein. Das Problem bei dieser Art von Hilfe ist, daß sie, sofern sie immer weiter dauert, eine so reale, direkte und fortdauernde Wirkung auf den Patienten hat, daß er sich nie so tief in Übertragungssituationen verstricken kann, daß es ihm möglich wäre, seine lähmendsten inneren Schwierigkeiten zu lösen, ja, sie überhaupt erst einmal kennenzulernen. Das Problem ist gewissermaßen, daß die direkte, nicht-analytische Hilfsbereitschaft in der analytischen Situation viel zu gut ist! Das Problem ist auch, daß wir als Analytiker offenbar der Versuchung, direkt hilfreich zu sein, nicht widerstehen können.«

Ungeachtet der Tatsache, daß Freud die reine Suggestion als Heilmittel theoretisch in Abrede stellte, scheute er sich nicht, Patienten therapeutische Versprechungen zu machen, die nach seiner eigenen Darstellung zu der Zeit bestenfalls Hoffnungen waren. So schreibt er 1910, daß auch zu jenen »Zeiten, da ich allein die Psychoanalyse vertrat, [ich den] Kranken [...] die Versicherung gab, ich wüßte ihnen dauernde Abhilfe ihrer Leiden zu bringen« (GW 8: 110). Auf der nächsten Seite gibt er jedoch zu, daß diese Versicherungen sehr wohl auch ungerechtfertigt sein können. Denn nachdem er darauf hingewiesen hat, daß es auch Konkurrenztherapien, die ihre Suggestivkraft davon ableiteten, daß sie in Mode seien, nicht »gelingt, die Neurosen zu bezwingen«, sagt er: »Es wird sich zeigen, ob die psychoanalytischen Behandlungen mehr zu leisten vermögen.«

Solange Freud seine These von der notwendigen Bedingung

aufrechterhielt, glaubte er, die zweifachen Suggestibilitätsvorwürfe (gegen die Dynamik seiner Therapie und die kognitive Zuverlässigkeit der klinischen Daten aus der psychoanalytischen Untersuchung) auf *einen* Streich abwehren zu können. Genau deswegen nämlich, weil die entscheidende Prämisse seines Übereinstimmungsarguments, die These von der notwendigen Bedingung, die richtige *ätiologische* Einsicht für *therapeutisch* unentbehrlich erklärte, rechtfertigte dieses Argument Freuds Vertrauen auf folgende Behauptung: Seine *retrospektive* klinische Ermittlung der Ätiologien der Psychoneurosen und der Ursachen für die normale Persönlichkeitsentwicklung *mittels der psychoanalytischen Methode* erfuhr keine Beeinträchtigung durch kausale Inferenzfallen à la »post hoc ergo propter hoc«, sondern war vielmehr methodologisch korrekt. Kein Wunder, daß er sich dazu berechtigt fühlte, zu sagen: »In der Psychoanalyse bestand von Anfang [d. h. auch bei der ursprünglichen kathartischen Methode] ein Junktim zwischen Heilen und Forschen. [...] Unser analytisches Verfahren ist das einzige, bei dem dies kostbare Zusammentreffen gewahrt bleibt« (GW 14: 293 f.; 1926). Tatsächlich hatte Freud uns schon 1893 mitgeteilt, Breuer habe »bei seiner ersten Patientin folgende Erfahrung gemacht: Der Versuch, die Veranlassung eines Symptomes zu erfahren, ist gleichzeitig ein therapeutisches Manöver« (Freud, »Über den psychischen Mechanismus hysterischer Phänomene«, in: *Wiener Medizinische Presse* 34, 1893, Nr. 4, Sp. 165). Er stellte daher die Behauptung auf, daß in der Psychoanalyse »wissenschaftliche Forschung und therapeutische Bemühung sich decken« (GW 13: 212; 1923). Man ist deshalb höchst verblüfft, wenn man die Bemerkung des Analytikers Judd Marmor (1968: 6) hört: »Ich vermute, es war im wesentlichen der historische Zufall, daß Freud versuchte, seinen Lebensunterhalt als praktizierender Psychiater zu verdienen, was ihn dazu veranlaßte, sein Untersuchungsinstrument gleichzeitig als therapeutisches Instrument einzusetzen.« Im Gegensatz zu dieser Behauptung wird Kapitel 3 im einzelnen zeigen, daß das »Junktim zwischen Heilen und Forschen«, das »von Anfang« an bestand (GW 14: 293; 1926), der Form nach die Therapie folgendermaßen zu einer Hauptsache machte: Der Umstand, daß Freud dem Aufdecken von Verdrängungen *therapeutische* Wirksamkeit zuschrieb, bildete in der Tat die epistemische Grundlage dafür, daß es mit der Methode der freien Assoziation möglich wurde, Ursachen (d. h. Pathogene) angeblich nachzuweisen.

Die klare Schlußfolgerung, die Freud aus seinem Übereinstimmungsargument zog, wurde während der letzten Jahrzehnte von führenden Analytikern im wesentlichen wiederholt. Einer derjenigen, die das besonders deutlich unterstützen, ist der Freudianer Robert Waelder. In seiner Rezension von Sidney Hooks bekanntem Sammelband (1959) schreibt er (1962: 629 f.):

»Immer, wenn ein Psychoanalytiker befriedigt ist, daß er den gordischen Knoten einer Neurose gelöst und ihre Dynamik und Psychogenese richtig verstanden hat, beruht seine Zuversicht auf zwei Arten von Daten: zum einen auf der äußeren Beobachtung von Ereignissen, zum anderen auf der Selbstbeobachtung des Patienten. Bei der ersten handelt es sich um die unzähligemal während der Zeit des Durcharbeitens in der Analyse wiederholte und dann wieder unzähligemal im späteren Leben des Patienten erneuerte Erfahrung, daß diese spezielle Interpretation (oder das Interpretationsmuster) und kein anderes die Symptome bannen kann, wenn sie wieder auftauchen, daß sie allein der Schlüssel zum Öffnen des Schlosses sind; denn insbesondere bei der schwereren, seit langer Zeit bestehenden Neurose bringt eine erfolgreiche analytische Therapie oft keine ideale ›Heilung‹ nach unseren utopischen Wünschen zustande, ein spurloses Verschwinden von Störungen, für das man keinen Preis zu zahlen hätte, sondern vielmehr die Fähigkeit, ihrer Herr zu werden und durch Wachsamkeit und Bemühen ein gutes, wenn auch eher künstliches als dauerhaftes Gleichgewicht zu erhalten.

Dann [...] kommt es zu einer inneren Erfahrung; was unbewußt war, kann nun bewußt empfunden werden.«

Waelder stellt die Psychoanalyse in Gegensatz zu »einer rein physikalistischen Disziplin«, indem er sie epistemisch als »weitgehend, wenn auch keinesfalls vollständig eine Angelegenheit von Introspektion und Einfühlungsvermögen« (S. 628 f.) charakterisiert. Zur Untermauerung der Behauptung, die Freud mit seinem Übereinstimmungsargument aufstellt, »was an den Vermutungen des Arztes unzutreffend war, das fällt im Laufe der Analyse wieder heraus« (GW 11: 470; 1917), beruft er sich daher *auch* darauf, daß die *Introspektionen* des Patienten die Interpretationen des Analytikers bestätigen. So erörtert Waelder (1962: 629) bezüglich des Beitrags, den »der Patient mit seiner Selbstbeobachtung« dazu leistet, daß der Analytiker zuversichtlich sein kann, die Psychogenese und die Dynamik der Neurose seines Klienten »richtig verstanden« zu haben:

»Die Interpretationen, die der Psychoanalytiker seinem Patienten liefert, verweisen auf innere Zusammenhänge, die vollständig erfahren werden können. Natürlich kann jede individuelle Interpretation, die im Verlauf einer Analyse vorgeschlagen wird, richtig oder auch nicht richtig sein; der Patient kann sie annehmen oder auch nicht, und seine Billigung oder Zurückweisung kann verursacht sein durch realistische Bewertungen oder durch emotionale Vorurteile. Mit fortschreitender Analyse werden aber falsche Interpretationen allmählich schwinden, ungenaue oder unvollständige Interpretationen werden allmählich berichtigt oder vervollständigt und emotionale Vorurteile des Patienten werden allmählich überwunden. In einer erfolgreichen Analyse wird sich der Patient schließlich der vorher unbewußten Faktoren seiner Neurose bewußt: er kann vollständig fühlen und empfinden, wie seine neurotischen Symptome aus den Konflikten, deren er sich nun bewußt ist, entstanden sind; und er kann vollständig fühlen und empfinden, wie der Entschluß, diesen Symptomen ins Auge zu blikken, die Symptome vertreibt und laut Freud ›neurotisches Leiden in Alltagstrübsal verwandelt‹; und wie ein Ausweichen die Symptome wieder zurückbringt.«

Wie ich übrigens an anderer Stelle im einzelnen gezeigt habe (Grünbaum 1980: 354–367), wird gerade die epistemische Zuverlässigkeit, die bei den Introspektionen des Analysanden hinsichtlich der Gültigkeitserklärung von ätiologischen und therapeutischen Behauptungen gelobt wird, durch neuere Schlußfolgerungen der kognitiven Psychologen Nisbett und

Wilson bestritten. In der »Einleitung« führte ich ihre Ergebnisse gegen den Habermasschen kognitiven Tribut an die »Selbstreflexion« des Patienten an. Wie sich der Leser erinnern wird, kam ich dort zu dem Ergebnis, daß das Subjekt, wie andere außenstehende Beobachter auch, lediglich *inferentiellen* – und nicht direkten oder privilegierten – Zugang zu solchen kausalen Verkettungen hat, die tatsächlich einige seiner psychischen Zustände miteinander verknüpfen. Und solche Schlußfolgerungen zieht der Analysand unter Anleitung seines Arztes.

Vor wenigen Jahren erst hat der Analytiker Michael Basch (1980: 171) Freuds These von der notwendigen Bedingung nachformuliert:

»›Einsichts-Psychotherapie‹, ›psychoanalytisch orientierte‹ oder ›Tiefen‹-Psychotherapie [...] beruhen auf Freuds Erkenntnis, daß psychologische Probleme Entwicklungsprobleme sind und daß man zu einer Lösung, die auf Ursachen basiert [im Gegensatz zu einer oberflächlichen, brüchigen Symptomremission], nur gelangen kann, wenn man [wahrhafte] Einsicht gewinnt in den Prozeß, der sie hervorruft.«

Wie Waelder verweist auch Basch (S. 83) auf die »wiederholt gemachte Erfahrung«, daß es nicht gelingt, im Verhalten des Patienten die erwünschte Veränderung als Reaktion auf eine völlig einleuchtende Interpretation zu erreichen, daß es dann aber zu einem therapeutischen Durchbruch kommt, nachdem man eine *bestimmte* Interpretation angeboten hat. Und genau wie für Waelder ist dieser Befund auch für Basch der *Beweis*, daß die *eine* Interpretation, die zu einem bedeutsamen therapeutischen Erfolg führte, richtig und einsichtig war – und den Patienten nicht nur *überredete*. Kann aber ein solches therapeutisches Ereignis tatsächlich zugunsten von Freuds These von der notwendigen Bedingung sprechen? Gewiß nicht, solange und sofern kein guter Grund besteht, zu behaupten, die von Basch angeführte »wiederholt gemachte Erfahrung« könne tatsächlich dazu dienen, die Wahrheit – und *nicht* nur die *Angemessenheit*! – der therapeutisch ausgezeichneten Interpretation und zugleich die Falschheit der therapeutisch unfruchtbaren analytischen Vermutungen zu bezeugen. Jedoch haben weder Basch noch Waelder solche Gründe beigebracht.

Welche Anhaltspunkte liefert uns nun Freud selbst bezüglich der Belege, die ihn dazu veranlaßten, mindestens bis zum Jahre 1917 für seine These von der notwendigen Bedingung einzutreten? Diese Frage ist unumgänglich, weil die *empirische Haltbarkeit* dieser Hauptprämisse seines Übereinstimmungsarguments den Dreh- und Angelpunkt darstellt, auf dem seine generelle Anerkennung der Beweiskraft der klinischen Daten, die man über die psychoanalytische Untersuchungsmethode erhalten kann, basiert. Freud ging, so scheint es, zumindest bis zum Jahre 1917 davon aus, daß die These von der Notwendigen Bedingung durch die *Dynamik* gestützt wurde, die zu postulieren er sich erklärtermaßen veranlaßt fühlte, um die *Muster* von therapeutischem Erfolg und Mißerfolg verständlich zu machen, die aus der Anwendung der folgenden beiden Behandlungsweisen resultierten: (1) Josef Breuers kathartischer Methode der Abreaktion, die bei Hysterikern immer noch Hypnose anwandte, und (2) Freuds neuer psychoanalytischer Version von Breuers Methode, die zur Behandlung von Psychoneurotikern die Hypnose durch die Technik der freien Assoziation ersetzte. Die bahnbrechenden Überlegungen, die Freud an seine therapeutischen Erfolge und Mißerfolge knüpfte, billigen in der Tat solche Rückschlüsse, wie wir sie bereits in den genannten Schriften der Analytiker Waelder und Basch vorfanden. Wir wollen nun sehen, was Freud zu diesen Überlegungen geführt haben mochte, ohne sie jedoch unsererseits gutzuheißen.

Breuers Befunde schienen darauf hinzudeuten, daß die abreaktive, deutlich ausgesprochene Erinnerung des Patienten an das verdrängte traumatische Erlebnis, bei dem ein bestimmtes hysterisches Symptom mutmaßlich zum erstenmal auftrat, therapeutisch wirksam ist. Die positiven therapeutischen Ergebnisse, die Breuer und Freud zunächst mittels einer solchen Katharsis erzielten, dienten ihnen dann als *Rechtfertigung* dafür, jenes verdrängte traumatische Erlebnis ätiologisch als die spezifische Ursache oder das *Pathogen* für die vorfindlichen Symptome dingfest zu machen (GW 1: 84–86; 1893; 1: 375; 1896). Auf diesem Wege hatte Breuer beispielsweise den Schluß gezogen, daß die starke Abneigung seiner Patientin Anna O. gegen das Wassertrinken seine Ursache in einem abgebundenen, verdrängten Ekel besaß, den sie empfunden hatte, als sie einen Hund Wasser aus einem Glas trinken sah (Studien: 30). Hat man die Ätiologie des hydrophobischen Verhaltens der Patientin einmal in dieser Weise gefolgert, kann das auch dazu dienen, Breuers »Heilung« zu erklären, wie Kapitel 3 im einzelnen zeigen wird. (Der Kürze halber werde ich in Zukunft nicht jedesmal ausdrücklich sagen, daß die von Breuer und Freud für pathogen gehaltenen Traumata tatsächlich *verdrängte* Erlebnisse waren.)

Doch ganz *abgesehen* vom therapeutischen Erfolg nennt Freud zwei allgemeine notwendige Bedingungen, die jedes traumatische Erlebnis erfüllen muß, *wenn* es eine *befriedigende ätiologische Erklärung* für das gegebene Symptom liefern soll, indem es sich als seine »spezifische Ursache« ausweist. Freud liefert folgendes Beispiel zur Begründung dieser Bedingungen:

»Es handle sich um das Symptom des hysterischen Erbrechens; dann glauben wir dessen Verursachung (bis auf einen gewissen [hereditären] Rest) durchschauen zu können, wenn die Analyse das Symptom auf ein Erlebnis zurückführt, welches *berechtigterweise ein hohes Maß von Ekel* erzeugt hat, wie etwa der Anblick eines verwesenden menschlichen Leichnams. Ergibt die Analyse anstatt dessen, daß das Erbrechen von einem großen Schreck, z. B. bei einem Eisenbahnunfall, herrührt, so wird man sich unbefriedigt fragen müssen, wieso denn der Schreck gerade zum Erbrechen geführt hat. Es fehlt dieser Ableitung an der *Eignung zur Determinierung*. Ein anderer Fall von ungenügender Aufklärung liegt vor, wenn das Erbrechen etwa von dem Genuß einer Frucht herrühren soll, die eine faule Stelle zeigte. Dann ist zwar das Erbrechen durch den Ekel determiniert, aber man versteht nicht, wie der Ekel in diesem Falle so mächtig werden konnte, sich durch ein hysterisches Symptom zu verewigen; es mangelt diesem Erlebnisse an *traumatischer Kraft*« (GW 1: 428 f.; 1896).

Entsprechend stellt er seine allgemeinen Bedingungen:

»Wir wollen uns nämlich klar machen, daß die Zurückführung eines hysterischen Symptoms auf eine traumatische Szene nur dann einen Gewinn für unser Verständnis mit sich bringt, wenn diese Szene zwei Bedingungen genügt, wenn sie die betreffende *determinierende Eignung* besitzt, und wenn ihr die nötige *traumatische Kraft* zuerkannt werden muß« (S. 428).

Jedoch kann tatsächlich *jedes beliebige* verdrängte traumatische Erlebnis, das diesen beiden Bedingungen der Erklärungsangemessenheit genügt, sehr wohl für die Hysterie *ätiologisch irrelevant* sein, schon weil die von Breuer und Freud aufgestellte grundlegende Hypothese einer *Verdrängungsätiologie* generell falsch sein kann! Und *wenn* dem so ist, dann befand sich Breuer sicherlich im Irrtum, als er dem *speziellen* traumatischen Erlebnis, das den *Ausbruch* eines gegebenen hysterischen Symptoms veranlaßt, entscheidende pathogene Bedeutung zumaß, einem Erlebnis, das ich im weiteren kurz das »veranlassende Trauma« nennen werde. Doch aus ganz anderen Gründen wurde Freud davon überzeugt, die ätiologische Rolle des veranlassenden Traumas von einer »spezifischen« Ursache zu einer lediglich herbeiführenden (auslösenden) Ursache herabzustufen (GW 1: 371 f.; 1895).

Wie Freud erklärt (GW 1: 427–432; 1896), hatte er folgende Gründe: (1) mit überwältigender Häufigkeit verletzte das veranlassende Trauma mindestens eine der beiden von Freud aufgestellten Forderungen nach ätiologischer Angemessenheit, und (2) wann immer er mit seinem psychoanalytischen Verfahren ein verdrängtes veranlassendes Trauma aufdeckte, das beide Angemessenheitsbedingungen verletzte, war die Aufhebung *dieser* Verdrängung therapeutisch ganz und gar nutzlos. In allen derartigen Fällen gibt es »auch keinen therapeutischen Gewinn; der Kranke hat seine Symptome unverändert behalten« (S. 430)!

Wir müssen erkennen, warum Freud diesen therapeutischen

Mißerfolg heranzog, um die pathogene Wirkkraft des veranlassenden Traumas noch mehr in Zweifel zu ziehen. Es lag daran, daß er einen therapeutischen Erfolg erwartete, wenn der Patient eine *ätiologisch wesentliche* Erinnerung nicht länger verdrängte. Diese Erwartung basierte auf der allgemeinen Lehre von Breuers kathartischer Methode, die Freud immer noch ernst nahm, und die er kurz folgendermaßen wiedergab:

»Breuer hat [...] bei seiner ersten Patientin folgende Erfahrung gemacht: Der [erfolgreiche] Versuch, die [psychisch abgesonderte] Veranlassung eines Symptomes zu erfahren, ist gleichzeitig ein therapeutisches Manöver.« (Freud, »Über den psychischen Mechanismus hysterischer Phänomene«, in: *Wiener Medizinische Presse* 34, 1893, Nr. 4, Sp. 165.)

Obwohl Freud also das *veranlassende* Trauma ätiologisch degradierte, beharrte er darauf, daß das *generelle* Postulat einer Verdrängungsätiologie für die Hysterie empirisch gerechtfertigt sei. Diese Rechtfertigung leitete sich aus der psychoanalytischen Enthüllung eines viel *früheren* sexuellen Traumas ab, das seiner Ansicht nach eindrucksvolle pathogene Merkmale besaß (GW 1: 427; 1896). Nach seinen Worten verfährt man so lange,

»bis man vom hysterischen Symptom aus endlich zur eigentlich traumatisch wirksamen, in jeder Hinsicht, therapeutisch wie analytisch, befriedigenden Szene gelangt. [...] Wo die erstaufgefundene Szene unbefriedigend ist, sagen wir dem Kranken, dieses Erlebnis erkläre nichts, es müsse sich aber hinter ihm ein bedeutsameres, früheres Erlebnis verbergen, und lenken seine Aufmerksamkeit nach derselben Technik auf den Assoziationsfaden, welcher beide Erinnerungen, die aufgefundene und die aufzufindende, verknüpft. Die Fortsetzung der Analyse führt dann jedesmal zur Reproduktion neuer Szenen von den erwarteten Charakteren« (S. 430 f.).

»Das wichtigste Ergebnis aber, auf welches man bei solcher konsequenten Verfolgung der Analyse stößt, ist dieses: Von welchem Fall und von welchem Symptom immer man seinen Ausgang genommen hat, *endlich gelangt man unfehlbar auf das Gebiet des sexuellen Erlebens.* Hiermit wäre also zuerst eine ätiologische Bedingung hysterischer Symptome aufgedeckt« (S. 434).

Kurz gesagt, Freud hatte darauf geschlossen, daß ein wesentlicher Unterschied in der pathogenen Bedeutung zwischen dem veranlassenden Trauma einerseits und dem angenommenen frühen sexuellen Trauma andererseits bestand. Und er brachte diesen Unterschied in Zusammenhang damit, daß er die ätiologische Voraussetzung, die Breuers kathartische Therapie bestimmte, verbessert hatte: »Das sexuelle Trauma [während der Kindheit] trat so an die Stelle des banalen [veranlassenden] Traumas [im späteren Leben] und das letztere verdankte seine ätiologische Bedeutung der assoziativen oder symbolischen Beziehung zum ersteren, das vorangegangen war« (GW 13: 219; 1923).

Wir sind dabei, die Art von Befunden zu erschließen, von denen Freud vermutlich annahm, sie könnten gemeinsam seine TNB unterstützen. Um die Stichhaltigkeit seines Beweismaterials zu beurteilen, dürfen wir jedoch nicht übersehen, daß er auf der Suche nach den theoretisch erwarteten Daten erklärtermaßen dem Patienten gut zuredete, ihm Anweisungen gab und ihn sogar einschüchterte. So berichtet er – wir sahen es bereits –, wie er *»unfehlbar«* zu den besagten frühen sexuellen Traumata gelangte: »Wo die erstaufgefundene Szene unbefriedigend ist, sagen wir dem Kranken, dieses Erlebnis erkläre nichts, es müsse sich aber hinter ihm ein bedeutsameres, früheres Erlebnis verbergen, und lenken seine Aufmerksamkeit nach derselben Technik auf den Assoziationsfaden, welcher beide Erinnerungen, die aufgefundene und die aufzufindende verknüpft« (GW 1: 430 f.; 1896). Eine ganze Reihe von anderen Bemerkungen (z. B. GW 1: 298; 1895; 1: 498; 1898; 5: 218 f.; 1905; 7: 403 f.; 1909) zeigt, daß Freud sich aus theoretischen Gründen berechtigt fühlte, dem Patienten hart zuzusetzen, wenn er nicht die gewünschte Art von Erinnerung wiedererlangte. Er schreibt (GW 1: 440; 1896): »Die Patienten wissen vor Anwendung der Analyse nichts von diesen Szenen, sie pflegen sich zu empören, wenn man ihnen etwa das Auftauchen derselben ankündigt«. Außerdem (GW 8: 104 f.; 1910; vgl. auch GW 7: 354; 1909):

»Die Kur besteht aus zwei Stücken, aus dem, was der Arzt errät und dem Kranken sagt, und aus der Verarbeitung dessen, was er gehört hat, von seiten des Kranken. Der Mechanismus unserer Hilfeleistung ist ja leicht zu verstehen: wir geben dem Kranken die bewußte Erwartungsvorstellung, nach deren Ähnlichkeit er die verdrängte, unbewußte bei sich auffindet.« Der Analysand wird eindeutig im voraus zu dem ermahnt, was man von ihm erwartet. Und diese erklärte Gehirnwäsche trägt dazu bei, daß man viele Scheinbestätigungen für ätiologische Hypothesen erhält. Freuds Inquisitionsmethoden konnten nämlich noch nicht einmal zuverlässig dafür bürgen, daß das theoretisch erwünschte, frühe Erlebnis auch nur stattgefunden hatte. Ein Ereignis, das niemals stattgefunden hatte, konnte aber kaum das Pathogen gewesen sein. Dennoch glaubte er offenbar, seine sich daraus ergebenden Befunde seien alles andere als erdichtet.

So berichtete Freud in dem Artikel von 1896, aus dem wir zitiert haben, über therapeutische Mißerfolge bzw. Erfolge solchermaßen: (1) Die psychoanalytische Behandlung endete immer dann in einem therapeutischen Fiasko, wenn der Patient eindeutig ohne Einsicht in die eigentliche spezifische Ätiologie seiner Neurose blieb, die verborgen in seinem Unbewußten verharrte, während die oberflächliche Analyse lediglich eine *auslösende* Ursache seines Leidens aufdeckte; (2) die psychoanalytische Aufhebung der Verdrängung eines Traumas durch den Patienten verlief »in jeder Hinsicht, therapeutisch wie analytisch, befriedigend« und die Behandlung war erfolgreich, wenn der Patient zu echter ätiologischer Einsicht gelangte, weil das entsprechende Trauma allen Anzeichen nach als Pathogen »eigentlich wirksam« war (GW 1: 430). Man beachte, daß die beiden Bedingungen für ätiologische Angemessenheit, die Freud gestellt hatte, erklärtermaßen nur notwendig und nicht ausreichend sind, ein Trauma als ätiologisch wesentlich für die Hysterie zu identifizieren. Jedoch scheint er hier als erwiesen anzunehmen, daß die konkreten Merkmale eines verdrängten Traumas zusammengenommen seine pathogene Wirksamkeit bezeugen können, *unabhängig* davon, ob sein Heraufholen ins Bewußtsein des Patienten einen *therapeutischen Gewinn* bedeutet (S. 438f.). Wenn man tatsächlich eine solche ätiologische Identifizierbarkeit voraussetzen könnte, dann hätte Freud, wie Edward Erwin mir gegenüber bemerkt hat, sich den weitläufigen Umweg eines Rechtfertigungsversuchs über die TNB sparen können.

Vielleicht glaubte Freud aber, eine solche *direkte* Identifizierbarkeit sei in *einigen* Fällen möglich und in anderen nicht. Wenn dem so wäre, würden die ätiologischen Rückschlüsse in *letzteren* Fällen zunächst durch die TNB gerechtfertigt, sobald ihr gewagter zweiter Bestandteil Anspruch auf überzeugende Evidenz erheben kann. Behauptet wurde dort, die richtige Einsicht in die wesentliche Ätiologie der Neurose des Patienten sei kausal notwendig für deren therapeutische Überwindung. Ein Beleg für diese Behauptung wiederum läge vor, wenn man die besagten Fälle von direkter ätiologischer Identifizierbarkeit anführt, um die erwähnten beiden Wechselbeziehungen hinsichtlich des therapeutischen Ergebnisses zu stützen; denn die zuvor genannten Korrelationen sprechen für eine derartige in der TNB behauptete kausale Relevanz der Patienteneinsicht für das Behandlungsergebnis. Wie ich im folgenden zeigen werde, scheint es auf jeden Fall so, daß Freud sogar im weiteren Verlauf seines Aufsatzes von 1896 nicht zögerte, eben diese gewagte Behauptung von der TNB anzuführen.

Als Freud darüber berichtete, daß die überwiegende Mehrheit der *veranlassenden* traumatischen Szenen mindestens eine seiner beiden Bedingungen für ätiologische Angemessenheit *nicht erfüllte*, verzeichnete er einige seltene Ausnahmen: »Es trifft zwar einige Male zu, daß die traumatische Szene, in welcher das Symptom entstanden ist [d. h. das veranlassende Trauma], wirklich beides, die determinierende Eignung und die traumatische Kraft besitzt, deren wir zum Verständnis des Symptoms bedürfen« (S. 429). Dann erklärte er ausdrücklich, daß die Pathogenese der Hysterie *niemals* durch das veranlassende Trauma bewirkt worden sein könne, ohne daß *frühere* schmerzhafte Erlebnisse ätiologisch dazu beigetragen hätten, einerlei, welche anderen Eigenschaften dieses spätere Trauma besitze. Unmittelbar im Anschluß an diesen Satz kehrt er zurück zu jenen erklärtermaßen *seltenen* veranlassenden Traumata, die seinen beiden ätiologischen Angemessenheitsbedingungen *gleichermaßen* genügen:

»Sie könnten meinen, jene seltenen Fälle, in welchen die Analyse das Symptom sofort auf eine traumatische Szene [d. h. ein veranlassendes Trauma] von guter determinierender Eignung und traumatischer Kraft zurückführt und es durch solche Zurückführung gleichzeitig wegschafft, wie dies in Breuers Krankengeschichte der Anna O. geschildert wird, seien doch mächtige Einwände gegen die allgemeine Geltung des eben aufgestellten Satzes [vom ätiologischen *Schmarotzertum* der veranlassenden Traumen]. Das sieht in der Tat so aus; allein ich muß Sie versichern, ich habe die triftigsten Gründe, anzunehmen, daß selbst in diesen Fällen eine Verkettung [ätiologisch] wirksamer Erinnerungen vorliegt, die weit hinter die erste [veranlassende] traumatische Szene zurückreicht, *wenngleich* die Reproduktion der letzteren allein die Aufhebung des Symptoms zur Folge haben kann« (S. 432).

Freud räumt hier ein, daß dem ersten Anschein nach sein Satz vom ätiologischen Schmarotzertum »mächtigen Einwänden« gegenübersteht, die sich aus jenen seltenen *veranlassenden* Traumen ergeben, die seinen beiden *notwendigen* Bedingungen für ätiologische Angemessenheit genügen *und* deren Wiedererweckung im Bewußtsein des Patienten eine Aufhebung des Symptoms zur Folge hat. Dann setzt er das Wort »wenngleich« kursiv, um hervorzuheben, daß dieses *therapeutische* Ergebnis den zuvor aufgestellten Satz in besonderer Weise in Frage stellt.

Wie aber kommt Freud überhaupt zu dieser Infragestellung? Ich behaupte, *die Begründung* dafür *liefert ausgerechnet seine TNB*, die die Einsicht in die *wesentliche* Ätiologie einer Neurose als kausal notwendig für eine Heilung erklärt hatte. Denn die Erfüllung der beiden *notwendigen* Bedingungen für ätiologische Angemessenheit durch ein veranlassendes Trauma ist zweifellos völlig vereinbar mit dem ätiologischen Schmarotzertum *aller* derartiger Traumen, da diese notwendigen Bedingungen nicht in ihrer Gesamtheit zugleich auch ausreichend sind. Wie aus Freuds Gebrauch des Wortes »wenngleich« hervorgeht, *scheint* es vielmehr so zu sein, daß das ätiologische Schmarotzertum von veranlassenden Traumen der Aufhebung des Symptoms, die sich in einigen Fällen ergab, wo die Analyse *nur* ein *veranlassendes* Trauma zurückgeholt hatte, zuwiderläuft!

Ich stelle daher erneut die Frage: Warum sollte man – auch auf den ersten Blick – zu diesem positiven therapeutischen Ergebnis nicht auch im Gefolge der Einsicht in ein ätiologisch *marginales* Trauma gelangen? Und meine Antwort lautet: Weil – wenn die resultierende Aufhebung des Symptoms gleichbedeutend mit dem Sieg über die zugrundeliegende Neurose *wäre* – diese Aufhebung dann der in der TNB enthaltenen Forderung nach Einsicht in die *wesentliche* Ätiologie der Neurose als für ihre Überwindung notwendige Bedingung widersprechen würde.

Zum Glück läßt uns Freud nicht lange im ungewissen, ob und wie er seine TNB mit diesem positiven Behandlungsergebnis aus ätiologisch marginaler Einsicht in Einklang bringt. Weiter hinten in seinem Aufsatz (S. 442) sagt er, die Aufhebung des Symptoms des Patienten müsse nicht gleichbedeutend sein mit seiner »radikalen Heilung«, schon deswegen nicht, weil der Analysand zu Rückfällen neigen könne. In dem Bewußtsein, daß eine *Symptom*heilung tatsächlich *nicht* die Überwindung der *zugrundeliegenden* Neurose bedeuten muß, hält er ausdrücklich jede Symptomheilung für brüchig, bei der die ätiologische Einsicht des Patienten es *nicht vermag*, über das veranlassende Trauma hinaus in die »spezifische Ätiologie« seines Leidens einzudringen (S. 446 f.). So bewahrte er die Vereinbarkeit mit der TNB. Er erklärt:

»Daß auch der therapeutische Beweis für die Echtheit der [traumatischen] Infantilszenen in einer Reihe von Fällen zu erbringen ist, füge ich hinzu, ohne diesen in den Vordergrund drängen zu wollen. Es gibt Fälle, in denen ein vollständiger oder partieller Heilerfolg zu erreichen ist, ohne daß man bis zu den Infantilerlebnissen herabsteigen muß; andere, in welchen jeder Erfolg ausbleibt, ehe die Analyse ihr natürliches Ende mit der Aufdeckung der frühesten Traumen gefunden hat. Ich meine, im ersteren Falle sei man vor Rezidiven nicht gesichert; ich erwarte, daß eine vollständige Psychoanalyse die radikale Heilung einer Hysterie bedeutet!« (S. 442)

Freud läßt uns hier jedoch im unklaren darüber, *mit welcher Begründung* er die erwähnten therapeutischen Ergebnisse als »Beweis« für seine Verführungsätiologie nimmt. Könnte es sein, daß er sich auf die TNB beruft, zumindest in dem Maße, wie er es scheinbar doch an früherer Stelle im selben Artikel getan hat? Dieselbe Auslegungsfrage in bezug auf die Rolle, die die TNB spielt, stellt sich auch deshalb, weil er sich auf den »therapeutischen Erfolg« verläßt, um seine analytisch gefolgerte sexuelle Ätiologie der Hysterie zu »bekräftigen«, wobei er erklärtermaßen die Belege für diese Ätiologie »der strengsten Prüfung« unterzieht:

»Wenn Sie meine Behauptung, die Ätiologie auch der Hysterie läge im Sexualleben, der strengsten Prüfung unterziehen, so erweist sie sich als vertretbar durch die Angabe, daß ich in etwa achtzehn Fällen von Hysterie diesen Zusammenhang für jedes einzelne Symptom erkennen und, wo es die Verhältnisse gestatteten, durch den therapeutischen Erfolg bekräftigen konnte« (S. 435).

Es ist darauf zu achten, wie Freud die frühesten Traumen gegenüber den späteren ätiologisch gewichtete:

»Alle nach-pubertären Ereignisse, denen man einen Einfluß auf die Entwicklung der hysterischen Neurose und auf ihre Symptombildung zuschreiben muß, sind tatsächlich nur mitwirkende Ursachen – ›agents provocateurs‹ [. . .]. Diese Begleitursachen unterliegen nicht den strengen Bedingungen wie die spezifischen Ursachen; die Analyse zeigt unwiderlegbar, daß sie einen pathogenen Einfluß auf die Hysterie nur dank ihrer Fähigkeit, die unbewußte, psychische Spur des Kindheitsereignisses zu Bewußtsein zu bringen, ausüben.« (GW 1: 420; 1896; aus dem Frz. von der Übers.)

Indem Freud so die kausale Rangordnung unter den ätiologischen Faktoren hervorhob, wies er auf den Umstand hin, daß sie gehäuft auftreten (GW 1: 451, 454; 1895). Zudem hatte er in einer seiner Fallstudien aus dem Jahre 1895 (Fräulein Elisabeth von R.) nicht nur das veranlassende Trauma ätiologisch herabgestuft, sondern auch den gewagten zweiten Bestandteil der TNB sogar hinsichtlich der *Symptombeseitigung* behauptet:

»In einer überwiegend großen Anzahl von Beispielen ergab sich wiederum, daß die ersten Traumen kein Symptom hinterlassen hatten, während ein späteres Trauma derselben Art ein Symptom hervorrief, welches doch zu seiner Entstehung der Mitwirkung der früheren Anlässe nicht entbehren konnte, und dessen Lösung wirklich die Berücksichtigung aller Anlässe erforderte« (GW 1: 242).

In einer anderen Fallstudie von 1895 hatte Freud die Rolle, die er der angeborenen Veranlagung des Patienten bei der Mitwirkung zur Ätiologie der Hysterie zuwies, umrissen:

»Frau v. N... war sicherlich eine neuropathisch hereditär belastete Person. Ohne solche Disposition bringt man wahrscheinlich überhaupt keine Hysterie zustande. Aber die Disposition allein macht auch noch keine Hysterie, es gehören Gründe dazu, und zwar, wie ich behaupte, adäquate Gründe, eine Ätiologie bestimmter Natur« (GW 1: 158 f.).

Auf diesem Wege beantwortete er teilweise die Frage nach der *kausal hinreichenden* Bedingung für diese Störung, eine Frage, die er folgendermaßen formulierte: »Welches mögen die anderen Momente sein, deren die »spezifische Ätiologie« der Hysterie noch bedarf, um die Neurose wirklich zu produzieren?« (GW 1: 446; 1896)
Übrigens gab es in den letzten Jahren Behauptungen, wonach klassische Hysteriefälle von der Art, wie Freud sie gesehen hatte, seither verschwunden seien. Wenn die diagnostischen Kriterien, nach denen Patienten als Hysteriker identifiziert werden, nicht von Dauer sind, dann zeugt zweifellos das *berichtete* Schwinden des Vorkommens dieser Krankheit während der vergangenen Jahrzehnte kaum von einem tatsächlichen Rückgang. Der Analytiker Kaplan (1981: 15) erklärt dies anschaulich:

»Man wandte die Diagnose »Hysterie« jedoch auf eine ungleiche Gruppe von Patienten an, bei denen nicht nur Konversion vorlag, sondern, parallel zur Entwicklung unserer psychoanalytischen Theorien und neuer, vorgeformter Auffassungen über Hysterie, auch phobische und andere Symptome.
Auch gibt es Anzeichen dafür, daß die klassisch beschriebene Hysterie auch heute noch häufig angetroffen wird, eher bei weniger kultivierten Patienten, aber in allen sozialen Klassen, nicht notwendigerweise von Psychoanalytikern, sondern von Psychiatern und anderen Ärzten. Wenn wir nun zurückblicken, würden viele der Patienten, die früher als Hysteriker galten, heute diese Diagnose nicht mehr erhalten.«

In dem Bewußtsein der Tatsache, daß Freud zwischen einer Symptomheilung und einer radikalen Heilung unterschied, saben sich Analytiker fortwährend damit gebrüstet, die Ursachen von Neurosen und nicht bloß Symptome zu behandeln, indem sie Verdrängungen psychoanalytisch aufdeckten. In seiner 1917 erschienenen Vorlesung »Die Übertragung« bestimmte Freud aber näher, in welcher Hinsicht die Analyse für sich beanspruchen kann, eine »kausale Therapie« zu sein. Dort wies er nämlich darauf hin, daß das Aufdecken von Verdrängungen, auch wenn es einen stärkeren Angriff auf eine Neurose darstellt als bloße Symptombeseitigung, kein Angriff auf jene *früheren* Wurzeln der ätiologischen Kette in der Veranlagung des Patienten ist, die den Patienten überhaupt erst für pathogene Erfahrungen *anfällig* machen (GW 11: 451–453). Diese Art Angriff auf die pathogenen Veranlagungen – nach seinen Worten vielleicht »auf chemischem Wege« – wäre »eine im eigentlichen Sinne kausale Therapie« (S. 452 f.). Solange Freuds Ätiologien aber keine hinreichende Beglaubigung besitzt, kann seine Therapie nicht für sich in Anspruch nehmen, irgendeine Art von »kausaler Therapie« zu sein. Aus demselben Grund machen Psychoanalytiker sich einer Petitio principii schuldig, wenn sie erklären, ihre eigene Therapie behandle die *Ursachen* der Neurosen, konkurrierende Therapien dagegen nur die Symptome.
Wie wir gesehen haben, dient Freuds Unterscheidung zwi-

schen einer Symptomheilung, die vielleicht durch die Übertragungsbeziehung ausgelöst wurde, und einer Heilung der zugrundeliegenden Neurose dazu, ein irriges Gegenbeispiel zu seiner TNB zu vermeiden, das sich ergibt, wenn man diese Unterscheidung nicht berücksichtigt. Daß dieser Vorbehalt heilsam ist, zeigt sich ferner an der Bedeutung, die er für die richtige Auslegung einer rätselhaften Bemerkung in Freuds Vorlesung »Die analytische Therapie« aus dem Jahre 1917 hat. An dieser Stelle (GW 11: 467), nur ein paar Seiten, bevor er von der TNB im Übereinstimmungsargument Gebrauch macht, erinnert Freud an seine Enttäuschungen bei der Anwendung der hypnotischen Therapie nach Bernheim und Breuer. Das Verfahren konnte bei einigen Patienten praktiziert werden, bei anderen aber nicht, es war unerklärlicherweise bei einigen sehr hilfreich, während es bei anderen nur wenig ausrichtete, und auch dann, wenn es erfolgreich war, war die Besserung, die sich zeigte, nicht von Dauer. Dieser Mangel an Beständigkeit machte eine suchtartige Wiederholung der Behandlung nötig, die den Patienten seines Selbstvertrauens beraubte (vgl. auch GW 5: 314; 1905). Obwohl Freud diese Beanstandungen registriert hatte, brachte er dennoch folgenden rätselhaften Einwand vor: »Zugegeben, manchmal gelang es auch ganz nach Wunsch; nach wenigen Bemühungen hatte man vollen und dauernden Erfolg. Aber die Bedingungen eines so günstigen Ausganges blieben unbekannt« (GW 11: 467). Eine Fußnote, die die Herausgeber der *Standard Edition* dem Begriff »dauernden« beigefügt haben, verweist den Leser auf einen entsprechenden Fall in Freuds Aufsatz »Ein Fall von hypnotischer Heilung« (GW 1: 3–17; 1892), der in zwei Teilen im Dezember 1892 und Januar 1893 erschien.

Sehen wir uns aber diesen Aufsatz genauer an, wird klar, daß Freud sich mißverständlich ausdrückte, als er den Erfolg der dort berichteten hypnotischen Behandlung als »dauernd« bezeichnete, und daß dieser Erfolg aus Symptombeseitigungen bestand, die der TNB *nicht* widersprechen. Bei der

Patientin handelte es sich um eine Frau, die durch verschiedenartige hysterische Symptome daran gehindert wurde, ihr erstes Kind zu stillen. Zwei Sitzungen mit prohibitiver hypnotischer Suggestion à la Bernheim reichten aus, alle ihre Symptome zum Verschwinden zu bringen. Dieses Verschwinden »dauerte« aber nur solange, bis sie ein Jahr später ein zweites Kind zur Welt brachte; dann traten ihre Symptome abermals auf und mußten erneut hypnotisch behoben werden. Daß Freud solche hypnotischen Symptombeseitigungen als oberflächliche, kurzlebige Heilungen betrachtete, geht aus seiner folgenden Bemerkung aus dem Jahre 1904 hervor, die weit weniger konzis ist als der zuvor zitierte überraschende Einwand von 1917:

»Ich habe die Suggestionstechnik und mit ihr die Hypnose so frühzeitig aufgegeben, weil ich daran verzweifelte, die Suggestion so stark und so haltbar zu machen, wie es für die dauernde Heilung notwendig wäre. In allen schweren Fällen sah ich die darauf gelegte Suggestion wieder abbröckeln, und dann war das Kranksein oder ein dasselbe Ersetzendes wieder da« (GW 5: 17 f.; 1905).

Er wiederholte seine Unterscheidung zwischen einer psychoanalytischen »radikalen Heilung« einer ausgewachsenen Neurose und einer oberflächlichen Heilung durch »bequemere Heilmethoden« (GW 5: 19 f.; 1905) und berücksichtigte auch die »leichteren, episodisch auftretenden Erkrankungen [...], die wir unter den verschiedenartigsten Einflüssen und auch spontan abheilen sehen«. Und wie wir uns erinnern, erkannte er, als er schon im Jahre 1909 die TNB verkündete, auch: »Was man etwa bei sich allein zu Ende bringen kann, sind leichte Störungen, niemals eine Neurose« (GW 7: 339; 1909).

Man wird sich erinnern, daß Freud im Jahre 1896 sowohl therapeutische als auch andere klinische Befunde zusammengestellt hatte, die er als Beleg für die pathogene Rolle der kindlichen Verführungsszenen, auf die er geschlossen hatte, betrachtete (GW 1: 434, 442). In demselben Aufsatz von 1896 gab er sich aber besondere Mühe, auf Zweifel einzugehen, ob diese Ereignisse überhaupt stattgefunden hatten, nicht nur, ob sie – falls authentisch – auch das spezifische Pathogen der Hysterie waren. Obgleich Freud nur eineinhalb Jahre später vertraulich sogar das bloße Auftreten von Verführungen in Abrede stellte (Anfänge: 187), ist es aufschlußreich, zu sehen, welche Zweifel er erörterte und wie er sie im Jahre 1896 zurückwies.

Immer in Gedanken bei dem Vorwurf der Suggestibilität, fragte er rhetorisch,

»ob es denn nicht sehr wohl möglich sei, daß entweder der Arzt solche Szenen als angebliche Erinnerung dem gefälligen Kranken aufdrängt, oder daß der Kranke ihm absichtliche Erfindungen und freie Phantasien vorträgt, die jener für echt annimmt« (GW 1: 440; 1896).

Und auf den ersten Zweifel gibt er zur Antwort:

»Mir ist es noch nie gelungen, einem Kranken eine Szene, die ich erwartete, derart aufzudrängen, daß er sie mit allen zu ihr gehörigen Empfindungen zu durchleben schien« (S. 441).

Hier läßt sich Freud nicht beirren, obwohl er in demselben Aufsatz zuvor erwähnt hatte, falls das veranlassende Trauma ätiologisch unbefriedigend sei, »sagen wir dem Kranken, dieses Erlebnis erkläre nichts, es müsse sich aber hinter ihm ein bedeutsameres, früheres Erlebnis verbergen« (S. 430 f.). Selbst achtundzwanzig Jahre, nachdem er seine Verführungsätiologie verworfen hatte, ist er in diesem Punkt unerbittlich: »Ich glaube auch heute nicht, daß ich meinen Patienten jene Verführungsphantasien aufgedrängt, ›suggeriert‹ habe« (GW 14: 60; 1925). Zu diesem späteren Zeitpunkt nahm er jedoch seine 1896 gegebene Antwort auf den Vorwurf, seine Patienten hätten die Verführungsszenen erfunden und den Analytiker hintergangen, zurück. Damals hatte er zuversichtlich geantwortet, es gebe einen »entscheidenden Beweis« für das Gegenteil:

»Zunächst ist das Benehmen der Kranken, während sie diese infantilen Erlebnisse reproduzieren, nach allen Richtungen hin unvereinbar mit der Annahme, die Szenen seien etwas anderes als peinlich empfundene und höchst ungern erinnerte Realität. [...]

Wozu sollten die Kranken mich so entschieden ihres Unglaubens versichern, wenn sie aus irgend einem Motiv die Dinge, die sie entwerten wollen, selbst erfunden haben?« (GW 1: 440 f.; 1896)

Im Jahre 1925 erklärt er aber:

»Als ich dann doch erkennen mußte, diese Verführungsszenen seien niemals vorgefallen, seien nur Phantasien, die meine Patienten erdichtet, die ich ihnen vielleicht selbst aufgedrängt hatte, war ich eine Zeitlang ratlos. Mein Vertrauen in meine Technik wie in ihre Ergebnisse erlitt einen harten Stoß; ich hatte doch diese Szenen auf einem technischen Wege, den ich für korrekt hielt, gewonnen und ihr Inhalt stand in unverkennbarer Beziehung zu den Symptomen, von denen meine Untersuchung ausgegangen war« (GW 14: 59 f.).

Und in einer früheren historischen Darstellung berichtet er, daß die falsche Ätiologie »für die junge Forschung« der Psychoanalyse »fast verhängnisvoll geworden wäre«:

»Als diese Ätiologie an ihrer eigenen Unwahrscheinlichkeit und an dem Widerspruche gegen sicher festzustellende Verhältnisse zusammenbrach, [. . .] hätte ich gerne die ganze Arbeit im Stiche gelassen, ähnlich wie mein verehrter Vorgänger Breuer bei seiner unerwünschten Entdeckung. Vielleicht harrte ich nur aus, weil ich keine Wahl mehr hatte, etwas anderes zu beginnen« (GW 10: 55; 1914).

Obwohl demnach der Zusammenbruch der Verführungsätiologie das psychoanalytische Unternehmen im allgemeinen gefährdete, widerlegte er im besonderen *nicht* den gewagten zweiten Bestandteil der TNB. Die TNB wäre zweifellos nachdrücklich entkräftet worden, *wenn* es Fälle von Patienten gegeben hätte, die wirklich geheilt worden wären, nachdem sie über ihre Analyse *Pseudo*einsicht in Vorfälle von sexuellem Mißbrauch erlangt hätten, die in *ihrer* Kindheit mutmaßlich niemals stattfanden, wenngleich wahrscheinlich bei anderen. Doch gleich die erste der vier Begründungen, womit Freud im Jahre 1897 Fließ gegenüber seine Preisgabe der Verführungstheorie rechtfertigte, war eben die, daß ein derartiger therapeutischer Sieg über die zugrundeliegende Neurose nicht zustande gekommen sei. Wie er betonte, waren die Heilerfolge, die er erzielte, tatsächlich derart, daß sie leicht auch durch Suggestion hätten entstanden sein können:

»Die fortgesetzten Enttäuschungen bei den Versuchen, meine Analyse zum wirklichen Abschluß zu bringen, das Davonlaufen der eine Zeitlang am besten gepackten Leute, das Ausbleiben der vollen Erfolge, auf die ich gerechnet hatte, die Möglichkeit, mir die partiellen Erfolge anders, auf die gewöhnliche Art zu erklären: dies die erste Gruppe« (Anfänge: 187).

Zu diesem therapeutischen Widerruf kam er jedoch erst, nachdem er, wie wir sahen, im Jahr zuvor noch zweimal therapeutische Ergebnisse zur Untermauerung seiner Verführungsätiologie angeführt hatte. Geht man aus von Freuds späterer ungünstiger therapeutischer Bestandsaufnahme, dann diente die Tatsache, daß er tatsächliche Verführungen als Pathogene für die Hysterie durch erfundene ersetzte, nicht dazu, seine TNB zu widerlegen. Daher zeigt die Tatsache, daß die TNB einschließlich ihres ersten Bestandteils mit dem Zusammenbruch der Verführungsätiologie vereinbar ist, daß dieses Debakel auf jeden Fall keine Grundlage für die Annahme liefert, Freud habe intellektuell unredlich gehandelt, als er die TNB in den Jahren 1909 und 1917 ausdrücklich verkündete. Dennoch erscheint seine wissenschaftliche Aufrichtigkeit fragwürdig, bedenkt man, daß er neun Jahre verstreichen ließ, bevor er seinen Gesinnungswandel *öffentlich zugab* (GW 5: 153 f.; 1906).

C. *War Freud bei seinem Versuch, die psychoanalytische Persönlichkeitstheorie therapeutisch zu rechtfertigen, erfolgreich?*

Ob Freuds Übereinstimmungsargument von 1917 die reine Wahrheit seiner Schlußfolgerungen zu *gewährleisten* vermag, hängt natürlich davon ab, ob seine zwei Prämissen empirisch haltbar sind. Wie ich zuvor bemerkt habe, ist die TNB der Kernpunkt, der es jedem durch die Analyse erreichten therapeutischen Sieg ermöglichte, die Authentizität ihrer klinischen Daten zu bezeugen. In dem Maße, wie sich Freud in späteren Jahren von einer seiner Prämissen oder von beiden lossagte, verlor er folglich sein früheres Vertrauen, daß dieses Argument die psychoanalytische Untersuchungsmethode und/oder die Ergebnisse, die er damit erzielt hatte, rechtfertigen könne. In dem Maße wiederum, wie die analytische Behandlung auch heutzutage noch keine wirkliche Heilung von Neurosen bewirkt und die TNB durch gegenwärtig zugängliche empirische Informationen in Frage gestellt wird, steht die Freudsche Theorie angesichts der weiterhin bestehenden doppelten Herausforderung, welche die Suggestibilität darstellt, derzeit ohne diese Rechtfertigung da. Wir wir in Abschnitt A sahen, hatte Freud selbst zugegeben (GW 11: 464 f.; 1917), daß er versuchen müsse, die folgende doppelte Anklage für nichtig zu erklären: die Suggestion sei gleichzeitig die entscheidende Kraft in seiner Therapie und der kognitive Ruin für die psychoanalytische Untersuchungsmethode.

Einige Jahrzehnte lang behauptete Freud, für beide Prämissen seines Übereinstimmungsarguments gebe es empirische Bestätigung. In späteren Jahren höhlte er aber ironischerweise dieses Argument selbst aus, indem er nach und nach jede der beiden Prämissen aufgab oder bedeutend abschwächte. So grenzte die Art und Weise, wie er in einem wichtigen Aufsatz (GW 16: 59–99; 1937) die Qualität und Dauerhaftigkeit eines bestimmten psychoanalytischen Behandlungsergebnisses herabsetzte, an eine Nichtanerkennung des Behandlungserfolges. Wie Freud wehmütig berichtete, wirkt eine befriedigende Psychoanalyse noch nicht einmal vorbeugend gegen das Wiederauftreten des Leidens, dessentwegen der Patient behandelt wurde, geschweige denn immunisierend gegen den Ausbruch einer anderen Neurose. Freud redete also ganz und gar keiner Hoffnung auf Heilung das Wort, sondern beschränkte sich im wesentlichen darauf, Linderung in Aussicht zu stellen. Die Tragweite dieses therapeutischen Pessimismus ist jedoch niederschmetternd. Denn selbst wenn die TNB richtig wäre, bedürfte sie der existentiellen Prämisse dokumentierter Heilungen, um die mittels der freien Assoziation abgeleiteten Ätiologien bestätigen zu können. Aber auch, als Freud im Hinblick auf den Wert des therapeutischen Ergebnisses weniger pessimistisch war (GW 14:301; 1926), widerrief er 1926 seine frühere TNB, indem er die Existenz von Spontanremissionen einräumte: »In der Regel muß sich ja unsere Therapie damit begnügen, rascher, verläßlicher, mit weniger Aufwand den guten Ausgang herbeizuführen, der sich unter günstigen Verhältnissen spontan ergeben hätte« (GW 14: 186). Die Bezeichnung »Spontanremission« soll natürlich besagen, daß die Besserung, die ein leidender Mensch erfährt, gänzlich durch außerklinische Lebensereignisse und nicht durch professionelle Therapeuten bewirkt wurde, nicht aber, daß sie ohne jede Ursache stattfand. Bemerkenswerterweise gab Freud zu, daß Neurosen, die in der analytischen Therapie vergehen, ohnehin im Laufe der Zeit spontan nachlassen würden. Auf diese Weise degradierte er den Status seiner eigenen Behandlung von der therapeutischen Unabdingbarkeit zum bloßen Beschleuniger einer Genesung, die auch andernfalls zu erwarten wäre, und brachte durch die eigenen Ergebnisse seine TNB-Prämisse in ernste Gefahr. Nachdem aber dieser Satz nicht mehr galt, waren selbst aufsehenerregende therapeutische Erfolge nicht mehr als Beweis für die Gültigkeit seiner Hypothesen mittels des Übereinstimmungsarguments zu gebrauchen.

Andere Analytiker haben in ähnlicher Weise Konzessionen an die Spontanremission gemacht und anerkannt, daß »alles durchdringende« psychische Besserungen oder Heilungen auch ohne psychoanalytische Einsicht durch theoretisch konkurrierende Behandlungsmethoden wie etwa die Verhaltenstherapie erzielt werden können (Malan 1976: 172 f., 269, 147). Man muß sehen, daß verschiedene Behandlungsarten als gegenseitige »Konkurrenten« gelten, insofern sie sich bezüglich ihrer *Theorien* über das Grundprinzip, die Dynamik, die Methoden oder Verfahrensweisen des therapeutischen Prozesses voneinander unterscheiden. Besonders bei der Psychoanalyse und der Verhaltenstherapie, vielleicht aber auch bei einigen anderen Behandlungsarten, umfaßt das ihnen zugrunde liegende theoretische Grundprinzip auch Hypothesen, die sich auf die Persönlichkeitsentwicklung, die Ätiologie und die gegenwärtige Dynamik pathologischen Verhaltens beziehen. Die Unterschiede zwischen den Konkurrenztherapien erstrecken sich daher natürlich auch auf *diese* kausalen Hypothesen. Bekanntlich gibt es eine Überfülle solcher konkurrierender therapeutischer Behandlungsarten, mehr als 125.

Während der vergangenen Jahrzehnte ist es nicht gelungen, anhand von vorhandenen Vergleichsstudien zum Behandlungsergebnis von Konkurrenztherapien irgendeine Überlegenheit der Psychoanalyse innerhalb jener Gruppe von Behandlungsmethoden festzustellen, deren Erfolg die bei (quasi) unbehandelten Kontrollgruppen gewonnene Quote an Spontanremissionen übertrifft (Smith / Glass / Miller 1980; Rachman / Wilson 1980; Strupp / Hadley / Gomes-Schwartz 1977). Wenn aber die analytische Behandlung ihren Konkurrenten in den relevanten diagnostischen Kategorien tatsächlich nicht überlegen ist, dann kann man mit Recht – wenn auch *nicht zwingend* – ihre therapeutischen Leistungen als Placeboeffekte interpretieren. Dann aber sind die therapeutischen Erfolge der Psychoanalyse *doch nicht* daraus entstanden, daß der Patient zur Selbsterkenntnis kam, zum großen Leidwesen des Sokrates. So hat der Psychiater Jerome Frank behauptet, daß der Analytiker wie auch sein Konkurrent Neurotiker heile, indem er unterstützend deren Demoralisierung entgegenwirke, und nicht, indem er ihre Verdrängungen ausgrabe. Tatsächlich räumt Franks Hypothese sogar ein, daß Konkurrenztherapien vermöge ihrer unterschiedlichen Fähigkeiten, Kräfte zu mobilisieren, die ihnen allen eigen sind, unterschiedliche Auswirkungen haben. Die Methoden für eine solche Mobilisierung, die ihnen allen gemeinsam sind, umfassen vielgeübte Rituale, ein spezielles Vokabular, ein gut fundiertes Wissen und das Charisma des Therapeuten (Grünbaum 1980: 341–351). Gewiß kann man weiterhin argumentieren, daß psychoanalytische Behandlungsergebnisse *nicht* placebogen seien. Dennoch bleibt die belastende Tatsache bestehen, daß die TNB in starkem Maße zweifelhaft geworden ist. Außerdem sind selbst die von Smith, Glass und Miller 1980 beigebrachten Belege für Behandlungserfolge mit analytischer und nichtanalytischer Psychotherapie als untauglich zur Bestätigung ihrer Schlußfolgerungen bezeichnet worden. Wie Prioleau, Murdock und Brody 1983 dargelegt haben, zeigen die von Smith u. a. verwendeten Befunde nicht, daß der Nutzen, den die Psychotherapie bringt, über den von Behandlungen hinausgeht, die als Placebos bestimmt waren. Allerdings müssen adäquate Vergleichsstudien zur *langfristigen* Psychoanalyse erst noch durchgeführt werden.

Ironischerweise wurde bei einigen psychoanalytischen Theoretikern die Bereitschaft, zu bestätigen, daß es *im Widerspruch* zur TNB spontane Remissionen bei ausgewachsenen Neurosen gibt, veranlaßt durch das Erfordernis, eine Schwierigkeit zu bewältigen, die die Verhaltenstherapie für die *herkömmliche* Freudsche Theorie über den Ursprung *und* die Aufrechterhaltung von neurotischen Symptomen aufwarf. Dazu muß man sich klarmachen, was nach dieser allgemein bekannten Auffassung über die Symptombildung mutmaßlich geschehen würde, wenn ein Symptom durch einen direkten Angriff zum Verschwinden gebracht wird, die Neurose jedoch, die ihm zugrunde liegt, unberührt bleibt. Ein neurotisches Symptom gilt als Kompromiß, *gebildet* als Antwort auf einen ungelösten Konflikt zwischen einem verbotenen unbewußten Impuls und seiner Abwehr durch das Ich. Vom Symptom wird angenommen, daß es zu jeder Zeit durch einen *gleichzeitig existierenden*, fortdauernden unbewußten Konflikt *aufrechterhalten* wird, der sich – wie die TNB behauptet – nicht ohne psychoanalytische Intervention von selbst löst. Wird also die Verdrängung des unbewußten Wunsches nicht auf psychoanalytischem Wege aufgedeckt, so wird die zugrundeliegende Neurose weiterbestehen, auch wenn beispielsweise die Verhaltenstherapie oder die Hypnose das spezifische Symptom, das die Neurose zu diesem Zeitpunkt nur *offenbart*, zum Verschwinden bringt. Solange der neurotische Konflikt weiterbesteht, wird die Psyche des Patienten nach der Abwehrfunktion verlangen, die zuvor das nunmehr verbannte Symptom eingenommen hat. Der ungelöste Konflikt müßte daher typischerweise und besonders in schweren Fällen ein *neues* Symptom hervorbringen. Und diese Erwartung bezeichnet, nebenbei bemerkt, eine »riskante« Vorhersage im Sinne Poppers, da Konkurrenztheorien wie die Verhaltensintervention diese Erwartung gerade leugnen.

Indem Freud seine Enttäuschung über die hypnotische Therapie zum Ausdruck brachte, behauptete er, wie wir sahen, daß der Patient in jedem schweren Fall, den er suggestiv behandelt habe, entweder rückfällig werde oder *»ein Ersetzendes«* (GW 5: 18; 1905) für die ursprünglichen Symptome entwickle. Aber handelt es sich bei diesem sogenannten »Symptomersatz«, dem *Austausch* eines zum Verschwinden gebrachten Symptoms gegen ein neues, tatsächlich um eine normale Erscheinung? Fisher und Greenberg (1977: 370) haben empirische Untersuchungen zum Auftreten von *neuen* Symptomen zusammengefaßt, bei denen es ihrer Auffassung nach um »Verhalten, das als sozial oder persönlich fehlangepaßt bewertet werden kann«, geht:

»Es gibt gleichbleibende und triftige Belege dafür, daß in vielen Arten von Fällen die Symptome mit Verhaltensbehandlungen entfernt werden können, ohne daß etwas darauf hinweist, daß der Patient negative Auswirkungen erleidet. [...] Tatsächlich finden sich in vielen der Untersuchungen Anzeichen dafür, daß es nach der Entfernung eines behindernden Symptoms zu einer allgemeinen Funktionsverbesserung kommt.«

Unlängst zeigte sich in einer langfristig angelegten Nachuntersuchung von agoraphobischen Patienten, die verhaltenstherapeutisch behandelt worden waren, nicht nur, daß es ihnen »bei der Nachuntersuchung viel besser ging als vor der Behandlung«, sondern es gab auch keinen Hinweis auf einen Symptomersatz (Munby/Johnston 1980: 418). Hier liegt denn auch die Schwierigkeit, die sich für die analytische Dynamik der Symptomerhaltung durch eine behavioristische Symptomextinktion ohne Rückfall stellt.

Wie Edward Erwin (1978: 161) bemerkte, haben einige profreudianische Autoren vorgeschlagen, diesem Mangel an Symptomersatz Rechnung zu tragen, und postuliert, es gebe in der Tat Neurosenremissionen *ohne* den Vorteil einer psychoanalytisch vermittelten Einsicht: obwohl alle Symptome *zunächst* zur Abwehr gebildet werden, werden in einer ganzen Reihe von Fällen die ihnen zugrunde liegenden Konflikte durch spontane Ich-Reifung gelöst, und in solchen Fällen kann es durchaus sein, daß durch das bloße Beharren auf einer angenommenen Gewohnheit die Symptome als »Spuren« der ehemaligen Neurose erhalten bleiben. Wenn daher ein Symptom lediglich ein Relikt aus einer spontan überwundenen Neurose darstellt, sollte die behavioristische Extinktion ihrer »Spuren« *nicht* zu deren Ersetzung führen. Eine solche Ersetzung durch ein neues Symptom dürfte nur dann stattfinden, wenn das verschwundene Symptom einen *andauernden* Konflikt offenbare und nicht lediglich eine Spur. Rhoads und Feather (1974: 17) behaupten, sie könnten feststellen, ob es sich bei einem gegebenen Symptom um ein Spurensymptom handle oder nicht. Außerdem berichten sie, sie hätten »bei der Behandlung von ›Spuren‹-Symptomen im Handumdrehen Erfolg mit dem klassischen [behavioristischen] Desensibilisierungsverfahren erzielt«, während eine solche Therapie im Fall von *Nicht*-Spurensymptomen nichts bewirke.

Natürlich beruft man sich bei dieser vorgeschlagenen Aufteilung von existierenden Symptomen in »Spuren« und »Nicht-Spuren« auf die Spontanremissionen von Neurosen. Folglich bedeutet das Postulat von Spurensymptomen die Verwerfung der für Freuds therapeutisches Prinzip entscheidenden TNB wie auch der herkömmlichen psychoanalytischen Dynamik der Symptomerhaltung (GW 1: 85; 1893), und dies geschieht nur, um zu erklären, warum Symptomersetzungen nur selten vorkommen. Indem sie die herkömmliche psychoanalytische Ansicht zurückweisen, daß *bestehende* Symptome gleichzeitig existierende, fortdauernde, verdrängte Konflikte offenbaren, bewirken die Anhänger der Spurensymptom-Theorie unabsichtlich, daß die Freudsche Ätiologie der *ursprünglichen* Symptom*bildung*, auf deren Beibehaltung sie ängstlich bedacht sind, *epistemisch untergraben* wird. Zu dieser epistemischen Aushöhlung kommt es deswegen, weil die Hypothese von der Symptomerhaltung, die von den Verfechtern der Spurensymptom-Theorie zurückgewiesen wird, immer zentrale Bedeutung besaß für die behauptete klinische Ableitbarkeit der Symptom*bildung*, seit Breuer und Freud diese Hypothese aufgestellt hatten (GW 1: 85; 1893).

Um zu *rechtfertigen*, warum sie einen ursprünglichen Akt von Verdrängung als das spezifische Pathogen betrachteten, welches für die ursprüngliche Bildung des Symptoms verantwortlich sei, extrapolierten die Begründer der Psychoanalyse nach rückwärts aus der Triebkraft, die sie als Ursache für die Fortdauer des Symptoms voraussetzten. Der Beweis wiederum, den sie zur Rechtfertigung dieser Triebkraft anführten, bestand darin, daß sich die therapeutische Symptomentfernung aus dem abreaktiven Aufdecken einer *gleichzeitig existierenden* Verdrängung ergab. Auf diese Weise leiteten sie auf dem Weg über die Symptomerhaltung Ätiologien aus dem kathartischen Behandlungserfolg ab. Welche Bedeutung sie der Rolle der fortdauernden Verdrängung als Ursache für die Fortexistenz eines Symptoms zuwiesen, beweist der Aufwand, mit dem sie die Vorstellung *zurückwiesen*, das Symptom führe »ein unabhängiges Leben« als bloßes Rudiment, nachdem es einmal durch ein ursprüngliches und dann vergessenes Trauma hervorgerufen worden sei. So erklären sie: »Wir müssen vielmehr behaupten, daß das psychische Trauma, respektive die [verdrängte] Erinnerung an dasselbe, nach Art eines Fremdkörpers wirkt, welcher noch lange Zeit nach seinem Eindringen als gegenwärtig wirkendes Agens gelten muß« (GW 1: 85; 1893).

Es stellt sich heraus, daß Freudianer, die die Hypothese vom Spurensymptom unterstützen (z. B. Weitzman 1967: 307), dies auf die Gefahr hin tun, ein entscheidendes inferentielles Bindeglied zu lösen, das für die klinische Gültigkeitserklärung von Freuds Ätiologien paradigmatisch war. Wenn man also Zuflucht zu Spurensymptomen nimmt, um die Tatsache unterbringen zu können, daß es nur selten zum Symptomersatz kommt, so wirkt dies wie ein Bumerang: Der Preis dafür ist, daß die psychoanalytische Ätiologie der ursprünglichen Symptombildung epistemisch untergraben wird, eine Ätiologie, die die Anhänger der Freudschen Spurentheorie erklärtermaßen bewahren wollen. Hinzu kommt noch der epistemische Verlust, der dadurch entsteht, daß man die TNB nicht anerkennt, wie wir bereits erwähnt haben.

Man beachte außerdem: die Spurensymptom-Hypothese erklärt die Tatsache, daß Symptome so selten ersetzt werden, damit, daß Spurensymptome so weit verbreitet sind. Aus eben diesem Grund liefert die Hypothese witzigerweise eine theoretische Begründung dafür, die psychoanalytische Therapie weitgehend als überflüssig zu bezeichnen, zumindest für all jene nosologischen Kategorien von Patienten, die sich dadurch auszeichnen, daß sie nur selten Symptomersetzungen aufweisen. In der Tat besagt diese Hypothese, daß es sich bei den Symptomen, die der typische für eine Analyse angenommene Patient aufweist, um Spurensymptome handelt, da Menschen mit großer Ich-Stärke wahrscheinlich gute Aussichten auf eine spontane Ich-Reifung haben. Diese Symptome dauerhaft zu beseitigen, ohne daß sie Gefahr laufen, durch andere ersetzt zu werden, erfordert daher kaum die Mühe, die Zeit und den Aufwand, wie sie von der Psychoanalyse verlangt werden. Wenn solche Symptome überhaupt auf eine Behandlung ansprechen, dann würde es genügen, daß sie kurzfristig, nichtanalytisch gelöscht werden. Die Analyse käme dann als Behandlung der Wahl nur noch für jene Minderheit von Psychoneurotikern in Frage, von denen man annehmen kann, daß sie an *Nicht*-Spurensymptomen leiden. Bei der großen Mehrheit von Fällen wäre die Psychoanalyse als *Placebo*therapie zu betrachten (Grünbaum 1980: 325 bis 350; 1986a). Freud hatte jedoch darauf bestanden, der wesentliche therapeutische Faktor bei der Behandlung und tatsächlich der Bestandteil, der »die analytische Behandlung von jeder Suggestionsbeeinflussung unterscheidet« (GW 10: 136; 1914), sei das Durcharbeiten der Konflikte von seiten des Patienten.

Kurz, eine Entscheidung zugunsten von Spurensymptomen bedeutet, die TNB zu leugnen, die ursprüngliche klinische Erkenntnistheorie der Freudschen Ätiologien der Psychoneurosen zu untergraben, und obendrein die analytische Therapie im wesentlichen überflüssig zu machen. Dies ist ein hoher Preis.

Hat Freud selbst jemals die Möglichkeit gesehen, daß die pathologischen Verdrängungen spontan schwinden, während die Symptome als bloße Überbleibsel der Verdrängungen weiterhin bestehen? In einer Fußnote zu seinem enttäuschend verschwommenen Aufsatz zur Angst, den er erst spät in seiner Laufbahn (1926) schrieb, zog Freud diese Hypothese von den Spurensymptomen in Erwägung, wenn er sie auch nicht unterstützte (GW 14: 173, Anm. 1). Dort erklärte er, daß er das Erscheinen seines *zweiten* topographischen Bewußtseinsmodells im Jahre 1923 – bei dem er das Es, das Ich und das Über-Ich als Triebkräfte herausstellte – zum Anlaß nahm, seine ursprüngliche Ansicht über die Symptomerhaltung in Frage zu stellen. Zumindest im Falle von psychoanalytisch unbehandelten Opfern von neurotischen Symptomen hatte er geglaubt, daß ursprünglich verdrängte Triebregungen unbewußt fortbestehen. Nach seiner Meinung scheint es »naheliegend und gesichert: Die verdrängten alten Wünsche müssen im Unbewußten noch fortbestehen, da wir ihre Abkömmlinge, die Symptome, noch wirksam finden.«

Um das Jahr 1926 beginnen »wir [jedoch zu] ahnen, daß ein solcher unveränderter und unveränderlicher Fortbestand nicht selbstverständlich, vielleicht nicht einmal gewöhnlich ist«. Demnach war er unterdessen zu der Ansicht gelangt, daß ihn die Ansicht, die sich bei ihm verfestigt hatte, übermäßig einschränkte: »Sie läßt nicht zwischen den beiden Möglichkeiten entscheiden, ob der alte Wunsch jetzt nur durch seine Abkömmlinge wirkt, denen er all seine Besetzungsenergie übertragen hat, oder ob er außerdem selbst erhalten geblieben ist.« Damit befürwortete Freud, die Spurensymptom-Hypothese in Erwägung zu ziehen, wenn nicht sogar anzunehmen.

Unter Verweis auf diese Befürwortung führt Weitzman (1967: 307) zwei Punkte an: (1) »eine erfolgreiche Symptombehandlung kann als Beweis gelten« für die Spurensymptom-Hypothese, und (2) man könnte diese Hypothese »auf eine Weise erweitern und entwickeln, die vollkommen vereinbar ist mit der analytischen Theorie«. Offensichtlich ist sich Weitzman der Tatsache überhaupt nicht bewußt, daß aus den von mir angeführten Gründen die Aufnahme der Spurenhypothese in die analytische Theorie bedeutet, daß diese Theorie epistemisch auf vernichtende Weise untergraben wird. Überdies leugnet die Spurentheorie im wesentlichen die Relevanz, die Analytiker für die Freudsche Therapie gewöhnlich beansprucht haben.

Es gibt aber auch neuere Befunde, die das weitverbreitete Bild trüben, wonach es zu keinem Symptomersatz komme, nachdem ein Primärsymptom behavioristisch gelöscht worden ist. Hier ist die sorgfältige Arbeit von Kazdin und Herson (1980) zu nennen, die über weitere Auswertungsergebnisse aus der Behandlung des Verhaltens berichten: »Offensichtlich beschränkt sich die Wirkung der Behandlung nicht notwendigerweise auf das Zielverhalten, das im Brennpunkt der Behandlung steht. [...] Nicht alle Veränderungen, die mit Verbesserungen im Zielverhalten einhergehen, sind positiv zu werten. [...] Einzelne Verhaltensweisen können als Funktion der Verhaltensbehandlung auftreten, wobei einige adaptiv und wünschenswert sind und andere als neue Probleme gelten. [...] Zweifellos hat die Verhaltenstherapie nicht ausnahmslos positive Auswirkungen auf Verhaltensweisen, die nicht im Brennpunkt der Behandlung stehen« (S. 292 f.). Umgekehrt liefern diese Befunde *keine* eindeutige Bestätigung für die Erwartung der Psychoanalyse, daß sich ein angenommener zugrundeliegender neurotischer Konflikt in Form von Ersatzbildungen manifestiert, nachdem das unerwünschte Zielverhalten behavioristisch gelöscht worden ist.

Die von mir aufgezählten Schwierigkeiten, denen die TNB und/oder das Übereinstimmungsargument ständig ausgesetzt sind, vergrößern noch die ohnehin massiven Probleme, die ich an anderer Stelle *im Detail* entwickelt habe (Grünbaum 1980: 319–354; S. 326–342 in verbesserter Form in: Grünbaum 1986a). Da das Übereinstimmungsargument nun einmal so schwerwiegend ausgehöhlt ist, ist jeder noch so eindrucksvolle therapeutische Erfolg von Analytikern für eine Beglaubigung der psychoanalytischen Theorie auf dem Weg über dieses Argument *als Beweis* nutzlos. Wie ich mich zu zeigen bemüht habe (Grünbaum 1980: 343–352), wurde in der Tat nicht nur die TNB in Mißkredit gebracht, sondern es scheint auch keine empirisch gerechtfertigte *alternative* Prämisse in Sicht zu sein, die ihren Platz einnehmen und die erwünschten zuversichtlichen Schlußfolgerungen liefern könnte. Damit bleibt aber der Hauptteil des Vorwurfs unbeantwortet, daß die psychoanalytische Untersuchungsmethode zu Scheinbestätigungen führe; denn Freud hatte sich hauptsächlich auf das Übereinstimmungsargument verlassen, um sich der Anklage zu widersetzen, klinische Daten seien nicht authentisch, da sie aus Suggestion resultierten. Tatsächlich war Freud der Auffassung, dieses Argument habe mit einem Schlag sein im Jahre 1917 gegebenes Versprechen (GW 11: 464 f.) eingelöst, die zweifache Beschuldigung, daß die Suggestion gleichzeitig die entscheidende Kraft in seiner Therapie und der kognitive Ruin für seine klinische Untersuchungsmethode sei, für nichtig zu erklären.

Die entscheidende Legitimationsrolle, die die TNB in epistemischer Hinsicht gespielt hätte, wenn sie realisierbar wäre, unterstreicht die *Koppelung* zwischen Freuds Therapie und der versuchten klinischen Gültigkeitserklärung seiner allgemeinen Theorie der unbewußten Motivationen, die von Anfang an ein wesentlicher Bestandteil des psychoanalytischen Unternehmens war. Freud betont nachdrücklich: »In der Psychoanalyse bestand von Anfang ein Junktim zwischen Heilen und Forschen« (GW 14: 293; 1926). Bei der kathartischen Methode war, wie wir sahen, die Tatsache, daß die abgeleitete Ätiologie epistemisch von therapeutischen Ergebnissen abhing, von entscheidender Bedeutung: mit Hilfe der Therapie wurde es Breuer und Freud überhaupt erst möglich, die verschiedenen klinischen Antworten, die die Patienten unter Hypnose gaben, in die Richtung von Verdrängungsätiologien zu treiben.

So kommt es dazu, daß psychoanalytische Hypothesen, die sich selbst *überhaupt nicht* auf die Dynamik oder das Resultat der analytischen Therapie beziehen, dennoch von therapeutischen Ergebnissen *epistemisch schmarotzen*, zum Teil, um die Redlichkeit von nicht-therapeutischen klinischen Daten zu rechtfertigen, und zum Teil, um die Ätiologien direkt nach Art der »Vorläufigen Mitteilung« von Breuer und Freud zu befürworten. Man übersieht jedoch allgemein, daß Freud sich im wesentlichen auf das positive therapeutische Ergebnis stützte, um die Redlichkeit von klinischen Daten via TNB in bezug auf die Suggestibilität zu rechtfertigen. Diejenigen, die es heutzutage in Mode gebracht haben, die klinischen Zeugnisse der Freudschen Persönlichkeitstheorie – die »Wissenschaft« – von den Zeugnissen seiner Therapie zu trennen, sollten sich klar darüber sein, daß sie sich auf sehr dünnem Eis bewegen. Bevor ich jedoch darangehe, nachzumessen, wie dünn es ist, muß ich zwei Hauptgruppen von methodologischen Verfügungen nebeneinanderstellen, die auf den ersten

Blick voneinander abweichen und an denen Freud festhielt; mittels dieser Nebeneinanderstellung wird es möglich sein, Freud als Methodologen neu zu bewerten.

Die erste der beiden methodologischen Direktiven lautet, man solle die psychoanalytische Methode zur klinischen Ermittlung der spezifischen Ätiologien der *Psycho*neurosen verwenden und, allgemeiner gesprochen, *kausale* Hypothesen, die sich auf unbewußte Motivationen beziehen, intraklinisch, *ohne* experimentelle Kontrollen, bestätigen. Freud hielt diese Verfügung durch sein Übereinstimmungsargument für gerechtfertigt. Die zweite Verfügung betraf die ätiologische Untersuchung von Störungen wie der Angstneurose, auf die die psychoanalytische Untersuchungsmethode *und* Therapie erklärtermaßen *nicht anwendbar* seien, weil bei ihrer Pathogenese verdrängte Vorstellungen angeblich keine Rolle spielten. Im Hinblick auf die Erforschung der Ätiologie solcher Störungen warnte Freud ausdrücklich vor einer Täuschung à la »post hoc ergo propter hoc« und anderen Fallstricken der kausalen Schlußfolgerung – eine Warnung, die er in größter Schärfe in seiner Antwort auf Löwenfeld vom Jahre 1895 aussprach und anwandte. Ich werde nun darlegen, wie Freud die zweite dieser beiden Verfügungen benutzte, um noch deutlicher hervorzuheben, warum er sich auf seine TNB stützte, um die psychoanalytische Methode der klinischen Untersuchung als Hilfsmittel zur Bestätigung von Hypothesen, die sich auf unbewußte Motivationen beziehen, zu rechtfertigen. In der Folge werde ich dann die ungebührlich geringschätzigen Urteile, die selbst wohlgesinnte Kritiker über Freud als Methodologen abgegeben haben, in Frage stellen.

Freuds ausdrückliche Warnung vor einer Täuschung durch die Fallstricke der kausalen Schlußfolgerung bei der ätiologischen Untersuchung ist dargelegt in seiner eingehenden Antwort auf Löwenfeld unter dem Titel »Zur Kritik der ›Angstneurose‹« (GW 1: 357–376; 1895), die wir bereits im Zusammenhang mit Popper in Kapitel 1, Abschnitt B, angeführt haben. Gegen Ende dieser Antwort erstellt Freud eine bewundernswert reiche und klare Typologie der unterschiedlichen Möglichkeiten, nach denen verschiedene ätiologische Faktoren kausal relevant für eine Neurose sein können (S. 371 f.). Man erinnere sich, daß Löwenfeld Freuds spezifische Ätiologie der Angstneurose kritisiert hatte, ein Syndrom, das Freud sowohl klinisch als auch ätiologisch von der Neurasthenie getrennt haben wollte. Löwenfeld behauptete, beweisen zu können, daß der psychische Schock eines plötzlichen Schreckerlebnisses – und nicht eine sexuelle Störung – das Pathogen für die Angstneurose sei. Freud aber blieb bei seiner These, daß die spezifische Ätiologie dieses Syndroms sexueller Natur sei, und argumentierte in doppelter Weise: (1) Er warf Löwenfeld vor, er habe die konkurrierende *nicht*sexuelle Ätiologie, wonach das Pathogen für die Angstneurose ein Erschrecken sei, durch den unzulässigen kausalen Schluß »post hoc ergo propter hoc« falsch abgeleitet, und (2) er verwies auf die Forschung, die er selbst in seinem ersten Artikel zur Angstneurose durchgeführt hatte (GW 1: 315 bis 342; 1895), um die spezifische sexuelle Ätiologie zu bestätigen, die er für dieses Syndrom postuliert hatte. Was den ersten Teil seines Arguments betrifft, beachte man, wie scharfsinnig Freud die methodologischen Fallstricke, die ihm im allgemeinen von Kritikern zur Last gelegt werden, erkannt hat:

»An der Tatsache selbst, die Löwenfeld gegen mich verwertet, besteht nicht der leiseste Zweifel.

Wohl aber an ihrer Deutung. Es fragt sich, soll man hier ohneweiters auf das *post hoc ergo propter hoc* eingehen, sich jede kritische Verarbeitung des Rohmaterials ersparen? Man kennt ja Beispiele genug dafür, daß die letzte auslösende Ursache sich vor der kritischen Analyse nicht als *causa efficiens* bewähren konnte. Man denke an das Verhältnis von Trauma und Gicht beispielsweise! [...] nur scheint im Beispiel der Gicht bereits für jede Einsicht absurd, daß das Trauma die Gicht ›verursacht‹ anstatt provoziert [d. h. ihren *Ausbruch* provoziert] haben sollte. Man muß doch nachdenklich werden, wenn man ätiologische Momente solcher Art – banale möchte ich sie nennen –

in der Ätiologie der mannigfaltigsten Krankheitszustände antrifft. Gemütsbewegung, Schreck ist auch solch ein banales Moment. [...] Ich bin aber berechtigt, folgenderart zu schließen: Wenn sich die nämlich spezifische Ursache in der Ätiologie aller oder der allermeisten Fälle von Angstneurose nachweisen läßt, dann braucht sich unsere Auffassung nicht dadurch beirren lassen, daß der Ausbruch der Krankheit erst nach der Einwirkung des einen oder anderen banalen Moments, wie es Gemütsbewegung ist, erfolgt.
So war es nun in meinen Fällen von Angstneurose« (GW 1: 362 f.; 1895).

Welche *eindeutigen* Gründe hat Freud aber angeführt, um die spezifische sexuelle Ätiologie, die er für die Angstneurose abgeleitet hatte, zu erhärten? Seine Begründung basierte im wesentlichen auf der von J. S. Mill entwickelten Methode von Übereinstimmung und Unterscheidung, wobei er den speziellen Fall heranzog, bei dem der abgeleitete spezifische ätiologische Faktor durch die Ausführung des Coitus interruptus verwirklicht wurde. Man beachte jedoch, daß Freud bemüht war (S. 340), zu unterscheiden zwischen dem zugrundeliegenden Faktor im Nervensystem, den er für ein gegebenes Syndrom als spezifisch ätiologisch vorausgesetzt hatte, einerseits, und solchen offenen Tätigkeiten (oder Untätigkeiten), die häufig – wenn auch nicht immer! – diesen Faktor verwirklichen, andererseits.

Zwei wesentliche Punkte in Freuds Beweisführung seiner spezifischen sexuellen Ätiologie der Angstneurose verdienen Beachtung: (1) Er war darauf bedacht, sich gegen die Inferenzfalle von »post hoc ergo propter hoc« abzusichern, indem er eine Vielzahl von Beispielen anführte, bei denen die *Abwesenheit* der vermuteten Ursache zur *Abwesenheit* der Angstanfälle führte; und (2) nach seinen Worten wird der »*therapeutische* Beweis« für seine vorausgesetzte Ätiologie durch die Ergebnisse geliefert, die auf der Tatsache basieren, daß der Patient seine Sexualpraktiken ändert (S. 330); denn seine Fälle von Angstneurose *heilten sich selbst*, als der Coitus interruptus zugunsten des normalen Verkehrs aufgegeben wurde. Freud behauptete also ganz gewiß nicht, *nur* die Psychoanalyse könne die Angstneurose heilen, sondern er stützte sich vielmehr auf die spezifische Ätiologie, die er aus *nicht*psychoanalytischen klinischen Daten für sie abgeleitet hatte, um die Schlußfolgerung, daß die Angstneurose einer psychoanalytischen Behandlung *noch nicht einmal zugänglich* ist, theoretisch begründen zu können. Er schreibt: »Zur Angstneurose aber führen alle Momente, welche die psychische Verarbeitung der somatischen Sexualerregung verhindern« (S. 335 f.), eine Behauptung, die er noch im Jahre 1926 erneut bekräftigte (GW 14: 172; 1926). Folglich stammt bei der Angstneurose der Affekt »nicht von einer verdrängten Vorstellung her, sondern erweist sich bei psychologischer Analyse als *nicht weiter reduzierbar, wie er auch durch Psychotherapie nicht anfechtbar ist*« (GW 1: 322; 1895). Natürlich ist die Angstneurose und jede andere Neurose, von deren Pathogenese angenommen wird, daß Verdrängung bei ihr keine Rolle spielt, aus dem Wirkungskreis der TNB ausgeschlossen.

Wie Freud hier betont, spielt weder eine verdrängte Vorstellung noch die »psychische Verarbeitung« irgendeine ätiologische Rolle bei der Angstneurose, die daraus resultiert, daß *somatische* Sexualspannung *direkt* in die Symptome umgesetzt wird (S. 352, 358). Deswegen kann die analytische Behandlung die spezifische Ursache der Angstneurose nicht mittels psychoanalytischer Einsicht in die Bedeutung ihrer Symptome beheben. Daraus folgt, daß die nämliche Ätiologie der Angstneurose, die Freud über die kausale Prüfung à la J. S. Mill abgeleitet hatte, theoretische Gründe für die Schlußfolgerung lieferte, daß man diese spezifische Ätiologie mit Hilfe der *intra*klinischen Einrichtungen der psychoanalytischen Untersuchung niemals hätte aufdecken, geschweige denn bestätigen können. Außerdem treten die für die Angstneurose spezifischen pathogenen Ereignisse im Erwachsenenleben der Patienten auf, und nicht im Säuglingsalter oder während der Kindheit, und sind deshalb ganz wesentlich zeitgenössisch oder »aktuell«.

Dieses Aufgebot an ätiologischen und therapeutischen Ergebnissen, die sich auf diese Neurose – und auch auf die Neurasthenie – beziehen, steht in schroffem Gegensatz zu den entsprechenden Ergebnissen, die Freud mit Hilfe der *psychoanalytischen* Methode der Untersuchung und Therapie für die Hysterie, die Zwangsneurose und die Paranoia zusammengestellt zu haben glaubte. Deswegen klassifizierte er die Angstneurose und die Neurasthenie gesondert als »Aktualneurosen« und unterschied sie von den psychoanalytisch greifbaren »Psychoneurosen« (GW 1: 508–510; 1898; vgl. aber auch 1: 384 f.; 1896). Es ist nun klar, warum mir daran gelegen war, Freuds TNB zunächst in bezug auf die *Psychoneurosen* darzulegen und die Aktualneurosen aus ihrem Geltungsbereich auszuschließen.

Wie die Debatte mit Löwenfeld zur Angstneurose (1895) zeigt, war sich Freud der methodologischen Vorsichtsmaßnahmen, die eine kontrollierte, vorausschauende kausale Prüfung bietet, offensichtlich wohl bewußt, ebenso wie der Inferenzfallen von »post hoc ergo propter hoc« bei der Gültigkeitserklärung der spezifischen *damaligen* Ätiologien der Aktualneurosen. Im Jahre 1895 veröffentlichte Freud aber nicht nur seine beiden Aufsätze zur Angstneurose, sondern gemeinsam mit Breuer auch die *Studien über Hysterie*. Wie hätte aber derselbe Freud die methodologischen Vorsichtsmaßnahmen einer vorausschauenden kausalen Prüfung aufgeben und sich damit zufriedengeben können, die rein *intra*klinische, psychoanalytische Methode anzuwenden, um die *kindlichen* Ätiologien der Psychoneurosen rückwirkend aufzudecken und zu bestätigen? Ich glaube, deutlich gemacht zu haben, daß Freud, zumindest solange er noch geneigt war, sich der Herausforderung der Suggestibilität zu stellen, sehr wahrscheinlich folgende Antwort gegeben hätte: *Im Falle der Psychoneurosen ist das Übereinstimmungsargument der epistemische Garant für die klinische Bestätigung* mittels der psychoanalytischen Methode der ätiologischen Untersuchung, während kein solcher Garant verfügbar ist, der die vorausschauenden Methoden der kontrollierten kausalen Prüfung im Falle der *Aktual*neurosen überflüssig machen würde. Solange also Freud glaubte, er könne sich auf das Übereinstimmungsargument verlassen, blieb er gelassen, als man ihm vorwarf, die Psychoanalyse als emotionales Korrektiv erziele ihre therapeutischen Erfolge *nicht* dadurch, daß sie wahrhaftige Selbsterkenntnis gewähre, sondern vielmehr durch den Gebrauch der Suggestion, die die willfährige Produktion genau der klinischen Daten fördere, die nötig seien, um ihre Theorie zu bestätigen, welche folglich durch diese Daten nur eine *scheinbare* Bekräftigung erfahre.

Freuds methodologische Rechtfertigung wurde offensichtlich von den ihm freundlich gesonnenen Kritikern Fisher und Greenberg übersehen, die der Meinung waren, er sei genau in dieser erkenntnistheoretischen Hinsicht unkritisch: »Während die Therapeutensuggestion beim Patienten zu Veränderungen führen kann, liefert sie keine Daten, die man als Bestätigung von Hypothesen über die Persönlichkeit akzeptieren könnte. Freud konnte sich nie wirklich damit abfinden, daß es einen Unterschied macht, ob man versucht, etwas über Menschen zu erfahren, oder ob man versucht, sie zu verändern« (1977: 363). Nach dem empirischen Scheitern der TNB haben Freudianer allerdings kein Anrecht mehr darauf, den therapeutischen Erfolg als Beweis dafür anzuführen, daß die Interpretationen des Analytikers der Wahrheit entsprechen. Da aber Freud das Übereinstimmungsargument formuliert hatte, scheint es, daß er sich zu jenem Zeitpunkt, *wenngleich erfolglos*, doch damit abfinden konnte, »daß es einen Unterschied macht, ob man versucht, etwas über Menschen zu erfahren, oder ob man versucht, sie zu verändern«. Da bot er nämlich der Herausforderung die Stirn: »Was der Therapie zugute kommt, bringt die Forschung zu Schaden« (GW 11: 470; 1917).

Eine ähnliche bedingte Entlastung für Freud bringt, wie ich meine, auch die Art und Weise mit sich, wie Fisher und Greenberg auf Freuds Zugeständnis reagieren: »Oft genug gelingt es nicht, den Patienten zur Erinnerung des Verdrängten zu bringen. Anstatt dessen erreicht man bei ihm durch korrekte Ausführung der Analyse eine sichere Überzeugung von der Wahrheit der Konstruktion, die therapeutisch dasselbe leistet wie eine wiedergewonnene Erinnerung« (GW 16: 53; 1937). Dieses Zitat kommentieren Fisher und Greenberg folgendermaßen:

»Wenn man sich vom Vertrauen in die Fähigkeit des Analytikers, festzustellen, was während der Kindheit ›tatsächlich geschah‹, zurückzieht auf eine Methode, die das hervorhebt, ›was geschehen sein muß‹, so bedeutet dies ein offenes Bekenntnis zur Suggestion in der Behandlung. Natürlich wirft dieser Rückzug auch einige schwerwiegende Probleme im Hinblick darauf auf, wie eine Theorie der kindlichen Sexualität einzig und allein auf Grund von Informationen, die man über die psychoanalytische Therapie erhält, bestätigt werden könnte« (1977: 367).

Offenbar haben die wohlwollenden Kritiker hier erneut übersehen, daß Freud in genau diesem Zusammenhang – als er noch für die TNB eintrat – auf sein Übereinstimmungsargument verwiesen hätte, womit er dem von ihnen aufgeworfenen Problem zumindest zuleibe rückte, wenn auch erfolglos.

Der Psychologe N. S. Sutherland (1977: 114 f.) ist der einzige mir bekannte Autor, der auf jenen wichtigen Teil der 28. Vorlesung von 1917 hingewiesen hat. Allerdings scheint ihm nicht bewußt gewesen zu sein, von welcher Tragweite Freuds Verkündung der TNB-Prämisse war. Freud hat bekanntlich gleich zu Beginn der fraglichen Passage das Problem aufgeworfen, ob es für Analytiker zutrifft – wie ihnen ihre Gegner vorwerfen –, daß »die Beeinflussung des Patienten die objektive Sicherheit unserer Befunde zweifelhaft macht« (GW 11: 470; 1917). Wie ich gezeigt habe, *stellt* Freud diese Frage (und sieht die Sache nicht von vornherein als erwiesen an), gibt aber unter Verweis auf die TNB zur Antwort, sie sei zwar berechtigt, für ihn aber nicht abträglich: »Die Lösung seiner Konflikte und die Überwindung seiner Widerstände glückt doch nur, wenn man ihm solche Erwartungsvorstellungen gegeben hat, die mit der Wirklichkeit in ihm übereinstimmen« (S. 470). Sutherland jedoch beklagt sich, Freud treffe hier eine Vorentscheidung:

»Man beachte, wie geschickt Freud seinen Gegnern entgegenkommt – ›[man kann] die Einwendung [...] nicht als unverständig abweisen‹ – nur um sie zu überfahren, indem er genau das als erwiesen annimmt, was er zu beweisen versucht. ›Die Lösung seiner Konflikte und die Überwindung seiner Widerstände glückt doch nur, wenn man ihm solche Erwartungsvorstellungen gegeben hat, die mit der Wirklichkeit in ihm übereinstimmen‹ (1977: 115).

Ich habe Freuds kausale Begründung, in seiner Antwort auf Löwenfeld, und sein Bemühen, die psychoanalytische Erforschung mit Hilfe des Übereinstimmungsarguments als beweiskräftige, triftige Untersuchungsmethode zu *rechtfertigen*, nebeneinandergestellt. Auf diese Weise erscheint er auch als wissenschaftlicher Methodologe durchaus in einem vorteilhafteren Licht, als selbst wohlwollende Kritiker wie Fisher und Greenberg ihm zuzugestehen bereit waren.

Nachdem Freud jedoch seine TNB aufgegeben hatte, scheint er seine eigene Erklärung von 1917, die Glaubwürdigkeit klinischer Daten schmarotze epistemisch bei therapeutischen Leistungen, schlicht ignoriert zu haben. So erklärte er in demselben Jahr, da er einräumte, Neurosen ließen mit der Zeit spontan nach (GW 14: 186; 1926), daß er persönlich »für den [wissenschaftlichen] Eigenwert der Psychoanalyse und ihre Unabhängigkeit von ihrer medizinischen Anwendung eintrete« (GW 14: 291). Also forderte er: »[...] ich will nur verhütet wissen, daß die Therapie die Wissenschaft erschlägt.« Aber aus seiner Darstellung in der Vorlesung »Die analytische Therapie« scheint hervorzugehen, daß, nachdem die intraklinische Bestätigung der Legitimation beraubt ist, die er über das Übereinstimmungsargument aus dem therapeutischen Erfolg zog, das drohende Suggestibilitätsproblem, welches er mit Hilfe dieses Arguments in Schach gehalten hatte, wieder zurückkehrt und an den Daten von der

Couch Rache übt. Wenn daher die analytische Behandlung nicht, wie das Übereinstimmungsargument behauptet, das Vorbild aller Therapien ist, hat Freud selbst eingestanden, daß er sich des wissenschaftlichen Eigenwerts der Psychoanalyse nicht sicher sein könne, so sehnlich er dies auch wünschte.

Teil II

Der Eckpfeiler des psychoanalytischen Gebäudes: Ist die Freudsche Verdrängungstheorie wohlbegründet?

Freuds Methode der freien Assoziation wird als *der* Schlüssel zu allen Arten von verdrängten Vorstellungen gepriesen (SE 2: xvi–xviii; Vorw. des Hrsg.). Es wird behauptet, bei den Produkten der freien Assoziation handele es sich um unkontaminierte Ausgrabungen verschütteter Geistestätigkeiten, und zwar deswegen, weil der Assoziationsfluß, der entsteht, wenn der Patient an der bestimmenden »Grundregel« festhält, angeblich »frei« sei. Wie Freud darstellt, wurde es »durch reichhaltige Erfahrung bestätigt«, daß alle Assoziationen, die im Bewußtsein des Patienten von einem bestimmten Ausgangspunkt ausgehen, vom Inhalt her in einem *inneren kausalen Zusammenhang* mit diesem Ausgangspunkt stehen (GW 13: 214; 1923). Diese kausale Beziehung schließt, weil sie erklärtermaßen rein *intern* ist, aus, daß in den streng deterministischen Verkettungen, die nach Freuds Voraussetzung zwischen dem geistigen Ausgangspunkt und den darauf folgenden Assoziationen bestehen, ein von außen kommender Einfluß eine *ausschlaggebende* Vermittlerrolle einnimmt. Und *wenn* tatsächlich eine solche äußere Vermittlung nicht besteht, dann ist der Assoziationsfluß des Patienten in der Tat immun gegen eine Kontamination durch verzerrende Einflüsse, die von den Suggestionen des Analytikers ausgehen! Die Funktion des Analytikers könnte man dann darin sehen, als neutrale Instanz den freien Assoziationsfluß des Patienten zu fördern oder zu beschleunigen, auch dann, wenn er den Analysanden veranlaßt, mit den Assoziationen fortzufahren, falls er den Verdacht hegt, sie würden durch innere Widerstände zensiert. Auf diese Weise gilt die Assoziationskette des

Patienten als der Weg, auf dem seine Verdrängungen psychoanalytisch demaskiert werden können.

Zwar erkannte Freud, daß »die freie Assoziation nicht wirklich frei ist«, und zwar insofern, als »der Patient [...] unter dem Einfluß der analytischen Situation [bleibt], auch wenn er seine Denktätigkeit nicht auf ein bestimmtes Thema richtet. Man hat das Recht anzunehmen, daß ihm nichts anderes einfallen wird, als was zu dieser Situation in Beziehung steht« (GW 14: 66; 1925). Auf derselben Seite stellt er aber klar, daß diese Anerkennung eines *globalen* Einflusses durch die analytische Situation *nicht* auf das Zugeständnis hinauslaufe, die Produkte der freien Assoziation seien durch den Einfluß des Analytikers epistemisch kontaminiert: »Sie [die freie Assoziation] gewährt weitgehende Garantien dafür, daß man [...] nichts aus eigener Erwartung in sie einträgt« (S. 67). Freud macht eine ähnliche Einschränkung im Hinblick auf die Assoziationen zu den Bestandteilen des manifesten Trauminhalts (GW 2/3: 285 f.; 1900). Unbelastet durch die erwähnten Einschränkungen ist Freud daher der Meinung, die freie Assoziation stelle ein Sesam-öffne-dich in die Gedanken und Gefühle dar, die durch Verdrängung ins Unbewußte abgeschoben wurden.

Wir wollen nun rein theoretisch für einen Augenblick annehmen, daß die Befolgung der Grundregel der freien Assoziation durch den Patienten sicherstellt, daß tatsächlich existierende *verdrängte* Wünsche, Wut, Schuld, Furcht oder was auch immer, unkontaminiert auftauchen. Warum sollte die Enthüllung dieser unbewußten Zustände von so großer Wichtigkeit sein? Zweifellos deswegen, weil den verdrängten Vorstellungen eine zentrale *dynamische* Bedeutung in der psychoanalytischen Theorie zugeschrieben wird. So erklärt Freud: »Die Verdrängungslehre ist nun der Grundpfeiler, auf dem das Gebäude der Psychoanalyse ruht, so recht das wesentlichste Stück derselben« (GW 10: 54; 1914). Folglich hängt der epistemische Wert, den er der freien Assoziation beimißt, grundsätzlich von den Zeugnissen der Verdrängungstheorie ab. Es obliegt uns daher nun, die logischen Grundlagen dieser Theorie im einzelnen zu untersuchen.

Freud hatte betont: Breuers »kathartische Methode [der Therapie und der klinischen Untersuchung] ist der unmittelbare Vorläufer der Psychoanalyse und trotz aller Erweiterungen der Erfahrung und aller Modifikationen der Theorie immer noch als Kern in ihr enthalten« (GW 13: 409; 1924). Josef Breuer wandte die Hypnose an, um die Erinnerung des Patienten an ein *verdrängtes* traumatisches Erlebnis, das mutmaßlich das erste Erscheinen eines bestimmten hysterischen Symptoms verursacht hatte, wiederzubeleben und zu artikulieren. Dadurch erreichte Freuds Mentor, daß die angestaute emotionale Qual, die ursprünglich mit dem Trauma verknüpft war, purgativ freigesetzt wurde. Da ein solches kathartisches Wiedererleben eines verdrängten Traumas zur Befreiung von diesem hysterischen Symptom zu führen schien, nahmen Breuer und Freud an, die Conditio sine qua non für die Pathogenese der Psychoneurose des Patienten sei eine Verdrängung (GW 1: 84–86).

Diese *ätiologische* Rolle verdrängter Vorstellungen wurde dann zum Modell für einen großen Teil der Freudschen Theorie der unbewußten Motivationen. Verdrängte *Wünsche* galten als Motive für *jede Art* von Träumen. Verschiedene verdrängte Geistestätigkeiten erachtete man als Ursache von *Ungeschicklichkeiten* bei Handlungen, die normalerweise glatt vonstatten gehen (»Fehlleistungen« wie etwa Versprecher und Schreibfehler, Verhören oder Verlesen, Vergessen von Wörtern, Absichten oder Ereignissen, das Verlegen oder Verlieren von Gegenständen) (GW 11: 18, 62; 1916). So sah Freud auch im Fall von »normalen« Menschen im manifesten Trauminhalt und verschiedenen Arten von »Versehen« die verräterischen Symptome von (vorübergehenden) *Mini*neurosen, die durch Verdrängungen hervorgerufen wurden.

Freud gelangte zu den behaupteten sexuellen Verdrängungsätiologien der Psychoneurosen, ebenso wie zu den vermeintlichen Ursachen von Träumen und Fehlleistungen, indem er mutmaßliche Verdrängungen über die angeblich »freien« Assoziationen des Patienten aufdeckte. Gleichzeitig sollte das Aufdecken der entsprechenden verdrängten Vorstellungen die Pathogene der Leiden des Patienten beseitigen. Freud hielt daher die psychoanalytische Untersuchungsmethode nicht nur für eine Therapieform, sondern vom wissenschaftlichen Standpunkt aus sowohl für heuristisch *als auch* für beweiskräftig. Und er behauptete, daß sein theoretisches Gebäude zwingend gestützt werde durch klinisches Beweismaterial.

Wir können daher die logischen Grundlagen der psychoanalytischen Theorie prüfen, indem wir die von Freud angeführten klinischen Argumente für die Verdrängungsätiologie der Psychoneurosen und für die grundlegende kausale Rolle, die verdrängte Vorstellungen beim Begehen von »Freudschen Versprechern« und beim Träumen einnehmen, untersuchen. Die Kapitel 3, 4 und 5 des Buches sind dieser Prüfung gewidmet, und sie wird zu dem Ergebnis führen, daß die Argumentation, mit der Freud die Grundlage seiner Theorie zu rechtfertigen suchte, mit schweren Fehlern behaftet war.

Kapitel 3

Bewertung der Freudschen Argumente für die Verdrängungsätiologie der Psychoneurosen

Die zentrale kausale und erklärende Bedeutung, die unbewußte Vorstellungen in der gesamten klinischen Theorie einnehmen, beruht meiner Meinung nach auf zwei grundsätzlichen induktiven Schlußfolgerungen von Breuer und Freud. Wie es in ihrer gemeinsamen »Vorläufigen Mitteilung« aus dem Jahre 1893 (GW 1: 84–86) heißt, stand am Anfang eine Beobachtung, die sie machten, nachdem sie Patienten, die an verschiedenen Symptomen der Hysterie litten, ihrer kathartischen Behandlung unterzogen hatten. Im Verlauf einer solchen Behandlung hatte sich herausgestellt, daß in bezug auf jedes individuelle Symptom *S*, an dem ein solcher Neurotiker litt, das Opfer die Erinnerung an ein Trauma *verdrängt* hatte, das dem Ausbruch von *S* unmittelbar vorausgegangen und mit diesem bestimmten Symptom thematisch verwandt war. Außer der Verdrängung dieser traumatischen Erinnerung hatte der Patient auch den durch das Trauma verursachten Affekt abgeschnürt. Unsere beiden Therapeuten versuchten nun bei jedem Symptom, die weiterbestehende Verdrängung des entsprechenden traumatischen Erlebnisses aufzudecken und ein Auslösen des angestauten Affekts zu bewirken. Wenn es ihnen mit ihrer Technik gelang, dieses doppelte Ziel zu erreichen, konnten sie ihrem Bericht zufolge beobachten, daß das gegebene Symptom auf eindrucksvolle Weise verschwand. Zudem *schien* die Symptombeseitigung von Dauer zu sein.

Beeindruckt von diesem Behandlungsergebnis, zogen Breuer und Freud ihren ersten folgenschweren *kausalen* Schluß. Sie stellten die folgende grundlegende therapeutische Hypothese auf: Die eindrucksvollen Besserungen, die nach der Behandlung zu beobachten waren, seien durch nichts anderes als durch das kathartische Aufdecken der entsprechenden Verdrängungen bewirkt worden. Bevor jedoch die Begründer der Psychoanalyse dem Aufheben von Verdrängungen Heilwirkung zuschrieben, waren sie äußerst wachsam gegenüber einer Konkurrenzhypothese, die zumindest auf den ersten Blick Glaubwürdigkeit aus den bekannten Errungenschaften der ausdrücklich suggestiven Therapien bezog. Nach dieser alternativen Erklärung kommt es zur Besserung in Wirklichkeit dadurch, daß der Patient leichtgläubig auf eine Symptombefreiung hoffte, und nicht durch das besondere Behandlungsritual, das zur Stärkung seiner optimistischen Erwartung abgehalten wurde. Breuer und Freud glaubten, eine solche Erklärung für die Behandlungserfolge ausschließen zu können, eine Erklärung, die ich als »Hypothese vom *Placeboeffekt*« bezeichnen werde (Grünbaum 1981). Wenn ich von einem Behandlungserfolg als »Placeboeffekt« spreche – im Hinblick auf eine bestimmte Störung und auf eine bestimmte therapeutische Theorie –, so meine ich damit, daß die positive Wirkung von *anderen* Behandlungsfaktoren hervorgerufen wurde als jenen, die von der entsprechenden Theorie als die wirksamen bezeichnet werden (Grünbaum 1986a). In dem Versuch, diese Kritik abzuwehren, wiesen Breuer und Freud darauf hin, daß die einzelnen Symptome *gesondert* entfernt worden waren, so daß ein Symptom jeweils erst verschwand, nachdem eine *spezielle* Verdrängung aufgedeckt worden war (GW 1: 86). Es leuchtet jedoch durchaus nicht ein, daß die Wahrscheinlichkeit des Placeboeffekts dann, wenn mehrere Symptome gesondert – nacheinander – zum Verschwinden gebracht wurden, geringer sein soll als dann, wenn nur ein einzelnes Symptom entfernt wurde. Daraufhin waren sie zu einer *zweiten* wesentlichen kausalen Schlußfolgerung gerüstet: Breuer und Freud führen ausdrücklich die gesonderte *therapeutische* Entfernung einzelner neurotischer Symptome durch das Aufheben von Verdrängungen, die thematisch und assoziativ mit eben diesen Symptomen verwandt sind, als *Beweis* dafür an, daß der Verdrängung von traumatischen Ereignissen eine wesentliche kausale Rolle bei der *Symptombildung* zukomme. Sehen wir uns nun die dazwischenliegende Argumentation an, welche die Begründer der Psychoanalyse zu ihrer Behauptung führte, man könne es therapeutisch untermauern, daß ein ursprünglicher Akt der Verdrängung ätiologisch als das spezifische Pathogen, das zu Beginn für die Herausbildung des neurotischen Symptoms verantwortlich war, indentifiziert werden könne.

Bei dieser Darstellung des Ursprungs des Symptoms extrapolierten Breuer und Freud rückwärts von der Dynamik, die sie für das spätere Fortbestehen des Symptoms vorausgesetzt hatten. Umgekehrt sahen sie sich dazu veranlaßt, die *Aufrechterhaltung* des Symptoms einer *gleichzeitig weiterbestehenden* Verdrängung der traumatischen *Erinnerung* zuzuschreiben, die »nach Art eines Fremdkörpers wirkt, welcher noch lange Zeit nach seinem Eindringen als gegenwärtig wirkendes Agens gelten muß«. Worauf basiert aber diese Zuschreibung? Wie sie gleich im Anschluß erklären, sehen sie »den Beweis hiefür in einem höchst merkwürdigen Phänomen«, das sie folgendermaßen beschreiben: »Wir fanden [...], *daß die einzelnen hysterischen Symptome sogleich und ohne Wiederkehr verschwanden, wenn es gelungen war, die Erinnerung an den veranlassenden Vorgang zu voller Helligkeit zu erwecken, damit auch den begleitenden Affekt wachzurufen*« (S. 85). Jedoch berichteten sie auch: »Affektloses Erinnern ist fast immer völlig wirkungslos«.

Welchen Beweis führen sie nun dafür an, daß das verdrängte Erlebnis eines bestimmten traumatischen Ereignisses *E* ätiologisch als Pathogen – und erklärtermaßen *nicht* als bloßer Auslöser! – eines gegebenen Symptoms *S* identifiziert werden kann, das zum erstenmal zum Zeitpunkt von *E* auftrat? Daß die Verdrängung von *E* als Pathogen von *S* identifiziert werden kann, gründen sie offenkundig und ausdrücklich auf die Tatsache, daß das abreaktive Aufdecken dieser Verdrängung dazu führte, daß *S* dauerhaft *verschwand*. Und wie ihre Formulierung zeigt, wissen sie nur zu genau, daß *ohne* dieses Verschwinden des Symptoms weder die bloße Schmerzhaftigkeit des Ereignisses *E*, noch sein zeitliches Zusammentreffen mit dem ersten Auftreten von *S*, ja noch nicht einmal die bloße Tatsache, daß der Patient das Trauma *E verdrängt* hat, selbst zusammengenommen es rechtfertigen könnten, die Pathogenese von *S* der Verdrängung von *E* zuzuschreiben. Die Glaubwürdigkeit der Verdrängungsätiologie hängt daher entscheidend davon ab, daß verschiedene einzelne Symptome, wie verlautet, dauerhaft und gesondert verschwinden, ein therapeutisches Ergebnis, das als beweiskräftig gilt, weil es scheinbar dadurch bewirkt wurde, daß einzelne Verdrängungen *gesondert* aufgedeckt wurden!

Diese epistemische Abhängigkeit der Verdrängungsätiologie von der mutmaßlichen kathartischen Dynamik, die das positive therapeutische Ergebnis bewirkt, zeigt sich noch deutlicher, wenn man sich ansieht, wie sehr sich Breuer und Freud bemühen, unverzüglich zu begründen, daß das Verschwinden der Symptome das Ergebnis der Aufdeckung von Verdrängungen und nicht von Suggestion ist: »Der Verdacht liegt nahe, [...] der Kranke erwarte, durch die Prozedur von seinem Leiden befreit zu werden, und diese Erwartung [...] sei der [therapeutisch] wirkende Faktor. Allein dem ist nicht so: [...] die gesondert verursachten Symptome [wurden] auch gesondert behoben« (S. 86). Die gesonderten Symptombehebungen sind also dazu bestimmt, die entscheidende Beweislast zu tragen, um die bedrohliche Konkurrenzhypothese vom Placeboeffekt, der durch bloße Suggestion bewirkt wird, zu diskreditieren (vgl. Grünbaum 1986a).

In dem Glauben, diesen Angriff abgewehrt zu haben, wiederholen Breuer und Freud zugleich ihre epochemachende Verdrängungsätiologie. Wir wollen die wesentlichen Schritte ihrer Argumentation, die sie diese Ätiologie postulieren ließ, rekapitulieren. Zuerst schrieben sie ihre positiven therapeutischen Ergebnisse dem Aufdecken von Verdrängungen zu.

Nachdem sie eine solche *therapeutische Verbindung* vorausgesetzt hatten, wollten sie sie *erklären*. Dann erkannten sie, daß sie tatsächlich deduktiv durch folgende ätiologische Hypothese erklärt würde: Die spezielle Verdrängung, nach deren Aufhebung ein bestimmtes Symptom *S* verschwand, ist *kausal notwendig* dafür, daß *S* anfangs gebildet *und* dann aufrechterhalten wurde. Der springende Punkt bei ihrer induktiven Beweisführung für die Ableitung einer Verdrängungsätiologie kann daher folgendermaßen formuliert werden: Die Tatsache, daß ein hysterisches Symptom *S verschwindet*, wenn man eine Verdrängung *V aufdeckt*, *beweist zwingend*, daß die Verdrängung *V kausal notwendig* für die Symptombildung war (S. 86). Denn wenn eine andauernde Verdrängung *V* kausal notwendig für die Pathogenese *und* die Fortdauer einer Neurose *N* ist, dann muß die Entfernung von *V* dazu führen, daß *N* ausgerottet wird. So gab die abgeleitete Ätiologie eine deduktive Erklärung für die unterstellte Heilkraft der Aufhebung von Verdrängungen.
Außerdem schätzten die Begründer der Psychoanalyse richtig ein, daß die Gefahr, die von der Konkurrenzhypothese vom Placeboeffekt ausging, verhängnisvoll sein konnte. Wenn sie ihr nämlich nicht überzeugend begegnen konnten, würde dies ihre kühne Schlußfolgerung ganz und gar zunichte machen, wonach eine Verdrängungsätiologie daraus abzuleiten sei, daß grundsätzlich dem Aufheben von Verdrängungen therapeutischer Tribut gezollt werde, ein Tribut, der mit der Placebo-Hypothese unvereinbar ist. Wie aus den Kapiteln 3 bis 5 mit wachsender Deutlichkeit hervorgehen wird, ist es tatsächlich so, daß bis zum heutigen Tage das *gesamte* klinische psychoanalytische Unternehmen von der tödlichen Gefahr der sehr lebendigen Möglichkeit eines Placeboeffekts heimgesucht wird. Der anhaltende Mißerfolg der psychoanalytischen Forschung, diesen durchaus vernünftigen Einwand zu zerstreuen, gefährdet die Grundlagen von Freuds gesamter klinischer Theorie in hohem Maße. Wie die Kapitel 4 und 5 zeigen werden, sind die Kompromißmodelle

vom manifesten Trauminhalt und von verschiedenen »Freudschen« Fehlleistungen ebenso an diese Theorie gebunden wie die erwähnten ätiologischen und therapeutischen Hypothesen.

Auf jeden Fall waren Breuer und Freud zu jener Zeit der Meinung, ihre therapeutischen Ergebnisse *hätten wirklich* die gefährliche Konkurrenzhypothese vom Placeboeffekt durch Suggestion ausgeschlossen. Und diese Meinung ging, wie wir sahen, in ihre Argumentation ein, als sie folgenden Schluß zogen: (1) Um eine Neurose *N aufrechtzuerhalten*, ist es kausal notwendig, daß gleichzeitig eine *fortdauernde* Verdrängung vorliegt, und (2) die kausale Conditio sine qua non für den *Ursprung* von *N* war ein *ursprünglicher* Verdrängungsakt. Ihre Beweisführung leidet jedoch unter zwei maßgeblichen Schwierigkeiten:

(a) Ihr Verweis darauf, daß ein bestimmtes Symptom *S* gesondert entfernt wurde, indem man das traumatische Erlebnis eines spezifischen Ereignisses *E* der Vergessenheit entriß, schloß in Wirklichkeit die Konkurrenzhypothese vom Placeboeffekt überhaupt nicht aus. Denn der Patient war, selbst unter Hypnose, sich sehr wohl bewußt, daß der Therapeut darauf *bedacht* war, ein thematisch spezifisches *E* aufzudekken, wenn er seine Aufmerksamkeit auf das erste Auftreten der Ausprägung von *S* lenkte. So wurde dem Patienten vermittelt, daß Breuer und Freud der Erinnerung an *E* im Hinblick auf *S* potentielle therapeutische Bedeutung beimaßen. Um die Hypothese vom Placeboeffekt zu diskreditieren, ist es von wesentlicher Bedeutung, Vergleiche mit den Behandlungsergebnissen einer geeigneten Kontrollgruppe, bei der *keine* Verdrängungen aufgedeckt wurden, anzustellen. Daß man dem abreaktiven Aufdecken von Verdrängungen Heilwirkung zuschrieb, entbehrte daher des angemessenen Beweismaterials.

(b) Rein theoretisch angenommen, ihre Schlußfolgerung, daß es für die verschiedenen Symptombeseitigungen kausal ausreichend sei, spezifische Verdrängungen kathartisch rückgängig zu machen, sei beweiskräftig. Dann hätte dies nach den Methoden von J. S. Mill den Schluß gerechtfertigt, daß die kognitive Verdrängung oder die affektive Unterdrückung von *E* eine kausale Conditio sine qua non für die *Aufrechterhaltung* von *S* darstellte. Die angenommene therapeutische Prämisse hätte Breuer und Freud aber nicht dazu berechtigt, zu *extrapolieren*, daß die Verdrängung von *E* auch eine kausal notwendige Bedingung für den *Ursprung* von *S* darstellte. Denn wie Morris Eagle bemerkt hat, läßt sich ihre therapeutische Schlußfolgerung mit der folgenden *gegenteiligen ätiologischen Hypothese* genausogut vereinbaren: Das *bewußte* traumatische Erlebnis selbst – im Unterschied zu der Verdrängung, die daraus hervorging – war für die *erste Herausbildung* von *S* verantwortlich, und daraufhin löste das unangenehme Gefühl (die Angst) aus dem Trauma die Verdrängung von *E* aus, die kausal nur notwendig ist, um *S* lediglich *aufrechtzuerhalten*. Kapitel 8 wird zeigen, wie bedeutsam es ist, daß es nicht gelingt, die ursprüngliche pathogene Rolle der Verdrängung triftig zu beweisen. Ein solcher Beweis würde durch Daten erbracht werden, die *gegen* die Konkurrenzhypothese sprechen, daß die Verdrängung für die anfängliche Ausbildung der Symptome ätiologisch irrelevant sei.

Man beachte, daß der mit einem traumatischen Erlebnis *E* verknüpfte Affekt *unterdrückt* (abgeschnürt) sein kann, aber so, daß man sich dieses eingeschnürten Affekts noch bewußt ist. Der an *E* geknüpfte Affekt kann also unterdrückt sein, ohne gleichzeitig verdrängt zu sein. Beispielsweise empfand Breuers wegbereitende Patientin Anna O. Ekel beim Anblick eines Hundes, der Wasser aus einem Glas trank, aber sie »habe nichts gesagt, denn sie wolle höflich sein« gegenüber der Hundebesitzerin (Studien: 30). Ferner kann der an *E* geknüpfte *Affekt* verdrängt sein, ohne daß es zu einer kognitiven Verdrängung von *E* als Ganzes kommt (GW 10: 276 f.; 1915). Wenn jedoch *E* als Ganzes verdrängt wird, dann umfaßt diese Verdrängung auch den begleitenden Affekt, *insofern er an E geknüpft ist* (GW 7: 418; 1909).

Umgekehrt ist es so, daß die kognitive *Wiederherstellung* des vergessenen *E* als Ganzes auch die Verdrängung des an *E* geknüpften Affekts aufdeckt. Aber die kognitive Verdrängung von *E* kann *aufgedeckt* werden, *ohne* daß man die affektive *Unterdrückung* von *E* aufhebt. Nach den Worten von Breuer und Freud war die Durchführung des letzteren Szenariums tatsächlich fast immer therapeutisch nutzlos: »Affektloses Erinnern [ohne Freisetzen des angestauten Affekts] ist fast immer [therapeutisch] völlig wirkungslos« (GW 1: 85; 1893). Folglich wäre es empirisch gesehen ein Fehler, zu meinen, das *bloße* Aufdecken der kognitiven Verdrängung von *E* sei *ohne* Katharsis kausal ausreichend, das Symptom *S* zu beseitigen.

Wir müssen also versuchen, die von Breuer und Freud vorgelegte Ätiologie der Psychoneurose so auszulegen, daß sie *nicht* diesen empirischen Fehler enthält. Sie hätte jedoch diese ungünstige Folge, wenn man sie zu der Behauptung heranziehen würde, *sowohl* die kognitive Verdrängung *als auch* die affektive Unterdrückung von *E* seien für die Entstehung einer Neurose kausal *notwendig*.

Auf der anderen Seite kann man – so haben Carl Hempel wie auch Morris Eagle mir gegenüber bemerkt – genau diese unerwünschte falsche Konsequenz verhindern, indem man die grundlegende Ätiologie der Psychoanalyse folgendermaßen formuliert: Zur Entstehung einer Neurose ist entweder die kognitive Verdrängung oder die affektive Unterdrückung von *E* kausal notwendig, d. h. *mindestens eines* von beiden, und nicht beide. Und diese Version der Ätiologie würde den berichteten therapeutischen Befund erklären, daß das *kathartische* Aufdecken der Verdrängung – d. h. die Aufhebung der affektiven Unterdrückung wie auch der kognitiven Verdrängung – kausal ausreichend ist, Symptome zu beseitigen. Dieselbe Version würde aber die von Breuer und Freud gemachte Beobachtung, daß das bloße Zurückrufen, ohne daß der angestaute Affekt freigesetzt wird, therapeutisch »völlig wirkungslos« ist, *nicht erklären*, sondern lediglich einräumen.

Zweifellos bildete die Tatsache, daß dem Aufdecken von Verdrängungen – und nicht bloßer Suggestion – *therapeutischer* Erfolg zugeschrieben wurde, sowohl logisch als auch historisch die Grundlage für die zentrale dynamische Bedeutung, die unbewußte Vorstellungen in der psychoanalytischen Theorie erlangten: Hätten sich Breuer und Freud nicht auf die vermeintliche Dynamik ihrer *therapeutischen* Ergebnisse verlassen, hätten sie niemals klinische Daten zu Verdrängungsätiologien ausarbeiten können. Das bedeutet natürlich nicht, zu leugnen, daß der psychiatrische ›Zeitgeist‹ schon den Weg für eine solche Theorie der Psychopathologie gebahnt hatte. Aber nach ihren Worten bedeutet es *sehr wohl* (GW 1: 85; 1893), daß der »Beweis« für ihre epochemachende ätiologische Voraussetzung durch den Heileffekt geliefert wurde, der sich einstellte, wenn man bei Erwachsenen Verdrängungen aufdeckte, die die genannte Verwandtschaft zu den Symptomen aufwiesen.

Wie wir sahen, hatten sie klar herausgearbeitet, daß der therapeutische Gewinn, den ihre kathartisch behandelten Patienten erzielten, *nicht* durch Suggestion erbracht worden war. Statt dessen schrieben sie diese Heilwirkungen dem Umstand zu, daß jene *verdrängten* Traumen, in deren Verlauf die quälenden Symptome zum erstenmal auftraten, abreaktiv ins Gedächtnis zurückgerufen wurden. Da diese Traumen den Ausbruch der hysterischen Symptome veranlaßten, werde ich sie als »veranlassende« Traumen bezeichnen. Folglich können wir sagen, daß Breuer und Freud die Besserungen beim Patienten der *Aufdeckung* der spezifischen Verdrängung, mit der er die Erinnerung an das *veranlassende* Trauma in seinem Unbewußten zurückgehalten hatte, gutschrieben. Als Freud jedoch weitere Patienten nach Breuers kathartischer Methode behandelte, gelang es nicht, mit dieser Behandlung *dauerhafte* therapeutische Besserungen zu erzielen. Ja, die folgende Wechselbeziehung zwischen Symptomrückfällen und periodisch auftretenden Symptombeseitigungen einerseits und den jeweiligen Veränderungen in seinen persönlichen Beziehungen zum Patienten andererseits veranlaßte ihn dazu, die *entscheidende* therapeutische Rolle, die Breuer und er der Aufhebung der Verdrängung des *veranlassenden* Traumas zugeschrieben hatten, *zurückzuweisen*!

Welche Hinweise und Überlegungen ihn 1896 zu dieser Zurückweisung brachten, daran erinnert sich Freud in seiner im Jahre 1925 erschienenen »Selbstdarstellung« nicht gerade mit Begeisterung:

»[...] selbst die schönsten [therapeutischen] Resultate [waren] plötzlich wie weggewischt, wenn sich das persönliche Verhältnis zum Patienten getrübt hatte. Sie stellten sich zwar wieder her, wenn man den Weg zur Versöhnung fand, aber man wurde belehrt, daß die persönliche affektive Beziehung doch mächtiger war als alle kathartische Arbeit« (GW 14: 52).

Spätestens 1896 war es Freud schmerzlich klargeworden, daß Breuer und er allzu voreilig die Konkurrenzhypothese vom Placeboeffekt zurückgewiesen hatten. Ja, es quälte ihn gar bald die Möglichkeit, daß das Aufdecken von Verdrängungen doch nicht therapeutisch wirksam sein könnte. In der Tat hat sich, wie wir aus Henry F. Ellenbergers Forschungen wissen (1973: 663; 1972) sogar Breuers Behandlung der Anna O. als therapeutischer Fehlschlag erwiesen und nicht als »talking cure«. Ellenberger hat es knapp und treffend gesagt: »Das vielgerühmte ›Vorbild einer kathartischen Heilung‹ war weder eine Heilung noch eine Katharsis« (1972: 279). Und wie wir noch sehen werden, zeigte Breuers therapeutischer Fehlschlag, daß er die Pathogene von Anna O.s Aversion gegen das Wassertrinken oder ihrer anderen Symptome nicht zu beseitigen vermochte.

Daß Freud die abreaktive Wiedergewinnung der Erinnerung an das *veranlassende* Trauma in therapeutischer Hinsicht verwarf, hatte außerdem eine bedeutsame Folge: er verneinte gleichfalls die wesentliche *ätiologische* Bedeutung, die er und

Breuer ursprünglich der *Verdrängung dieses* Traumas zugeschrieben hatten (GW 1: 429 f.; 1896). Dennoch hielt er unbeirrt an dem Forschungsprogramm fest, die Pathogene von Neurosen unter den *einen oder anderen* verdrängten Traumen zu suchen (GW 1: 430–434; 1896). Und obgleich die Enttäuschungen bei der kathartischen Behandlung die eigentliche Grundlage, auf der man dem Aufdecken von Verdrängungen entscheidende Heilwirkung als Verdienst anrechnen konnte, untergraben hatten, hielt er unerschütterlich an der therapeutischen Sicht fest, daß durch das Aufdekken der *einen oder anderen* Verdrängung das Pathogen für die Leiden des Patienten verschwinden würde. Wie ich aber nun beweisen werde, wurde das empirische Grundprinzip, auf das Breuer und Freud ihre Ätiologie der *Verdrängung* überhaupt aufgebaut hatten, gerade durch diejenigen Befunde vollständig untergraben, die Freud selbst dazu gebracht hatten, in Abrede zu stellen, dem Aufheben der Verdrängung des veranlassenden Traumas sei therapeutischer Nutzen zuzuschreiben.

Die zuvor genannten Symptom*rückfälle*, die sich ergaben, nachdem Freud die Verdrängung des veranlassenden Traumas beim Patienten aufgedeckt hatte, zeigten ihm, daß es der Aufdeckung dieser Verdrängung nicht gelang, die *Ursache* der neurotischen Symptome auszurotten. Darüber hinaus konnte man die schwachen, kurzlebigen Symptomremissionen bei Patienten, die Breuers kathartischer Behandlung unterzogen worden waren, kaum der Aufdeckung dieser Verdrängung anrechnen. Nach Freuds eigener Darstellung (1925) ging dies nicht an wegen der unausweichlichen Tatsache, »daß die persönliche affektive Beziehung doch [therapeutisch] mächtiger war als alle kathartische Arbeit« (GW 14: 52). Denn auch *nachdem* man die Verdrängung des veranlassenden Traumas des Patienten kathartisch aufgehoben hatte, hing der Wechsel zwischen den Remissionen und Rückfällen weiterhin *entscheidend* davon ab, wie gut der Patient jeweils gerade emotional mit seinem Arzt zurechtkam.

Wie wir jedoch zuvor gesehen haben, beruhte die Verdrängungsätiologie der Neurosen, die Breuer und Freud im Jahre 1893 in ihren Grundzügen aufgestellt hatten, *entscheidend* auf der Prämisse, daß die Beseitigung der Symptome des Patienten tatsächlich dadurch bewirkt wurde, daß seine verdrängte Erinnerung an das veranlassende Trauma aufgedeckt wurde. Indem er also gerade auf diese therapeutische Prämisse verzichtete, leugnete Freud selbst vollständig den Grund, aus dem Breuer und er die Pathogenizität der Verdrängung überhaupt postuliert hatten. Kurz, ich behaupte, daß *die Lehre, die Freud aus den therapeutischen Fehlschlägen zog, die er mit der kathartischen Methode nach 1893 erlitten hatte, nichts geringeres war als der Zusammenbruch des epochemachenden Arguments von 1893 für die Verdrängungsätiologie der Neurose*, das Breuer und er vorgebracht hatten.

Warum aber, so frage ich, hielt Freud so unerbittlich an der *allgemeinen* Verdrängungsätiologie fest, statt zuzugeben, daß diese Ätiologie selbst schlichtweg ihre Grundlage verloren hatte? Und warum begnügte er sich ferner damit, das verdrängte bekannte Trauma lediglich ätiologisch zu degradieren, während er an der Ansicht festhielt, das Pathogen sei zwangsläufig ein zuvor verdrängtes Trauma sexueller Natur, das über freie Assoziationen aufgedeckt werden müsse (GW 1: 430–434; 1896)? Welcher Grund ihn auch immer dazu bewogen haben mochte, er legte sich jedenfalls erklärtermaßen fest auf die »fortgesetzte Suche nach den traumatischen Erlebnissen [...], von denen sich die hysterischen Symptome abzuleiten schienen« (GW 13: 219; 1923), gerade als sich schließlich herausgestellt hatte, daß die zunächst plausible traumatische Ätiologie unbegründet war.

Das therapeutische Argument von 1893, auf das Breuer und Freud ihre ursprünglich angenommene Verdrängungsätiologie der Neurose gegründet hatten, war also zusammengebrochen. Mein methodologischer Vorwurf, Freud habe hartnäkkig nach Belegen gesucht, die ihn dazu berechtigt hätten, die

Verdrängungsätiologie in einer *neuen* Version *wiedereinzusetzen*, könnte jedoch möglicherweise mißverstanden werden. Ich möchte daher betonen, daß ich ihm *nicht* die Weiterverfolgung seines Forschungsprogramms als solche nach dem Ableben der kathartischen Methode zum Vorwurf mache. Was ich jedoch problematisch finde, ist, daß Freud – nachdem er nicht mehr mit Breuer zusammenarbeitete – allzu bereitwillig behauptete, besagte Verdrängungen in der Kindheit seien pathogen, und zwar aufgrund von Beweisen, die *weitaus weniger überzeugend* waren als die gesonderte Beseitigung *einzelner* Symptome, die Breuer und er im Jahre 1893 ostentativ angeführt hatten. Kurz, Freud war, nachdem er sich vorgenommen hatte, die Verdrängungsätiologie *in irgendeiner Form* beizubehalten, dazu bereit, ätiologische Schlüsse zu ziehen, deren Zeugnisse der von Breuer 1893 ursprünglich gesetzten Norm nicht entsprachen. Meiner Meinung nach war aber selbst diese höhere ursprüngliche Norm noch nicht hoch genug angesetzt.

Ich behaupte in der Tat, daß es der Verdrängungsätiologie der Neurose selbst dann an angemessenen empirischen Zeugnissen gefehlt hätte, wenn sich der therapeutische Gewinn aus der kathartischen Behandlung ebenso als dauerhaft wie als großartig erwiesen hätte. Denn es ist sehr gut möglich, daß selbst solche eindrucksvollen Ergebnisse überhaupt nicht auf das Aufdecken von pathogenen Verdrängungen zurückzuführen sind; statt dessen kann es sich, wie früher bemerkt, um einen *Placeboeffekt* handeln (Grünbaum 1981; 1986a). Und auch dann, wenn der therapeutische Gewinn tatsächlich aus dem Aufdecken von Verdrängungen entstanden wäre, gäbe es Gründe, diesen Verdrängungen zuzuschreiben, daß sie die Symptome *aufrechterhalten*, nicht aber, daß sie sie *ursprünglich gebildet haben*.

Darüber hinaus, wie in Kapitel 8 zu erörtern sein wird, vermag die rückwirkende Validierung von Verdrängung als Ausgangspathogen nicht *kausale Relevanz* zu bescheinigen, und es ist zweifelhaft, ob die angeblichen Erinnerungen, die unter

den suggestiven Bedingungen der Hypnose hervorgelockt werden, zuverlässig sind. Übrigens hat die Freudsche Therapie, ungeachtet der Tatsache, daß die Hypnose durch die freie Assoziation ersetzt wurde, um verdrängte Vorstellungen in der psychoanalytischen Behandlung wieder ins Bewußtsein zu bringen, eine wichtige Lehre von ihrer kathartischen Vorgängerin beibehalten: »Affektloses Erinnern ist fast immer [therapeutisch] völlig wirkungslos« (GW 1: 85; 1893).
Wie oben gezeigt, erging es Freud, als er später (1917) seine sexuelle Version der Verdrängungsätiologie mittels des Übereinstimmungsarguments *therapeutisch* rechtfertigte, empirisch gesehen nicht besser als zu der Zeit, als er sich hauptsächlich auf den kathartischen Behandlungserfolg stützte, um zu beweisen, daß die Verdrängung pathogen sei. Und im Sinne von Kapitel 8 ist es ein epistemisch ziemlich hoffnungsloses Unterfangen, diese Ätiologie *klinisch* rechtfertigen zu wollen, *ohne* daß man sich auf die vorausgesetzte Dynamik der Therapie stützt. Was auch immer Freuds – vom Material bestimmte oder persönliche – Beweggründe für die Beibehaltung der Verdrängungsätiologie gewesen sein mögen, ich behaupte, daß man diese Verdrängungsätiologie nunmehr als *generell* bar jeglichen klinischen Beweises betrachten sollte, nicht anders als Breuers spezielle Version, die Freud als klinisch unbegründet zurückgewiesen hatte. Somit stellt sich auch die grundsätzliche Frage, ob es *vom Standpunkt der Forschung überzeugend* sei, im Verlauf der ätiologischen Untersuchung Verdrängungen über »freie« Assoziationen aufzudecken. Jedenfalls untergräbt der Zusammenbruch des therapeutischen Arguments für die Verdrängungsätiologie klinisch ernsthaft den *Wert für die Forschung*, der den freien Assoziationen als dem vorrangigen epistemischen Zugang zu den vermuteten Pathogenen zugeschrieben wird! Schließlich hatte Freud seine Grundregel für die freie Assoziation als Maxime für die klinische Forschung aufgestellt, weil er der Meinung war, Assoziationen, die nach dieser Grundregel

abliefen, hätten die unbewußten Pathogene der Neurosen zuverlässig *bestätigt*.

Obwohl es weitgehend übersehen wird, war es jedoch so, daß *die einzige klinische Methode, epistemisch zu garantieren, daß die freien Assoziationen des Patienten Ursachen bezeugen können, darin bestand, daß man der Beseitigung von Verdrängungen therapeutischen Erfolg beimaß, und bis zum heutigen Tage ist dies auch die einzige Methode geblieben.* Diese Assoziationen gelten daher auch weiterhin als zuverlässiger *Forschungs*zugang, über den man die Pathogene von Neurosen entdecken *und* als solche beglaubigen kann.

Analytiker wie Strachey (SE 2: xvi; 1955) und Eissler (1969: 461) haben die freie Assoziation als ein dem Mikroskop und dem Teleskop vergleichbares Instrument begrüßt. Und sie gilt noch immer als zuverlässiges Mittel zur ätiologischen Untersuchung, und zwar insofern, als sie angeblich folgende *kausale Schlußfolgerung* erlaubt: Gesetzt den Fall, die neurotischen Symptome eines Analysanden bilden den Ausgangspunkt für eine kausale Kette von freien Assoziationen, und diese führt dann dazu, daß zuvor verdrängte Erinnerungen wieder zum Vorschein kommen; dann gilt dieses Wiederauftauchen als ein *gutes Indiz* dafür, daß es sich bei der zuvor erfolgten Verdrängung tatsächlich um das *Pathogen* für die gegebene Neurose gehandelt hat. Während viele Freudianer für diese kausale Schlußfolgerung eintreten, gibt es eine ganze Reihe von einflußreichen Freudianern, die es ausdrücklich ablehnten, sie mittels der vermuteten therapeutischen Dynamik, die das Aufheben von Verdrängungen mit sich bringt, *als legitim zu erklären*.

Ihnen sei gesagt: Ohne diese Rechtfertigung oder eine andere, bisher unbekannte, epistemische Untermauerung würden nicht einmal die Qualen der Daumenschraube oder der Folterbank einen vernünftigen Menschen davon überzeugen, daß freie Assoziationen Pathogene oder andere Ursachen *bestätigen* können! Denn ohne die angegebene *therapeutische* Grundlage beruht dieser epistemische Tribut an freie Assoziationen bisher lediglich auf einem krassen kausalen Trugschluß. Daher nützt es nichts, die Methode der klinischen Untersuchung mittels freier Assoziation als zuverlässiges Mittel zur ätiologischen Nachforschung zu rühmen und gleichzeitig bescheiden auf die therapeutische Wirksamkeit der psychoanalytischen Behandlung zu verzichten. Und man ist sprachlos angesichts der Tatsache, daß bekannte Psychoanalytiker wie beispielsweise George S. Klein genau das getan haben (1976: 36–38). Auch der namhafte Analytiker Judd Marmor hatte ja die erstaunliche Vermutung geäußert, der Anstoß für Freud, »sein Forschungsinstrument [der freien Assoziation] gleichzeitig als therapeutisches Instrument einzusetzen« (1968: 6), sei dem puren Zufall entsprungen, seinen Lebensunterhalt als praktizierender Psychiater verdienen zu müssen. Wer – wie es heutzutage Mode ist – die Zeugnisse von Freuds Verdrängungstheorie der Persönlichkeit – die sogenannte »Wissenschaft« – von den Verdiensten der psychoanalytischen Therapie trennt, begibt sich in der Tat auf dünnes Eis. Wie dünn dieses Eis ist, geht noch deutlicher aus unserer bevorstehenden Untersuchung der psychoanalytischen Theorie der »Fehlleistungen« und Träume hervor. Um ein schweres Mißverständnis zu vermeiden, möchte ich behaupten, daß die *klinischen* Zeugnisse von Freuds Persönlichkeitstheorie von therapeutischen Ergebnissen abhängen. Wie aber aus Abschnitt 2C der Einleitung noch in Erinnerung sein wird, *bestreite* ich, daß der Rahmen der Behandlung der hauptsächliche, geschweige denn der einzige Rahmen ist, in dem die Verdrängungstheorie *stichhaltig* überprüft werden kann. Kapitel 8 wird systematische Gründe für diese Behauptung liefern.

Merkwürdigerweise versucht nun David Rapaport die epistemische Kritik an der freien Assoziation abzuwehren, indem er (1) einerseits darüber hinweggeht, daß der *kausale Zusammenhang* in der freien Assoziationsfolge als solcher weitaus bessere epistemische Zeugnisse aufweist als ein »post hoc ergo propter hoc«, (2) andererseits durch die Verwendung einer Petitio principii vollständig der Frage *ausweicht*, ob die kausale Dynamik von unbewußt erzeugtem Denken und Verhalten *tatsächlich* von der folgenden Art ist: eine Verdrängung, die am Ende einer Kette von freien Assoziationen – als ihr Terminus ad quem – zum Vorschein kommt, bildete tatsächlich ursprünglich die Ursache für das Symptom, das die Kette als ihr Terminus a quo ins Leben rief; und indem er (3) einfach erklärt, daß Formen der kausalen Schlußfolgerung, die normalerweise als offenkundig unzuverlässig gelten, folgerichtig werden, wenn man sie dazu benutzt, die *unbewußten* Ursachen menschlichen Verhaltens abzuleiten.

»Wenn wir jedoch die Methode der freien Assoziation wählen, dann sind wir hinsichtlich der Art von Regeln, der Form von Logik, die im Unbewußten gelten, weitgehend gebunden. Wenn beispielsweise in einer Kette von freien Assoziationen ein Gedanke dem anderen folgt, wird der Analytiker annehmen: ›post hoc ergo propter hoc‹ (›nach etwas, folglich davon verursacht‹). Ich denke, diese Regel bedarf keiner Erläuterung. Mit welcher Rechtfertigung nimmt die Psychoanalyse einen solchen Standpunkt ein? Vielleicht ist das ›propter‹ ein etwas zu enger Begriff, weil die kausale Beziehung, auf die man sich bezieht, häufig so umgekehrt wird: ›Die Ursache davon, folglich danach‹. [...] Wir müssen dessen eingedenk sein, daß es sich hier um die abschreckenden Beispiele handelt, die unsere Logiklehrer in der Schule anführten, um uns zu zeigen, wie man nicht denken soll. In der Logik der freien Assoziation, in der Logik des Unbewußten, nehmen sie einen ebenso bedeutenden Platz ein wie die Regeln des Syllogismus im geordneten Denken« (Rapaport 1976: 216 f.).

Rapaport weicht zweifellos, mittels einer Petitio principii, der entscheidenden Frage aus, wie zuverlässig freie Assoziationen als Mittel sind, mit denen man zum Vorschein kommende Verdrängungen als Pathogene *bezeugen* kann. Mit diesem wesentlichen Punkt wußte auch M. B. Macmillan nichts anzufangen (1977: 224–226), der einen Abschnitt über »Symptome, Erinnerungen, Logik und Ursachen« dem Nachweis widmet, daß Freud sich bei seiner Vorstellung von der Symptombildung auf den 1885 von T. Meynert eingeführten physiologischen Assoziationismus stützte. Man wird nämlich im dunkeln darüber gelassen, ob Freud der Meinung war, die Annahmen von Meynert könnten genau den entscheidenden kausalen Rückschluß auf die Pathogenizität *garantieren*, der, wie er behauptete, durch seine Methode der freien Assoziation ermöglicht wird. So hat auch Rapaport offenbar keinen stichhaltigen Grund geliefert, warum man annehmen sollte, daß Freuds »Logik der freien Assoziation« die ätiologische »Logik des Unbewußten« überhaupt *durchschaute*.

Obgleich also die Verdrängungsätiologie der psychoneurotischen Störungen selbst in großer Gefahr schwebte, klinisch zu wenig überzeugend gestützt zu werden, extrapolierte Freud sie, indem er als gegeben voraussetzte, daß Verdrängungen »Fehlleistungen« (Parapraxen) und Träume ebenso hervorbringen, wie sie auch ausgewachsene Neurosen erzeugen. So erhob er etwa einen Versprecher in den Rang eines minineurotischen Symptoms, indem er ihn als einen *Kompromiß* zwischen einem verdrängten Motiv, das in Form einer Störung zutage tritt, einerseits und der bewußten Absicht, etwas Bestimmtes zu äußern, andererseits betrachtete. Dagegen möchte ich aber folgendes einwenden: Selbst wenn die ursprüngliche *therapeutische* Rechtfertigung der Verdrängungsätiologie von Neurosen sich tatsächlich als empirisch lebensfähig erwiesen hätte, so wären Freuds Kompromißmodelle für Fehlleistungen und manifeste Trauminhalte doch *Fehlextrapolationen* aus dieser Ätiologie, und zwar eben deshalb, weil ihnen zu Beginn jede entsprechende therapeutische Grundlage fehlte. Denn im Jahre 1900 verteidigte Freud den heuristischen und probativen Gebrauch der freien Assoziation bei der *Traumdeutung*, indem er darauf hinwies, daß sie hauptsächlich bei der *ätiologischen* Untersuchung angewendet werde (GW 2/3: 105). Umgekehrt führte er ausdrücklich *therapeutische* Ergebnisse an, um zu rechtfertigen, daß die freie Assoziation ein zuverlässiges Mittel darstellt, mit dem Pathogene ätiologisch bestätigt werden können: »Wir könnten auch zu unserer Rechtfertigung heranziehen, daß das Verfahren bei der Traumdeutung [mittels der freien Assoziation] identisch ist mit dem bei der Auflösung der hysterischen Symptome, wo die Richtigkeit des Verfahrens durch das Auftauchen und das Schwinden der Symptome zu ihrer Stelle gewährleistet wird« (GW 2/3: 532 f.).

Bevor ich mich einer Untersuchung der psychoanalytischen Theorie der Fehlleistungen zuwende, möchte ich die Aufmerksamkeit auf einige in hohem Maße irreführende neuere Darstellungen lenken, die den Inhalt und die Gültigkeit der für Freud charakteristischen Verdrängungstheorie zum Thema haben.

Es ist eindeutig so, daß das Dasein der Verdrängung – im psychoanalytischen Sinne, wonach ein Gedanke aus dem Bewußtsein verbannt und/oder ihm der Eintritt verweigert wird (GW 10: 249; 1915) – eine *notwendige* Bedingung für die grundsätzliche und vielgestaltige *kausale Rolle* darstellt, die Freud ihr zuerkannte. Man darf jedoch nicht übersehen, daß die bloße *Existenz* des psychischen Verdrängungsmechanismus – der spekulativ schon vor Freud von Herbart und Schopenhauer behauptet wurde (SE 2: xxii; Einf. des Hrsg.; Ellenberger 1973: 434) – noch weit von seiner freudianischen Rolle als allgemeines Pathogen, als Traumanstifter und als Urheber von Fehlleistungen entfernt ist.

Paul Kline (1981: 196, 436), Seymour Fisher (1982: 680), wie auch Matthew Erdelyi und Benjamin Goldberg (1979) bemänteln oder ignorieren nun aber, welche bedeutsame epistemische Lücke dazwischen klafft, ob man lediglich das *Vorkommen* der Verdrängung bezeugt oder ob man einen zwingenden Beweis für ihre angebliche Rolle bei der Entstehung der Neurose usw. liefert. Entsprechend wird der Ausdruck »Verdrängungstheorie« auf bedenklich zweideutige Weise verwendet. So heißt es auf dem Schutzumschlag des Buches von Kline irreführenderweise, daß »es [...] unbestreitbare experimentelle Beweise [...] für die Verdrängungstheorie gibt«. Im Buch selbst gibt Kline dann eine *Definition* der *»eigentlichen Verdrängung«* und schließt darein die Behauptung mit ein, daß »die Verdrängung ein pathogener oder erfolgloser Abwehrmechanismus« sei (1981: 196). Eine solche definitorische Einbeziehung einer ätiologischen Rolle bedeutet jedoch, von vornherein als erwiesen anzusehen, daß geistige Verdrängungsakte tatsächlich kausal neurosogen sind. Denn der experimentelle Beweis, den Kline im Anschluß anführt (S. 226, 436), bezieht sich, wie er selbst dort betont (S. 226), auf die *Existenz* des Verdrängungsmechanismus, bezeugt aber absolut *nicht* eine ätiologische Rolle. In neuerer Zeit hat er uns mitgeteilt, daß ein von H. S. Zamansky 1958 mit paranoiden Schizophrenen durchgeführtes Experiment »die psychoanalytische Theorie stützt, wonach die Wahnvorstellungen durch latente Homosexualität verursacht seien« (Kline 1987: 114). Doch erstaunlicherweise ist sich Kline nicht bewußt, daß Zamansky selbst diese ätiologische Interpretation seines Experiments ausdrücklich als unberechtigt *zurückgewiesen* hat: »Obgleich das vorliegende Experiment einen höheren Grad an Homosexualität bei Männern mit paranoiden Wahnvorstellungen als bei nicht-paranoiden Individuen nachgewiesen hat, sagen diese Ergebnisse nichts darüber aus, welche Rolle die Homosexualität in der Entwicklung dieser Wahnvorstellungen spielt« (Zamansky 1958: Abschn. »Discussion«). Darüber hinaus ignoriert Kline meine Verteidigung der von anderen vorgebrachten Argumente dafür, daß selbst die bescheideneren Behauptungen, die Zamansky für seine Befunde geltend gemacht hat, in Frage zu stellen seien (Grünbaum 1986b: 269 f.). Daher kann keiner der experimentellen Beweise, auf die er sich beruft, zur Untermauerung der Freudschen kausalen Rolle von Verdrängungen herangezogen werden! Übrigens ist Kline selbst (S. vii) der Meinung, daß die von ihm erbrachten experimentellen Ergebnisse einerseits den pauschalen Rejektionismus von Eysenck und Wilson (1973) zurückweisen und andererseits die von Fisher und Greenberg (1977) unkritisch übernommenen, methodologisch zweifelhaften Ergebnisse übertreffen.

Diese Anmerkungen zum angeblichen experimentellen Beweis für »die Verdrängungstheorie« sollen dazu dienen, einem möglichen Mißverständnis einer zentralen These dieses Buches vorzubeugen. Ich behaupte, hier nachweisen zu können, daß die *klinischen* Zeugnisse der Grundlagen, auf denen Freuds Gebäude erklärtermaßen beruht, dürftig sind. Gleichwohl *räume* ich ausdrücklich eine gewichtige Möglichkeit *ein*: Es *könnte* sich durch zukünftige *extra*klinische Beweise (z. B. epidemiologische oder experimentelle Befunde) schließlich ergeben, daß Freud mit seiner glänzenden intellektuellen Vorstellungskraft durchaus zutreffende Entdeckungen auf dem Gebiet der Psychopathologie und anderer Aspekte menschlichen Verhaltens gemacht hat, obwohl seine klinischen Argumente eindeutig versagen. Ich behaupte also im Gegensatz zu Seymour Fisher, der Freud für »wissenschaftlich lebendig und gesund« befand (1982: 681), daß die Psychoanalyse gleichsam zwar lebendig, aber – zumindest zum gegenwärtigen Zeitpunkt – kaum gesund ist.

Weitere wesentliche Bedenken werde ich vor allem in den Kapiteln 4, 5, 6, 8 und 10 darlegen. Die von mir bereits dokumentierte Dürftigkeit der klinischen Bestätigungen zeigt, wie nichtssagend und ausweichend die von Brenner (1982: 4) geführte Klage ist: »Es gibt Wissenschaftsphilosophen, die sich kritisch gegenüber psychoanalytischen Theorien äußern und die die Psychoanalyse fälschlich als Spekulation und nicht als einen Zweig der Wissenschaft charakterisieren. Und dies trotz der Tatsache, daß sie selbst keinerlei Erfahrung im Umgang mit der Methode haben, die die Grundlage für die von ihnen kritisierten Theorien bildet.« Weder ich noch andere mir bekannte Kritiker bestreiten, daß die psychoanalytische Methode ihre Praktiker mit einer *heuristisch* fruchtbaren Grundlage zur Bildung von Hypothesen ausstattet, insbesondere in den Händen eines hochfliegenden Geistes wie Freud. Wenn aber die Praxis der Psychoanalyse tatsächlich dazu führt, daß die klinischen *Argumente*, die ihre Verfechter anführen, *an Überzeugungskraft gewinnen* – warum, so frage ich, gibt es dann bisher noch kein brauchbares Argument für die Verdrängungsätiologie der Psychoneurose, beispielsweise in Brenners (1982) Konfliktversion, geschweige denn für die Anwendung der freien Assoziation zur *Bestätigung* von Pathogenen? Würde Brenner sagen, wenn Francis Galton nicht selbst Bittgebete gesprochen – oder in der Kirche Gebetsdienste für andere geleistet – hätte, dann müßten Theologen sich nicht mit den statistischen Zweifeln, die er bezüglich der Heilwirksamkeit dieser Gebete erhoben hatte (Galton 1872), befassen? Wenn meine Kritik unzutreffend ist, dann müßten diejenigen, die wie Brenner »Erfahrung im Umgang mit der Methode« haben, in der Lage sein, die Kritik *auf andere Weise* zu diskreditieren als dadurch, daß sie auf meine *mangelnde* praktische Erfahrung mit ihr verweisen. Brenners frühere Entgegnungen auf andere Wissenschaftstheoretiker (1968; 1970: 34 f.) haben zur Rechtfertigung der psychoanalytischen Methode der klinischen Untersuchung gleichfalls nichts beigetragen.

Kapitel 4

Untersuchung der psychoanalytischen Theorie der Fehlleistungen – Vergessen, Versprechen, Verhören und Verschreiben

Im folgenden soll anhand eines paradigmatischen Freudschen Falles von Vergessen gezeigt werden, wie dürftig die empirischen Zeugnisse seines Kompromißmodells für Fehlleistungen sind. Das Beispiel betrifft das Vergessen eines Pronomens in einem lateinischen Zitat; es wurde in der Einleitung, Abschnitt 2C und 3B, bereits ansatzweise erörtert. Für unsere Zwecke ist es durchaus unerheblich, zu dem sachlichen Gehalt der aufsehenerregenden Behauptung von Peter J. Swales (1982: Abschn. 3–6) Stellung zu nehmen, das fragliche Vergessen sei Freud selbst unterlaufen, als seine Schwägerin vorgeblich von ihm schwanger gewesen sei. Daher werde ich Freuds Text für bare Münze nehmen.

Auf einer seiner Reisen erneuerte Freud die Bekanntschaft mit einem akademisch gebildeten jungen Mann, der mit einigen seiner psychoanalytischen Schriften vertraut war. Der junge Mann, ein österreichischer Jude, den wir »AJ« (»Austrian Jew«) nennen wollen, teilt Freud seinen Ärger über die sozialen Benachteiligungen und Schwierigkeiten in seinem beruflichen Fortkommen, die er infolge religiöser Diskriminierung erleide, mit. Um diesem Gefühl der Frustration Luft zu machen, *versucht* er, die Zeile aus Vergils *Äneis* zu zitieren, in der die verzweifelte, im Stich gelassene Dido ausruft: »Exoriare aliquis nostris ex ossibus ultor« (»Ich wünschte, jemand aus unserem Fleisch und Blut würde als Rächer auferstehen!«). AJ erinnert sich aber nur unvollständig und stellt nicht nur die Wortfolge »nostris ex« um, sondern er übergeht auch vollständig das unbestimmte Pronomen »aliquis« (»jemand«). Wohl wissend, daß in der Zeile etwas fehlt, bittet

AJ um Hilfe, worauf Freud die Zeile korrekt zitiert (GW 4: 14; 1901).

Der junge Mann bittet Freud darauf, den Gedächtnisfehler zu erklären. Freud tut ihm diesen Gefallen gern und weist ihn an, frei zu assoziieren, worauf AJ zunächst »aliquis« in *a* und *liquis* aufteilt. Nach einer Reihe von zwischengeschalteten Assoziationen fällt dem jungen Mann der christliche Märtyrer Januarius ein, der zum Schutzheiligen von Neapel wurde, und er erwähnt das angebliche Wunder vom geronnenen Blut dieses Heiligen. Freud weist darauf hin, daß der hl. Januarius und der hl. Augustinus, den AJ zuvor erwähnt hatte, »beide mit dem Kalender zu tun« haben. Dann fragt Freud: »Wollen Sie mich nicht an das Blutwunder erinnern«? AJ antwortet, diese Reliquie werde in einer Phiole in einer Kirche in Neapel aufbewahrt und verflüssige sich in regelmäßigen Abständen. Dann macht er eine Pause. Daraufhin meint Freud: »Nun und weiter. Warum stocken Sie?« AJ antwortet: »Jetzt ist mir allerdings etwas eingefallen . . . das ist aber zu intim für die Mitteilung . . . Ich sehe übrigens keinen Zusammenhang und keine Nötigung, es zu erzählen«, worauf Freud ihm in schulmeisterlicher Manier versichert: »Für den Zusammenhang würde ich sorgen« (S. 15 f.).

Als AJ dann gesteht: »Ich habe plötzlich an eine Dame gedacht, von der ich leicht eine Nachricht bekommen könnte, die uns beiden recht unangenehm wäre«, stellt Freud die rhetorische Frage: »Daß ihr die Periode ausgeblieben ist?« Er erklärt durchaus einleuchtend, er habe die vorangegangene Assoziation des jungen Mannes mit dem Blutwunder des hl. Januarius als Anspielung auf die Periode einer Frau interpretiert.

AJ hatte tatsächlich allen Grund zu der Befürchtung, seine Geliebte könne von ihm schwanger sein. Die Angst, die er angesichts dieser drohenden Möglichkeit verspürt hatte, war, wenn auch auf verschlungenen Pfaden, über den Assoziationsprozeß, auf den er sich eingelassen hatte, zum Vorschein gekommen. Überdies war sich AJ dieser Tatsachen sehr wohl bewußt. Dennoch schien ihm die behauptete *kausale Beziehung* zwischen seiner echten Besorgnis und seinem Fehler bei »aliquis« zweifelhaft: »Und Sie meinen wirklich, wegen dieser ängstlichen Erwartung hätte ich das Wörtchen *aliquis* nicht reproduzieren können?« Mit souveräner Zuversicht erwiderte Freud: »Das scheint mir unzweifelhaft.« Denn Freud war davon überzeugt, daß AJs verdrängter Wunsch, *keine* Nachkommen aus dieser sexuellen Verbindung zu haben, sich überlagert hatte mit seinem auf lateinisch ausgedrückten Wunsch nach Nachkommen, die die von Juden erlittene Not rächen würden.

Freuds Darstellung nach zu urteilen, ist es nicht ganz sicher, ob AJ seine Furcht vor einer Schwangerschaft tatsächlich *verdrängt* und nicht lediglich in sein sogenanntes Vorbewußtes verbannt hatte, indem er seine Aufmerksamkeit auf andere Reize wandte. Nehmen wir aber einmal an, dieser Gedanke war verdrängt, zumindest vor dem Zeitpunkt t_1, zu dem AJ die Fehlleistung unterlief, daß er »aliquis« vergaß. Bald nachdem Freud AJ dieses vergessene Wort wieder zu Bewußtsein gebracht hatte, nahm der junge Mann es als Ausgangspunkt für Assoziationen, die er zum Zeitpunkt t_2 zu bilden begann. Dann trat zum Zeitpunkt t_3 der angstbeladene Gedanke an eine bestätigte, ungewollte Schwangerschaft auf. Abgekürzt könnte man sagen, es gab einen »Gedächtnisfehler« zum Zeitpunkt t_1, eine »auslösende Wiederbewußtmachung« zum Zeitpunkt t_2, und (auf Umwegen) als Folge das »schließliche Sichtbarwerden« des verdrängten Angstinhalts zum Zeitpunkt t_3.

Wie Timpanaro (1976: 51) bemerkt hat, zögerte Freud nicht, gelegentlich in AJs Assoziationsfluß einzugreifen. Timpanaro hat Freud daher vorgeworfen, er habe dadurch die Assoziationen unmerklich gesteuert, in ähnlicher Weise wie bei der sokratischen Methode, bei der Antworten auf Suggestivfragen hervorgelockt werden.

Aber nehmen wir einmal rein theoretisch an, es gebe eine Art *unkontaminierter kausaler Verknüpfung* zwischen der wiedererlangten Kenntnis von »aliquis« zum Zeitpunkt t_2, die die labyrinthische Assoziationsfolge auslöst, einerseits, und dem sichtbar werdenden Angstgedanken, in dem diese Folge zum Zeitpunkt t_3 endete, andererseits. Dann müssen wir dennoch folgende *erste Frage* stellen: Aus welchem Grund nimmt Freud oder sonst jemand überhaupt an, *diese* angenommene kausale Verknüpfung sei ein *Beleg* für die weitere Behauptung, daß der verdrängte Gedanke, den AJ vor dem Zeitpunkt t_1 verborgen hielt, die *Ursache* für seinen Gedächtnisfehler zum Zeitpunkt t_1 war? Noch deutlicher ausgedrückt, warum sollte die schließliche Aufdeckung der von AJ zuvor verdrängten Furcht vor einer Schwangerschaft, über weitläufige Zwischenassoziationen, ausgehend von dem wiederhergestellten »aliquis«, bedeuten, daß eben diese Furcht – die doch bis zu jenem Zeitpunkt verdrängt war – ihn dazu veranlaßt hatte, dieses Wort zu vergessen und überdies »nostris ex« umzustellen? Warum sollte man in der Tat annehmen, die *verdrängte* Furcht sei die Ursache dafür gewesen, daß »aliquis« zu Beginn *vergessen* worden war, nur weil verschlungene Assoziationen, die von der wiederhergestellten Erinnerung an »aliquis« ausgingen, dazu führten, daß die Furcht bewußt wurde? Das Unbewußte mit geheimnisvollen Kräften auszustatten, mit denen es auf bewußte Handlungen einwirken kann, bedeutet nur, dem kausalen Trugschluß einen ehrenwerten Namen zu geben. Zwar *kann* AJs verdrängter Wunsch, er möge zu diesem Zeitpunkt keine Nachkommen mit seiner Geliebten gezeugt haben, mit seinem bewußten Wunsch, Nachkommen als Rächer zu haben, in Konflikt geraten, obgleich dies nicht notwendig so sein muß. Aber diese Tatsache beweist nicht, daß sein verdrängter Wunsch den »aliquis«-Fehler in der *lateinischen Fassung* seines unterstellten gegensätzlichen Wunsches verursacht hatte. Und selbst wenn die ›Psychologie des gesunden Menschenverstandes‹ die epistemischen Mittel besäße, eine solche kausale Verknüpfung zu beglaubigen, so liefert doch das schließliche Sichtbarwerden von AJs leidenschaftlicher Hoffnung (seine

Geliebte möge nicht schwanger sein) am Ende seiner Assoziationskette *keinen* Grund, daß man zu einem solchen kausalen Urteil gelangt. Genau hierin liegt jedoch die epistemische Verpflichtung von Freuds Methode der freien Assoziation, nämlich solche Gründe zu liefern!

Man wäre schlecht unterrichtet und im übrigen lieblos, wollte man annehmen, Freud hätte nicht einige Hilfshypothesen herangezogen, um die auf den ersten Blick auffallende Lücke in der Schlußfolgerung, auf die unsere Fragen hingewiesen haben, zu schließen. In der Tat *extrapolierte* er aus seiner Verdrängungsätiologie der Neurosen, wie er es bereits ausdrücklich getan hatte, als er behauptete, den manifesten Trauminhalt erklären zu können (GW 2/3: 105, 533; 1900). So setzte er voraus, daß mit derselben Berechtigung das Modell der Kompromißbildung bei neurotischen Symptomen – bei dem man verdrängte Inhalte als *kausal notwendig* für die Symptombildung betrachtet – extrapoliert werden könne, so daß es Fehlleistungen miteinschließe. Hatte er so diese mißglückten Tätigkeiten einmal als minineurotische Symptome gefaßt, fühlte sich Freud zu einer weiteren Annahme berechtigt: wenn eine Verdrängung über freie Assoziationen, die dadurch ausgelöst werden, daß die Person ihrer Fehlleistung gewahr wird, in das Bewußtsein tritt, dann war die frühere Präsenz *dieser* Verdrängung die Ursache für die Fehlleistung. Mutatis mutandis hatte er, wie wir später im einzelnen sehen werden, beide Hypothesen bereits auf manifeste Trauminhalte angewendet.

Dennoch halte ich daran fest, daß die Argumentation, mit der Freud diese wichtigen Voraussetzungen untermauert zu haben glaubte, empfindliche Risse aufweist. Man beachte zunächst: Der Anlaß dafür, daß die Gedächtnislücke »aliquis« im Bewußtsein des jungen Mannes geschlossen wurde, war die Richtigstellung des Vergil-Zitats durch Freud, *nicht* aber die Aufdeckung von AJs verdrängter Furcht vor einer Schwangerschaft. Daher wäre es offenkundig völlig verdreht, wollte man der Offenlegung von AJs verdrängter Furcht die

Schließung der ganz *andersartigen* Gedächtnislücke, die AJs »Vergessen« ausmachte, zuschreiben. Nehmen wir einmal an, Freud hätte diese Lücke *nicht* geschlossen, indem er AJ das übergangene »aliquis« lieferte. Unterstellen wir weiter, AJ hätte *andere* Wörter aus der unvollständig erinnerten lateinischen Zeile zum Ausgangspunkt für seine Assoziationen genommen. Schließlich wollen wir sogar – *ohne* Beweis – postulieren, daß erst *nachdem* seine verdrängte Furcht vor der Schwangerschaft bewußt zum Vorschein gekommen war, *diese letzteren* Assoziationen darauf hinausgelaufen wären, daß AJ sich an das vergessene Wort »aliquis« erinnerte. Selbst dann wäre es ganz und gar unklar, ob man das postulierte ohne Freuds Hilfe erfolgte Schließen von AJs Gedächtnislücke der Aufdeckung seiner verdrängten Furcht kausal zuschreiben kann! Auf jeden Fall führte Freud keinerlei Beweis dafür an, daß die dauerhafte Aufhebung einer Verdrängung, der er eine Fehlleistung zugeschrieben hatte, insofern »therapeutisch« ist, als sie die Person selbst in die Lage versetzt, die Fehlleistung zu korrigieren *und* ihre Wiederholung oder andere Fehlleistungen in Zukunft zu vermeiden. Während es daher der angenommenen Verdrängungs»ätiologie« von Fehlleistungen an einem »therapeutischen« Rückhalt mangelt, hatten Breuer und Freud gerade einen solchen auf den ersten Blick beeindruckenden Beweis angeführt, um zu zeigen, daß die Entfernung von neurotischen Symptomen dem Aufdecken von Verdrängungen zuzuschreiben ist, so daß Verdrängungen wahrscheinlich Pathogene sind. Kurz, hinsichtlich des angeführten Beweismaterials gibt es einen deutlichen Unterschied zwischen der einen Hypothese, daß Fehlleistungen aus Verdrängungen resultieren, und der anderen, daß Verdrängungen die Pathogene für neurotische Symptome darstellen.

Nachdem sich Freud jedoch in seinem Postulierungseifer nicht mehr durch Breuers bekannte theoretische Zurückhaltung entmutigen ließ, stellte er unerschrocken seine Verdrängungstheorie für Fehlleistungen auf. Er tat dies, obwohl er keinerlei Gegenstück zu der beweiskräftigen Stützung durch das therapeutische Ergebnis aufzuweisen hatte, auf die Breuer und er ausdrücklich ihre Verdrängungsätiologie von neurotischen Erkrankungen gegründet hatten. Statt daß ihm diese offenkundige Diskrepanz zu denken gegeben hätte, glich Freud in den Jahren 1900 und 1901 den manifesten Trauminhalt und später auch Fehlleistungen den neurotischen Symptomen an, indem er sie alle als Kompromißbildungen, die durch Verdrängungen erzeugt wurden, deutete (GW 2/3: 149; 1900). Deshalb sind in meinen Augen seine Theorie der Fehlleistungen und der Träume *Fehlextrapolationen* aus der allgemeinen Verdrängungsätiologie von neurotischen Symptomen, die wenigstens dem ersten Anschein nach therapeutisch gestützt wurde.

Wie ich aber in Kapitel 3 gezeigt habe, fehlen eben dieser Ätiologie mit ihrem Kompromißmodell für Symptome angemessene klinische Referenzen. Deshalb konnte Freud auch nicht bestätigen, daß das Aufdecken von Verdrängungen (über »freie« Assoziationen) im Verlauf der Untersuchung hinsichtlich der ätiologischen Forschung überzeugend war. Vor allem lieferte er keinen *triftigen* Grund für die Schlußfolgerung, daß das Aufdecken von Verdrängungen ein Mittel darstellt, mit dem man die Ursachen von Fehlleistungen und von Träumen bezeugen kann, denn die Verdrängungs-»Ätiologie« von Fehlleistungen erwies sich lediglich als unberechtigte Extrapolation aus dem Modell der Kompromißbildung für neurotische Symptome. Man kann deswegen annehmen, daß selbst echte Verdrängungen, die mit Hilfe von freien Assoziationen entdeckt werden, für Fehlleistungen und Träume kausal *irrelevant* sind, zumindest bis zu dem Punkt, wo man zeigen kann, daß in Einzelfällen *zusätzliche* Gründe für eine solche Relevanz vorliegen.

Diese Annahme einer kausalen Irrelevanz wurde weiter erhärtet durch die detaillierten und gut begründeten *alternativen* Kausalerklärungen für Fehlleistungen, die Sebastiano Timpanaro in seinem wichtigen Buch *Il lapsus freudiano*

(1974) vorstellte. Seine höchst aufschlußreichen *nicht*-freudianischen psychologischen Hypothesen sind von Philologen für die Textkritik entwickelt worden. Seine verschiedenen »ätiologischen« Fehlerkategorien berücksichtigen voll und ganz eine Verursachung durch unbewußte Mechanismen. Aber diese angenommenen geistigen Prozesse besitzen nicht den Status von Freudschen *Verdrängungen*, sondern lassen sich vielmehr als »Vorbewußtes« im Vokabular der Psychoanalyse klassifizieren. Timpanaro (1976: 95) erwartet, daß seine nicht-freudianischen psychologischen Erklärungen von Fehlleistungen sich vertiefen lassen durch die derzeitige Entwicklungsforschung über die physiologischen Mechanismen, die dem Gedächtnis, der Vergeßlichkeit und der Konzentration wie auch deren Anfälligkeit gegenüber emotionalen Einflüssen zugrunde liegen. Ich möchte im folgenden einen Überblick über die von Timpanaro vorgebrachten konkurrierenden Erklärungen für Fehlleistungen geben.

Eine Aufgabe der Textkritik besteht in der Untersuchung der Bedingungen, die dazu beitragen, daß ein Text im Verlaufe wiederholten Abschreibens oder mündlicher Übermittlung, einschließlich auswendigen Zitierens, entstellt wird. Philologen sind ferner damit befaßt, die linguistischen Muster der Fehler, die aus dieser Tendenz zur Umbildung resultieren, zu beschreiben. Unter den verschiedenen »ätiologischen« Kategorien solcher Fehler, die sie herausgearbeitet haben, befinden sich folgende:

1. Die »Banalisierung«, das unbewußte Ersetzen eines Wortes oder einer Wortgruppe durch ein wirkliches oder vermeintliches Synonym, dessen Gebrauch dem Kopisten im Kontext seines sprachlichen und kulturellen Erbes *geläufiger* ist (Timpanaro 1976: 21). Diese Art von Fehler tritt in verschiedenen Formen auf. Eine davon ist die Art von syntaktischen und stilistischen Abänderungen, die AJ vornahm, als er aus Vergil zitierte (Kap. 3), denn der Satzbau der Originalzeile ist im Lateinischen höchst ungewöhnlich und im

Grunde genommen nicht übertragbar ins Deutsche, die Muttersprache von AJ, der wohl kaum professioneller Latinist war. Außerdem stellt AJs Umkehrung von »nostris ex« sowohl hinsichtlich des Gebrauchs im Lateinischen als auch der deutschen Wortfolge eine Banalisierung dar, obgleich, wie Freud selbst betont, diese Umstellung möglicherweise durch seinen Versuch, mit seiner Gedächtnislücke fertigzuwerden, verursacht wurde. Die Tendenz zur Banalisierung könnte auch eine Sache der geistigen Ökonomie sein (S. 97). Im übrigen ist das Wort »aliquis«, das AJ ausließ, verhältnismäßig überflüssig, da die polemische Botschaft, die AJ mit dieser Zeile ausdrücken wollte, durch sein Fehlen nicht zerstört würde, was der Fall wäre, wenn man »exoriare«, »nostris ossibus« oder »ultor« wegließe. Die Tendenz, Überflüssiges wegzulassen, könnte ebensogut eine Angelegenheit der geistigen Ökonomie wie der Banalisierung sein.

2. Fehler, die durch Einflüsse aus dem *Zusammenhang*, in dem sie auftreten, veranlaßt werden: anders als Banalisierungen resultieren sie aus Angleichungen an vorangehende oder folgende Wörter, die zum selben Satz gehören, und nicht an das sprachliche Erbe (S. 97). So kann es einem Sprecher oder Schreiber, der ganz in das vertieft ist, was er sagen oder schreiben *will*, leicht passieren, daß er ein bestimmtes Wort oder einen Satz unter dem Einfluß der Vorwegnahme eines folgenden entstellt. Zudem kann die Beschäftigung mit anderen Dingen oder der Verlust des Interesses unsere begrenzte Gedächtniskapazität belasten und dazu führen, daß man Dinge vergißt oder übergeht.

3. Das übliche Ersetzen von Wörtern durch andere mit der gleichen Anzahl von Silben, die außerdem eine große phonetische Ähnlichkeit aufweisen, wie bei Reimen, und die sich auf begrifflich Ähnliches beziehen (Kap. 6). Der Fall, bei dem Freud versucht, sich an den Namen des Renaissancemalers Signorelli zu erinnern, und statt dessen auf Botticelli, einen anderen Maler dieser Zeit, gerät (GW 4: 6; 1901), fällt in diese Kategorie. Freud hatte kaum an Botticelli gedacht, als er ihn

auch schon als nicht korrekt zurückwies, und dann fiel ihm der Name des unbedeutenderen Malers Boltraffo ein, von dem er ebenfalls sofort wußte, daß er falsch war. Wie Timpanaro erläutert (S. 70 f.), findet sich in dem Fehlerkatalog, den wir aus der Textkritik kennen, der zweite Fehler ebenso häufig wie der erste. Aus philologischer Sicht handelt es sich bei jenem – anders als beim ersten – *nicht* um einen Gedächtnisfehler. Es ist vielmehr der erfolglose Versuch, den ersten Fehler zu korrigieren: Nachdem Freud der entscheidende Punkt entgangen war, daß er zuerst das »Signor« in dem Namen »Signorelli« durch »Bottic« ersetzt hatte, behielt er irrtümlich die Silbe »Bo« aus dieser ersten Substitution bei, verstärkte oder ›verschlimmerte‹ aber dann seinen Fehler, indem er das authentische »elli« fallenließ und dadurch auf nichts besseres als »Boltraffo« kam. Deutsche Textkritiker nennen solche Nicht-Verbesserungen »*Ver*schlimmbesserung«, und französische Philologen bezeichnen sie als »fautes critiques«.

4. »Polarfehler«, die darin bestehen, daß Wörter mit gegensätzlicher Bedeutung gegeneinander ausgetauscht werden. Freud schrieb solche Fehler der Tatsache zu, daß das Es mit dem verlogenen Ich abrechnet (GW 11, 3. Vorlesung; 1916). Aber Nicht-Freudianer wie der Sprachforscher Rudolf Meringer, den Freud zitiert (z. B. GW 4, Kap. 5; 1901), waren der Ansicht (Timpanaro 1976: 147–150, 151–153), die begriffliche Komplementarität – wie etwa zwischen den Wörtern »weggelassen« und »eingefügt« – an sich könne die Quelle von fehlerhaften Wortsubstitutionen sein.

5. Haplographie und Haplologie: das Verschmelzen von Doppelbuchstaben oder -lauten beim Schreiben bzw. Sprechen. Wenn bei demselben Setzer wiederholt Fälle von Haplographie beim Schriftsetzen auftauchen, so kann dies auf eine persönliche Neigung deuten, solche Fehler zu begehen (Timpanaro 1976: 136 f., 141).

6. Weglassungen, die entstehen, wenn der Blick des Kopisten von einer Buchstabengruppe, normalerweise am Anfang oder

Ende eines Wortes, zu einer ähnlichen in einem angrenzenden oder in der Nähe liegenden Wort springt, wie bei der falschen Übertragung des italienischen Wortes »teleologico« als »teologico«. Diese Fehlerart ist bekannt unter der Bezeichnung »saut du même au même« (S. 36).

7. Diplographie, der häufige, scheinbar mechanische Fehler, bei dem Teile von Wörtern, ganze Wörter oder ganze Wortfolgen unangebracht *wiederholt* werden (S. 143–145). Beispielsweise bleiben die Gedanken des Schreibers und die Form, in der er sie zu Papier bringt, nicht immer in Einklang miteinander, so daß er möglicherweise irrtümlich etwas niederschreibt, das er schon geschrieben hat; Kopisten oder Setzer schauen im Text vielleicht zu einer Stelle zurück, die weiter zurück liegt als die, bei der sie aufgehört haben.

In weitaus vagerer Form wurden »ätiologische« Kategorien dieser Art zur Zeit Freuds von einigen Psycholinguisten und Physiologen verwendet, um Fehler nicht-psychoanalytisch zu erklären. Wie Timpanaro betont, sind Textkritiker in weit stärkerem Maße als diese Fehlerforscher wachsam gegenüber der Tatsache, daß bei der Bildung eines bestimmten Fehlers eine Vielzahl solcher »ätiologischer« Faktoren in komplexer Weise zusammenwirken. »Die Textkritik [...] muß sich darum bemühen, zu verstehen, wie verschiedene allgemeine Tendenzen bei einer bestimmten Gelegenheit zur Produktion eines einzelnen, spezifischen Fehlers beitragen« (S. 84). Jedoch gesteht Timpanaro zu (S. 98 f.), daß, zumindest nach dem derzeitigen Wissensstand, solche Erklärungen stochastisch sind oder jedenfalls nur statistische Vorhersagen ermöglichen.

»Es ist daher völlig unmöglich, vorherzusagen, daß beispielsweise ein bestimmter Text durch einen bestimmten Fehler an einer bestimmten Stelle in einer bestimmten Vorlage verfälscht werden wird. Statistisch sieht die Situation jedoch ganz anders aus. Während ich mich keinesfalls auf die Vorhersage festlegen kann, daß das Wort »cultuale« von einem bestimmten Schreiber oder Setzer zu »culturale« banalisiert werden wird, bin ich in der Lage, vorherzusagen, daß aller Wahrscheinlichkeit nach die Mehrzahl von hundert Schreibern oder Setzern, die diese Passage wiedergeben sollen, in den Fehler verfallen werden. Das gleiche gilt für die Banalisierung von »teleologico« [›teleologisch‹] zu »teologico« [›theologisch‹]. Hier wirkt das »saut du même au même« als zusätzliche Ursache in Verbindung mit der Tendenz zur Banalisierung, während letztere noch weiter durch die Tatsache unterstützt wird, daß die beiden Adjektive, auch wenn sie sehr unterschiedliche Bedeutungen haben, häufig in denselben Kontext passen: der Glaube an einen Finalismus der Natur steht in offensichtlichem Zusammenhang mit einer Auffassung, die man in etwa als religiös oder »theologisch« bezeichnen kann.«

Weitere nicht-freudianische psycholinguistische Erklärungen für Fehler, die sich bei der Sprachausübung ergeben, finden sich bei Fromkin (1980).

Freud diskutiert einige der nicht-psychoanalytischen Ansätze zum Verständnis von Fehlern, die seine eigenen Zeitgenossen formuliert hatten, setzt aber die von ihnen bestimmten kausalen Faktoren als ganz allgemein und oberflächlich herab (GW 4: 27 f., 90 f.; 1901). Er wirft ihnen vor, sie begnügten sich anstelle von kausal notwendigen oder ausreichenden Bedingungen schon mit Faktoren, die eine Fehlleistung lediglich *begünstigen* (GW 11: 39 f., 55; 1916). Voller Verachtung über das stochastische Kausalprinzip, das bloßen Tendenzen zugrunde liegt, erklärt er:

»Die psychophysiologischen Momente wie Aufregung, Zerstreutheit, Aufmerksamkeitsstörung leisten uns offenbar sehr wenig für die Zwecke der Erklärung. Es sind nur Redensarten, spanische Wände, hinter welche zu gucken wir uns nicht abhalten lassen sollen. Es fragt sich vielmehr, was hier die Erregung, die besondere Ablenkung der Aufmerksamkeit hervorgerufen hat. Die Lauteinflüsse, Wortähnlichkeiten und die von den Worten auslaufenden gebräuchlichen Assoziationen sind wiederum als bedeutsam anzuerkennen. Sie erleichtern das Versprechen, indem sie ihm die Wege weisen, die es wandeln kann. Aber wenn ich einen Weg vor mir habe, ist damit auch wie selbstverständlich entschieden, daß ich ihn gehen werde? Es bedarf noch eines Motivs, damit ich mich zu ihm entschließe, und überdies einer Kraft, die mich auf diesem Wege vorwärts bringt. Diese Laut- und Wortbeziehungen sind also auch nur wie die körperlichen Dispositionen Begünstigungen des Versprechens und können seine eigentliche Aufklärung nicht geben« (GW 11: 39 f.).

Das gibt mir Anlaß, festzustellen: So unvollständig oder sonstwie mangelhaft die neueren nicht-psychoanalytischen Erklärungen von Versehen, die Timpanaro oder einige Psycholinguisten lieferten, auch sind – ihre Schwächen werden durch die psychoanalytischen Erklärungen absolut nicht behoben. Daher tragen diese Mängel nicht zur Glaubwürdigkeit von Freuds These bei, alle Fehlleistungen, deren Ursachen dem Menschen nicht bekannt sind, seien das Ergebnis von Verdrängungen. Denn – um Freuds früheres Beispiel zu nehmen – auch wenn wir zugestehen, AJs Assoziationskette, die von der korrigierten Fehlleistung ausging, habe kausal zur Aufdeckung der verdrängten Angst geführt, die ihn quälte, *und* diese unbewußte Furcht vor der Schwangerschaft habe nach einem offenen Ausdruck verlangt – wie kann dann dieses angenommene Motiv zur Erklärung, und sei es nur einer probabilistischen, dienen, warum AJ überhaupt an einem Gedächtnisschwund litt, und erst recht, warum er gerade »aliquis« anstelle von »exoriare« vergaß? Wie will vor allem Freuds Behauptung, AJs unbewußte Angst sei der *»Sinn«* oder die *Absicht* hinter seiner Fehlleistung (GW 11: 33), Timpanaros Erklärung ebenbürtig oder gar überlegen sein, die sich auf die Neigung zu geistiger Ökonomie durch syntaktische und stilistische Banalisierung, gepaart mit der Eliminierung des Überflüssigen, beruft? Und dennoch wertet Freud psycholinguistische Erklärungen generell ab. Er bemerkt, daß wir im Anschluß an solche Erklärungen »im ganzen [. . .] einem Verständnis der Fehlleistung des Versprechens ferner gerückt« sind (GW 11: 28), und stellt die Behauptung auf, daß die angeblichen Motive für Fehlleistungen »interessanter werden als die [. . .] Umstände, unter denen die Fehlleistung zustande kommt« (S. 33). Außerdem besteht er darauf, daß im Gegensatz zu den psychophysiologischen Darstellungen seine motivationalen Erhellungen die Frage betreffen, »warum man sich gerade in dieser Weise verspricht und in keiner anderen« (S. 25; vgl. auch S. 30). Aber diese Behauptung trifft eben im Falle von »exoriare« und »aliquis« gerade nicht zu.

Nehmen wir noch grundsätzlicher an, Freud habe AJs verdrängte Angst doch benutzt, um seine Fehlleistung hypothetisch-deduktiv erklären zu können. Dann wäre der *kausale Zusammenhang* zwischen der Verdrängung und der Fehlleistung, der in ihrem Explanans geltend gemacht wird, *epistemisch unannehmbar* gewesen. Denn wie ich oben gezeigt und auch an anderer Stelle angedeutet habe (Grünbaum 1980: 377 f.), hat Freud lediglich ein »post hoc ergo propter hoc« angeführt, um den für *diesen* kausalen Zusammenhang benötigten Beweis zu liefern; selbst wenn wir ihm zugestehen, daß es sich bei der Assoziationsfolge von AJ um eine unkontaminierte kausale Kette handelte. Insbesondere findet der angebliche kausale Zusammenhang keine Bestätigung durch die bloße *thematische Verwandtschaft* zwischen dem gegen eine Nachkommenschaft gerichteten Inhalt des verdrängten Wunsches einerseits und dem auf lateinisch ausgedrückten Wunsch nach rächenden Nachkommen andererseits. Wie wir in der Einleitung sahen (Abschn. 3 B und 3 C), zeugt thematische Verwandtschaft allein keineswegs von kausaler Verkettung.

Das Beispiel mit »aliquis« ist repräsentativ für andere Fälle, bei denen Freud es irreführenderweise ausnutzt, daß eine Sorge (oder ein Wunsch), die den Menschen erfüllt, echt ist und daß sie über Assoziationen, die durch eine bestimmte Fehlleistung eingeleitet werden, ans Licht kommt, um plausibel zu machen, daß er diese Fehlleistung kausal der zutage geförderten Sorge (oder dem Wunsch) zuschreibt. Selbst die einzigartige Fähigkeit, solche Wünsche ans Licht zu bringen, die diesen besonderen Assoziationen zugeschrieben wird, kann falsch sein. Wie Timpanaro (1976: 143) mit Recht betont hat, wird wirkliches Vertieftsein oder Besessenheit in der Regel durch eine *Vielzahl* von Reizen hervorgerufen, auch oder besonders, wenn sie jeglicher Grundlage entbehren. Ohne Bedacht auf diese Fallgruben verschlimmert Freud den logischen Fehler des »aliquis«-Falles, wenn er über Jungs Kurzanalyse bei einem korpulenten Deutschen berichtet, der die deutsche Literatur nicht studiert hatte und der beim Rezitieren eines bekannten Gedichts von Heine die Worte »mit weißer Decke« ausließ. Der Mann erzählte Jung, die weiße Decke erinnere ihn an ein Leichentuch, und damit an einen Bekannten, der unlängst einem Herzanfall erlegen war, was wiederum seine Furcht hervorrief, ihn könnte dasselbe Schicksal ereilen. Auch hier gibt es nicht den geringsten Grund, die Fehlleistung der hervorgerufenen Furcht (vor dem Tod) zuzuschreiben, selbst wenn die Angst im dynamischen Sinne Freuds unbewußt war. Ähnlich bemerkte Timpanaro (1976: 90) treffend: »Um einen erklärten Determinismus zu begründen, genügt es auch nicht, zu behaupten, daß jede ›Fehlleistung‹ eine Ursache hat, und daraufhin dann ausgefallene Kausalverbindungen als gesichert zu präsentieren.« Es ist bemerkenswert, daß im Fall des Heine-Zitats die thematische Verwandtschaft zwischen der Furcht vor dem Tod und einer weißen Decke offensichtlich weniger deutlich ist als zwischen AJs Furcht vor der Schwangerschaft und seinem »aliquis«-Versprecher. Wie Jungs Heine-Beispiel zeigt, besteht bei jeder auftauchenden Verdrängung die Möglichkeit, irgendeinen thematischen Zusammenhang zu finden, und sei er noch so weit hergeholt, so daß sich *irgendeine* innere Verwandtschaft mit dem Fehler ergibt. Selbst wenn daher eine *enge* thematische Verwandtschaft allein bezeugen sollte, daß die Verdrängung den Fehler erzeugte, wäre sie bei geläufigen Fehlleistungen nicht verfügbar, um den von Freud behaupteten kausalen Zusammenhang zu gewährleisten!

Der psychoanalytischen Theorie der Fehlleistungen mit ihren Erklärungen auf der Grundlage von Verdrängungen, die über freie Assoziationen ans Licht kommen, dürfte es *nicht* erlaubt sein, von der Glaubwürdigkeit anderer Erklärungen zu profitieren, die mit jenen nur eine scheinbare Ähnlichkeit besitzen. Eine dieser anderen Erklärungsarten geht aus von Geisteszuständen, über die sich derjenige, der den Fehler begeht, klar *bewußt* ist. Eine weitere Erklärungsart sieht Geisteszustände, die zwar nicht im *Brennpunkt* des Bewußtseins stehen, ihm jedoch leicht zugänglich sind. Im Freudschen Sprachgebrauch sind diese Zustände »vorbewußt«, was etwas anderes ist als verdrängt (*dynamisch* unbewußt). Als geschickter Pädagoge und gewandter Interpret, der er war, veranschaulicht Freud beide Fehlerarten anhand von *didaktischen Prolegomena* (z. B. GW 11: 59 f.; 1916). Doch keine dieser beiden Arten kann man der psychoanalytischen Theorie anrechnen, denn, wie es Timpanaro (1976: 122) bündig formulierte:

»Der wirkliche Freudsche ›Fehler‹ oder Fall von Vergessen setzt die Existenz von psychischem Material voraus, das mein bewußtes Ich verdrängt hat, weil es sich als *unangenehm* erwies – oder aber, falls es von einem hedonistischen Standpunkt aus angenehm war, weil meine moralischen Hemmungen mich daran hinderten, mich sogar mir selbst gegenüber, geschweige denn anderen gegenüber, zu ihm zu bekennen.«

Nehmen wir also etwa an, daß sich jemand während einer Vorlesung über menschliche Sexualität verspricht und statt »Organismus« das Wort »Orgasmus« sagt. Es ist *keine* echte Freudsche Erklärung, zu sagen, das gedankliche Eingesponnensein in das Gesamtthema der Vorlesung, verbunden mit der phonetischen Ähnlichkeit, hätten zu dem Fehler geführt. Ebenso sollten Freudianer nicht solche Fälle ausnützen, bei denen man plausibel annehmen kann, daß ein Fehler von der Anwesenheit eines *bewußten* Gedankens zeugt, den jemand zu verbergen wünscht, und auch nicht Beispiele von Fehlern, bei denen wenig darauf hindeutet, daß zuvor ein Gedanke verdrängt wurde, den der Sprecher erfolglos zu verstecken versuchte. Ein Beispiel dafür, das ich Rosemarie Sand verdanke, ist der Mann, der sich von dem erregenden Anblick der unbedeckten Brust einer Dame abwendet und murmelt: »Excuse me, I have got to get a *breast* of *flesh* air!«

Da diese unangenehmen Kontrollverluste offenbar psychologische Ursachen haben, erfordern sie auch entsprechende psychologische Erklärungen. Daher sprechen sie in der Tat *gegen* die Ansicht, die Freud als weitverbreitet herabsetzte, »ein Versprechen sei ein Lapsus linguae und psychologisch bedeutungslos« (GW 4: 105; 1901). Diese Fälle von Versprechen bezeichnen im Gegenteil »ernsthafte seelische Akte, sie haben ihren Sinn« (GW 11: 37; 1916). Wie Benjamin Rubinstein außerdem anschaulich machte, teilen diese Arten von »Fehlern« – obwohl sie *keine* Verdrängungen bezeugen – zwei bedeutsame Merkmale mit den echten »Freudschen« Fehlern: (1) Sie zeigen, daß der Handelnde in der Kontrolle über sein eigenes Verhalten gestört wird, und (2) bei dem störenden Element handelt es sich um einen Wunsch oder einen Affekt. Obwohl aber solche Fälle psychologisch aufschlußreich sind, stützen sie nicht die psychoanalytische Theorie der Fehlleistungen, für die die Verdrängung die Hauptrolle bei der Erklärung spielt. Denn im Schlußkapitel seines Hauptwerks über Fehlleistungen legte Freud ausdrücklich als eine der drei notwendigen Bedingungen, unter denen eine gegebene Fehlleistung in den Geltungsbereich seiner Theorie aufgenommen wurde, folgendes fest: »Wenn wir die Fehlleistung überhaupt wahrnehmen, dürfen wir von einer Motivierung derselben nichts in uns verspüren, sondern müssen versucht sein, sie durch ›Unaufmerksamkeit‹ zu erklären oder als ›Zufälligkeit‹ hinzustellen« (GW 4: 268; 1901). Tatsächlich besteht der Beitrag, den die Freudsche Theorie erklärtermaßen zum Verständnis verschiedener »Fehler«arten leistet, darin, jene Fälle zu erklären, »in denen die Fehlleistung [. . .] nichts an sich Sinnreiches geliefert hat« (GW 11: 33; 1916), weder für denjenigen, der den Fehler begeht, noch für andere. Wenn Freud daher Fehlleistungen aufzählt, die seiner Forderung, daß sie an sich keinen Sinn haben sollen, widersprechen, so bieten diese widrigen Fälle rein didaktische Prolegomena: sie dienen, wie ausdrücklich erklärt wird, der begrenzten »Absicht [. . .], aus dem Studium dieser Phänomene Gewinn für eine Vorbereitung zur Psychoanalyse zu ziehen« (GW 11: 50).

Die propädeutischen Fälle, die Freud darstellt, umfassen Beispiele von unsinnigen, falsch ausgesprochenen Wörtern, wo der Sprecher, wenn man ihn fragt, sofort weiß, »was er eigentlich sagen wollte« (GW 11: 35; vgl. auch S. 41). Tatsächlich ist es so, daß »die störende Tendenz dem Redner bekannt ist, überdies aber vor dem Versprechen von ihm verspürt wurde« (S. 58). Allgemeiner ausgedrückt finden sich, wie Freud erklärt, »ganze Kategorien von Fällen, in denen die Absicht, der Sinn des Versprechens klar zu Tage liegt« (S. 33). In solchen Fällen bringt »die Fehlleistung ihren Sinn selbst zum Vorschein«, der damit dem Sprecher wie auch anderen deutlich wird (S. 35; vgl. auch S. 41). Indem Freud nachdrücklich betont, daß all diese eindeutigen Fälle eine propädeutische Rolle spielen, erklärt er: »Ich habe auch nicht ohne Absicht hier Beispiele herangezogen, deren Mitteilung und Auflösung [motivationale Erklärung] weder von mir noch von einem meiner Anhänger herrühren« (S. 41).

Eines dieser Beispiele führt einen Anatomieprofessor an, der sich in einer Vorlesung folgendermaßen versprach: »Beim weiblichen Genitale hat man trotz vieler *Versuchungen* ... Pardon: *Versuche* ...« (GW 4: 88; 1901; 11: 27). Da der Anatom also seinen Fehler selbst verbesserte, bedurfte er offenkundig keiner Aufdeckung einer Verdrängung, die ihm verriet, daß ein *erotisches Interesse* ein mögliches Motiv dafür war, warum er statt des phonetisch ähnlichen neutralen Begriffs, den er aussprechen wollte, einen sexuellen Begriff benutzte. In einem Artikel mit dem Titel »On the Freudian Theory of Speech« übersieht der Psycholinguist A. W. Ellis (1980: 124) jedoch, daß der Fehler des Anatomen und all die anderen vom Motiv her einleuchtenden Darstellungen bei Freud eine propädeutische Rolle spielen. Ellis zieht aus diesen eindeutigen Beispielen einen exegetisch falschen Schluß und behauptet: »Es ist nicht nötig, daß der Sprecher sich der störenden Absicht [des Motivs], die in ihm wirkt, nicht bewußt ist, bevor sie sich in der Fehlleistung offenbart.« Wenn diese Formulierung jedoch die Reichweite der *psychoanalytischen* Theorie der Fehlleistungen kennzeichnen will, so widerspricht sie Freuds zuvor angeführter Einschränkung für den Geltungsbereich dieser Theorie, denn er hatte gefordert, der Sprecher dürfe sich *keines* Motivs für seine Fehlleistung bewußt sein (GW 4: 267, Bedingung C; 1901). Die erschlossene störende Absicht mußte daher im Unbewußten des Sprechers abgesondert sein. Nachdem Ellis die Einschränkung Freuds übersehen hatte, verletzt er sie erneut, wenn er im folgenden vermeintliche Beispiele für »Freuds Erklärungsweise« bietet (1980: 124). So ist sein *wichtigstes* Beispiel die eindeutige Fehlleistung des Anatomen bei dem Wort »Versuchung«, und nicht ein Fall, wo »die Fehlleistung [...] nichts an sich Sinnreiches geliefert hat« (GW 11:35). Dennoch stellt Ellis die Frage, ob »zusätzlich zu den neueren mechanisch-psycholinguistischen Erklärungen tiefenanalytische Erklärungen benötigt werden« (1980: 123). Sein Untersuchungsbereich besteht aus einundfünfzig Wortersetzungsfehlern, die er dem im Jahre 1901 von Freud aufgestellten Verzeichnis von Versprechern entnahm. Der Überlegung, daß Fehlleistungen durch *verdrängte* Vorstellungen hervorgerufen werden könnten, kommt er am nächsten in seinen Bemerkungen über Fehler, die sich daraus ergeben, daß zwei Wörter miteinander vermengt werden (1980: Abschn. 5). Ellis merkt an, daß der Sprecher introspektiv für das präartikulatorische Vorhandensein von Gedanken, die er verbergen wollte, zeugen könne, und er räumt ein, daß das Wort, das der Sprecher zu äußern beabsichtigte, mit einer phonemischen Spur, die die störenden Gedanken hinterließen, verschmolz und dadurch ihre Präsenz offenbarte. Wie er aber auch betont, »konnten diese Gedanken nicht wirklich unbewußt gewesen sein, bevor sie sich in dem Versehen äußerten« (1980: 129). Da er als Beispiel eine Wortverschmelzung wählte, bei dem der Sprecher über die eigene Introspektion ein präartikulatorisch störendes Motiv aufdeckte, war es in der Tat von Anfang an klar, daß man dieses Motiv nicht als verdrängt bezeichnen konnte.

Leider verrät uns Ellis nicht, ob sich unter den von ihm untersuchten einundfünfzig Wortersetzungsfehlern auch nur *einer* befand, der so *undurchsichtig* war, wie Freud es in seiner Einschränkung gefordert hatte. Solange aber diese Forderung nicht nachweislich erfüllt ist, ist es bestenfalls unklar, ob Freuds Verdrängungstheorie der Fehlleistungen durch die Befunde von Ellis beeinträchtigt wird. Dennoch behauptet Ellis eine solche Beeinträchtigung, weil man für die von ihm ausgewählten einundfünfzig Ersetzungsfehler psycholinguistische Erklärungen von *nicht*motivationaler Art geben könne. So vermerkt er, daß die fehlerhaft ersetzten Wörter den Zielwörtern entweder phonetisch ähnlich sind, in engem semantischem Zusammenhang mit ihnen stehen oder Perseverationen von vorhergehenden Äußerungen im angegebenen lexikalischen Kontext darstellen.

Selbst Psychoanalytiker haben zu Recht beanstandet, daß es dem der Freudschen Theorie wohlgesonnenen Experimentalpsychologen Saul Rosenzweig schlichtweg nicht gelungen war, Freuds Verdrängungskonzept aus dem Jahre 1915 zu testen, als er 1934 behauptete, den experimentellen Beweis für dieses Konzept gefunden zu haben (siehe Kapitel 1, Abschn. B). Leider kann man aber ebenso beanstanden, wie M. T. Motley (1980) seine raffinierten Laboruntersuchungen interpretiert. Er lieferte tatsächlich eindrucksvolle experimentelle Belege dafür, daß kognitiv-affektive psychische Zustände und sogar persönliche Veranlagungen, *kausal relevant* sind für Fehler beim Vorlesen eines Textes. Diese Einflüsse wirkten sich durch ein präartikulatorisches semantisches Bearbeiten der zu lesenden Wörter aus. So bewirkten semantische Einflüsse außerhalb der vom Sprecher beabsichtigten Äußerung Sprachfehler, die »in ihrer Bedeutung jenen semantischen Einflüssen näher standen als der ursprünglich beabsichtigten Äußerung« (Motley 1980: 145). Das entsprechende Verlesen ergab sich aus Fehlern, bei denen Phoneme vertauscht werden, wie man es etwa aus Schüttelreimen kennt (Fromkin 1980; Motley 1980: 134).

Wie Ellis mißversteht jedoch auch Motley die Beweiskraft seiner im übrigen wertvollen Befunde für Freuds psychoanalytische Theorie der Fehlleistungen. Bei Motley tritt die entscheidende Frage hervor, ob man die kognitiv-affektiven psychischen Zustände und/oder die Persönlichkeitsdispositionen, die er in seinen Experimenten als unabhängige Variable behandelte, als *verdrängt* bezeichnen kann, und nicht als im Kern bewußt oder vorbewußt. Meiner Meinung nach fällt in allen drei Experimenten die Antwort deutlich negativ aus. Die semantische präartikulatorische Bearbeitung, die sich in diesen Experimenten zeigt, erscheint entsprechend auf den folgenden drei Ebenen: Übereinstimmung mit dem unmittelbaren verbalen Kontext in Experiment 1, mit dem soziosituationalen Kontext des Sprechers in Experiment 2 und mit einem spezifizierten Persönlichkeitsmerkmal des Sprechers in Experiment 3. Für Motley selbst (1980: 136) können diese drei Experimente daher *in aufsteigender Reihenfolge* als echte Überprüfungen für Freuds Theorie der Fehlleistungen dienen. Im Gegensatz dazu behaupte ich, daß keines dieser Experimente auch nur die Schwelle erreicht, wo man von einer Überprüfung der psychoanalytischen Theorie im Unterschied zu einer konkurrierenden Theorie, die die kausale Relevanz von verdrängten Vorstellungen *leugnet*, sprechen könnte. Die Befunde von Motley könnten nämlich *allesamt* mittels einer solchen konkurrierenden psychologischen Theorie erklärt werden, die *nur bewußte* motivationale Einflüsse als Erzeuger von Fehlleistungen zuläßt. Um meine Behauptung, Motleys Ergebnisse seien im erwähnten Sinne beweisunerheblich, zu erhärten, möchte ich kurz die in diesem Zusammenhang entscheidenden Merkmale der drei Experimente der Reihe nach kommentieren.

1. Nach Motleys eigener Darstellung ist in Experiment 1 lediglich teilweise das verwirklicht, was Freud ursprünglich vorausgesetzt hatte (1980: 138 f.); dennoch führt er dieses

Experiment als allgemeine Bestätigung für die psychoanalytische Theorie an. Und er begründet diese Zuschreibung damit, daß bei Freud die angeführten Motive die Fehlerproduktion über eine präartikulatorische Bearbeitung bewirken, die *allgemein* semantischer und nicht lediglich phonologischer Art ist (S. 136). Zu beachten ist jedoch, daß die semantischen Störreize in diesem Experiment Wortpaare sind, die jeweils eine Sekunde lang tachistoskopisch dargeboten werden. Eine solche Darbietungszeit reicht aus für eine bewußte – erst recht für eine vorbewußte – kognitive Erfassung. Außerdem liefert Motley absolut keinen Beweis dafür, daß diese semantischen Störreize präartikulatorisch *verdrängt* werden.

Zwar bestätigt sein Experiment 1, daß semantische Einflüsse aus dem unmittelbaren sprachlichen Zusammenhang, in dem ein Fehler auftritt, für das Begehen des Fehlers kausal relevant sind. Wie wir aber eben gesehen haben, sind die Einflüsse in diesem Experiment vorbewußt, wenn nicht sogar im Kern völlig bewußt. Meiner Ansicht nach ist daher die kausale Relevanz, die Motley in seinem ersten Experiment demonstrierte, kein Beweis, der die psychoanalytische Theorie der Fehlleistungen unverkennbar stützen könnte; ein solcher Beweis müßte zeigen, daß die Folgen der Theorie sich *nicht* auch aus *jeder* anderen konkurrierenden Theorie ergeben, die verdrängte Motive vermeidet. Zur Abkürzung werde ich, wenn ich mich auf eine solche besondere Unterstützung beziehe, von der Unterstützung der psychoanalytischen Theorie *»als solcher«* sprechen.

2. Für Motley ist Experiment 2 »im Grunde genommen eine direkte Überprüfung von Freuds Theorie« (S. 139). Wie im ersten Experiment kann man jedoch bei diesem zweiten kaum behaupten, daß das kognitiv-affektive Situationsfeld, das Motley bei den Behandlungsgruppen arrangierte, von den Versuchspersonen verdrängt worden war. Bei einer Gruppe bestand das psychische Situationsfeld darin, daß die Versuchspersonen bewußt einen Elektroschock erwarteten;

man hatte ihnen zuvor ausdrücklich mitgeteilt, sie sollten sich darauf gefaßt machen, und *zum Schein* waren sie an Elektroden angeschlossen worden (S. 139). Bei einer anderen Gruppe gab es nichts dergleichen, sondern hier wurden die männlichen Versuchspersonen gezielt sexuell gereizt von »einer Mitarbeiterin, die absichtlich ansehnlich und attraktiv, sehr aufreizend gekleidet und verführerisch in ihrem Verhalten war« (S. 140). Die daraus folgende Erregung war den Versuchspersonen nur allzu deutlich bewußt. (Es gab auch noch eine dritte, »neutrale« Kontrollgruppe.)

»Experiment 2 zeigt zwar in der Tat, »daß die Sprachverschlüsselungssysteme der Versuchspersonen auf semantische Einflüsse aus ihrem kognitiven Situationsfeld [elektrische oder sexuelle Reizung] reagierten« (S. 141). Und wie in Freuds Theorie hatte dieser Einfluß seinen Ursprung *außerhalb* des semantischen Gesamtzusammenhangs, in dem die beabsichtigte Äußerung stand. Trotzdem sind die Ergebnisse von Experiment 2, ebenso wie die von Experiment 1, als Bestätigung für die Psychoanalyse als solche nicht beweiserheblich, da der Einfluß nicht verdrängt war. Deshalb entbehrt Motleys Schlußfolgerung, daß »Experiment 2 Freuds Ansicht über sprachliche Fehlleistungen nachhaltig unterstützt«, jeglicher Grundlage (S. 141).

3. Von seinen drei vorgeblichen Überprüfungen der Freudschen Theorie hält Motley Experiment 3 für das beste. Hier wurde die heterosexuelle Angst bei Männern als unabhängige Variable manipuliert, und das Experiment konnte zeigen, daß die Persönlichkeit der Versuchsperson deren sprachliche Fehlleistungen beeinflußt. Als Bestätigung für Freud ist diese Demonstration aber nutzlos, sofern die relevante Persönlichkeitsdisposition nicht davon zeugt, daß verdrängte Vorstellungen am Werke sind. Motley gibt uns allen Grund zu der Behauptung, daß dem nicht so ist.

Wie er erklärt, wurde das Persönlichkeitsmerkmal »sexuelle Angst« »als Wert im Sexualschuld-Fragebogen von Mosher [Mosher Sex-Guilt Inventory] operationalisiert« (S. 142).

Motley wählte drei Behandlungsgruppen aus, die jeweils hohe, mittlere und niedrige Werte im Hinblick auf Sexualitätsangst aufwiesen. Mosher aber benutzte einen Fragebogen zur Satzvervollständigung, den die Versuchspersonen *selbst* ausfüllten, und entwickelte damit Skalen für sexuelle, aus Feindschaft (Krieg) resultierende und moralische Schuldgefühle. Wenn daher Personen mit hohen, mittleren oder niedrigen Werten auf der Sexualschuld-Skala Antworten geben sollen, die für die Verdrängungstheorie der Fehlleistungen beweiserheblich sind, dann müßten diese Werte in irgendeiner Weise, vielleicht entgegengesetzt oder direkt, auf Grade der (sexuellen) Verdrängung hinweisen.

Ich behaupte jedoch, daß die Richtig-Falsch-Antworten und die erzwungenen Wahlantworten, die die Versuchspersonen auf dem Fragebogen gaben, kein Maßstab für (sexuelle) Verdrängung sind. Ein Grund dafür ist natürlich, daß eine Person mit im psychoanalytischen Sinne verdrängten Schuldgefühlen sich dieser Gefühle nicht bewußt ist oder sie nicht zugibt, wenn man sie geradeheraus danach fragt. Ja, sie wird solche Gefühle sogar in gutem Glauben abstreiten, manchmal mit aller Leidenschaft! Motley hat scheinbar übersehen, daß Moshers Werte, sofern sie als Maß für einen »psychodynamischen Konflikt« gelten können, einen *bewußten* Konflikt und *nicht* einen psychoanalytisch relevanten Konflikt messen. Das ist, als hätte man einen Fragebogen konstruiert, um den *bewußten* »Konflikt mit der Einkommensteuer« bei einem Menschen zu messen, der hin- und hergerissen ist zwischen der bewußten Versuchung, bei seiner Steuerrückzahlung zu betrügen, und der ebenso bewußten Furcht, dafür strafrechtlich verfolgt zu werden. Im Gegensatz dazu kommt es beim freudianischen psychodynamischen Konflikt zum Zusammenprall zwischen einem verdrängten Gedanken, der nach bewußter Erkennung drängt, einerseits, und dem Ich oder Über-Ich, das verhindert, daß dieser Gedanke ins Bewußtsein eintritt, andererseits. Wenn Motley (1980: 144) die Sexualschuld-Werte von Mosher als Maß für einen »psychodynamischen Konflikt« darstellt, beachtet er leider nicht, daß zwischen den bewußten Konflikten und den Freudschen Konflikten ein entscheidender Unterschied besteht: er liefert absolut keinen Grund zu der Annahme, daß die Personen, die auf der Sexualschuld-Skala von Mosher hohe, mittlere und niedrige Werte aufwiesen, die sexuellen Triebe, die angesichts der aufreizenden, verführerischen Versuchsleiterin bei ihnen geweckt wurden, verdrängt hatten. Dadurch, daß Motley die Skalenwerte von Mosher als Maßstab für eine Persönlichkeitsdisposition nahm, büßten seine ansonsten wertvollen Befunde ihre Relevanz als Beweis für die Verdrängungstheorie von Fehlleistungen ein.

Motley fand heraus (1980: 142), daß solchen Personen, die auf der Schuldskala von Mosher einen hohen Wert aufwiesen, mehr sexuelle Versprecher unterliefen als Personen mit mittleren Schuldwerten, die wiederum mehr Fehler begingen als Personen mit niedrigen Werten. Und wie er zu Recht behauptet (S. 143), konnte er damit zeigen, daß – innerhalb des von der Situation vorgegebenen kognitiven Rahmens der sexuellen Erregung – die Persönlichkeitsdisposition über eine präartikulatorische semantische Bearbeitung zu einem Versprecher führen kann. So erweisen sich Motleys Ergebnisse als quantitativ abgestufte Beispiele derselben motivationalen Gattung, zu der auch der Versprecher jenes bewußt erregten Mannes gehört, den es nach »a *breast* of *flesh* air« verlangte. Die Befunde von Motley sind jedoch ebensowenig wie dieser Versprecher dazu geeignet, die psychoanalytische Theorie der Fehlleistungen zu untermauern. Ja, Motley selbst gibt, obwohl er behauptet, die Freudsche Theorie werde durch das Ergebnis von Experiment 3 bestätigt, zum Abschluß unter anderem folgenden Widerruf ab: »Während Freud behaupten würde, daß ALLE sprachlichen Versehen semantische Äußerungen des persönlichen kognitiv-affektiven Zustands eines Sprechers seien, erhebt die vorliegende Untersuchung diesen Anspruch nicht (und der Autor würde erwarten, daß solche Äußerungen selten vorkommen)« (S. 145). Wie ich gezeigt habe, bietet die Art und Weise, wie Motleys drei Experimente aufgebaut sind, Grund zu dem Einwand, daß Experimentalpsychologen dazu neigen, die Ausgangsbedingungen, die eine wirkliche Überprüfung der Freudschen Theorie erfordert, zu ignorieren. Jedoch bringen diese phantasievollen Versuchspläne nicht nur anderweitig interessante Ergebnisse hervor, sondern sie weisen außerdem einen Weg, wie man wirklich glaubwürdige Tests konstruieren kann.

Man hat häufig übersehen, daß Freud dem, was die *Psychoanalyse* zur motivationalen Erklärung von Fehlleistungen beiträgt, nur einen begrenzten Wirkungskreis zuschrieb, insbesondere deshalb, weil er authentisch nur einige Fehlleistungen psychoanalysiert, wie in dem Fall mit »aliquis«, im wesentlichen aber lediglich über andere Fälle berichtet und diese zum größten Teil gleichsam für sich selber sprechen läßt. Dadurch ist der Leser versucht, den falschen Schluß zu ziehen, diese anderen Fälle würden, sofern sie, wie die von mir angeführten Beispiele, glaubhaft erscheinen, automatisch Freuds Theorie untermauern. So berichtet Freud (GW 4: 105; 1901), wie ein Redner im Reichstag dazu aufrief, dem Kaiser gegenüber »rückhaltlose« Loyalität zu demonstrieren, das Heuchlerische seiner Unterwürfigkeit indessen selbst verriet, indem er »rückgratlos« sagte. Einen anderen Fall, wo sich ein *bewußter* Gedanke selbst verriet, erfuhr Freud von Theodor Reik: Es handelte sich um ein junges Mädchen, das ihren Eltern die Abneigung gegen den jungen Mann, mit dem diese sie zu verheiraten wünschten, nicht offenbaren wollte. Als ihre Mutter sie aber fragte, was sie von ihm halte, beschrieb sie ihn mit der Wortneubildung »sehr liebenswidrig«, obwohl sie die Absicht gehabt hatte, unaufrichtig zu sein und »sehr liebenswürdig« zu sagen (GW 4: 101). Wie Timpanaro (1976: 151–153, 144 f., 178 f.) anschaulich gezeigt hat, beschreibt Freud andere Vorfälle, wo ein Versehen aus der List einer Verdrängung resultieren *könnte*, setzt jedoch kurzerhand voraus, daß das definitiv so sein *müsse*, insbesondere, wenn in der Deutung persönliche Motivationen als menschenfeindlich dargestellt werden. Daraus schließt Timpanaro (S. 126 f.), daß es sich bei »allen wirklich überzeugenden Beispielen« in den Schriften Freuds um, wie er es in Ermangelung eines Besseren nennt, »Fauxpas« handelt:

»›Versehen‹ dieser Art setzen zweifellos voraus, daß etwas unterdrückt worden ist, aber der Sprecher ist sich dessen, was er vor denen, mit denen er spricht, verheimlichen will, völlig bewußt und in jenem Augenblick ganz davon in Anspruch genommen. Es handelt sich nicht um etwas, das wirklich ›verdrängt‹ (vergessen) wurde und aus den Tiefen seines Unbewußten wieder zum Vorschein kommt« (S. 127).

Nach Timpanaro (S. 105) büßen Freuds Erklärungen um so mehr an Beweiskraft ein, je stärker sich die Fehler, auf die sie sich beziehen, vom Typ »Fauxpas« unterscheiden und angeblich einen dunkleren, unbewußten Ursprung haben. In der Tat verweist er darauf (S. 104), daß nicht-psychoanalytische Beschreibungen von Fauxpas seit langem in der Alltagspsychologie des gesunden Menschenverstandes gang und gäbe sind, eine Tatsache, deren sich Freud voll bewußt war. Beispielsweise deuten Ausdrücke wie »Er hat sich verraten« auf die Erkenntnis, daß wir mangels vollständiger Kontrolle über das, was wir sagen, manchmal vor anderen nicht verbergen können, was nicht für sie bestimmt ist und was wir am liebsten nicht einmal selber wissen möchten, obwohl wir uns *sehr wohl* darüber bewußt sind. Der Ärger, der den Fehler oft begleitet, könnte durchaus daraus resultieren, daß einem genau diese unvollständige Kontrolle unerwartet zu Bewußtsein kommt, und nicht, wie Freud behauptet, aus der unbewußten Erkenntnis, welchen anstößigen Ursprung der Fehler hat (Timpanaro 1976: 157, Anm.).

Die entscheidende Schlußfolgerung lautet aber: *Wenn es Versehen gibt, die tatsächlich durch echte Verdrängungen verursacht wurden, nennt uns Freud keinen guten Grund für die Annahme, man könne mit seinen klinischen Methoden ihre Ursachen als solche identifizieren und bestätigen* – wie interessant die hervorgelockten »freien« Assoziationen ansonsten auch sein mögen. Wie aus meinen Ausführungen hervorgeht, ist dieses negative Ergebnis scheinbar unanfechtbar, auch wenn man das Zugeständnis machen würde, daß der Analytiker die »freien« Assoziationen des Patienten nicht beeinflußt. Abgesehen davon wäre es utopisch, anzunehmen, es gäbe keinen solchen Einfluß, wie ich in Kapitel 5 zeigen werde.

Die psychoanalytischen Erklärungen für andere Arten von Fehlleistungen mittels verdrängter Motivationen sind ebenso schwach begründet wie in den bereits besprochenen Fällen. Dieses ungünstige Urteil trifft beispielsweise auch auf die Art und Weise zu, wie Freud das *Verlesen* darstellt. Er erklärt nämlich:

»Will man die störende, das Verlesen erzeugende Tendenz kennenlernen, so darf man den verlesenen Text ganz beiseite lassen und kann die analytische Untersuchung mit den beiden Fragen einleiten, welcher Einfall sich als der nächste zum Effekt des Verlesens ergibt und in welcher Situation das Verlesen vorgefallen ist« (GW 11: 66; 1916).

Und weiter erklärt er:

»Man sollte etwas Unerwünschtes lesen und überzeugt sich durch die Analyse, daß ein intensiver Wunsch zur Ablehnung des Gelesenen für dessen Abänderung verantwortlich zu machen ist« (S. 67).

Ich bestreite nicht, daß »ein intensiver Wunsch zur Ablehnung des Gelesenen für dessen Abänderung verantwortlich« sein *kann*; aber ich bestreite, daß Freuds Verlaß auf die Methode der freien Assoziation überhaupt einen vernünftigen Grund für diese kausale Zuschreibung abgibt, geschweige denn für seine Schlußfolgerung, daß der Wunsch zur Ablehnung verantwortlich »zu machen ist«. Daher behaupte ich, daß wir von dieser Methode zur Identifizierung und Bestätigung *nicht*, wie er meint, »überzeugt« sein sollten. Dennoch will ich natürlich *zugestehen*, daß wirklich beweisfähige Methoden der kausalen Untersuchung sich möglicherweise als fähig erweisen könnten, zumindest in einigen Fällen zu rechtfertigen, daß Freud den Fehlleistungen unbewußte Motivationen unterstellte.

Kann man von den vielen angeführten Zweifeln, daß der Ursprung eines Fehlers die *Verdrängung* ist, auch nur einen gültig widerlegen, indem man wie Freud behauptet, der Nachweis, daß die angebliche Fehlerursache tatsächlich die Ursache *ist*, bestehe darin, daß die Person, die den Fehler beging, die Ursache *introspektiv* bestätigt? Wie Freud es formuliert: »Sie sollen mir zugeben, daß der Sinn einer Fehlleistung keinen Zweifel zuläßt, wenn der Analysierte ihn selbst zugibt« (GW 11: 44). So nahm Freud, als ein Examenskandidat seine Neigung, den Namen »Gassendi« zu vergessen, einem schlechten Gewissen zuschrieb, es als erwiesen an, daß diese »sehr subtile Motivation« verantwortlich sein mußte, weil sie es war, »die sein Subjekt selbst erklärt hatte« (GW 4: 33 f.; 1901). Und er berichtet über Fehlleistungen, die Storfer, ihm selbst und Andreas-Salomé unterliefen, wobei er behauptet, daß es in jedem Fall möglich war, mit Hilfe von Selbstbeobachtung die jeweilige verdrängte Ursache der Fehlhandlung zu bestätigen (GW 4: 130, 180, 186; eine konkurrierende Darstellung der Storferschen Fehlleistung findet sich in Timpanaro 1976: 146, wo auf sprachliche Banalisierung sowie phonetische und begriffliche Ähnlichkeit verwiesen wird). Für die Beweisführung ist es aber unerheblich, daß AJ bestätigen kann, er habe die aufrichtige Angst vor der Schwangerschaft der Neapolitanerin zumindest zeitweise aus seinen Gedanken verbannt – wenn dem tatsächlich so war –, als er mit Freud über seinen Ärger über die religiöse Diskriminierung sprach, unmittelbar bevor er Vergil zitierte. Es ist ebensowenig hilfreich, daß Jungs korpulenter deutscher Gesprächspartner die Echtheit seiner Angst vor einer Herzattacke bestätigen kann, ob sie nun zuvor verdrängt wurde oder nicht. Denn eine solche Bestätigung ist offensichtlich weit davon entfernt, den behaupteten *kausalen Zusammenhang* zwischen der gegebenen Furcht und dem Versehen bestätigen zu können. Selbst wenn die Person, die den Fehler beging, nicht unter dem suggestiven, einschüchternden Einfluß des Analytikers stünde: wie sollte sie irgend besser als jeder andere wissen, daß die entsprechende unbewußte Furcht tatsächlich den Fehler verursacht hatte?

Wie es aussieht, reicht der privilegierte epistemische Zugang, den diese Menschen über die Introspektion zu ihren Ängsten haben, schwerlich so weit, daß er den gänzlich unbestätigten kausalen Zusammenhang bezeugen könnte. Noch wichtiger, diese Zurückweisung von Freuds Berufung auf die introspektive Bestätigung ist gut untermauert, denn erst unlängst haben kognitive Psychologen wesentliche Beweise dagegen beigebracht, daß es einen privilegierten epistemischen Zugang gibt, über den man die Ursachen des eigenen Verhaltens identifizieren kann (Grünbaum 1980: 354–367). Ich hatte diesen Beweis schon zuvor gegen Robert Waelder ins Feld geführt, der der Introspektion bei der psychoanalytischen Validierung eine wichtige Rolle zuweist. Zwar war Freud ganz am Ende seines Lebens der Ansicht, daß die Zustimmung des Patienten zu einer psychoanalytischen Deutung noch nicht garantiere, daß diese auch richtig sei. Und wie aus Kapitel 10 deutlich werden wird, räumte er damit eine gewisse Abschwächung jener Beweiskraft ein, die er im Jahre 1916 der introspektiven Bestätigung des angeblichen »Sinns« eines Fehlers zuerkannt hatte. Es gibt jedoch auf jeden Fall gute Gründe für die Schlußfolgerung, daß es sich hier um eine Scheinbestätigung handelt, mit der sich daher die Vielzahl von Einwänden, die ich gegen die psychoanalytische Theorie der Fehlleistungen vorgebracht habe, nicht widerlegen läßt.

Wir sind bisher rein theoretisch davon ausgegangen, daß der Analytiker die »freien« Assoziationen des Patienten nicht wesentlich beeinflußt. Wir haben außerdem angenommen, daß die Gedanken, zu denen der Assoziationsprozeß führte, von dem Patienten wirklich zuvor bewußt gehegt oder registriert, in der Folge jedoch verdrängt wurden. Wie wir aber sahen, hätte es Freud selbst dann nichts geholfen, wenn diese Assoziationen tatsächlich kausal unkontaminiert wären. Denn selbst solche unverzerrten Assoziationen *können nicht* bezeugen, daß die mit ihrer Hilfe ans Licht gebrachten Verdrängungen sich bestimmen lassen als (1) die Pathogene der Neurose des Patienten, (2) die motivationalen Kräfte für seine Traumbildungen oder (3) die Ursachen für seine Fehlleistungen.

Nun müssen wir uns aber einer *zweiten* Frage zuwenden: Bietet das Festhalten des Patienten an der Grundregel der freien Assoziation tatsächlich einen Schutz, daß aktuell existierende verdrängte Wünsche, Zorn, Schuld, Furcht usw. *kausal unkontaminiert* in Erscheinung treten können? Oder wird der Assoziationsprozeß auf die eine oder andere Weise durch den Einfluß des Analytikers kontaminiert? Natürlich wird die Antwort zumindest teilweise davon abhängen, was der Analytiker tut, während der Patient damit beschäftigt ist, seinen Beitrag zu dem analytischen Pakt zu leisten. Wahrscheinlich hängt sie auch davon ab, welche vorgefaßten Meinungen die Patienten, die in eine Analyse eintreten, in die analytische Situation mit einbringen, denn so mancher intelligente Analysand ist sich sehr wohl bewußt, welche Art Material sein freudianischer Therapeut von seinen freien Assoziationen erwartet. Beispielsweise erwartet man von männlichen Patienten, daß sie eine Kastrationsangst verdrängt haben, und weibliche Patienten müssen einen unbewußten Penisneid hegen. Während wir uns mit dieser Frage befassen, müssen wir eine andere im Auge behalten, da sie sich gleichfalls darauf bezieht, wie sich die *Intervention* des Analytikers epistemisch auswirkt: Wenn eine Fülle an unbewußten Gedanken zum Vorschein kommt, nach welchen Kriterien entscheidet dann der Analytiker, wann er dem Übermaß an Assoziationen Einhalt gebieten soll, während er Fehlleistungen und Träume untersucht? Wir wollen also gründlich prüfen, in welcher Hinsicht offene und subtile Interventionen durch den Analytiker einen Einfluß auf Daten haben, die sich aus den Assoziationen des Patienten ergeben.

Schon allein die Tatsache, daß die Analysestunde zeitlich begrenzt ist, macht es notwendig, daß der Patient nicht *unbe-*

grenzt in seinen Assoziationen fortfahren kann. Nehmen wir aber einmal an, man verzichtet auf den epistemisch irrelevanten Behelf der Einteilung in Stunden und erlaubt dem Patienten, ungehindert fortzufahren, auch wenn er ab und zu innehält. Wenn der intelligente und phantasievolle Analysand auf diese Weise lange genug assoziieren kann, wird er im Lauf der Zeit bei seinen unbeschränkten Grübeleien vermutlich nahezu jede Art von thematischem Inhalt hervorbringen, über den er sich zumindest in letzter Zeit nicht bewußt gewesen war: Gedanken über den Tod, über Gott, in der Tat über alles erdenklich Mögliche. Wenn dem aber so ist, wie vermeidet der Analytiker dann, daß er eine ungerechtfertigte Vorentscheidung trifft, indem er angesichts dieser *thematischen Elastizität* der Assoziationen voreingenommen *auswählt*, weil es unvermeidlich ist, die Dauer der Assoziationen zu begrenzen? Wenn also die Assoziationen rasch aufeinanderfolgen und der Analytiker sie an einem bestimmten Punkt unterbricht, dann greift er in ihre spontane kausale Dynamik ein. Welches Kriterium wendet er dabei an? Nehmen wir ferner beispielsweise den Fall einer Fehlleistung oder eines bestimmten Elements eines manifesten Trauminhalts, wo die Assoziationen ins Stocken geraten und der Analytiker dazu auffordert, damit fortzufahren: wie bringt er es zustande, daß er *nicht* mit gezinkten Karten spielt, indem er, wenn auch noch so subtil, dem Patienten gegenüber andeutet, welches Material seiner Erwartung nach zum Vorschein kommen wird? Die Bitte fortzufahren drückt schließlich seinen Verdacht aus, daß es ein zensierender Widerstand gegenüber einem einschlägigen verdrängten Inhalt war, der den Assoziationsfluß *an diesem speziellen Punkt* zum Stillstand brachte, und sein Versuch, diesen Widerstand zu überwinden, kann durchaus seine Erwartungen vermitteln.

Ich möchte nun das Problem der voreingenommenen Auswahl, das aus der thematischen Elastizität resultiert, darstellen. Angenommen, Freud hätte AJ gestattet, noch weiter fortzufahren, nachdem die Angst vor der Schwangerschaft aufgedeckt war. Vielleicht wäre dann herausgekommen, daß AJs Eltern ihm schon früh beigebracht hatten, die Römer hätten Jesus gekreuzigt, die Christen hätten aber dann zu Unrecht die Juden der Gottestötung beschuldigt. Es hätte sich weiter herausstellen können, daß AJ den daraus folgenden Haß auf die Römer verdrängt hatte, als in seinem österreichischen Erziehungsumfeld Vergil, Horaz und andere römische Dichter mit großem Respekt behandelt wurden. Nun sei an Freuds Kriterium der »Eignung zur Determinierung« erinnert, das er in der Arbeit zur Hysterie einführte, um einer früheren Verdrängung *ätiologisch* Vorrang gegenüber einer späteren einzuräumen, selbst wenn die *Erinnerung* an die frühere Verdrängung in der Assoziationskette des Patienten später auftauchte (GW 1:428; 1896) als die Erinnerung an die nachfolgende. Hätte dann nicht AJs unterstellter verdrängter Haß auf die Römer eine bessere thematische »Eignung zur Determinierung« seines »aliquis«-Fehlers gehabt als seine Angst vor der Schwangerschaft, auch wenn unserer Annahme zufolge ersteres in seiner Assoziationskette erst später zum Vorschein kam? Schließlich war Vergil Römer, und AJ zitierte die Zeile aus der *Äneis*, um seinem bewußten Ärger über den Antisemitismus der Christen Ausdruck zu verleihen. Welch günstige Gelegenheit, die Römer, denen er unbewußt grollte, gleichzeitig zu bestrafen, indem er die Zeile von Vergil verdarb! Obgleich der verdrängte Haß auf die Römer im Fall von AJ natürlich rein hypothetisch ist, veranschaulicht er doch in zugespitzter Form den Vorwurf der subjektiven Vorauswahl, die sich allgemein aus der von mir betonten thematischen Elastizität der Assoziationen ergibt.

Wäre es aber nicht möglich, mit Hilfe von Freuds Prinzip der kausalen »Überdeterminierung« (vgl. Einleitung, Abschn. 4) den Vorwurf, daß angesichts thematischer Elastizität eine Vorauswahl getroffen wird, zu entkräften? Umgeht dieses Prinzip nicht die Notwendigkeit, aus den verschiedenen zum Vorschein kommenden Verdrängungen eine Ursache auszuwählen, weil das Prinzip die Möglichkeit einräumt, daß *partielle* Ursachen miteinander in Verbindung stehen und/oder zeitlich aufeinanderfolgen können? Trotzdem ist eine solche Auswahl unvermeidlich, sofern man nicht jedwede Verdrängung, die bei unbegrenzter Dauer der Assoziationen zum Vorschein kommt, als partielle Ursache anerkennen will. Und von Freuds Theorie der Psychopathologie und seiner Darstellung der Traumanstiftung wissen wir, daß in diesen Theorien aus dem, was der Patient an Assoziationen produziert, nur sexuelle Verdrängungen bzw. verdrängte Wünsche als kausal notwendige Voraussetzungen herausgegriffen werden. Was die Erklärung von Fehlleistungen anbelangt, so zeigt das »aliquis«-Beispiel folgendes: Die tatsächliche psychoanalytische Erklärungspraxis ist keineswegs unbeschränkt offen für die Ernennung jedweder auftauchender Verdrängung zur partiellen Ursache, sondern geht ebenfalls *selektiv* vor, wenn sie die Assoziationen siebt. Als Methode zur kausalen Identifizierung und Bestätigung bietet die psychoanalytische Untersuchungsmethode jedoch keine Grundlage, auf der man eine solche Auswahl treffen könnte.

So zeigt, worauf ich bereits an anderer Stelle in bezug auf Fehlleistungen kurz hingewiesen habe (Grünbaum 1980: 377 f.), die klinische Anwendung von freien Assoziationen epistemisch voreingenommene Auswahl und manipulierende Kontamination in folgenden Formen: (1) der Analytiker trifft eine *thematische Auswahl* aus den Produktionen des Patienten, zum Teil, indem er – entweder ausdrücklich oder auf unzählige subtilere Arten – die Assoziationen an einem Punkt unterbricht, den er aufgrund theoretischer Überlegungen ausgewählt hat; und (2) wenn der freudianische Arzt den Verdacht hegt, daß die Assoziationen aufgrund einer ausweichenden Zensur ins Stocken geraten, legt er dem Patienten – mit Worten und auch auf subtile nichtsprachliche Weise – nahe, er solle mit den Assoziationen fortfahren, *bis* diese zu Ergebnissen führen, die zur *Theorie* passen; denn mit Sicherheit gilt nicht jeglicher zuvor verdrängte Gedanke, der zum

Vorschein kommt, als Verdrängung, die für das Ziel der ätiologischen Untersuchung, der Traumdeutung oder der Analyse eines Versehens *relevant* ist.

Experimentelle Untersuchungen von L. Krasner, G. Mandler, W. K. Kaplan und K. Salzinger, die der Analytiker J. Marmor (1970) zusammenfaßte, bestätigen empirisch, daß die Produkte der freien Assoziation tatsächlich durch den Analytiker kontaminiert werden. Wie wir uns erinnern, hatte Freud die freie Assoziation hoch bewertet, als er meinte: »Sie [die freie Assoziation] gewährt weitgehende Garantien dafür, daß man [. . .] nichts aus eigener Erwartung in sie einträgt« (GW 14: 67; 1925). Als Kommentar zu eben dieser Behauptung schreibt Marmor (1970: 161): »Die klinische Erfahrung hat gelehrt, daß dem einfach nicht so ist und daß die ›freien‹ Assoziationen des Patienten durch die Werte und Erwartungen des Therapeuten stark beeinflußt werden.« Dann zitiert er einen seiner früheren Artikel (1962: 291 f.), wo er geschrieben hatte:

»In Sitzungen, wo man sich von Angesicht zu Angesicht gegenübersitzt, wirkt der Gesichtsausdruck des Therapeuten, ein fragender Blick, ein Heben der Augenbrauen, ein kaum wahrnehmbares Kopfschütteln oder Achselzucken, auf den Patienten als bedeutsamer Hinweis. Aber auch *hinter* der Couch wirken unsere »Hm-hmms« ebenso wie unser Schweigen, das Interesse oder Desinteresse, das sich in unserem Tonfall widerspiegelt oder unsere Positionsverlagerungen wie subtile Funksignale, die die Antworten des Patienten beeinflussen, die einige Antworten verstärken und andere mißbilligen. Daß dieser Einfluß tatsächlich wirksam ist, wurde experimentell von einer ganzen Reihe von Beobachtern bestätigt. Unlängst erst hat Krasner einen umfassenden und eindrucksvollen Überblick über das Beweismaterial auf diesem Gebiet gegeben.«

Ja, Marmor bekräftigt ein Ergebnis aus diesem früheren Artikel in folgender Weise:

»Im Endeffekt tendieren Patienten jeder psychoanalytischen Schule in Abhängigkeit vom Standpunkt des Psychoanalytikers dazu, *bei freier Assoziation* ›genau die Art phänomenologischer Daten zur Sprache zu bringen, die die Theorien und Deutungen ihrer Analytiker bestätigen! So neigt jede Theorie zur Selbstbestätigung.‹« (S. 161)

Dieses Urteil gewinnt weiter an Schärfe durch die Untersuchungen, die A. K. Shapiro und L. A. Morris (1978: 384) zusammenstellten, um die Behauptung zu untermauern, daß Therapeuten subtil und unabsichtlich »den Patienten Informationen vermitteln, etwa Hypothesen, Erwartungen, Einstellungen, kulturelle Werte usw.«. Sie heben hervor, wie diese Tatsache zu einer *scheinbaren* klinischen Bestätigung psychologischer Hypothesen durch die Auswirkungen von Suggestion führt: »Die Antwort auf die Mitteilung gilt dann als unabhängige Bestätigung der Theorie des Therapeuten. Dadurch erhöht sich beider Leichtgläubigkeit und Suggestibilität« (S. 384). Diese erkenntnistheoretische Schwierigkeit tritt natürlich bei jenen Phänomenen auf, die Freud, nachdem er sie scharfsinnig erkannt hatte, als »Gegenübertragung« bezeichnete: die Gefühle, die der Therapeut dem Patienten entgegenbringt, wirken sich verzerrend darauf aus, wie genau der Therapeut das Verhalten des Patienten wahrnimmt (GW 8: 107–109; 1910).

Aus der neueren Literatur geht nun hervor, daß es selbst heutzutage noch *einige* Analytiker gibt, die unerschrocken in die Assoziationen ihrer Patienten eingreifen. Dabei wird dann so getan, als handle es sich bei den sich daraus ergebenden Assoziationen um Vorstellungen, die dem Patienten zuvor nicht bewußt waren und die unbeeinflußt aufgetaucht seien. Freuds eigene »aktivistische« Behandlung der Assoziationen seines Patienten bei der Formulierung von Interpretationen gehört also keineswegs der Vergangenheit der psychoanalytischen Forschung und Praxis an. Zweifellos gibt es aber auch zeitgenössische Analytiker, die – weil sie wissen, daß offene, verdeckte und sogar *unbewußte* Suggestionen den Patienten beeinflussen – sich bewußt darum bemühen, weit weniger »aktivistisch« zu sein als Freud oder die Autoren, die ich noch zitieren werde. Doch so ernsthaft man von dieser Seite auch bemüht sein mag, es ist meiner Ansicht nach bestenfalls unklar, in welchem Ausmaß diese Bestrebungen mit der gravierenden Kontamination der Daten durch die

Willfährigkeit des Patienten fertigzuwerden vermögen. Wie kann beispielsweise der Analytiker *unbeabsichtigte*, aber dennoch starke suggestive Einflüsse vermeiden? Solange das bloße Bemühen, sie zu vermeiden, nicht eo ipso regelmäßig zum Erfolg führt, wird jedenfalls durch das epistemisch hohe Niveau allein nicht gewährleistet, daß keine Kontamination stattfindet. Allerdings kann man sich des Eindrucks nicht erwehren, daß selbst einflußreiche Praktiker es an diesem Bemühen fehlen lassen.

So enthüllt ein Buch zweier angesehener Analytiker (Blanck/ Blanck 1978), das Empfehlungen für die richtige Durchführung einer Analyse gibt, anschaulich, wie zumindest einige Analysepatienten heutzutage beschwatzt, um nicht zu sagen gedrängt werden, vorgefaßte theoretische Erwartungen zu erfüllen. Die Autoren stützen sich bei ihren Empfehlungen auf die Fallstudie einer Patientin, die sich übermäßig um ihre allgemeine Erscheinung, besonders um ihre Haut, sorgte und bei einer Psychoanalytikerin in Behandlung war. Der Auszug aus dieser beispielhaften Fallstudie ist teilweise deswegen erwähnenswert, weil hier laut *Interpretation* der Autoren deutlich wird, daß die Therapeutin ihre analytischen Deutungen auf Schritt und Tritt durchaus *nicht*suggestiv überprüft, während die Patientin allmählich nach zwei Analysejahren einen Penisneid bei sich entdeckt. Doch genau dieses methodologisch positive Urteil wird durch die Darstellung der Autoren selbst rundweg Lügen gestraft.

Wir wollen, um genau zu sein, sogar ausklammern, daß die typische Patientin von heute, wenn sie motiviert ist, einen freudianischen Therapeuten aufzusuchen, und intelligent genug, zur Analyse angenommen zu werden, wahrscheinlich einiges über die Hypothese vom weiblichen Penisneid weiß, noch bevor sie sich in Behandlung begibt. Eine solche Patientin wird sich daher vorstellen, daß von ihr vermutlich Anzeichen dafür erwartet werden, daß sie sich über ihr Phallusdefizit ärgert und Männern ihre anatomische Ausstattung neidet, auch wenn sie nicht, wie die folgende Passage zeigt, offenkundig dazu angeregt wird. Wenn sie also eine gute Patientin sein möchte, wird sie wahrscheinlich den Wunsch haben, ihrem Analytiker gefällig zu sein, indem sie solche Defizitgefühle zum Ausdruck bringt. Wir wollen uns jedenfalls ansehen, wie die Blancks über den erklärtermaßen beispielhaften Wortwechsel zwischen der Analysandin und ihrer Therapeutin berichten.

Die Patientin sagt: »Heute habe ich das Gefühl, daß ich einen Hautarzt wegen meiner Haut konsultieren sollte.« Darauf erwidert die Therapeutin: »Sie denken dauernd an Ihr Aussehen, da Sie nicht sicher sind, daß Ihr Körper immer so ist, wie er sein sollte« (Blanck/Blanck 1978: 329). Man beachte, daß die Patientin eine solche Begründung weder äußerte, noch eine solche andeutete. Diese Annahme basiert nicht auf Daten, die die Patientin lieferte, sondern hat ihren Ursprung in der Neidhypothese. Die Suggestion, daß »Sie nicht sicher sind, daß Ihr Körper so ist, wie er sein sollte«, bereitet subtil den Weg für die Vorstellung vom Penisneid vor. Dies ist besonders heimtückisch, weil tatsächlich viele Menschen gern attraktiver wären, als sie sind. Die Patientin wird also bereitwillig zugeben, daß ihr Körper »nicht so ist, wie er sein sollte«. Ihren spezifischen Sorgen über ihre Haut wird jedoch in der Analyse, die, wie verlautet (S. 329), in dieser Art *zwei Jahre lang* weitergeht, nicht nachgegangen!

So sagt die Patientin: »Manchmal denke ich, daß ich besser aussehe als zu anderen Zeiten«, und die Therapeutin meint darauf: »Sie sind nicht immer sicher, daß Ihr Körper derselbe ist.« Und als die Patientin klagt: »Ich habe immer das Gefühl, daß etwas bei mir nicht in Ordnung ist«, schließt die Therapeutin umgehend: »Dies ist eine klassische phallische Feststellung« (S. 329). Während die Patientin außerdem von einer dieser Deutungen träumt, sieht die Analytikerin in dem Traum die Bestätigung der Deutung (S. 330).

Schließlich antwortet die Patientin auf eine Frage der Analytikerin: »Ja, Männer werden stets mehr bewundert« (S. 330). Darauf kommentiert die Analytikerin verführerisch: »Sie haben etwas mehr, was man ansehen kann« (S. 330), worauf die Patientin dann »frei« assoziiert: »Oh, Sie meinen einen Penis« (S. 331). Begeistert von dieser vermeintlich weiteren Bestätigung dafür, daß Frauen nicht nur bezüglich der Anatomie neidisch sind, *sondern daß dieses unbewußte Gefühl sie auch krank machen kann*, schließen die Blancks prompt, daß die beiden Analysejahre ihrer Patientin wissenschaftlich aufschlußreich waren. Wie sie es ausdrücken: »Wenn die Patientin zu ihren eigenen Assoziationen sagt: ›Sie meinen‹, so ist das eine Projektion, die ihre letzte Abwehr dagegen darstellt, daß der Gedanke ins Bewußtsein dringt« (S. 331). Nachdem man aber die Analysandin einmal dazu gebracht hat, im Zusammenhang mit sich selbst den Penis ins Gespräch zu bringen, wird sie wahrscheinlich anschließend glauben, sie sei von selbst daraufgekommen, und damit der Analytikerin noch mehr Scheinbestätigungen liefern.

Vorbild für die Art und Weise der Analyse, wie sie bei dieser mit ihrer Haut unzufriedenen Patientin ablief, ist vielleicht Freuds Diagnose eines Patienten, der unter einem schweren Hautproblem litt und schizophren geworden war: »Die Analyse weist nach, daß er seinen Kastrationskomplex an seiner Haut abspielt« (GW 10: 298; 1915). Tatsächlich kann man, wenn man die Darstellung der Blancks damit vergleicht, wie Freud die Patienten in vielen seiner Fallstudien behandelte, nur den Schluß ziehen: »Plus ça change, plus c'est la même chose.« In derselben Weise führen die zeitgenössischen Analytikerinnen Bernstein und Warner (1981: 47) ihre klinische Erfahrung und das Studium der Literatur an und ziehen daraus den Schluß: »Wir sind davon überzeugt, daß es einen Penisneid gibt.« Kein Wunder, daß der namhafte traditionelle Analytiker Kurt Eissler (1977) beklagte, das derzeitige emanzipatorische, sexuell egalitäre Klima sei für die besagte Entdeckung des weiblichen Penisneids nicht günstig.

Rein theoretisch angenommen, es gäbe einen zwingenden Beweis dafür, daß bei Frauen ein unbewußter Penisneid existiert. Dann müssen wir darauf hinweisen, daß die bloße Tatsache, daß Frauen ein solches Neidgefühl hegen, kaum gleichbedeutend ist mit der *Pathogenizität*, die manche freudianische Analytiker noch immer dafür in Anspruch nehmen. Die Schlußfolgerung, man könne aus der bloßen Existenz eines unbewußten anatomischen Neidgefühls bei Frauen dessen vermeintliche ätiologische Rolle ableiten, ist daher verwandt mit der Folgerung, die wir bereits am Ende von Kapitel 3 zu bemängeln hatten: daß man nämlich unzulässigerweise aus der bloßen Existenz des psychischen Mechanismus der Verdrängung die vielschichtige *kausale* Rolle ableitet, die Freud für ihn in Anspruch nahm, eine Rolle nicht nur als Pathogen, sondern auch als Traumverursacher und als Urheber von Fehlleistungen. In der Tat enthält die psychoanalytische Literatur noch weitere Beispiele für eine solche trügerische Argumentation. Wie Kapitel 8 zeigen wird, war es von seiten Waelders (1962: 625 f.) unlogisch, zu glauben, die *kausale Relevanz* einer Erfahrung *P* für eine Neurose *N* ließe sich durch die bloße Tatsache stützen, daß jeder an *N* Leidende, der *P* erfahren hat, beispielhaft steht für folgende allgemeine Retrodiktion, die sich aus Freuds Ätiologie ergibt: Alle, die an *N* leiden, waren *P* ausgesetzt. Man wird dort sehen, daß ein solcher Rückschluß auf kausale Relevanz nicht besser ist als »post hoc ergo propter hoc«.

Man kann es jedoch nur begrüßen, daß es heute in der Tat eine Reihe von Analytikern gibt, die das von den Blancks als Vorbild hingestellte epistemische Verfahren mißbilligen. In einer kritischen Abhandlung über ihre Fallstudie führt der Psychoanalytiker Emanuel Peterfreund den nützlichen Kritikpunkt an: »Obwohl die Autoren [Blanck] von Hypothesen und der Notwendigkeit ihrer Bestätigung sprechen, hat in Wirklichkeit die Therapeutin ihren Gesprächsansatz nicht als Hypothese behandelt, für die Evidenz erbracht werden kann oder auch nicht. [. . .] Dieser Ansatz wurde der Patientin aufgedrängt, [. . .] ein Glaubenssystem, in das sie subtil hineingeredet wurde.« Und er weist weiter darauf hin, daß dieser Fall typisch ist für stereotype Behandlungsansätze, bei denen

»man glaubt, daß die ›Antworten‹ von Anfang an bekannt sind, und die Aufgabe der Analyse im wesentlichen darin besteht, das vorgestellte Material zu ›deuten‹, bis der Patient schließlich die ›Wahrheit‹ der unterstellten Antworten erkennt« (1983: 35 f.). Obwohl Peterfreund selbst »heuristisch« an die klinische Untersuchung und Therapie herangeht und dadurch *einige* der Fallen, die der stereotype Ansatz birgt, vermeidet, nimmt er leider die grundlegenden Schwierigkeiten, die, wie in diesem Buch gezeigt wird, der intraklinischen Bestätigung ständig drohen, nicht in Angriff.

Kapitel 5

Verdrängte infantile Wünsche als Traumerreger: eine kritische Untersuchung des Kompromißmodells vom manifesten Trauminhalt

Soweit ich bis hierher Kritik an Freuds Traumtheorie geübt habe, war dies im wesentlichen lediglich eine Folge, die sich mutatis mutandis daraus ergab, daß sich mit Hilfe von freien Assoziationen die psychoanalytische Theorie der Fehlleistungen nicht bestätigen läßt. Die psychoanalytische Traumdeutung erfordert jedoch eine eigene eingehendere Untersuchung, schon weil Freud in ihr *»die Via regia zur Kenntnis des Unbewußten im Seelenleben«* sah (GW 2/3: 613; 1900).

In der Nacht vom 23. auf den 24. Juli 1895 hatte Freud einen Traum – den »Traum von Irmas Injektion« (GW 2/3: 111 f.; 1900) –, dessen Bestimmung es war, *das* »Traummuster« seiner klinischen Theorie zu werden (GW 2/3, Kap. 2). Denn bei dem Versuch, den Irma-Traum zu deuten, hatte Freud ein »Heureka«-Erlebnis, das zu der Vorstellung führte, das »Geheimnis« *jeder* Traumbildung liege darin, daß sie durch einen Wunsch angestiftet werde (Anfänge: 277). Und in seinem »Projekt« aus dem Jahre 1895 schlug er vor, das mutmaßliche Geheimnis *neurologisch zu begründen*.

Diese neurobiologische Darstellung und ihr klinisches Superstrat, die Wunscherfüllung, sind in den letzten Jahren grundlegend kritisiert worden. In zwei neueren Arbeiten (McCarley / Hobson 1977; Hobson / McCarley 1977) haben die Autoren die erste Theorie aufgestellt, die wirklich den Versuch macht, die jüngsten Entdeckungen in der Neurophysiologie des Träumens mit den Eigenheiten des Trauminhalts zu verbinden. Charakteristisch für jene Trugbilder ist, daß sie entstellt, fremdartig, zusammenhanglos sind und daß die halluzinatorische Symbolik Zusammenhanglosigkeit zeigt. Hobson und McCarley verweisen daher auf spezifische neurobiologische Substrate, sowohl struktureller als auch funktioneller Art, für die »formalen« Merkmale des Traumprozesses: seine gleichförmige Periodizität, die konstante Dauer, räumliche und zeitliche Verzerrungen (z. B. Verdichtung, Beschleunigung), und die Tatsache, daß der Träumer diese halluzinatorischen Erscheinungen während ihres Auftretens trügerisch als »real« auffaßt. Zwar loben Hobson und McCarley, daß Freud sein neurobiologisches Traummodell auf einen allgemeinen »Geist-Körper-Isomorphismus« gegründet habe. Doch in den vergangenen achtzig Jahren, so betonen sie, haben verschiedene Entdeckungen die Vorstellungen von der Funktion der Neuronen und vom Energiehaushalt im Gehirn, die Freuds Darstellung zugrunde lagen, ins Wanken gebracht.

Insbesondere hat man entdeckt, daß Neuronen ihre eigenen Energiequellen für den Stoffwechsel besitzen. Freud jedoch

»stellte sich Neuronen so vor, als wären sie passive Elemente in einem Energieübertragungsnetz: er glaubte, alle Nervenenergie komme von außerhalb des Gehirns, hauptsächlich aus physischen Quellen, von Trieben. Neuronen wirkten als passive Leitungen und Sammelgefäße für diese Energie. Freud konnte sich nicht vorstellen, daß es möglicherweise hemmende Neuronen gibt, die erregende Signale *aufheben* können; in seinem Modell konnte Energie nur *abgelenkt* oder verdrängt werden. Die einzige Methode, mit der man Energie auflösen konnte, war die motorische Entladung. Dieses Nervenmodell lieferte nach Freuds Worten das psychische System ›auf Gnade und Ungnade‹ den physischen Trieben aus« (McCarley/Hobson 1977: 1221).

Nach der von Hobson und McCarley entwickelten konkurrierenden »Aktivierung-Synthese-Hypothese« der Traumerzeugung sind es eher physiologische als psychologische Prozesse, die Träume hervorrufen wie auch die entscheidenden Faktoren ihrer »formalen« Merkmale sind: »Neuere Untersuchungen weisen auf eine autochthone, periodische und motivational neutrale Aktivierung von pontinen Generatorneuronen als Ursache für den Traumzustand D« (McCarley/Hobson 1977: 1219). Außerdem, »wenn wir annehmen, das physiologische Substrat des Bewußtseins befinde sich im Vorderhirn, dann schließen diese Tatsachen [d. h., daß der Auslöser, die Energieversorgung und die den Traum regulierende biologische Uhr pontine sind] ganz aus, daß möglicherweise Vorstellungen (oder ihr Nervensubstrat) zur primären Triebkraft des Traumprozesses beitragen« (Hobson/McCarley 1977: 1338). Wie Hobson und McCarley hervorheben, läßt sich ihre Aktivierung-Synthese-Hypothese nicht mit Freuds psychologischer Theorie der Traumbildung vereinbaren.

Nach Auffassung der Psychoanalyse werden während des Schlafs verbotene, verdrängte Wünsche durch die Überbleibsel vorangegangener Wach-Erlebnisse erregt und suchen unter dem *Zwang* des Schlafwunsches nach Erfüllung. Ähnlich wie bei der Phänomenologie von Tagträumen werden die manifesten Inhalte von Schlafträumen durch ein zensiertes Verlangen erzeugt, das in einer Abwehrtransformation maskiert wird. Obwohl diese Maskeraden nur halluzinatorisch sind, gewähren sie dem Träumer doch *ein wenig* Ersatzerfüllung für die unannehmbaren Wünsche, die er in seinem Unbewußten verborgen hält. Verglichen mit diesem freudianischen Szenarium meinen McCarley und Hobson (S. 1219), es sei nicht nötig, verdrängte Wünsche zu postulieren, um die zur Erzeugung des D-Zustands erforderliche Nervenenergie bereitzustellen, da diese Energie bereits autochthon im Nervensystem verfügbar sei. Und wenn nicht ein Triebwunsch, der eine Maskierung unumgänglich macht, den Anstoß zum Träumen gibt, dann ist es nicht gerechtfertigt, »die Traumsprache und die Traumhandlung« primär einem solchen Vorgang der Verstellung zuzuschreiben. Jedoch warnen diese Autoren: »Das soll nicht heißen, daß Überbleibsel des Tages oder motivational wichtige Themen nicht in den Trauminhalt eingehen; das ist möglich, aber keines von beiden ist ein kausaler Faktor im Traumprozeß« (S. 1219). McCarley und Hobson ziehen daher den Schluß, daß neuere neurophysiologische Entdeckungen Freuds psychologische Theorie der

Traumerregung in hohem Maße diskreditiert haben (vgl. weiterhin Hobson 1988).
Der Schlafphysiologe Vogel (1978) hat jedoch in zweifacher Weise eine bedeutsame Kritik gegen sie formuliert. Zunächst verweist er auf *andere* neurophysiologische und psychophysiologische Befunde, die die Aktivierung-Synthese-Hypothese der Traumbildung von McCarley und Hobson in Zweifel ziehen. Weiterhin führt er methodologische Erwägungen an, die ihre Zurückweisung der psychoanalytischen Theorie der Traumbildung in Frage stellen. Vogels erster Einwand (S. 1533) gründet auf Experimenten, die aufzeigen, daß »die Erreger der meisten Träume im D-Zustand und die Faktoren, die ihre formalen Kennzeichen bestimmen, nicht einfach [pontine physiologische] Prozesse im Hirnstamm sind, wo die neuronale Aktivität keine psychologischen Entsprechungen findet«. Wie sich herausstellt, ist das Vorderhirn, dessen Aktivitäten psychologische Entsprechungen haben können, ebenfalls notwendig, um die meisten D-Schlafepisoden auszulösen, aufrechtzuerhalten und zeitlich zu regeln. Daher behauptet er, daß im Gegensatz zur Hypothese von McCarley und Hobson Nervenstrukturen mit möglichen psychologischen Begleiterscheinungen daran beteiligt sind, den D-Zustand auszulösen und formal zu gestalten. Ferner findet man, wie sich anhand der elektroenzephalographischen Bestimmung der entsprechenden physiologischen Zustände nachweisen läßt, auch dann bizarre, lebhafte, visuell halluzinatorische Träume, wenn ein pontiner Prozeß nicht nachweisbar ist. Mit einem Wort, Vogels erstem Einwand zufolge sprechen verschiedene Befunde gegen McCarleys und Hobsons Behauptungen, wonach es spezifische pontine physiologische Prozesse und nicht psychische Prozesse sind, die Träume auslösen und zu deren Entstellungen führen.
Sodann weist Vogel (S. 1534 f.) vom methodologischen Standpunkt aus darauf hin, daß rein neurophysiologische Befunde nicht dazu dienen können, einen postulierten gesetzesähnlichen Zusammenhang zwischen rein psychologischen

Merkmalen zu überprüfen, sofern nicht eine wesentliche Bedingung erfüllt ist: Der Charakter der *Wechselbeziehung*, sofern es eine gibt, zwischen den relevanten physiologischen und den angenommenen psychologischen Zuständen muß empirisch ermittelt werden. McCarley und Hobson haben aber keine Gründe dafür genannt, warum sie davon ausgehen, daß die pontine Aktivierung des Vorderhirns *nicht* das neurale Gegenstück zu auftauchenden archaischen, unbewußten Sehnsüchten bildet. Daher sind sie auch nicht zu der Schlußfolgerung berechtigt, unbewußte Wünsche seien als Traumerreger kausal irrelevant. So bestreitet Vogel mit seinem zweiten Einwand, daß McCarley und Hobson die psychoanalytische Theorie der Traumbildung ins Wanken gebracht hätten. Ähnlich behauptete auch der Psychoanalytiker und Traumforscher Charles Fisher (1978: 96), daß »Freuds Wunscherfüllungstheorie des Traumes zu früh begraben wurde«.

Labruzza (1978) anerkennt die von McCarley und Hobson vorgenommene Bestimmung wichtiger physiologischer Begleiterscheinungen des Traumes. Er betont jedoch, daß der klar umrissene Geist-Körper-Isomorphismus, der ihrer Ablehnung der Freudschen Theorie zugrunde liegt, noch weitgehend programmatisch ist. Leider behauptet Labruzza, indem er diesen berechtigten Zweifel anmeldet, auch die »Ursachen-versus-Gründe«-These. Wie ich jedoch schon früher gezeigt habe (Einleitung, Abschn. 4), ist diese Lehre im gegenwärtigen Zusammenhang völlig unhaltbar.

Im Lichte der Kritik, die Vogel an McCarley und Hobson übt, wäre es bestenfalls voreilig, wollte man annehmen, weil sie in bedeutendem Maße Aufschluß über die Neurophysiologie des Träumens geliefert haben, erübrige es sich, Freuds *klinische* Argumente für seine psychologische Traumtheorie zu bewerten. Daher steht nun eine solche Überprüfung an.

Nach Freud war der Gedanke, »daß es Träume gibt, welche als Wunscherfüllung zu verstehen sind«, ein Gemeinplatz in der *vor*psychoanalytischen Psychologie (GW 2/3: 139; 1900).

Daher konnte Freud eine eigenständige und anregende These über das Träumen nur vorlegen, indem er diese Vorstellung des gesunden Menschenverstands *verallgemeinerte* und behauptete, »daß Wunscherfüllung der Sinn [die Antriebskraft zur Bildung] eines *jeden* Traumes sei«. Aber er erkannte auch als erster, daß diese völlig allgemeine These auf den ersten Blick durch eine ganze Reihe manifester Trauminhalte angefochten wird, die *im Widerspruch* zu einem Wunsch stehen und qualvoll sind (z. B. Angstträume). Neben Alpträumen und Prüfungsträumen stellen beispielsweise auch »absurde« Träume Freuds Darstellung in Frage.

Selbst in den vorpsychoanalytischen Traumtheorien, die Freud erwähnt, besagt die Behauptung, ein *spezieller* Traum stelle eine »Wunscherfüllung« dar, mehr, als daß durch die Merkmale des Trauminhalts die Verwirklichung einer früher gehegten Hoffnung oder eines Wunsches *abgebildet* würde. Im Fall eines solchen Traumes behaupten nämlich die voranalytischen psychologischen Theorien außerdem, daß die entsprechenden Wünsche, nachdem sie im Wachleben nicht befriedigt wurden, die Bildung eines Trauminhalts *verursachen*, in dem sie Ersatzerfüllung finden. Daß diese voranalytische kausale Rückführung *einiger* Träume auf Wünsche dem gesunden Menschenverstand glaubhaft erscheint, läßt sich vielleicht auf jene vertrauten *Wachphantasien* zurückführen, in denen unerwiderte Liebe und andere Wünsche Ersatzerfüllung finden. Auf jeden Fall verläßt sich Freud auf diese gängige Glaubhaftigkeit der motivationalen Rolle von Wünschen bei der Bildung einiger Träume. So nutzt er bei einem seiner Musterträume – dem Irma-Traum – offenkundig die von dieser Glaubhaftigkeit gespeiste Überzeugung aus, wenn er versucht, die Zuverlässigkeit seiner Methode der freien Assoziation als Mittel, mit dem sich die motivationalen Ursachen *jeglicher* Träume bezeugen lassen, zu beglaubigen. Ein Grund, warum er sich darum bemühte, diese Zuverlässigkeit nachzuweisen, war, daß ihm die freie Assoziation verdrängte Wünsche als Motive selbst für jene Träume hervorzubringen schien, deren manifeste Inhalte alles andere als Wunscherfüllungen sind. Damit glaubte er, begründet zu haben, warum er die Wunscherfüllung verallgemeinernd als Ursache für die Bildung jeglicher manifester Trauminhalte sah.

Allerdings räumte er im Jahre 1933 ein, daß es einige Ausnahmen von dieser allgemeinen Regel gebe (GW 15: 29–31), und modifizierte so seine Wunscherfüllungshypothese. Während er daran festhielt, daß die Traumfunktion die Wunscherfüllung sei, gestand er zu, daß sie in der Tat recht häufig mißlinge. Daher zog er den Schluß, daß »man den Traum zutreffend charakterisieren [kann] als einen *Versuch* zur Wunscherfüllung« (GW 14: 72, Anm.; 1935). Kurz, als Traummotiv gilt noch immer ein Wunsch, aber es wird nicht mehr behauptet, der Traum, der tatsächlich daraus folgt, sei allgemein als seine Erfüllung anzusehen. Doch wir wollen einen Kommentar zu dieser recht geringfügigen Modifikation zurückstellen und uns zunächst mit Freuds früherer uneingeschränkter Verallgemeinerung beschäftigen. Wenn ich diese Modifikation »recht geringfügig« nenne, so will ich damit nur sagen, daß sie sich auf die Träume lediglich einer kleinen Untergruppe von Menschen erstreckt – die an einer Kriegsneurose Leidenden –, während Freuds Wunscherfüllungshypothese auf die gesamte Gattung Mensch Bezug nahm. Doch die Modifikation ist zweifellos *wichtig*, insofern Freud hier eine Falsifizierung anerkennt.

Freud benützt zwei Zugangswege, um die besagte motivationale Ursache (oder »Bedeutung«) eines Traumes zu ermitteln: (1) die freien Assoziationen des einzelnen Träumers, die von den einzelnen Elementen des manifesten Inhalts (gewöhnlich visuellen Bildern) ausgehen, und (2) die Traumsymbolik, deren unbewußte motivationale Bedeutung als unabhängig von individuellen und sogar kulturellen Unterschieden behauptet wird. Wenn man den »Sinn« eines Traumes analysiert, dann, so erklärt Freud, ergänzt die Übersetzung der interpersonalen Traumsymbolik die Methode der freien Assoziation (GW 2/3: 346 f., 364; 1900; 11: 151; 1916). Aber er betont, daß bei der Traumdeutung die interpersonal bedeutsamen Symbole nur eine untergeordnete, unterstützende Rolle spielen, gegenüber der »entscheidenden Bedeutung«, die den freien Assoziationen des Träumers zukommt (GW 2/3: 365; 1900; 11: 152; 1916).

Ja, in seiner 1935 revidierten »Selbstdarstellung«, in der er maßgebliche Teile der Traumtheorie darstellte, scheint er die Beweiskraft der Traumsymbolik sogar implizit verneint zu haben. Zwar erwähnt er beiläufig die Rolle der Symbolik bei der Traumarbeit (GW 14: 71; 1925). Zuvor jedoch hatte er festgestellt: »[. . .] der manifeste Trauminhalt war nur eine Täuschung, eine Fassade, an welche zwar die Assoziation anknüpfen konnte, aber nicht die Deutung« (S. 69). Wenn also interpersonale Traumsymbolik in dem manifesten Inhalt vorhanden ist, kann seine deutende Übersetzung nur *Stücke* zur Deutung hervorbringen. Um die Zeugnisse der Freudschen Traumdeutungen zu untersuchen, genügt es, sich auf die Methode der freien Assoziation als epistemischen Zugang zur angeblichen motivationalen Ursache von Träumen zu beschränken.

Wie Freud behauptet, bringen die von einem manifesten Trauminhalt ausgehenden freien Assoziationen *immer* einen verdrängten Wunsch und andere verdrängte Inhalte hervor, vermischt mit verschiedenartigen Gedanken, die sich »vorbewußt« näher bestimmen lassen (GW 2/3: 558 f.; 1900; 11: 230–232; 1916; 13: 307; 1923; 14: 70, 72; 1925). Da es sich um mutmaßliche Reste aus dem Wachleben vor dem Traum handelt, *können* die vorbewußten Inhalte durchaus auch einmal einen *nicht*verdrängten Wunsch enthalten. Dann identifiziert er den verdrängten Wunsch, wie er angeblich überall durch die Assoziationen hervorgebracht wird, als die Kraft, der der Traum seine Bildung verdankt: »Diese Regung ist der eigentliche Traumbildner [seine Ursache], sie hat die Energie für die Produktion des Traumes aufgebracht und sich der Tagesreste als Material bedient« (GW 14: 70; 1925). Jedoch »erkennt

man eine oft sehr anstößige Wunschregung, die dem Wachleben des Träumers fremd ist, die er dementsprechend auch verwundert oder entrüstet verleugnet.«
Ich werde nun untersuchen, wie Freud seinen Irma-Traum deutete. Diese Untersuchung wird wohl kaum seine Behauptung rechtfertigen, dieser Mustertraum beglaubige die freie Assoziation als ein zuverlässiges Mittel, mit dem man die Ursache für die Bildung *jeglicher* Träume bezeugen könne (GW 2/3, Kap. 2; 1900). Ich behaupte im Gegenteil, daß selbst dann, wenn die Psychologie des gesunden Menschenverstandes einen bestimmten Traum für eine offenkundige Wunscherfüllung hält, die freie Assoziation unter psychoanalytischer Anleitung nicht die Beweismittel hat, um dieses Urteil *bestätigen* zu können!
In der Einleitung zu seinem Traum über seine Patientin Irma beschreibt Freud im einzelnen die Ereignisse des Vortages, die erklärtermaßen den Ausgangspunkt zu seinem Traum bildeten (GW 2/3: 111; 1900). Aus dieser Darstellung geht klar hervor, daß diese Ereignisse ihn mit *bewußten* Gefühlen von Frustration und aggressiven Wünschen zurückgelassen hatten, die nach einem Ausdruck verlangten: Ärger über Irma, weil sie Freuds Vermutung bezüglich der unbewußten Ursache ihrer hysterischen Symptome zurückgewiesen hatte; Frustration, weil wahrscheinlich als Folge davon, daß sie seine »Lösung« zurückgewiesen hatte, ihre somatischen Symptome anhielten; Ärger über seinen jungen Kollegen Otto, der ihn Kritik daran hatte spüren lassen, wie er mit Irmas therapeutischen Erwartungen umging; und der Wunsch, seine Behandlung von Irma gegenüber dem von ihm geschätzten älteren Kollegen Dr. M., bei dem es sich, wie sich später herausstellte, um seinen Mentor Breuer handelte (Grinstein 1980, Kap. 1), »zu rechtfertigen«.
Die aggressiven Wünsche, die bis zum Ende des fraglichen Tages unerfüllt geblieben waren, werden in dem manifesten Trauminhalt, den Freud dann berichtet, offenkundig durchgespielt oder verwirklicht (S. 111); am Anfang des Traumes

tadelt Freud Irma nämlich erklärtermaßen, daß sie sich seiner »Lösung« widersetze, und gibt *ihr* ausdrücklich die Schuld daran, daß sie weiterhin Schmerzen leidet. Am Ende des Traumes drücken Dr. M. und er dann ihre Mißbilligung gegenüber Otto aus, weil dieser leichtfertig bei Irma eine Infektion verursacht habe, weil er eine schmutzige Spritze benutzte. Nachdem er die in der Einleitung im einzelnen angeführten bewußten Motive und den manifesten Inhalt kurz zusammengefaßt hat, teilt Freud dann voller Überzeugung mit, daß folgende motivationale Deutung dieser Daten »in die Augen springt«: Des Traumes *»Inhalt ist also eine Wunscherfüllung, sein Motiv ein Wunsch«* (S. 123).

Wenn sich nun ein Träumer am Tag nach einem Traum daran erinnert, welche *bewußten* Gedanken er am Tag vor seinem Traum hegte, dann *kann* zwar diese Erinnerung eine *unmittelbare Folge* daraus sein, daß man an diesen Traum denkt, und dadurch eine Art Assoziation mit dem Traum darstellen. Diese Art von Assoziation ist jedoch eindeutig etwas anderes, als wenn man eine *verdrängte* Vorstellung wiedererlangt, was erst dann erreicht wird, wenn der Träumer Elemente des manifesten Inhalts zum Ausgangspunkt nimmt *und* sorgfältig die von Freud aufgestellten Gebote der »Grundregel« der »freien Assoziation« beachtet (GW 13: 214; 1923). Diese Unterscheidung ist tatsächlich wichtig, und zwar im Zusammenhang damit, daß Freud versucht, anhand des Irma-Traums zu bestätigen, daß die freie Assoziation ein glaubwürdiger Zugang zur Bestimmung von verdrängten Wünschen als Ursachen für die Bildung von manifesten Trauminhalten ist; Freud nutzte nämlich die Bezeichnung »Assoziation« aus, um die irrige Vorstellung aufkommen zu lassen, die deutlich *bewußten* aggressiven Wünsche des Vortages, die er im einzelnen in seiner Einführung anführt, seien erst assoziativ nach der Art eines verdrängten Gedankens ausgegraben worden. Daß diese nahegelegte Schlußfolgerung ein reiner Vorwand ist, geht aus seinem eigenen Bericht hervor. Im Zusammenhang mit den Ereignissen vom Tag und vom Abend *vor* dem Traum sagt er nämlich: »Am selben Abend schrieb ich noch die Krankengeschichte Irmas nieder, um sie, wie zu meiner Rechtfertigung [angesichts von Ottos indirektem Vorwurf], dem Dr. M., einem gemeinsamen Freunde [von Otto und Freud], der damals tonangebenden Persönlichkeit in unserem Kreise, zu übergeben« (GW 2/3: 111).

Mit einem Wort, obwohl die aggressiven Wünsche, die Freud am Tag vor seinem Irma-Traum verspürt hatte, in dessen manifestem Inhalt offenkundig erfüllt wurden, spielte die freie Assoziation, als er sich diese Wünsche nach dem Traum zurückrief, *keine Rolle als Ausgrabungsfaktor*, denn er war sich ihrer erklärtermaßen schon am Abend zuvor bewußt gewesen. Schon aus diesem Grund kann daher der angeblich beispielhafte Irma-Traum nicht dazu dienen, die freie Assoziation als einen glaubwürdigen Zugangsweg zu bestätigen, auf dem man bezeugen kann, daß die *Ursachen* für die Bildung des manifesten Trauminhalts, wie Freuds Theorie besagt, *verdrängte infantile* Wünsche sind. Dennoch stützt er sich auf die freie Assoziation, um eben dieses zu behaupten (GW 2/3: 551, 553–555, 557–560, 572–574 und 589 f.), zum Beispiel, wenn er erklärt: *»Der bewußte Wunsch [kann] nur dann zum Traumerreger werden, wenn es ihm gelingt, einen gleichlautenden unbewußten zu wecken, durch den er sich verstärkt. [. . .] Der Wunsch, welcher sich im Traume darstellt, muß ein infantiler sein«* (S. 558 f.). Volle dreißig Jahre nach einem Kindheitstraum, den er etwa im Alter von sieben Jahren hatte und dessen vorherrschendes Thema Angst war, war er davon überzeugt, daß seine Analyse dieses Traumes folgenden Schluß rechtfertigte: »Die Angst aber läßt sich mittels der Verdrängung zurückführen auf ein dunkles offenkundig sexuelles Gelüste, das in dem visuellen Inhalt des Traums seinen guten Ausdruck gefunden hatte« (S. 590). Da er sich in entscheidendem Maße auf die freie Assoziation berief, um diese kausalen Rückschlüsse zu ziehen, behaupte ich, daß es Freud *tatsächlich nicht gelungen war, die Hauptthese seiner*

Traumtheorie zu untermauern, einer Theorie, auf die er ganz besonders stolz war. Dennoch stellen noch in neuerer Zeit die Analytiker Frank und Trunnel (1978) ein Trainingsverfahren vor, das auf der Annahme beruht, ein archaischer Wunsch sei die universelle Antriebskraft für das Träumen.

So behaupten Freudianer bis zum heutigen Tage, verdrängte *infantile* Wünsche seien die Anreger für *jegliche* Träume. Wenn man jedoch danach urteilt, wie Freud selbst seinen berühmten Irma-Traum darstellte, gibt es gar keine Anzeichen dafür, daß er seine Analyse dieses Traums überhaupt bis zu seinen Kindheitswünschen vorgetrieben hätte (GW 2/3: 125 f.). Sollte aber tatsächlich ein infantiler Wunsch Freuds der Anreger des Irma-Traums gewesen sein, kann die von ihm selbst veröffentlichte Analyse dieses Traums unmöglich für die wesentlichen Grundsätze seiner Traumtheorie bürgen. Mit welchem Recht können seine Anhänger ihn dann als *den* Mustertraum der Psychoanalyse begrüßen, statt ihn lediglich zu einem populären Beispiel herabzustufen? Mehr als fünfzig Jahre nach der Veröffentlichung der *Traumdeutung* von 1900 unternahm Erik Erikson den energischen Versuch, sich in einem Aufsatz mit dem Titel »Der Mustertraum der Psychoanalyse« (1954) dieser Herausforderung zu stellen. Das war fünfzehn Jahre nach Freuds Tod.

Warum hat nun aber Freud speziell dieses Traum-»Muster« gewählt, um seine Traumanalyse *vorzustellen*? Die Antwort liegt in dem Wort »Methode«, das man im Titel des für dieses Thema relevanten Kapitels 2 seines Hauptwerkes finden kann: »Die Methode der Traumdeutung. Die Analyse eines Traummusters« (GW 2/3: 100). Zu Beginn dieses Kapitels (S. 105–107) macht er deutlich, wie er »zur Kenntnis dieses Verfahrens [der Methode der Traumdeutung] gelangt« ist (S. 104). Es handelte sich darum, die epistemische Rolle der *freien Assoziation einfach zu erweitern*, so daß sie nicht mehr nur eine Methode zur *ätiologischen* Untersuchung mit dem Ziel der Therapie war, sondern ebenso als Zugangsweg zur Traumuntersuchung diente:

»Die Patienten, die ich verpflichtet hatte, mir alle Einfälle und Gedanken mitzuteilen, die sich ihnen zu einem bestimmten Thema aufdrängten, erzählten mir ihre Träume und lehrten mich so, daß ein Traum in die psychische Verkettung eingeschoben sein kann, die von einer pathologischen Idee her nach rückwärts in der Erinnerung zu verfolgen ist. Es lag nun nahe, den Traum selbst wie ein Symptom zu behandeln und die für letztere ausgearbeitete Methode der Deutung auf ihn anzuwenden« (S. 105).

Man beachte hier, wie Freud die epistemisch fragwürdige Natur dieser entscheidenden Erweiterung bagatellisiert, indem er mit der Formulierung »es lag nun nahe« die Tatsache gewaltig abschwächt, daß sich hier eine Fallgrube auftut. Es ging ihm jedoch offensichtlich darum, daß dieser Schritt auch für seine Leser überzeugend aussah.

Bei der Darstellung seiner Traumtheorie legte er daher gleich zu Beginn den Akzent darauf, der *Methode* der Traumdeutung Glaubwürdigkeit zu verleihen; denn selbst wenn man zugesteht, daß die Methode der freien Assoziation (»die Grundregel der Psychoanalyse«) die Pathogene von Neurosen als solche ergründen und bezeugen kann, ist es alles andere als offensichtlich, daß diese Methode in epistemischer Hinsicht zuverlässig dasselbe leistet, wenn es darum geht, die Ursachen (Motive) unserer Träume zu bestätigen. Und es hieße, die Frage durch eine Petitio principii zu entscheiden, wollte man *ohne Umschweife annehmen*, jeglicher Traum ließe sich als eine Art neurotisches Symptom betrachten. Freuds Strategie war es daher, zunächst zu behaupten, im Fall des Irma-Traums habe die freie Assoziation Motive hervorgebracht, die, wie die Psychologie des gesunden Menschenverstandes unabhängig davon bestätige, offenkundig *diesen* Traum verursacht hätten. So gerüstet, stützt er seine Kerntheorie vom Traum als *universeller* Wunscherfüllung auf die Ergebnisse der Methode, die vermeintlich durch die Analyse seines Irma-Traums beglaubigt wurde.

»Ich begnüge mich für den Moment mit der einen neu gewonnenen Erkenntnis: Wenn man die hier angezeigte Methode der Traumdeutung befolgt, findet man, daß der Traum wirklich einen Sinn hat und keineswegs der Ausdruck einer zerbröckelten Hirntätigkeit ist, wie die Autoren wollen. *Nach vollendeter Deutungsarbeit läßt sich der Traum als eine Wunscherfüllung erkennen*« (S. 126).

Demgemäß kam dieser Traum, wie ich bereits angedeutet habe, zu seinem Ruhm als »*das* Traummuster der Psychoanalyse« eher aus methodologischen als aus substantiellen Gründen. Dies um so mehr, als es sich bei den Wünschen, die *erwiesenermaßen* durch ihn erfüllt worden waren, kaum um verdrängte Kindheitswünsche handelte, sondern *nur* um bewußte Wünsche eines Erwachsenen! Natürlich schließt diese wesentliche Einschränkung nicht aus, daß der Irma-Traum die zuvorgenannte entscheidende heuristische Rolle spielte. Aber Freud gibt auch folgendes zu bedenken:

»Ich will nicht behaupten, daß ich den Sinn dieses Traumes vollständig aufgedeckt habe, daß seine Deutung eine lückenlose ist. Ich könnte noch lange bei ihm verweilen, weitere Aufklärungen aus ihm entnehmen und neue Rätsel erörtern, die er aufwerfen heißt. Ich kenne selbst die Stellen, von denen aus weitere Gedankenzusammenhänge zu verfolgen sind« (S. 126).

In Anbetracht der Tatsache, daß der beispielhafte Status des Irma-Traums auf einer hauptsächlich methodologischen Grundlage beruht, ist es sehr enttäuschend, daß die Psychoanalytiker nicht *überprüft* haben, ob dieser Traum, wie behauptet wird, die freie Assoziation als Methode der Traumanalyse beglaubigen kann. Man ist um so mehr enttäuscht, als der Irma-Traum von allen Träumen Freuds derjenige ist, der die umfänglichste Literatur hervorgebracht hat (Literaturhinweise in: Grinstein 1980: 22). Obgleich in dem zuvor erwähnten Aufsatz von Erikson (1954) erkenntnistheoretisch ebenso sorglos verfahren wird wie in der übrigen Literatur, verdient er doch eine nähere Betrachtung, weil dieser es erklärtermaßen auf sich nimmt, dem Irma-Traum den *infantilen* motivationalen Unterbau zu geben, den die orthodoxe Lehre erfordert. So meint Erikson, sein Ziel erreicht zu haben, wenn er die Schlußfolgerung zieht, daß »der latente infantile Wunsch, der die Energie [. . .] für den Traum liefert, in eine manifeste Traumstruktur eingebettet ist, die auf jeder Ebene bedeutsame Entwicklungen in der Gesamtsituation des Träumers widerspiegelt« (1954: 55). Wir wollen seine Argumentation untersuchen.

Nachdem er aus Freuds langatmiger Zusammenfassung des Irma-Traums zitiert hat, weist Erikson (S. 15) darauf hin, daß hier kein *verdrängtes* Motiv vorliegt: »Wir sehen, daß der Wunsch, der hier vorgeführt wird, lediglich vorbewußt ist.« Zudem handele es sich bei den bewußten Wünschen, die Freud im einzelnen anführt, immer um Wünsche des Erwachsenen und nicht um infantile Wünsche. Tatsächlich bringt Freud an keiner Stelle in seinem Hauptwerk zur Trauminterpretation ausdrücklich einen verdrängten Wunsch, geschweige denn einen infantilen, für *diesen* Traum vor. Daher unternimmt es Erikson (S. 15 f.), das fehlende, latente Traummotiv zu liefern, das beiden theoretischen Erfordernissen genügt und eine sexuelle Thematik aufweist.

Erikson entwickelt den hypothetischen sexuellen Ursprung, indem er darauf aufmerksam macht, daß bei einigen deutschen Wörtern in Freuds Original umgangssprachliche Nebentöne (»Doppeldeutigkeiten«) mit sexuellem Anspielungscharakter mitklingen. In der englischen Übersetzung von 1938, die Erikson zitiert, war die Übertragung dieser deutschen Wörter »so wörtlich, daß eine wichtige Doppeldeutigkeit verlorengeht« (1954: 24).

Wir wollen uns auf Eriksons Suche nach der angeblichen »infantilen Bedeutung des Irma-Traums« (S. 27) konzentrieren und *nicht* darauf, daß er auch behauptete, der Traum habe *»eine ganz und gar sexuelle Bedeutung«* (S. 26). Daher werde ich auch darauf verzichten, vom methodologischen Standpunkt aus die angebliche Zwangsläufigkeit der Erwartung, es sei »eine ganz und gar sexuelle Deutung« des Traums möglich, zu beanstanden. Entscheidend ist, daß *allein* die sexuelle Anspielung, die in dem deutschen Wort »Spritze« enthalten ist, in Eriksons Darstellung als Schlüssel zur mutmaßlichen infantilen Bedeutung des Irma-Traums dient. »Wenn man sich mit der infantilen Bedeutung des Irma-Traums beschäftigt, ist es absolut notwendig, daß man diese Doppeldeutigkeit erkennt« (S. 27).

Was also ist nun die angenommene sexuelle Bedeutung des Wortes »Spritze«, auf die Erikson seine gesamte infantile Deutung gründet? Zunächst erläutert er die phallisch-urinale Tönung, die umgangssprachlich in dem Wort mitschwinge: »Das deutsche Wort [...] ›Spritze‹ [...] bezeichnet in der Tat die Injektionsnadel, umgangssprachlich jedoch auch ein Gerät zum Spritzen. [...] In dieser Verwendung hat es viele Nebenbedeutungen; davon ist die phallisch-urinale am wichtigsten, denn dadurch, daß Otto eine schmutzige Spritze verwendet, wird er zu einem ›schmutzigen Spritzer‹ oder einem ›jungen Spritzer‹ und nicht bloß zu einem nachlässigen Arzt.«

Man kann nicht bestreiten, daß es sich bei diesem sexuellen Unterton um eine von Eriksons *eigenen* Assoziationen zu dem Wort »Spritze« handelt. Nach der psychoanalytischen Methodenlehre zur Traumdeutung sind jedoch die für die Deutung relevanten Assoziationen diejenigen des Träumenden *selbst*; denn wenn ein verdrängter infantiler Wunsch als Motiv aus einem bestimmten Traum hervorgehen soll, kann man ihn als Ursprung *bestätigen* nur dadurch, daß man die *eigenen* Assoziationen des Träumenden zu Elementen des manifesten Trauminhalts untersucht. Und es war Freud und nicht Erikson, der den Irma-Traum hatte. Daher hätte selbst nach dem logischen Standard der psychoanalytischen Theorie die sexuelle Anspielung des Wortes »Spritze« nur dann Beweiskraft, wenn es sich dabei um eine von Freuds *eigenen* Assoziationen gehandelt hätte. Wenn man überhaupt einen durch eine Assoziation enthüllten Gedanken als ein Motiv für den Irma-Traum anführen will, muß man zeigen, daß es eine von Freuds *eigenen* Assoziationen zu *diesem* speziellen Traum war. Diejenigen unter Freuds Assoziationen, die er selbst, soweit wir wissen, mit Elementen *anderer* Träume in

Verbindung gebracht hat, können nicht als Motive für *diesen* Traum angeführt werden.

Von Eriksons phallisch-urethraler Assoziation zu dem Wort »Spritze« ist jedoch in Freuds Darstellung der Assoziationen, die Ottos Spritze als Teil des manifesten Inhalts des Irma-Traums in *ihm* wachgerufen hatten, nicht das geringste zu finden. Freud selbst schreibt:

»*Wahrscheinlich war auch die Spritze nicht rein.* Noch ein Vorwurf gegen Otto, der aber anderswoher stammt. Gestern traf ich zufällig den Sohn einer zweiundachtzigjährigen Dame, der ich täglich zwei Morphiuminjektionen geben muß. Sie ist gegenwärtig auf dem Lande, und ich hörte über sie, daß sie an einer Venenentzündung leide. Ich dachte sofort daran, es handle sich um ein Infiltrat durch Verunreinigung der Spritze. Es ist mein Stolz, daß ich ihr in zwei Jahren nicht ein einziges Infiltrat gemacht habe; es ist freilich meine beständige Sorge, ob die Spritze auch rein ist. Ich bin eben gewissenhaft« (GW 2/3: 112 f.).

Bis hierher zumindest steht Erikson mit leeren Händen da. Der Erfolg seiner Bemühungen, den Irma-Traum als Kernstück der Lehre zu rechtfertigen, läuft jedoch nicht darauf hinaus, daß er einen sexuellen Unterton als Traummotiv gefunden hat. Eingedenk dessen, daß die Theorie eines verdrängten infantilen Themas bedarf, präsentiert er als sein entscheidendes Argument, daß »der Traum [sexuell] auf ein Kindheitsproblem anspielt« (S. 27). Leider stützt er sich aber auf Spekulationen statt auf den eindeutigen Nachweis, daß Freud selber je einmal die »Spritze« von Dr. Otto assoziativ mit der Erinnerung an die fragliche Episode aus der Kindheit in Verbindung gebracht habe.

In dem Abschnitt mit dem Titel »Das Infantile als Traumquelle« (GW 2/3: 194–224; 1900) bringt Freud die von Erikson angeführte Episode tatsächlich im Zusammenhang mit einem Traum. Man sucht aber in der gesamten Reihe der dort gedeuteten Träume vergeblich nach einem Verweis auf den Irma-Traum. Irma wird noch nicht einmal beiläufig erwähnt, ganz zu schweigen von Dr. Ottos »Spritze«. Als die Kindheitsepisode, auf die sich Erikson beruft, gegen Ende des

Abschnitts diskutiert wird (S. 221), steht sie in ausdrücklichem assoziativem Zusammenhang (S. 220 f.) mit einem Traum, der sich auf die Revolution von 1848 (S. 215–217) in Mitteleuropa bezieht.

Erikson könnte bestenfalls Freuds eigenen Bericht über die assoziativen Verknüpfungen zwischen der gegebenen Episode und Träumen heranziehen, um folgendermaßen zu *spekulieren: Vielleicht* hat Freud jene Kindheitsszene *auch* damit assoziiert, daß er es Otto mit gleicher Münze heimzahlen wollte, indem er ihm Fahrlässigkeit mit einer schmutzigen Spritze unterstellte. Man beachte, wie Freud sich ausdrückt:

»Dann gab es aber einmal einen anderen häuslichen Anstand, als ich sieben oder acht Jahre alt war, an den ich mich sehr wohl erinnere. Ich setzte mich abends vor dem Schlafengehen über das Gebot der Diskretion hinweg, Bedürfnisse [in einen Nachttopf] nicht im Schlafzimmer der Eltern in deren Anwesenheit zu verrichten, und der Vater ließ in seiner Strafrede darüber die Bemerkung fallen: Aus dem Buben wird nichts werden. Es muß eine furchtbare Kränkung für meinen Ehrgeiz gewesen sein, denn Anspielungen an diese Szene kehren immer in meinen Träumen wieder und sind regelmäßig mit Aufzählung meiner Leistungen und Erfolge verknüpft, als wollte ich sagen: Siehst du, ich bin doch etwas geworden« (S. 221 f.).

Es ist natürlich völlig richtig, daß zwischen dieser demütigenden väterlichen Zurechtweisung wegen des unanständigen Urinierens und dem Vorwurf an Otto wegen dessen Spritze im Irma-Traum ein hohes Maß an *thematischer* Affinität besteht. Aber diese thematische Affinität allein ist zweifellos noch kein Beweis dafür, daß die Erinnerung an die Kindheitsszene die motivationale Ursache dafür war, daß er ausgerechnet den Traum von Irmas Injektion hatte. Thematische Affinität allein reicht schon deswegen nicht zur Bezeugung einer solchen Ursache aus, weil sie kein Grund dafür ist, der Kindheitserinnerung gegenüber dem Gedanken *des Erwachsenen* an eine Spritze, den Freud selbst als Erklärung für die Traum-Spritze anführte, *psychodynamische Priorität* einzuräumen! Und selbst wenn man die Methode der freien Assoziation für fähig hält, die Triebkräfte der Traumbildung für jeglichen Traum zu bezeugen, so ist die Art und Weise, wie Erikson die von Freud berichteten Assoziationen benutzt, zu spekulativ, als daß man damit die Hypothese vom motivationalen Ursprung des Irma-Traums bestätigen könnte.

Als hätte er die Dürftigkeit seiner Dokumentation erkannt, läßt Erikson in der Folge Behutsamkeit walten, wenn er Vermutungen darüber anstellt, welche Kindheitserfahrung das Motiv von Ottos Spritze abgegeben haben mochte:

»Wenn der Vater dem kleinen Freud im elterlichen Schlafzimmer, peinlicherweise im Beisein der Mutter, sagte, aus ihm werde nichts werden, d. h., der intelligente Junge halte nicht, was er verspreche – könnte man dann nicht annehmen, daß der nächtlich erschöpfte Arzt [Sigmund Freud] beim Zubettgehen den bitteren Scherz in seinem Vorbewußten bewegte: Ja, vielleicht habe ich zuviel versprochen, als ich sagte, ich könne die Hysterie heilen; vielleicht hatte mein Vater doch recht, daß ich nicht halte, was ich versprochen habe« (S. 42).

Hier hat der Fragesatz »könnte man dann nicht annehmen« einen lobenswert vorläufigen Tenor. Ironischerweise untergräbt aber Erikson selbst die Beweiskraft der Kindheitserinnerung, indem er sie ausdrücklich in das »Vorbewußte« des Träumenden vor dem Traum verlegt (S. 42). Freuds Wunsch, seinem Vater zu beweisen, daß er nicht recht hatte, erfüllt zwar die Forderung nach einer Spur in die Kindheit; er stützt jedoch nicht die *psychoanalytische* Traumtheorie, wenn er nicht außerdem noch *verdrängt* war, als Freud im Begriff stand, von Irma zu träumen.

Obgleich er erklärt hatte, Freuds Kindheitserinnerung sei am Abend des Traums vorbewußt gewesen (S. 42), zögert Erikson dennoch nicht, sie in der Zusammenfassung seines Aufsatzes (S. 55) in einen *latenten* infantilen Wunsch umzuwandeln. Und uneingedenk seiner anfänglichen Vorsicht bezüglich des Vorschlags einer *infantilen* Primogenese behauptet er diesen Wunsch kategorisch, indem er den metapsychologischen Begriff »Energie« benutzt (S. 55): »Der Irma-Traum zeigt, wie der latente infantile Wunsch, der die Energie für [. . .] den Traum liefert, in eine manifeste Traumstruktur eingebettet ist.« Trotz seiner eindrucksvollen Empfänglichkeit für assoziative Schattierungen führt Erikson aber nichts an, was rechtfertigen würde, daß er der kindlichen Erfahrung des Urinierens *psychodynamische Priorität* einräumt gegenüber dem Gedanken des wachen Erwachsenen an eine *schmutzige Spritze*, wie ihn Freud für den Tag vor dem Traum bezeugt. Ja, selbst was die bloße thematische Affinität zu dem Motiv »Ottos Spritze« betrifft, so scheinen die Gedanken, die Freud nach seiner Darstellung am Tag vor dem Traum hatte, thematisch näher zu liegen als die Kindheitserinnerung, die Erikson anführt.

Auch die zeitliche Priorität des infantilen Wunsches gegenüber dem Wunsch des Erwachsenen bürgt kaum für eine entsprechende *psychodynamische* Vorrangstellung. Warum besteht dann Erikson, wie andere Freudianer auch, darauf (S. 34), daß Träume die Tatsache ihres Auftretens dynamisch »einem Wunsch des Es und all seiner infantilen Energie« verdanken? Ich möchte behaupten, daß dieses angestrengte Beharren auf infantilen Ursachen verständlicher – wenn auch *nicht* überzeugend – wird, wenn man sich daran erinnert, daß Freud seine Traumdeutung ausdrücklich nach dem Vorbild der Verdrängungsätiologie der Neurosen formte (GW 2/3: 105 f., 533). Wie ich schon an früherer Stelle berichtete, wurde, als Breuer die veranlassenden Traumen *des Erwachsenen* als primogenetische Pathogene der Hysterie postulierte, diese ätiologische Version durch therapeutische Mißerfolge in Zweifel gezogen. Freud war jedoch entschlossen, eine Verdrängungsätiologie in irgendeiner Form beizubehalten. Daher sah er sich dazu veranlaßt, die veranlassenden Traumen *des Erwachsenen* ätiologisch zu bloßen *Auslösern* einer Neurose zu degradieren und zu behaupten, die *wesentlichen* Pathogene seien Verdrängungen in der Kindheit. Doch wie er erklärte (S. 105 f.), entwickelte er seine Traumtheorie, indem er zu Beginn den manifesten Trauminhalt an neurotische Symptome anglich. Und nachdem er die veranlassenden Traumen des Erwachsenen ätiologisch den Pathogenen aus der Kindheit nachgestellt hatte, fühlte er sich wahrscheinlich berechtigt, analog dazu verdrängten *infantilen* Wünschen als Traumerzeugern psychodynamisch den Vorrang gegenüber den Wünschen des Erwachsenen einzuräumen.

Vielleicht sollten wir unterstellen, daß diese Folgerung Eriksons Darstellung stillschweigend zugrunde lag; denn ohne eine solche Annahme hängt Eriksons gesamte Argumentation doch sehr bedenklich an dem dünnen Faden der umgangssprachlichen Anspielung, die in dem Wort »Spritze« enthalten ist. Tatsächlich kommt dieser Folgerung nur eine ganz geringe epistemische Bedeutung zu, sofern infantile Motive nicht *generell* psychodynamisch Vorrang über die Motive von Erwachsenen haben. Doch wie ich gezeigt habe, ist Freuds analogisches Prinzip nicht brauchbar. Daher kann es auch nicht dazu dienen, die psychodynamische Vorrangstellung von infantilen Wünschen zu untermauern. Soviel also zu Eriksons einfallsreichem, aber mißlungenem Versuch, Freuds eigener Deutung des Irma-Traums einen der orthodoxen Lehrmeinung entsprechenden Unterbau bezüglich der Kindheit zu schaffen.

Es trifft sich, daß es im Falle des Irma-Traums tatsächlich aus der Psychologie des gesunden Menschenverstandes abgeleitete Gründe gibt, die aggressiven Motive, von denen Freud in seiner Einleitung berichtet, als Erzeuger des manifesten Trauminhalts anzusehen. Aber diese Motive sind nicht erst durch die freie Assoziation aufgedeckt worden. Daher können die kausalen Zeugnisse des gesunden Menschenverstandes ganz und gar nicht als Beweis dafür herhalten, daß folgendes für jede Art von Traum gelte: Wenn bestimmte verdrängte Wünsche über eine verschlungene kausale Kette von freien Assoziationen, die durch den manifesten Inhalt ausgelöst wurden, wieder ins Bewußtsein treten, dann kann die Tatsache, daß *diese Wünsche auftauchen*, *für sich genommen* zuverlässig bestätigen, daß diese Wünsche die ursprünglichen motivationalen Ursachen für den Traum darstellten. Jedoch ist es wahrscheinlich genau dieses Vertrauen in die Beweiskraft der freien Assoziation, was Erikson im Zusammenhang mit der Deutung des Irma-Traums rühmt, wenn er unbekümmert davon spricht, es sei »notwendig, eingespielte Methoden der nüchternen Untersuchung (die erfunden wurden, damit man einige Dinge genau und sicher herausfinden und über den Rest getrost hinwegsehen kann) preiszugeben zugunsten einer Methode der Selbstoffenbarung, die geeignet ist, die Schleusen zum Unbewußten zu öffnen« (1954: 54).

Was die Träume anbelangt, lieferte auch Freud keinen zwingenden Grund dafür, die Anwendung der freien Assoziation *zur Deutung* auf eine Extrapolation aus der Verdrängungsätiologie der Neurosen zu stützen. Seine Argumentation stellt eine Petitio principii dar: »Wir könnten auch zu unserer Rechtfertigung heranziehen, daß das Verfahren bei der Traumdeutung [mittels freier Assoziation] identisch ist mit dem bei der Auflösung der hysterischen Symptome, wo die Richtigkeit des Verfahrens durch das Auftauchen und Schwinden der Symptome zu ihrer Stelle gewährleistet wird« (GW 2/3: 532 f.). Genauer gesagt (vgl. Kap. 3) hatte Freud aus den *therapeutischen* Ergebnissen der kathartischen Methode die *Hypothese* abgeleitet, die Pathogene der neurotischen Störungen seien affektbeladene, konfliktbelastete *verdrängte* Gedanken. Folglich betrachtete er das Ausgraben der entsprechenden verdrängten Vorstellung als die Conditio sine qua non für die Aufdeckung der spezifischen Ätiologie der Neurosen und außerdem als unentbehrlich für deren therapeutische Überwindung. Doch einmal überzeugt, daß Verdrängung das Kennzeichen der Pathogenese sei, war er geneigt, weiter zu postulieren, daß auch die Fehlleistungen und Träume »normaler« Menschen verräterische Anzeichen für spezifische Verdrängungen seien. Kurz, er betrachtete auch solche episodisch auftretenden Ereignisse im Leben von gesunden Menschen als Symptome von (vorübergehenden) *Mini*neurosen, ausgelöst und aufrechterhalten durch eine Verdrängung. So gilt in seinem Kompromißmodell des manifesten Trauminhalts dieser Inhalt als Kompromiß zwischen dem verdrängten (verbotenen) Wunsch und der Zensur der Vernunft, die dessen Ausdruck im Traum verzerrt (GW 2/3: 149).

Diese Angleichung des manifesten Trauminhalts und der Fehlleistungen an den Status von »Kompromißbildungen« hatte indessen eine wichtige Konsequenz: ihre *kausale Erklärung* ist, nicht anders als bei ausgewachsenen neurotischen Symptomen, nur dadurch möglich, daß man die Verdrängungen aufspürte, die sie angeblich erzeugt hatten. Und für dieses Ausloten ist, wie Freud argumentierte, die Methode der freien Assoziation unübertroffen. Es war daher die vielgestaltige kausale Rolle, die er der Verdrängung zugesprochen hatte – sie ruft »Versehen« hervor, löst Traumkonstruktionen aus und ist allgemein pathogen –, die der freien Assoziation in seiner Theorie epistemisch einen Ehrenplatz sicherte.

Wie ich aber bereits anläßlich meiner Kritik an Freuds Verdrängungstheorie der Fehlleistungen erklärt habe, beruht sein Kompromißmodell des manifesten Trauminhalts auf einer *Fehlextrapolation*; denn er macht nicht einmal den Versuch, irgendein Gegenstück zu der *therapeutischen* Bestätigung beizubringen, die Breuer und er für die Verdrängungsätiologie der Hysterie und dafür, daß das Aufdecken von Verdrängungen über freie Assoziationen zur Ergründung der Pathogene *vom Standpunkt der Forschung überzeugend* sei, zu haben behaupteten. Ich ziehe daher den Schluß, daß *Freud, wenn er sich auf die freie Assoziation als Mittel, mit dem man die Ursachen von Träumen bezeugen kann, stützt, epistemisch einen ebenso schweren Fehler begeht, wie wenn er die freie Assoziation benutzt, um die Ursachen von Fehlleistungen zu bezeugen.* Mit einem Wort, weil die Verdrängungsmodelle für Träume und Fehlleistungen extrapolierend gerechtfertigt wurden, hängt deren epistemisches Schicksal vom Schicksal der Freudschen Theorie der *Psychopathologie* ab (GW 14: 71; 1925; 2/3: 155). Und aus dieser epistemischen Abhängigkeit folgt dann, daß das Scheitern der Freudianischen Psychopathologie und der freien Assoziation als eines Mittels zur ätiologischen Bestätigung sich auch eklatant auf die psychoanalytische Theorie der Träume und verschiedene Arten von »Versehen« ausdehnt.

Man muß leider sehen, daß Freud sich offenkundig in Widersprüche verwickelte, als er den Irma-Traum als Garantie dafür vorbrachte, daß man sich epistemisch auf die freie Assoziation als *kausal* beweiskräftige Untersuchungsmethode stützen kann. So meint er zunächst (GW 2/3: 112), der Irma-Traum sei insofern *ungewöhnlich*, als »es [aus seiner Einleitung] sofort klar [ist], an welche Ereignisse des letzten Tages er anknüpft, und welches Thema er behandelt«. Und wie er drei Kapitel weiter zugesteht, »ist die Beziehung zum Tag so augenfällig, daß sie keiner weiteren Beleuchtung bedarf« (S. 171). Gleichwohl erklärt er, nachdem er selbst auf diese Offensichtlichkeit hingewiesen hat: »Trotzdem dürfte niemand, der den Vorbericht und den [manifesten] Inhalt des Traumes zur Kenntnis genommen hat, ahnen können, was der Traum bedeutet« (S. 112). Man ist augenblicklich verblüfft über diese rätselhafte Behauptung, die Bedeutung müsse unbekannt sein, weil, wie wir sahen, aus der Einleitung eindeutig hervorgeht, daß die Ereignisse des vorangegangenen Tages Freud mit *bewußten* aggressiven Wünschen zurückgelassen hatten, die sich dann offenkundig in dem von ihm berichteten manifesten Trauminhalt erfüllten. Ja, unmittelbar nachdem er behauptet hat, daß ohne die freie Assoziation die Wunschmotive des Traums völlig im dunkeln lägen, widerspricht er dieser Erklärung mit den Worten: »Ich merke aber an dem Satz, den ich im Traume zu Irma spreche, daß ich vor allem nicht Schuld sein will an den Schmerzen, die sie noch hat« (S. 113). Was jedoch schlimmer ist: er wartet, bis er seine Assoziationen im einzelnen dargelegt hat, bevor er seiner Erklärung, das Traummotiv sei *ursprünglich* verborgen, rundheraus *widerspricht*. Denn er versichert uns dann im Ton der Überzeugung, der Wunschcharakter dieses Motivs »springt in die Augen« (S. 123), wenn man sich die bewußten

Motive, die im einzelnen in der Einleitung angeführt sind, und die Beschreibung des manifesten Inhalts ansieht.

Bei einem zweiten Mustertraum, den Freud erörtert, beschreibt der manifeste Inhalt eindeutig die *Vereitelung* eines bestimmten Wunsches, die von der Träumenden im Traum selbst bewußt empfunden wurde (GW 2/3: 151–155). Freud führt die Deutung dieses Traumes an, um seine Behauptung zu illustrieren, der manifeste Trauminhalt sei trotz seines quälenden Inhalts eine Wunscherfüllung.

Die Träumerin, »eine witzige Patientin«, forderte Freud heraus, er solle zeigen, wie sich seine Wunscherfüllungstheorie damit in Einklang bringen lasse, daß der Wunsch, den sie im Traum verspürte, nicht erfüllt wurde. Sie träumte, daß sie an einem Sonntagnachmittag den Wunsch hatte, ein Souper zu geben. Da sie nur etwas geräucherten Lachs im Haus hatte, mußte sie einige Lebensmittel besorgen. Da es jedoch Sonntag war, waren die Läden geschlossen. Der Versuch, den Dienst einiger Lieferanten in Anspruch zu nehmen, scheiterte, da das Telefon gestört war, so daß sie auf den Wunsch, das Souper zu geben, verzichten mußte.

Wie die enttäuschte Gastgeberin Freud berichtete, hatte sie sich in der Realität schon lange gewünscht, »jeden Vormittag eine Kaviarsemmel essen zu können, gönnte sich aber die Ausgabe nicht« (S. 153). Am Tag vor dem Traum hatte sie ihren Mann gebeten, ihrem Wunsch *nicht* nachzugeben, obwohl er sofort dazu bereit gewesen wäre, angeblich, »damit sie ihn länger damit necken kann«, wie sie es gewöhnlich zu tun pflegte. Wie Freud ferner berichtet, hatte

»sie gestern einen Besuch bei einer Freundin gemacht, auf die sie eigentlich eifersüchtig ist, weil ihr Mann diese Frau immer so sehr lobt. Zum Glück ist diese Freundin sehr dürr und mager, und ihr Mann ist ein Liebhaber voller Körperformen. Wovon sprach nun diese magere Freundin? Natürlich von ihrem Wunsch, etwas stärker zu werden. Sie fragte sie auch: ›Wann laden Sie uns wieder einmal ein? Man ißt immer so gut bei Ihnen.‹« (S. 153)

Als Freud sie fragte, wie sie sich den geräucherten Lachs in

ihrem manifesten Trauminhalt erkläre, antwortete sie, diese Delikatesse sei die Lieblingsspeise ihrer Freundin.
Anfänglich bestimmte Freud das Traummotiv als den Wunsch, bei der Rivalin die Chance auf eine Körperzunahme mindern zu können, da diese sonst für den Mann der Träumerin noch attraktiver geworden wäre. Die Unfähigkeit, ein Souper zu geben, ist diesem Ziel dann förderlich. Freud erkennt jedoch, daß diese Darstellung ein mißliches Detail außer acht gelassen hat: da die Rivalin den Wunsch nach Körperzunahme geäußert hatte,

»würde [es] uns nicht wundern, wenn unsere Dame geträumt hätte, der Freundin gehe der Wunsch nicht in Erfüllung. Es ist nämlich ihr eigener Wunsch, daß der Freundin ein Wunsch – nämlich der nach Körperzunahme – nicht in Erfüllung gehe. Anstatt dessen träumt sie aber, daß ihr selbst ein Wunsch nicht erfüllt wird« (S. 154).

Wie will er mit diesem widerspenstigen Faktum fertigwerden?
Freud nimmt zu einer Hilfshypothese Zuflucht. Er postuliert, daß die Person, die in dem Traum erscheint, nicht die Patientin selbst, sondern in Wirklichkeit ihre Rivalin sei, mit der sie sich so weitgehend »identifiziert« habe, daß sie sich an die Stelle der Rivalin setzte. Er scheint sich darüber durchaus klar zu sein, daß eine Hilfsthese als reiner Ad-hoc-Notbehelf verurteilt werden kann, sofern sie nicht durch *unabhängige* Beweise gestützt wird. Daher behauptet er gleich anschließend (S. 155), ein solcher Beweis sei dadurch gegeben, daß die Patientin ihren Mann in der Realität bat, ihrem Wunsch nach Kaviar *nicht* nachzugeben. Denn unter der Begleithypothese, daß die Patientin sogar in der wachen Realität die Identität ihrer Rivalin annehmen könne, würde ihr erklärter bewußter Wunsch, der Rivalin Nahrung vorzuenthalten, der Verzichterklärung ihrem Mann gegenüber einen Sinn geben.
Auf diese Weise glaubte Freud, gezeigt zu haben, daß auch ein Traum, in dem ein geträumter Wunsch fühlbar *versagt* wird, sich letztlich als Erfüllung eines anderen Wunsches cha-

rakterisieren läßt, der als Rückstand vom Tag zuvor lediglich latent vorhanden ist. Seiner Ansicht nach trug seine Hilfshypothese von der interpersonalen Identifizierung dazu bei, daß ein Faktum aus dem wachen Verhalten der Patientin verständlich wurde, und befähigte überdies sein Hauptpostulat der Wunscherfüllung dazu, den anfänglich widersprüchlichen Charakter des manifesten Trauminhalts zu erklären.
Glymour (1983) sah in dem Traum vom verhinderten Souper eine Illustration für Freuds Kunstgriff, »eine Deutung zu bestätigen, indem er zwei oder mehr Elemente des Traums findet, die unabhängig voneinander mit einer Schlüsselfigur in der Traumdeutung in Zusammenhang stehen«. Dieser Traum zeigt ein solches Vorgehen; denn nachdem er die Absicht der Träumerin, ihrer Rivalin einen Strich durch die Rechnung zu machen, als Traummotiv abgeleitet hatte, heißt es: »Es fehlt jetzt nur noch irgendein Zusammentreffen, welches die Lösung bestätigt« (GW 2/3: 154). Als die Patientin die Vorliebe ihrer Rivalin für geräucherten Lachs erwähnte, hatte er die Rolle, die diese Delikatesse in dem manifesten Trauminhalt spielte, als das bestätigende Zusammentreffen aufgegriffen.
Glymour zieht diese behauptete Bestätigung als unecht in Zweifel. Denn Freud habe mit seiner Schlußfolgerung bezüglich der motivationalen Ursache eine Ordnung von Ursache und Wirkung geltend gemacht, die eine *Umkehrung* der kausalen Ordnung, wie sie sich in freien Assoziationen zeigt, darstelle; Assoziationen, die durch zwei manifeste Traumelemente (das Souper und den Lachs) hervorgerufen würden, hätten *jeweils* dazu geführt, daß die Patientin an ihre Rivalin dachte. Für Freud jedoch war dies der Beweis, daß der an die Rivalin gebundene Affekt die motivationale Ursache dafür war, daß sowohl ein Souper als auch Lachs im manifesten Trauminhalt thematisch in Erscheinung traten. Glymour wendet ein, daß »ein Beweis für das erste kausale Modell nicht notwendigerweise auch ein Beweis für das zweite ist«, eine kausale Umkehrung, die er als »eine von Freuds

Lieblingsirrtümern« verurteilt. Daher weist Glymour (1983) Freuds Behauptung zurück, das Auftauchen von Souper und Lachs im manifesten Trauminhalt sei ein »Zusammentreffen«: »Das Zusammentreffen ist fabriziert: man assoziiert unter Freuds Anleitung, bis man an etwas denkt, was in Verbindung steht mit verschiedenen Elementen im Traum; die unterschiedlichen Elemente verursachen den gemeinsamen Gedanken, nicht umgekehrt, und das Zusammentreffen bedarf keiner weiteren Erklärung. Die Fabrikationsmethode ist schon die ganze Erklärung.« So leitet Freud in der Tat irrigerweise aus dem Zusammenfluß der Assoziationen eine kausale Umkehrung in *ausdrücklich allgemeiner* Form ab (GW 2/3: 533).

Wie sich der Leser noch erinnern wird, habe ich mich in Kapitel 4 im Zusammenhang mit meiner Kritik an Freuds Theorie der Fehlleistungen dafür ausgesprochen, seinen Rückschluß auf eine kausale Umkehrung zu verwerfen, *und habe betont, daß dieser Rückschluß seinen irrigen Ursprung in der Verdrängungsätiologie der Psychoneurosen hat*. Als Folge aus meiner historisch-logischen Zurückweisung seiner kausalen Schlußfolgerung habe ich ihm auch vorgeworfen, demselben Fehler auch in seiner Traumtheorie aufgesessen zu sein. Glymour deckte den Irrtum unabhängig im Zusammenhang mit Freuds Traumtheorie auf: wie er bemerkt, bestand der Irrtum darin, daß Freud sich auf ein Zusammentreffen im manifesten Trauminhalt stützte, um seine Analyse des Traums zu *bestätigen*. Wie aus Kapitel 4 hervorgeht, ist Freuds irriger kausaler Rückschluß jedoch kein ganz so eklatanter Fehler, wie er scheint. Daß er so kraß erscheint, resultiert daraus, daß man den Rückschluß nur im Zusammenhang mit der Traumtheorie sieht, wie es Glymour tat.

Eine solche *isolierte* Betrachtung läßt außer acht, daß Träume für Freud »wie alle anderen psychopathologischen Bildungen« sind (GW 2/3: 154). Fünfundzwanzig Jahre später betonte er diese Angleichung des manifesten Trauminhalts an sein Kompromißmodell der neurotischen Symptome: »Wir erkennen schon jetzt, daß der Traum gebaut ist wie ein neurotisches Symptom, er ist eine Kompromißbildung zwischen dem Anspruch einer verdrängten Triebregung und dem Widerstand einer zensurierenden Macht im Ich« (GW 14:71; 1925). Wie ich schon früher erklärt habe, glaubte Freud also in der Tat, das Vermächtnis von Breuers Methode bürge für die freie Assoziation als einen Zugang zur Bestätigung verdrängter Traummotive. Und Freud kam zu dieser Schlußfolgerung, indem er aus einer fehlerhaften Verdrängungsätiologie der Neurosen falsch extrapolierte. Trotzdem stellt sich heraus, daß Freuds kausaler Umkehrschluß in seiner Traumtheorie nicht so gänzlich einer plausiblen, vernünftigen Motivation entbehrt, wie Glymour uns glauben machen will.

Es sieht so aus, als hätte Freuds Angleichung des manifesten Trauminhalts an minineurotische Symptome ein Resultat, das entweder seine Darstellung der Traumverursachung zweifelhaft erscheinen läßt oder freie Assoziationen sogar als Mittel zur Aufdeckung vermuteter Verdrängungen für untauglich erklärt. Ebenso, wie sexuelle Verdrängungen als kausal notwendig für die Entstehung von Neurosen gelten, so sind auch verschiedene Arten verdrängter infantiler Wünsche erklärtermaßen die Conditio sine qua non für die Traumerzeugung. Ebenso, wie daher die therapeutische Wirksamkeit des Aufdeckens von pathogenen Verdrängungen aus dem ersteren folgt, so folgt wohl aus letzterem: In dem Maße, wie der *analysierte* Patient sich seiner zuvor verdrängten infantilen Wünsche bewußt wird, beraubt jene bewußte Beherrschung dieser Wünsche eben diese Wünsche ihrer Macht, Träume hervorzubringen! In dem Maße, wie die verdrängten infantilen Wünsche des Analysanden ans Licht gebracht werden, sollte es daher zu einem bemerkenswerten Rückgang in der Traumbildung kommen, der sich auch neurophysiologisch ausdrücken müßte (z. B. über den REM-Schlaf). Was aber, wenn dieser Rückgang nicht zustande kommt? Dann folgt offenbar, daß, falls es dem typischen Analysanden nicht chronisch mißlingt, seine verdrängten infantilen Wünsche zurückzuholen, Freuds Darstellung der Traumerzeugung falsch ist. Wie Philip Holzman mir gegenüber geäußert hat, könnte Freud diese Konsequenz jedoch durchaus durch seine Behauptung abwenden (GW 2/3, Kap. 7C, 7D), daß der (biologische) Antrieb, der hinter den zum Vorschein kommenden Wünschen steht, im Unbewußten ungeschmälert erhalten bleibe. Dieses Umgehen ist jedoch problematisch: Wenn die Fähigkeit der Wünsche, Träume hervorzubringen, selbst dann erhalten bleibt, nachdem der Patient sich einiger dieser Wünsche bewußt geworden ist – warum bleibt dann nicht auch die pathogene Tätigkeit der sexuellen Verdrängungen *ebenso unvermindert* erhalten, nachdem einige *dieser Verdrängungen* zutage gefördert wurden? Wenn wir tatsächlich einen unerschöpflichen Vorrat von jenem haben – warum nicht auch von diesem? Eine solche Unterscheidung ist in der psychoanalytischen Theorie nirgends vorgesehen und wird höchstens ad hoc getroffen.

Die Einwände, die ich bisher gegen Freuds Traumtheorie erhoben habe, würden auch dann gelten, wenn die Methode der freien Assoziation nicht aufgrund offener und verdeckter Interventionen des Analytikers epistemisch brüchig wäre. Diese Methode ist jedoch erheblich beeinträchtigt durch die Mängel, die ich ihr vorgeworfen habe: manipulative Verfälschung ebenso wie voreingenommene Auswahl. Diese Beeinträchtigung gilt im selben Ausmaß ungeachtet dessen, ob man die Verdrängungen, die mit Hilfe dieser Methode hervorgebracht werden, für die Pathogene von neurotischen Symptomen, für die Ursachen von Fehlleistungen oder für die Motive für Traumbildungen hält. Wie wir in Kapitel 10 sehen werden, zeugt dieser Schluß in der Tat von der Irrigkeit der Übereinstimmung klinischer Induktionen, die Freud später anführte (GW 16: 43–56; 1937), um analytische Deutungen für gültig zu erklären.

Clark Glymour (1983) hat zu Recht kritisiert, daß die künstliche Art der Auswahl aus den Produkten der freien Assoziation Freuds Methode befähigt hat, ad hoc zu funktionieren, als es darum ging, die Elemente, die zu dem vermuteten *latenten* Trauminhalt gehören, aufzubauen. Denn wie Glymour zwingend darlegt, wählte Freud den latenten Inhalt so aus, daß seine Wunscherfüllungshypothese davor bewahrt wurde, durch Beispiele wie Alpträume und diffuse Angstträume, die dem ersten Anschein nach Gegenbeispiele darstellen, widerlegt zu werden. Freud gab nicht vorab rechtfertigende Kriterien dafür an, warum er *bestimmte* Assoziationen zusammenflocht, so daß sie *eine* Geschichte bildeten. Statt dessen entschied er die Frage im voraus, indem er seine Auswahl aus den Assoziationen des Patienten ad hoc darauf zuschnitt, daß seine Wunscherfüllungshypothese erhalten blieb, wenn der manifeste Trauminhalt alles andere als wunscherfüllend war. Eine entsprechend andere Auswahl aus den Assoziationen hätte vielleicht andere Motive zum Vorschein gebracht, beispielsweise Furcht oder Ekel. So mißlang es Freud, seine Darstellung des latenten Inhalts durch *berechtigterweise* selektive Evidenz zu untermauern. Da diese Darstellung aber *wesentlich* dafür war, daß es nicht zu einer Widerlegung durch Angstträume kam, zieht Glymour den durchaus berechtigten Schluß, daß die allgemeine Wunscherfüllungshypothese der psychoanalytischen Traumtheorie wohl eher als falsch denn als nicht falsifizierbar zu gelten habe.

Noch kritischer verweist Timpanaro (1976: 115) insbesondere auf Freuds Vorlesung »Die Traumarbeit« (GW 11: 182–186; 1916), um folgende Beschuldigung zu akzentuieren: »Vielleicht am launenhaftesten und wissenschaftlich unredlichsten ist Freuds ›Beweis‹, daß alle Träume, sogar Angstträume, Ausdruck eines verdrängten Wunsches seien.« Timpanaro illustriert seine Anklage:

»Hat jemand einen Angsttraum über den Tod einer geliebten Person? Keine Angst – auch dabei handelt es sich um eine Wunscherfüllung, denn der Traum repräsentiert ein Wiederaufleben von archaischem psychischem Material, das enthüllt, daß zu irgendeinem Zeitpunkt im kindlichen Leben des Träumers tatsächlich der Tod dieser Person gewünscht wurde. Der Angsttraum handelt vom *eigenen* Tod des

Träumers? Ein weiterer Fall eines Wunsches – diesmal des Wunsches nach Selbstbestrafung wegen eines Schuldkomplexes« (S. 218).

Freud setzte sich mit keinem der vielen bisher vorgebrachten Einwände gegen seine Traumtheorie auseinander. Sie besagen dreierlei: (1) Seine infantile Wunschgenese für jegliche Träume ist kausal unbegründet; (2) ebenso unbegründet ist seine Behauptung, daß sich die motivationale Ursache für die Traumbildung, sofern sie unbewußt ist, unter den freien Assoziationen befinden muß, die durch den manifesten Inhalt ausgelöst werden; und (3) die Methode der freien Assoziation erbringt Daten, denen es an Beweiskraft fehlt. Zu Freuds Ehre muß man aber sagen, daß er sich mit einer anderen epistemischen Kritik an seiner Traumtheorie auseinandersetzte.

Dabei bleiben die methodologischen Fallstricke, die in der freien Assoziation liegen, unerwähnt. Er geht vielmehr von der vermuteten Wahrscheinlichkeit aus, daß Patienten unter dem suggestiven Einfluß des Analytikers willfährig bestätigende Träume produzieren (GW 8: 356; 1911; 13: 308; 1923). Freud wird im wesentlichen dazu aufgefordert, auszuschließen, daß der Patient gefälligkeitshalber verdrängte Wunschregungen entwickelt, weil er – zumindest unbewußt – weiß, daß der Analytiker an ihr Vorhandensein glaubt. Im Jahre 1923 bestritt Freud optimistisch, daß es eine solche Verfälschung gebe (GW 13: 307 f.).

Zunächst weist Freud darauf hin, es sei angesichts der Tatsache, daß die *manifesten* Trauminhalte tatsächlich vom Wachleben beeinflußt werden, kein Wunder ist, wenn jene mächtigen Eindrücke aus dem realen Leben, die der Analytiker dem Patienten vermittelt, ebenso darauf Einfluß haben, welches die Schwerpunkte seines manifesten Trauminhalts sein werden (S. 307). Sogar Gedanken – so behauptet er –, die zu einem bestimmten Zeitpunkt *zufällig* unbewußt sind, die aber ohne weiteres bewußt werden könnten – d. h. »vorbewußte« Gedanken *im Gegensatz* zu *verdrängten* Wünschen –, können als Reaktion auf den suggestiven Einfluß des

Analytikers in den latenten Trauminhalt eingehen (S. 307). Dann betont Freud jedoch, daß der Traum auch »Hinweise auf die verdrängten Wunschregungen, denen er seine Bildungsmöglichkeit verdankt«, enthält (S. 307). Nach dieser Aussage besteht er unnachgiebig darauf, daß es von den Erwartungen des Analytikers gänzlich unbeeinflußt sei, ob diese Wunschregungen verborgen bleiben oder zutage treten. Freud weist den Skeptiker zurück: »Der Zweifler wird zu diesen sagen, sie erscheinen im Traume, weil der Träumer weiß, daß er sie bringen soll, daß sie vom Analytiker erwartet werden. Der Analytiker selbst wird mit gutem Recht anders denken« (S. 307).

Warum aber wird der Analytiker mit gutem Recht anders denken? Freud führt lediglich eine Analogie an, bei der er die Deutungsarbeit in der Psychoanalyse mit der Lösung eines Puzzles, das nur eine *einzige* Lösung hat, vergleicht (S. 308 f.). Erstaunlicherweise räumt er jedoch gleich darauf ein, daß »die meisten der in der Analyse verwertbaren Träume Gefälligkeitsträume sind und der Suggestion ihre Entstehung verdanken«. Dort erklärt er nämlich zunächst, eines der unbewußten Motive des Patienten sei die »Gefügigkeit des Analysierten gegen den Analytiker, also der positive Anteil der von uns so genannten Übertragung« (S. 310), um dann gelassen fortzufahren:

»In der Tat läßt sich an vielen Träumen, die Vergessenes und Verdrängtes wiederbringen, kein anderer unbewußter Wunsch entdekken, dem man die Triebkraft für die Traumbildung zuschreiben könnte. Will also jemand behaupten, daß die meisten der in der Analyse verwertbaren Träume Gefälligkeitsträume sind und der Suggestion ihre Entstehung verdanken, so ist vom Standpunkt der analytischen Theorie nichts dagegen einzuwenden« (S. 310).

Hier räumt Freud also ein, daß der maßgebende verdrängte Wunsch, dem die Träume des Patienten angeblich ihre Entstehung verdanken, in der Tat häufig durch »Gefügigkeit gegen den Analytiker« erzeugt wird. Dabei hat er nur ein paar Seiten vorher bestritten, daß der Analytiker einen solchen suggestiven Einfluß ausübe. Er schiebt diesen uneingestandenen Widerspruch sogleich zur Seite und beruft sich auf das inzwischen aufgegebene Übereinstimmungsargument, um folgende Behauptung zu untermauern: Der unbewußte Wunsch des Patienten, dem Analytiker mit seinen Träumen eine Gefälligkeit zu erweisen, bewirkt über den zum Vorschein kommenden *latenten* Trauminhalt nur, daß »Vergessenes und Verdrängtes« (S. 310), größtenteils aus dem voranalytischen Leben des Patienten, unkontaminiert offenbart wird.

Freud behauptete auch wiederholt, die »Traum*arbeit*« sei jeder Art von äußerem Einfluß unzugänglich, gleichviel, ob vom Analytiker oder von anderer Seite (GW 11: 245; 1916; 13: 307; 1923). Jones (1962 a: 264 f.) berichtet, wie Freud auf eine durchschlagende Kritik an dieser These reagierte:

»Am Schluß spricht er über den Einwand, daß die Träume oft davon abhingen, welchem Arzt der Patient sie erzählte, und daß die Träume aller Patienten eines bestimmten Arztes einander ähnlich seien. Dies kann vorkommen, sagt er; aber der Schluß, den man daraus zieht, beruht wieder auf der Verwechslung zwischen manifestem und latentem Trauminhalt. Bemerkungen des Analytikers können oft als Reiz für die Traumbildung wirken, wie auch Bemerkungen anderer oder speziell erzeugte somatische Reize. Wie aber der Traummechanismus des Patienten solche Reize verarbeite, dies sei eine rein innere Angelegenheit und jedem fremden Einfluß entzogen.«

Doch wie Rosemarie Sand bemerkt hat, ist die von Freud und Jones behauptete Immunität der Traumarbeit gegenüber äußeren Einflüssen nicht vereinbar mit der Erklärung, der *manifeste* Trauminhalt sei durch fremde Einflüsse verformbar; denn die Traumarbeit stellt den Mechanismus dar, der den manifesten Traum aus dem latenten Inhalt bildet, und jeder äußere Einfluß auf den manifesten Inhalt muß natürlich mit Hilfe der Traumarbeit erfolgen. Selbst wenn daher der latente Inhalt vollständig endogen wäre, würde dies noch keine Gewähr dafür bieten, daß seine Umbildung in den manifesten Inhalt gleichermaßen endogen ist.

Wir können nun mit unserer Bewertung der klinischen Zeugnisse der Traumtheorie zum Schluß kommen, indem wir ein bisher zurückgestelltes Votum zu der Modifikation, zu der sich Freud in seiner »Revision der Traumlehre« veranlaßt gesehen hatte (GW 15: 29–31; 1933), abgeben. Dort vertritt er die Ansicht, er habe den »immer wiederkehrenden Einwand der Laien«, daß Angstträume seiner Wunscherfüllungshypothese widersprächen, »voll erledigt«. Er fügt hinzu: »Auch die Strafträume sind Wunscherfüllungen, aber nicht solche der Triebregungen, sondern der kritisierenden, zensurierenden und strafenden Instanz im Seelenleben [des Über-Ich]« (S. 28). Dann bemerkt er aber, daß zwei, und »nur zwei« ernsthafte Schwierigkeiten für die Wunscherfüllungstheorie aufgetreten seien. Davon scheint ihm nur eine unüberwindlich, und diese ergibt sich durch die Träume von Opfern einer traumatischen Hysterie.

Menschen, die an dieser Neurose leiden – beispielsweise Soldaten, die im Krieg ein schweres psychisches Trauma erlitten haben –, erleben *regelmäßig* im Traum ihre traumatischen Erlebnisse wieder. »Welche Wunschregung«, so Freud, »könnte durch dieses [immer wiederkehrende] Rückgreifen auf das höchst peinliche traumatische Erlebnis befriedigt werden?« Er räumt daher ein: »Das sollte nach unseren Annahmen über die Funktion des Traumes nicht der Fall sein« (S. 29). Und weiter:

»Ich meine, wir sollen uns nicht scheuen zuzugestehen, daß in diesem Falle die Funktion des Traumes versagt. [. . .] Aber wohl hebt die Ausnahme die Regel nicht auf. [Man kann immerhin sagen], der Traum ist der *Versuch* einer Wunscherfüllung. [. . .] Unter bestimmten Verhältnissen kann der Traum seine Absicht nur sehr unvollkommen durchsetzen oder muß sie überhaupt aufgeben; die unbewußte Fixierung an ein Trauma scheint unter diesen Verhinderungen der Traumfunktion obenan zu stehen« (S. 30 f.).

Vom Standpunkt unserer früheren Kritik an der Wunscherfüllungshypothese kann man diese wichtige, wenn auch nicht sehr weitreichende Einschränkung nur willkommen heißen, denn bei den Träumen der Kriegsneurotiker handelt es sich um chronische und starke Angstträume. Und aus den von mir angeführten Gründen behaupte ich, daß es Freud nie gelungen ist, den Einwand, den »Laien« dagegen erhoben hatten, wie er gewöhnliche, nichtchronische Angstträume behandelte, zu entkräften. Um so mehr ist man enttäuscht über Ernest Jones' schwachen Versuch, darzulegen, daß selbst die Träume der Kriegsneurotiker schließlich der Freudschen Modifikation nicht bedürften:

»Es sei aber darauf hingewiesen, daß sich diese Träume niemals nur auf eine exakte Darstellung des traumatischen Erlebnisses beschränken; man findet in ihnen immer noch andere irrelevante Momente, die einer Analyse bedürfen und die wohl die Tendenz zum Ausdruck bringen, die Erinnerung an das Trauma in Richtung einer Wunscherfüllung zu lenken, selbst wenn der Patient, bevor es dazu kommen könnte, in panischer Angst aufwacht. Tatsächlich könnte man alle die erwähnten Beispiele einer weit gefaßten Tendenz des Abreagierens unterordnen« (1962b: 319).

Soweit zu den klinischen Zeugnissen der Traumtheorie, die sich epistemisch darauf gründet, daß die Produkte der freien Assoziation dem suggestiven Einfluß des Analytikers angeblich nicht zugänglich sind.

Kapitel 6

Prüfung der weiteren Argumente, mit denen Freud beweisen wollte, daß unter der »freien« Assoziation Verdrängungen unverfälscht zum Vorschein kommen

Freud unterstellte nicht nur, daß die Assoziationen des Analysanden einer solchen Verfälschung nicht unterliegen, sondern er behauptete außerdem, es gebe sogar einen Schutz dagegen, daß der Patient bereitwillig den Deutungen des Analytikers zustimmt: »Im allgemeinen ist man aber gerade durch die Erweckung der Widerstände gegen irreführende Wirkungen des suggestiven Einflusses geschützt« (GW 13: 226; 1923). Wie will Freud aber beweisen, daß der Widerstand des Patienten tatsächlich einen Schutz dagegen bietet, daß der Arzt durch Suggestion die Antworten des Analysanden dirigiert? Man kann ohne weiteres zugeben, daß der Widerstand des Patienten ihn daran hindert, *alle* Deutungen des Analytikers unkritisch und *automatisch* zu akzeptieren. Wie Freud selbst einige Jahre später (GW 16: 43–52; 1937) einräumte, kann aber diese Tatsache kaum gewährleisten, daß, wenn es zu einer solchen Akzeptanz kommt, nachdem der Widerstand *überwunden* wurde, die gegebene Deutung als richtig und deswegen unkontaminiert anzusehen ist; es kann nämlich sein, daß der Patient, nachdem er zunächst Widerstand geleistet hat, schließlich eine falsche Deutung hinnimmt. Außerdem widerstreitet auch die von Patienten *auch unter der freien Assoziation* an den Tag gelegte Fügsamkeit, mit der der Analytiker J. Marmor (1970: 161) die *Selbsterfüllungs*funktion von klinischen Hypothesen begründete, Freuds Vertrauen auf den Patientenwiderstand als Schutz gegen eine Scheinbestätigung.

Daß die Zustimmung des Patienten kaum eine Entstellung durch den Analytiker zuverlässig ausschließen kann, bestätigt folgende Zusammenfassung:

»Die Forschungsergebnisse weisen übereinstimmend darauf hin, daß der Glaube eines Patienten an Deutungen und die daraus resultierende Angstreduktion *nicht* von der Richtigkeit der Deutungen abhängig sind. Die Forscher haben herausgefunden, daß Menschen begeistert Scheindeutungen als zutreffende Darstellung ihrer Persönlichkeit akzeptieren« (Fisher / Greenberg 1977: 364).

Beispielsweise akzeptieren aggressive Menschen, daß sie als zurückhaltend beschrieben werden. Fisher und Greenberg führen weiter an:

»Tatsächlich weist Heller darauf hin, daß Therapiesysteme, die die Zweideutigkeit und die beschränkte Empfänglichkeit des Therapeuten (wie in der Analyse) hervorheben, Situationen schaffen, die äußerst anfällig sind für den subtilen Einfluß zwischen Personen, wie er in den Arbeiten zur sprachlichen Konditionierung beschrieben wird« (S. 363 f.).

Dies scheint mir im Widerspruch zu stehen zu dem von mir so genannten »Mythos vom Beschleuniger«, den diejenigen Analytiker vertreten, die sich selbst als durchaus *nicht*direktiv deutend begreifen: sie sehen sich als bloße Beschleuniger, die lediglich dazu beitragen, daß Verdrängungen, die vorher hinter den Mauern der Zensur eingeschlossen waren, unverfälscht auftauchen.

Die Unechtheit der klinischen Bestätigung in der Psychoanalyse wird *nicht* geringer durch die heute wohlbekannte Tatsache, daß erkenntnistheoretische Entstellungen sicher *nicht* beschränkt sind auf die Antworten von Patienten, die sich einer Psychotherapie unterziehen. Die Erwartungen, die *experimentelle* Psychologen hegen, können ihre entsprechenden Beobachtungsergebnisse stark beeinflussen, selbst in Tests, wo die Lernfähigkeit von Laborratten untersucht wird (Shapiro / Morris 1978: 382 f.). Der Psychologe Robert Rosenthal (1976, Teil 2, Abschn. 19–24) und andere haben jedoch sorgfältig dargestellt, wie man den Versuchsleiter-Erwartungseffekt unter *Kontrolle* bringen kann. Dennoch wird auf Erwartungseffekte häufig weniger geachtet, als es eigentlich notwendig wäre. So hat, wie Merrilee Salmon mir gegenüber erwähnte, Bertrand Russell (1960: 32 f.) erklärt, er sei entmutigt angesichts von Untersuchungen über das Lernen bei Tieren, bei denen sich folgende Resultate ergeben hatten:

»Alle Tiere, die sorgfältig beobachtet worden sind, haben sich so verhalten, daß sie das Gedankengebäude, an das der Beobachter vor Aufnahme seiner Beobachtungen glaubte, bestätigt haben. Ja mehr noch, sie haben sämtlich die nationalen Eigenschaften des Beobachters an den Tag gelegt. Tiere, die von Amerikanern untersucht werden, jagen wild umher, mit einem unglaublichen Aufwand an Hetze und Elan, und erreichen schließlich das erwünschte Resultat zufällig. Tiere, die von Deutschen untersucht werden, sitzen still und denken nach, und entwickeln schließlich die Lösung aus dem inneren Bewußtsein.«

Auf jeden Fall fragt man sich, wie Freud sich davon überzeugen ließ, dem Widerstand des Patienten große Bedeutung beizumessen, weil dadurch gewährleistet sei, daß es infolge der dem Patienten suggerierten Willfährigkeit nicht zu einer Verfälschung komme. Denn er selbst behauptete: Wenn es zu einer positiven Übertragung vom Patienten zum Analytiker kommt, »bekleidet sie den Arzt mit Autorität, setzt sie sich in Glauben an seine Mitteilungen und Auffassungen um« (GW 11: 463; 1917). Interessanterweise führt Freud das erwähnte Vertrauen auf den Widerstand des Patienten im Zusammenhang damit ein, daß er dem Analytiker die Fähigkeit zuerkennt, echte Erinnerungen von eingebildeten unterscheiden zu können: »Gegen die Gefahr, die Erinnerungsangaben des Kranken suggestiv zu verfälschen, schützt man sich durch vorsichtige Handhabung der Technik« (GW 13: 226; 1923). Gerade diese Zuversicht ist aber besonders wenig überzeugend. Natürlich muß sich die klinische Bestätigung der ätiologisch relevanten frühen Geschichte im Leben von Psychoneurotikern weitgehend auf die Erinnerungen des erwachsenen Patienten an Ereignisse aus dem *Säuglings-* und *Kleinkind*alter stützen, und solche frühen Erinnerungen sind ganz gewiß epistemisch schwächer als gewöhnliche Erinnerungen aus dem Erwachsenenalter! Sie sind es insbesondere deswegen, weil der Analytiker genau das tut, was ein Anwalt, der ein Kreuzverhör vornimmt, im Gerichtssaal nicht tun darf: den Zeugen beeinflussen. Was dieses besondere Merkmal der Analyse anbelangt, so macht Freud nicht viel Federlesens damit:

»Die Kur besteht aus zwei Stücken, aus dem, was der Arzt errät und dem Kranken sagt, und aus der Verarbeitung dessen, was er gehört hat, von seiten des Kranken. Der Mechanismus unserer Hilfeleistung ist ja leicht zu verstehen; wir geben dem Kranken die bewußte Erwartungsvorstellung [die Vorstellung, was er zu finden erwarten kann], nach deren Ähnlichkeit er die verdrängte unbewußte bei sich auffindet. Das ist die intellektuelle Hilfe, die ihm die Überwindung der Widerstände zwischen Bewußtem und Unbewußtem erleichtert.« (GW 8: 105; 1910; für weitere Einzelheiten s. auch S. 123 f.)

Freud spezifiziert nicht, inwiefern die »vorsichtige Handhabung der Technik«, deren er sich angeblich befleißigte, als er auf psychoanalytischem Wege verdrängte Erinnerungen wiederzugewinnen suchte (GW 13: 193; 1923), tatsächlich einen Schutz dagegen bot, daß Pseudoerinnerungen (»Paramnesien«) suggestiv hervorgelockt wurden.

Man kann natürlich einräumen, daß die Forderung nach Übereinstimmung oder zumindest nach einem Gesamtzusammenhang dem Analytiker eine *gewisse* Kontrolle darüber erlaubt, was der Patient an angeblich echten Erinnerungen vorbringt. Freuds eigene Schriften zeugen aber von der Unzuverlässigkeit von Erinnerungen, die Erwachsene angeblich an frühe Episoden aus ihrer Kindheit haben, Episoden, die vermeintlich in der Zwischenzeit verdrängt waren und dann durch die Analyse wieder zurückgeholt werden (vgl. die Dokumentation in: Grünbaum 1980: 353). Und wie wir bereits bei anderer Gelegenheit bemerkt haben, räumte er ein, daß auf die Erinnerung des Patienten, die sich als schwankendes Rohr im Wind erweist, manchmal auch enttäuschend wenig Verlaß ist: »Der Kranke kann von dem in ihm Verdrängten nicht alles erinnern, vielleicht gerade das Wesentliche nicht« (GW 13: 16; 1920; vgl auch 16: 52 f.; 1937). Um diese Lücke zu füllen, braucht sich der Patient nur auf den Analytiker und dessen Beurteilung, wie fundiert die Rekonstruktion seiner Vergangenheit ist, zu verlassen. Wie wenig verläßlich tatsächlich die Erinnerungen von Erwachsenen an ihre Kindheit sind, zeigt ein Bericht von Jean Piaget (Loftus 1980: 119 f.), der sich lebhaft an den Versuch, ihn auf den Champs-Élysées aus seinem Kinderwagen zu entführen, zu erinnern glaubte. Er erinnerte sich an die Menschenansammlung, an die Kratzer im Gesicht des mutigen Kindermädchens, das ihn gerettet hatte, an den weißen Knüppel des Polizisten und an den weglaufenden Angreifer. So lebhaft Piagets Erinnerungen waren, sie waren doch falsch. Jahre später gestand das Kindermädchen, daß sie die ganze Geschichte erfunden hatte, die er dann unter dem Einfluß einer Autoritätsperson als vermeintliches eigenes Erlebnis internalisierte. Im Zusammenhang mit Leonardo da Vincis Kindheitserinnerungen erklärte Freud jedoch:

»Es ist nicht gleichgültig, was ein Mensch aus seiner Kindheit zu erinnern glaubt; in der Regel sind hinter den von ihm selbst nicht verstandenen Erinnerungsresten unschätzbare Zeugnisse für die bedeutsamsten Züge seiner seelischen Entwicklung verborgen« (GW 8: 153; 1910).

Der frühe Freud erklärte sogar zuversichtlich, wenn er je die Wiedergabe von Erinnerungen oder den Zusammenhang zwischen Ereignissen verändern oder fälschen sollte, es »sich ja endlich durch einen Widerspruch im Gefüge hätte verraten müssen« (GW 1: 300; 1895). Daher zog er unbekümmert den Schluß: »Man braucht sich also nicht zu fürchten, vor dem Kranken irgend eine Meinung über den nächstkommenden Zusammenhang zu äußern; es schadet nichts«! Wenn ich jedoch frühen Kindheitserinnerungen, die den erwachsenen Patienten unter der Anleitung des Analytikers vermeintlich zurückgeholt werden, nur geringen Wert beimesse, so bedeutet dies durchaus keine pauschale Abwertung von Erinnerungen, die Erwachsene im täglichen Leben haben.
Offensichtlich kann der Analytiker nicht mit Recht behaup-

ten, er sei lediglich ein neutraler Beschleuniger oder Förderer der Wiedergewinnung von Erinnerungen, die aufgrund seiner »vorsichtigen Handhabung der Technik« *intra*klinisch als authentisch bestätigt werden können. In der Tat mag der hilfesuchende Patient durchaus spüren, daß der Analytiker erwartet, eine Vermutung durch eine Erinnerung bestätigt zu finden, und das Wissen, die Autorität und die Fähigkeit zu helfen, die er dem Analytiker zuschreibt, mögen sehr wohl zu seiner Willfährigkeit beitragen, ebenso wie sein Wunsch, die Anerkennung des Analytikers in seiner Rolle als Elternersatz zu gewinnen. Eine solche Anerkennung oder Mißbilligung drückt sich in der Vielzahl von subtilen, nichtsprachlichen Hinweisen aus, die in der menschlichen Kommunikation enthalten sind.

Daß die psychoanalytische Behandlung kein Mittel sei, mit dem man das *Gedächtnis zuverlässig aufrütteln* kann, folgt ganz allgemein aus mindestens dreierlei neueren Forschungsbefunden, die Loftus (1980) sorgfältig herausgearbeitet hat: (1) das bemerkenswerte Ausmaß, in dem die menschliche Erinnerung verformbar ist, (2) die interpolierende Rekonstruktion und das Verbiegen von Erinnerungen aufgrund theoretischer Ansichten oder Erwartungen, und (3) der Hang, unter dem Einfluß von Suggestivfragen Gedächtnislücken durch konfabuliertes Material zu füllen. Was den ersten Punkt anbelangt, so gibt es Pseudoerinnerungen an Ereignisse, die niemals stattgefunden haben (Loftus 1980, Kap. 3). So behaupteten z. B. unter dem Einfluß von Rassenklischees einige Versuchspersonen, denen man ein Bild gezeigt hatte, auf dem mehrere Menschen in einem U-Bahn-Waggon abgebildet waren – darunter ein Schwarzer, der einen Hut, und ein Weißer, der ein Rasiermesser in der Hand hielt –, sie könnten sich daran erinnern, das Rasiermesser in der Hand des Schwarzen gesehen zu haben (S. 39).

Die unter dem zweiten Punkt genannte Tendenz ergibt sich daraus, daß man verschiedene Fragmente eines Erlebnisses nimmt und, geleitet durch alle möglichen Annahmen, einzelne Teile einsetzt, so daß man eine neue entstellte oder gar frei erfundene »Erinnerung« schafft (S. 40, 76). Loftus stellt das Ergebnis zusammenfassend so dar:

»Menschliches Erinnern funktioniert nicht wie ein Videorecorder oder eine Filmkamera. Wenn sich eine Person an etwas erinnern möchte, greift sie nicht einfach auf eine intakte Gesamterinnerung aus einem ›Gedächtnisspeicher‹ zurück. Die Erinnerung wird aus gespeicherten und verfügbaren Informationsteilchen konstruiert; Lücken in der Information werden unbewußt durch Rückschlüsse gefüllt. Wenn diese Fragmente vervollständigt sind und einen Sinn ergeben, dann bilden sie das, was wir eine Erinnerung nennen« (S. 163).

Schließlich gehört auch hierher, was Loftus (Kap. 8) bezüglich der Konfabulation als Antwort auf Suggestivfragen anführt. Wenn Menschen z. B. aufgefordert werden, einen zuvor gesehenen Verbrecher bei einer polizeilichen Gegenüberstellung aus einer Reihe ähnlich aussehender Personen herauszufinden, so kann die Identifikation in einem solchen *Wiedererkennungstest* im Ergebnis wertlos sein, sofern man nicht sorgfältig darauf achtet, daß man diese Menschen *nicht* suggestiv auf eine bestimmte Person in der Reihe lenkt. Solche Gefahren, wie sie in den auf Erinnerung gegründeten Wiedererkennungstests lauern, sind sogar noch größer, wenn man einen Analysepatienten auffordert, sich zur *Überprüfung* einer Deutung, die ihm sein Analytiker anbietet, auf seine Erinnerung zu stützen. Ein solcher Gedächtnistest entspricht normalerweise *nicht* dem, was eine *richtig* arrangierte polizeiliche Gegenüberstellung auszeichnet; denn der Therapeut neigt dazu, seine eigenen Deutungen bezüglich der Vergangenheit des Analysanden zu bevorzugen, und diese Haltung wird dem Patienten im Regelfall nicht verborgen bleiben.

Eine der Fragen, mit denen wir uns in Teil II befaßt haben, war: »Sind klinische Daten beweiskräftig, *auch wenn sie unkontaminiert sind*?« Wir wollen hier innehalten und rekapitulieren, zu welchen Ergebnissen wir bei der Beschäftigung mit diesem Thema bisher gelangt sind. (1) Selbst dann, wenn die »freie« Assoziation tatsächlich frei wäre, könnten die klinischen Reaktionen, die sie hervorbringt, weder die Verdrängungsätiologie der Psychoneurosen noch die psychoanalytische Traumtheorie, ja noch nicht einmal Freuds Theorie der Fehlleistungen bestätigen. Freud erhob jedoch gerade den Anspruch, diese Kernhypothesen seines gesamten psychoanalytischen Unternehmens, von denen jede sich auf die Vorstellung von durch Verdrängungen erzeugten Kompromißbildungen gründet, könnten klinisch bestätigt werden. (2) Ich habe stichhaltiges Beweismaterial für die beträchtliche epistemische Kontamination der drei wichtigsten Arten von klinischen Befunden angeführt, die nach Freuds Ansicht entweder von Anfang an von einer solchen Verfälschung ausgenommen oder, aufgrund geeigneter Vorsichtsmaßnahmen, nachweisbar nicht durch sie beeinträchtigt sind: die Produkte der »freien« Assoziation, die Zustimmung des Patienten zu analytischen Deutungen, denen er sich zunächst widersetzt hatte, und wiedererlangte Erinnerungen aus früheren Zeiten.

In der Tat scheint die von mir dokumentierte epistemische Verfälschung gerade in denjenigen Patientenreaktionen *tief verwurzelt* zu sein, die vermeintlich Verdrängungen und verhüllte Abwehrmaßnahmen enthüllen, nachdem die Widerstände überwunden sind. Ausgerechnet diesen Daten räumte Freud bei der Gültigkeitserklärung seiner Verdrängungstheorie jedoch einen Ehrenplatz ein. So büßen, allgemein gesprochen, klinische Befunde an und für sich selbst die Beweiskraft ein, die Freud für sie beansprucht hatte, wenngleich ihre potentiellen heuristischen Verdienste durchaus beträchtlich sein mögen. Wenn ich behaupte, daß die Kontamination der intraklinischen Daten *unausrottbar* ist ohne ausgiebigen und substantiellen Rückgriff auf *extra*klinische Befunde, so heißt das natürlich *nicht*, jegliche analytische Deutung, die die Zustimmung des Patienten durch den Ansporn des Analytikers findet, sei automatisch falsch. Aber es *heißt* – sehr zum Nachteil für die intraklinische Überprüfbarkeit! –, daß im allgemeinen die auf den analytischen Rahmen beschränkten epistemischen Verfahren die klinischen Daten nicht zuverlässig *aussieben* oder dekontaminieren können, so daß sich diejenigen *identifizieren* ließen, die als authentisch zu gelten hätten. An anderer Stelle habe ich erörtert, inwieweit diese pessimistische Schlußfolgerung möglicherweise zu überprüfen ist, wenn man *auf Tonband aufgezeichnete* psychoanalytische Sitzungen untersucht (Grünbaum 1986b: 276).

Kapitel 7

Bemerkungen zur postfreudianischen Verteidigung der fundamentalen Lehrsätze der Psychoanalyse

Obwohl ich die Grundpfeiler der Psychoanalyse epistemisch kritisiert habe, könnte man fragen: Warum konzentriert sich meine Kritik anachronistisch auf Freuds Argumentation und schließt die Modifikationen und Weiterentwicklungen durch jene Post-Freudianer aus, deren Lehren dem Inhalt und nicht nur dem Namen nach erkennbar psychoanalytisch sind? Psychoanalytische Theoretiker der jüngeren Zeit, die einem hier einfallen, sind der sehr einflußreiche Heinz Kohut, der die sogenannte »Psychologie des Selbst« entwickelte und die Vertreter der sogenannten Theorie der »Objektbeziehungen«, zu denen nicht nur Otto Kernberg als führender Kopf, sondern auch Harry Guntrip, W. R. D. Fairbairn, Donald Winnicott und andere gehören. So setzt z. B. Heinz Kohut in seiner »Psychologie des Selbst« Freuds ödipale *Trieb*faktoren herab zugunsten von noch früher auftretenden *Umwelt*faktoren als Quellen der angeblichen *unbewußten* Bestimmungsfaktoren der Persönlichkeitsstruktur (siehe Ornstein 1978; Meyers 1981; Basch 1980, Kap. 11). Allgemeiner ausgedrückt: Insofern diese postfreudianischen neorevisionistischen Theorien tatsächlich erkennbar psychoanalytisch sind, enthalten sie natürlich auch eine Variante der Verdrängungsätiologie. Des weiteren stützen sie sich bei der klinischen Untersuchung von mutmaßlichen Pathogenen und anderen unbewußten Faktoren, die das Verhalten bestimmen, epistemisch auf die freie Assoziation, und sie decken als *eine* Möglichkeit der Therapie Verdrängungen auf (Eagle 1984a).
Genau in dem Maße jedoch – so behaupte ich –, wie diese Nachfolger der Freudschen Ideen sowohl inhaltlich als auch von der Forschungs- und Therapiemethode her erkennbar psychoanalytisch sind, läßt sich meine epistemische Kritik an

Freuds Originalhypothesen ebenso nachdrücklich auf die ätiologischen, entwicklungstheoretischen und therapeutischen Lehrsätze dieser Nachfolger beziehen. Ich frage mich z. B., wie Kohut dazu kommt, zu behaupten, er könne seine unbewußten Bestimmungsfaktoren besser begründen als Freud seine sexuellen Faktoren? Mehr noch, es ist einfach lächerlich, wenn Flax (1981: 564) behauptet, meine Konzentration auf Freud bei der epistemischen Bewertung der psychoanalytischen Theorie gleiche dem anachronistischen Verfahren, »die Physik zu verwerfen, weil es in der Newtonschen Theorie noch ungelöste Probleme gibt«, denn diese angebliche Analogie unterstellt fälschlich, daß die epistemischen Probleme, die Freuds Originalfassung belasten, durch die vielgerühmten postfreudianischen Fassungen der neorevisionistischen Theorie überwunden worden seien (Grünbaum 1983). Eine solche Analogie ignoriert außerdem, daß die einflußreichsten dieser Versionen logisch unvereinbar sind: wie Robbins (1980: 477) betont, stellen die Auffassungen von Kohut und Kernberg einen »fundamentalen Gegensatz« dar, dessen Wurzeln in der Spaltung zwischen Melanie Klein und W. R. D. Fairbairn liegen. Ähnliche Erwägungen bringen die Erwiderung ins Wanken, die der bekannte Analytiker Robert Wallerstein 1986 gegen meine Kritik formuliert hat.

In der Tat stimmen die Post-Freudianer noch nicht einmal darin überein, welcher Beweiswert *dem Material aus ein und derselben Fallstudie* zukommt: während Kohut behauptete, er könne seine Theorie anhand der Wiederholung der Analyse von Herrn Z. bestätigen – einem Patienten, der zuerst auf traditionelle Art und Weise analysiert worden war –, schränkt der zeitgenössische Chicagoer Analytiker J. E. Gedo (1980: 382) die wissenschaftliche Qualität von Kohuts Material gravierend ein und resümiert, die »theoretischen Rückschlüsse«, die Kohut aus seinen klinischen Beobachtungen gezogen habe, seien »wissenschaftlich nicht überzeugend«. Zu einer ähnlich negativen Einschätzung kommt die psychoanalytische Psychologin F. J. Levine (1979), eine glühende Verfechterin psychoanalytischer Untersuchungs- und Therapiemethoden. M. Ferguson (1981: 135 f.) glaubt hingegen, Kohuts Fallstudie von Herrn Z. sei »ein klares Beispiel für die *Tatsache*, daß in der Psychoanalyse ein progressiver Theoriewandel [im Sinne von Larry Laudan] stattgefunden hat«. Im gleichen Atemzug sagt er aber vorsichtiger, »der Fall Z. stelle so etwas wie ein ›bestätigendes Beispiel‹ für die neue Theorie dar«. Trotz aller grundlegenden Mängel, die Freuds klinische Beweise zeigen, sind ihr Format und ihre Offenheit für Überprüfung erstaunlich im Vergleich zu der Argumentation dieser neorevisionistischen Epigonen, geschweige denn ihrer Apologeten (Eagle 1983; 1984b).

Es ist kein Wunder, daß die psychodynamisch orientierten Psychologen Fisher und Greenberg (1977: ix) zu folgendem Urteil kamen: »Die Vielfalt der Weiterentwicklungen von Freuds Ideen stellt einen solchen Wirrwarr dar, daß es nicht möglich ist, vernünftige Schlußfolgerungen abzuleiten, die sich empirisch überprüfen ließen.« Schon allein aus diesem Grund wird es am nützlichsten sein, sich für den Rest dieser Darlegungen auf Freuds eigene Aussagen zu konzentrieren. Außerdem dürfte durch meine Untersuchung der sogenannten hermeneutischen Auffassung der Psychoanalyse, die ich in der Einleitung vornahm, klar geworden sein, daß wir uns nicht weiter mit dieser Neuinterpretation zu befassen brauchen, obwohl es auch hermeneutische Versionen der neorevisionistischen Theorie gibt (s. Flax 1981).

Es ist bewundernswert, wie energisch und geistreich Freud darum bemüht war, seine psychoanalytische Methode zu legitimieren, indem er argumentierte, man könne mit ihrer Hilfe klinische Daten so *aussieben*, daß die wirklich beweiskräftigen sich zuverlässig identifizieren ließen. Wie wir sahen, versuchte er dabei auch, den freien Assoziationen Verläßlichkeit zu verleihen, indem er ihre *Inhalte* in das Bollwerk der *internen* kausalen Zusammenhänge einschloß, und seine dialektischen Anstrengungen gipfelten in der generellen

Untermauerung klinischer Untersuchungen durch das Übereinstimmungsargument. Die Prämisse dieses Arguments, die These von der notwendigen Bedingung, sollte, wie wir uns erinnern, auch die Grundlage bilden für eine grundlegende Unterscheidung hinsichtlich der *Dynamik* der Therapie zwischen der Psychoanalyse einerseits und *sämtlichen* rein suggestiven Therapien andererseits. Ich behaupte daher: Freuds audrückliches Bekenntnis zu dieser Prämisse bei seinem berühmten Fall des phobischen Kleinen Hans im Jahre 1909 bietet eine *überlegte Begründung* dafür, warum man es dulden kann, daß er in eben dieser Fallstudie das Problem der Suggestibilität scheinbar so zweideutig und ausweichend mittels einer Petitio principii behandelt (GW 7: 339–341, 354). Dort *scheint* es so, als schwankte er, indem er folgende alternative Positionen einnimmt: (1) einerseits streitet er ab, daß die Zustimmung des Patienten wissenschaftlich zuverlässig sei, und gibt sich mit der Gewährleistung des praktischen therapeutischen Nutzens zufrieden (S. 339), und bald darauf (2) entschuldigt er den therapeutischen Mißerfolg, indem er auf den wissenschaftlichen Gewinn verweist (S. 354).

Wenn Freuds TNB richtig, wenn also nur wirkliche Einsicht zuverlässig psychotherapeutisch wäre, dann bedeutete dieser Sachverhalt einen Tribut an die Wirksamkeit menschlicher Vernunft, eine wahre Bestätigung für die Tatsache »Wissen ist Macht«. Und er böte eine Begründung dafür, daß, wie einer der Wegbereiter der Verhaltenstherapie (Wolpe 1981) berichtet, in den Vereinigten Staaten die analytische Behandlung weiterhin das klinische Feld beherrscht und daß die Lehre in der Psychotherapie weitgehend in den Händen von psychodynamisch orientierten Klinikern liegt. Die empirische Unhaltbarkeit der Hauptprämisse des Übereinstimmungsarguments führte jedoch zu dessen Zusammenbruch und machte die intraklinische Bestätigung wehrlos gegen all die skeptischen Angriffe, die sich auf die massiven Beweise dafür beriefen, daß ihre Daten durch die beschriebenen Mechanismen verzerrt und zurechtgebogen werden.

J. Flax (1981: 566) ist sich nicht darüber im klaren, von welcher Tragweite die vielen Bedenken, die ich Freuds TNB gegenüber geäußert habe, sind; denn sie glaubt sich berechtigt, die TNB munter zu wiederholen:

»Die einzige Möglichkeit, wie man gestörte Beziehungen zu anderen wieder aufheben kann, ist, daß man sie in einem Zusammenhang wiedererlebt, in dem die Folgen dieser Beziehungen [in der Übertragung] durchgespielt werden, wo man sie [psychoanalytisch!] deuten und [in der Übertragung] durcharbeiten kann. [. . .] Übertragungsliebe und rationale Einsicht aber sind [basierend auf der psychoanalytischen Ätiologie] notwendig, damit sich der Patient emanzipieren kann.«

In der Tat, obwohl ich dokumentiert habe, daß Freud selbst scharfsinnig das *epistemische* Problem der Suggestibilität einzuschätzen wußte, hat Flax die Tatsache, daß er sich zeit seines Lebens mit diesem Vorwurf auseinandersetzte, völlig übersehen:

»Alle Phänomene, die Grünbaum aus empiristischen Gründen zu den klinischen Anfälligkeiten der Psychoanalyse zählt – die epistemische Kontamination (d. h. [sic] Intersubjektivität), die Suggestion, den Placeboeffekt usw. –, sind wesentliche Bestandteile des analytischen Prozesses. Sie sind alles andere als Anfälligkeiten, sondern liefern vielmehr den Beweis, daß die Theorie der Objektbeziehungen richtig ist« (S. 566 f.).

Die Autorin sieht nicht, daß die Übertragungsliebe zum Analytiker gerade dadurch, daß sie von *therapeutischem* Wert ist, für die angebliche klinische Bestätigung der analytischen Persönlichkeitstheorie sehr wohl eine *epistemische* Belastung sein kann (GW 11: 464 f.; 1917)! Freud selbst bezog zu diesem verhängnisvollen Problem folgendermaßen Stellung:

»Es besteht doch die Gefahr, daß die Beeinflussung des Patienten die objektive Sicherheit unserer Befunde zweifelhaft macht. Was der Therapie zugute kommt, bringt die Forschung zu Schaden [d. h. die klinische Bestätigung der allgemeinen psychoanalytischen Persönlichkeitstheorie]« (GW 11: 470).

In der Überzeugung, er habe eben dieses Problem mit seiner

TNB gelöst, hielt sich Freud für berechtigt, die therapeutische Rolle, die die Suggestion in der psychoanalytischen Behandlung spielt, auf die eines bloßen *Katalysators* (»Vehikels«) zu beschränken. So erklärte er: »Es ist ganz richtig, daß auch die Psychoanalyse mit dem Mittel der *Suggestion* arbeitet wie andere psychotherapeutische Methoden. Der Unterschied ist aber, daß ihr – der Suggestion oder der Übertragung – hier nicht die Entscheidung über den therapeutischen Erfolg überlassen wird« (GW 14: 68; 1925). Wie ich an anderer Stelle (Grünbaum 1980: Abschn. 2) bemüht war zu zeigen, wurde indessen gerade diese Antwort Freuds auf den Vorwurf der Placebogenese durch das Ableben seiner TNB schwerwiegend untergraben. Erstaunlicherweise geht Flax über diese belastende Tatsache ganz einfach hinweg.

Obendrein bagatellisiert Flax die epistemische Kontamination, indem sie behauptet (1981: 563), für *jeden* Untersuchungsbereich gelte: »Alle Daten sind epistemisch kontaminiert.« Es ist jedoch trügerisch, sich auf ein solches »tu quoque«-Argument zu stützen: während alle Daten tatsächlich mehr oder weniger theoriebefrachtet sind, ist die bloße Tatsache, daß sie theoriebefrachtet sind, noch keine Garantie dafür, daß sie der entsprechenden Theorie eine *falsche Bestätigung nach Art einer sich selbst erfüllenden Prophezeiung* liefern (vgl. Grünbaum 1983). Flax verdreht daher einfach den Begriff »epistemische Kontamination«, wenn sie meint, die bloße Tatsache, daß ein perzeptuelles Faktum in einer Wissenschaft theoriebefrachtet ist, sei gleichbedeutend mit jener scheinhaften Art der Bestätigung durch Suggestion, wie sie bei psychoanalytischen Hypothesen angewendet wird, was sogar der Analytiker Marmor (1962: 289) als »selbstbestätigend« abwertete. Wie man sich erinnern wird, wies Marmor darauf hin, welche bemerkenswerten Auswirkungen die vom Analytiker vermittelten Erwartungen auf den Charakter der klinischen Reaktionen des Patienten haben. Von Eckardt (1981: 572) führte noch weitere aufschlußreiche Einwände gegen die Pseudoargumente von Flax an.

Da für das Übereinstimmungsargument kein brauchbarer Ersatz in Sicht zu sein scheint, ist es auf jeden Fall *nutzlos*, kontaminierte Befunde aus dem psychoanalytischen Gespräch mehr oder weniger für bare Münze zu nehmen und dann zu versuchen, sie in einer Teststrategie, deren *formale* Struktur für sich genommen rational genug ist, als Beweis anzuführen. Man kann wohl berechtigterweise annehmen, daß die anscheinende Unausrottbarkeit der epistemischen Kontamination in den klinischen Daten, die die Grundpfeiler des psychoanalytischen Gebäudes stützen sollen, jede Aussicht auf die überzeugende klinische Überprüfung der wichtigsten von Freud vertretenen Lehrsätze in Frage stellt. Darüber hinaus bringt, wie wir noch sehen werden, die klinische Prüfung von *ätiologischen* Hypothesen ihrerseits *weitere* Schwierigkeiten mit sich. Denn wie das nächste Kapitel zeigen wird, *ist das Fiasko, das entsteht, wenn man die Verdrängungsätiologie klinisch rechtfertigt, ohne sich auf die Dynamik von Freuds Therapie zu stützen, nicht geringer als das Fiasko, das bei dem Versuch seiner therapeutischen Bestätigung entstand* (vgl. Kap. 3).

Anhand dieser Überlegungen können wir nun untersuchen, wie Glymour die klinische Prüfbarkeit verteidigt; seine Argumente haben wir in groben Zügen bereits im ersten Kapitel dieses Buches, Abschnitt A, umrissen.

Kapitel 8

Kann die Verdrängungsätiologie der Psychoneurose retrospektiv überprüft werden?

Glymour zeigt in einer aufschlußreichen Rekonstruktion, wie Freud den »Fall vom Rattenmann« mittels der logischen Zangenstrategie dargestellt hat. Ich sehe keinen Grund, diese Strategie generell zu bestreiten. Aber ich werde nun zeigen, daß – sei es mit dieser Strategie oder ohne sie – gewichtige Gründe gegen die intraklinische Überprüfbarkeit der spezifischen ätiologischen Hypothese sprechen, um die es im Fall des »Rattenmannes« Paul Lorenz geht, der an einer zwanghaften Furcht vor Ratten litt. Die zahlreichen Hypothesen, von denen Freud bei seiner anderen großen Fallgeschichte, der des »Wolfsmannes«, ausging, hat M. Perrez 1979 dargestellt.

Als Freud mit dem Fall des Rattenmannes befaßt war, hatte er postuliert, daß frühzeitige sexuelle Aktivität – etwa exzessive Masturbation –, die rigoros verdrängt werde, die spezifische Ursache für die Zwangsneurose darstelle. Wie uns aus Kapitel 1, Abschnitt B, noch in Erinnerung sein wird, definiert Freud sorgfältig, wie der Begriff »spezifische Ursache« angewendet werden solle; demnach schließt die Behauptung, *X* sei die spezifische Ursache von *Y*, einseitig ein, daß *X* für *Y* kausal *notwendig* ist. Letzteres wiederum schließt einseitig ein, daß alle Fälle von *Y* vorher Fälle von *X* waren. Wenn man daher *diese spezifische Konsequenz* aus der mutmaßlichen Sexualätiologie mit Hilfe der Psychoanalyse von Lorenz bestätigen will, müssen die intraklinischen Daten, die sich daraus ergeben, folgendes bezeugen können: Lorenz, der als Erwachsener Opfer einer Zwangsneurose wurde, war schon frühzeitig mit sexuellen Aktivitäten befaßt, die dann verdrängt wurden. Deshalb wollen wir zunächst untersuchen, ob intraklinische Daten, die der erwachsene Patient liefert, *zuverlässig* beweisen können, daß es tatsächlich ein solches Ereignis in der Kindheit gegeben hat. Aber selbst dann, wenn die Antwort auf diese Frage positiv ausfiele, wäre dies zur Erhärtung von Freuds ätiologischer Hypothese, verdrängte frühzeitige sexuelle Aktivität sei für die Zwangsneurose beim Erwachsenen *kausal relevant*, ganz unzureichend.

Wie Glymour (1980: 272) bemerkt, war Freud »bei einem retrodiktiv erschlossenen Sachverhalt angelangt, daß nämlich der Patient für seine Masturbation vom Vater bestraft worden sei« (S. 272). In der Tat: »die entscheidende Frage lautet, ob Lorenz tatsächlich von seinem Vater für das Masturbieren bestraft wurde oder nicht« (S. 273). Freuds spezifische Ätiologie der Zwangsneurose beim Erwachsenen erfordert aber als solche lediglich, daß es ein frühes Kindheitsereignis gab, bei dem frühe sexuelle Aktivität verdrängt wurde. Warum sollte es dann »entscheidend« für den Beweis sein, ob gerade der *Vater* des Patienten an dem für die hypothetische Ätiologie erforderlichen sexuellen Ereignis beteiligt war?

Wie aus Freuds Darstellung klar hervorgeht, gewann die Beteiligung von Lorenz senior deswegen Gewicht für die Beweisführung, weil es für die psychoanalytische Theorie des Unbewußten von Bedeutung ist, wenn ein Patient sich daran erinnert, immer wieder Angst gehabt zu haben, sein Vater könnte sterben – zumindest über das Alter von sechs Jahren hinaus. Das Kind Paul hatte diese Ängste und brachte zugleich seinem Vater eine tiefe, bewußte Zuneigung entgegen. Freud leitete den vermuteten unbewußten Ursprung der Ängste theoretisch von dem Postulat der sogenannten genauen Gegensätzlichkeit ab, was er dem Patienten mitzuteilen versuchte; der Patient wurde daraufhin »sehr bewegt, sehr ungläubig« (GW 7: 403; 1909). Freud erläutert seine Argumentation und enthüllt dabei zugleich, wie er den Patienten indoktriniert:

»[Der Patient sagte, er] verwundere sich sehr über diese Gedanken, da er ja ganz sicher sei, der Tod des Vaters könne nie Gegenstand seines Wunsches gewesen sein, immer nur einer Befürchtung. – Nach dieser mit voller Stärke ausgesprochenen Rede halte ich es für zweckmäßig, ihm ein neues Stückchen der Theorie vorzuführen. Die Theorie behaupte, daß solche Angst einem ehemaligen, nun verdrängten *Wunsch* entspreche, so daß man das gerade Gegenteil von seiner Beteuerung annehmen müsse. Es stimmt dies auch zur Forderung, daß das Unbewußte der kontradiktorische Gegensatz des Bewußten sein solle. Er ist sehr bewegt, sehr ungläubig und wundert sich, wie dieser Wunsch bei ihm möglich gewesen sein solle, wenn ihm der Vater doch der liebste aller Menschen war. [...] Ich antworte, gerade diese intensive Liebe sei die Bedingung des verdrängten Hasses« (S. 403).

Nachdem Freud also aus der wiederkehrenden Angst, den Vater zu verlieren, theoretisch abgeleitet hat, daß der Patient in der Kindheit einen tiefen Groll gegen seinen Vater gehegt hatte, mutmaßte er auch, der Groll sei nur deshalb so beständig unbewußt geblieben, weil er eine Reaktion darauf war, daß der Vater den Patienten an seiner sinnlichen Befriedigung gehindert hatte.

Mit dieser Schlußfolgerung behauptete Freud also auf gut Glück, es habe ein frühes Ereignis gegeben, das der spezifischen Ätiologie, die er für die Zwangsneurose von Lorenz angenommen hatte, genügte. Da diese Ätiologie frühe Masturbationserlebnisse erforderte, schloß Freud retrodiktiv, der Patient sei von seinem Vater »in sehr früher Kindheit, vor 6 Jahren« (S. 406), für seine Masturbation bestraft worden. Ein Ereignis, das diese Merkmale aufweist, würde natürlich *gleichzeitig* die Ausgangsbedingung der postulierten Ätiologie erfüllen und über Freuds Prinzip der genauen Gegensätzlichkeit erklären, warum Lorenz sich früh vor dem Tod des Vaters fürchtete.

Rein theoretisch angenommen, Freuds erklärtermaßen wohltrainierter erwachsener Patient habe tatsächlich berichtet, daß er sich an das von Freud retrodiktiv erschlossene sehr frühe Kindheitsereignis erinnere. Dann stellt sich die Frage: Hätte ein solches klinisches Ereignis zuverlässig bezeugen können, daß das weit zurückliegende Ereignis tatsächlich stattgefunden hatte? Diese Frage ist hypothetisch formuliert, weil es in Wirklichkeit so war, daß Lorenz sich nicht *direkt* daran erinnerte, von seinem Vater physisch, geschweige denn für ein *sexuelles* Vergehen, bestraft worden zu sein. Woran er sich erinnerte, war, daß seine *Mutter* ihm wiederholt *erzählt* hatte, es habe *einmal* einen schweren Streit mit dem Vater gegeben, als er drei oder vier Jahre alt war, in dessen Verlauf er von ihm geschlagen worden sei. Als die Mutter befragt wurde, ob diese Schläge durch eine Missetat sexueller Natur provoziert worden seien, war ihre Antwort negativ. Überdies waren dies offenbar die *einzigen* Schläge, die das Kind je von seinem Vater erhalten hatte. (Ich werde mich später noch äußern zu der Diskrepanz zwischen der veröffentlichten Fallgeschichte und Freuds ursprünglichen Aufzeichnungen des Falles, wo sich eine frühere väterliche Bestrafung erwähnt findet.)

Zum Zwecke unserer Untersuchung nehmen wir jedoch an, der Patient habe an irgendeinem Punkt in seiner Analyse behauptet, er könne sich exakt an ein derartiges frühes Kindheitsereignis erinnern, wie Freud es über seine spezifische Ätiologie der Zwangsneurose retrodiktiv erschlossen hatte. Dann kommt es mir darauf an, zu zeigen, daß ein solcher Befund für sich genommen ganz unzureichend wäre, die hypothetische Ätiologie der Zwangsneurose irgend bedeutsam zu untermauern. Meine Gründe für diese Behauptung lassen mich ganz allgemein zu folgender Schlußfolgerung kommen: In Anbetracht dessen, daß das Übereinstimmungsargument erledigt ist, ist die intraklinische Überprüfung der kausalen Annahmen, die in Freuds spezifischen Ätiologien der Psychoneurosen und in seinen ontogenetischen Entwicklungshypothesen gemacht werden, *ein epistemisch völlig hoffnungsloses Unterfangen!*

Nehmen wir an, *»N«* (Neurose) bezeichne eine Psychoneurose, z. B. das Zwangsneurosensyndrom, und *»P«* (Pathogen) bezeichne ein sexualbezogenes früheres Ereignis von der Art, wie Freud es als spezifische Ursache für *N* postuliert hatte. Dann werde ich sagen, daß eine Person, die eine sexuelle Erfahrung der Art *P* machte, »ein *P* ist«, und wenn diese Person daraufhin an *N* leidet, werde ich sagen, sie ist sowohl ein *P* als auch ein *N*, oder ein *PN*. Natürlich wird als selbstverständlich vorausgesetzt, daß es sowohl *N*s als auch Nicht-*N*s wie auch *P*s und Nicht-*P*s *gibt*. Um Freuds ätiologische Hypothese zu erhärten, daß *P* für *N* kausal notwendig sei, muß man den Beweis erbringen, daß es *einen Unterschied macht*, ob man ein *P* ist, um ein *N* zu werden. Eine solche kausale Relevanz wird aber *nicht allein schon* dadurch bezeugt, daß es Fälle von *N* gibt, die *P*s waren, d. h., durch Patienten, die sowohl *P*s als auch *N*s sind. Selbst eine große Anzahl solcher Fälle schließt nämlich nicht aus, daß genauso viele *Nicht-P*s ebenfalls zu *N*s würden, wenn man sie in einer Horizontalstudie von Kindheit an verfolgen würde! Es ist daher möglich, daß Fälle von *N*, die *P*s waren, rein *zufällig P*s gewesen sind. In diesem Fall spielt die Tatsache, daß man ein *P* ist, ätiologisch überhaupt keine Rolle dafür, ob man ein *N* wird. Eine aufschlußreiche, ernüchternde Veranschaulichung dieser Lehre bringt die folgende Zusammenfassung aus einer Übersicht über vierzig Jahre Forschung (Frank 1965: 191):

»Man fand keine Faktoren in der Eltern-Kind-Interaktion von Schizophrenen, Neurotikern oder Personen mit Verhaltensstörungen, die sich als einzigartig für diese Menschen erwiesen hätten oder die es erlaubt hätten, eine Gruppe von einer anderen oder eine der Gruppen von den Familien der [normalen] Kontrollpersonen zu unterscheiden.«

Es ist daher als Beweis für kausale Relevanz nicht ausreichend, daß jeder *N*, der sich als früherer *P* erweist, ein Beispiel darstellt für die Retrodiktion »Alle *N*s waren *P*s«, wie Freuds spezifische Ätiologie sie mit sich bringt. Um die von Freud behauptete kausale Relevanz beweisen zu können, müssen wir Fälle von *N*s, die *P*s waren, mit Fällen von Nicht-*P*s, die *Nicht-N*s sind, *kombinieren*. Da für Freud *P* kausal notwendig – und nicht nur kausal relevant – für *N* war, erfordert seine Ätiologie in der Tat, daß die Klasse von Nicht-

*P*s *keinerlei N*s enthalten sollte und die Klasse von *P*s ein positives (wenn auch zahlenmäßig nicht spezifiziertes) Vorkommen von *N*s aufweisen muß.

Man kann voraussetzen, daß, weil die Aussage »Alle *N*s sind / waren *P*s« logisch gleichbedeutend ist mit der Aussage »Alle Nicht-*P*s sind Nicht-*N*s / werden Nicht-*N*s sein«, jeder Fall eines *N*, der ein *P* war, letztere Aussage ebenso stark erhärten wird wie die erste. Diese Tatsache ist jedoch für die Untermauerung von Freuds Ätiologie nutzlos, denn das Problem besteht *nicht* nur darin, daß man durch das eine oder andere Beispiel die Evidenz für »Alle Nicht-*P*s sind Nicht-*N*s / werden Nicht-*N*s sein« oder für sein logisches Äquivalent liefern muß. Das Problem ist vielmehr, die von Freud behauptete (hochgradige) *kausale Relevanz* mit Beweisen zu untermauern. Damit diese Forderung erfüllt wird, ist es aus den von mir angeführten Gründen aber notwendig, daß es Fälle von Nicht-*P*s gibt, die Nicht-*N*s sind, ebenso wie Fälle von *N*s, die *P*s waren. Der Rattenmann könnte jedoch *bestenfalls* ein Beispiel für letztere Art von Fällen liefern. Mit anderen Worten, wenn wir einen Fehlschluß à la »post hoc ergo propter hoc« vermeiden wollen, können wir uns nicht mit Fällen von *N*s, die *P*s waren, zufriedengeben, so zahlreich sie auch sein mögen. Um hierzu eine Analogie zu finden, wollen wir annehmen, es gelte die Hypothese, Kaffeetrinken sei kausal relevant für die Überwindung von Schnupfen. Man stelle sich weiter vor, es erweise sich in einem Fall, daß ein vom Schnupfen Befreiter während seiner Erkältung Kaffee getrunken hat. Dann wäre ein solches Beispiel für sich genommen wohl kaum dazu geeignet, die Hypothese von der kausalen Relevanz zu *untermauern*.

Die psychoanalytische Theorie und Therapie haben dazu beigetragen, daß die elementaren Vorsichtsmaßnahmen gegen die Fallstricke der kausalen Inferenz, die schon seit den Tagen von Francis Bacon, ganz zu schweigen von J. S. Mill, bekannt sind, vernachlässigt und sogar verhöhnt wurden. Doch wissen in unserer Kultur selbst informierte Laien, daß solche

Vorsichtsmaßnahmen *in der Medizin* tatsächlich beachtet werden, bevor es öffentliche Zustimmung zu solchen ätiologischen Behauptungen wie »Starkes Tabakrauchen verursacht kardiovaskuläre Erkrankungen« gibt. Diese Anwendung von zweierlei Maß hinsichtlich der Exaktheit von Beweisen bei der Erhärtung ätiologischer Hypothesen macht sich auch im derzeitigen Strafrecht bemerkbar. So basieren gesetzliche Verbote – und sogenannte psychiatrische Gutachten vor Gericht – zuweilen auf solchen Hypothesen, auch wenn diese lediglich eine Glaubenssache darstellen, die ihre Glaubwürdigkeit aus dem munteren Wiederholen zieht. Ein Beispiel dafür, das in den letzten Jahren Aufsehen erregte, ist die wiederholte Behauptung von der angeblichen Pathogenizität der sexuellen Belästigung von Kindern, mit der man sich dagegen ausspricht, diesen Tatbestand strafrechtlich ungeahndet zu lassen.

In unserer Gesellschaft wird häufig behauptet, die sexuelle Belästigung von Kindern sei pathogen, auch wenn sie liebevoll und zärtlich und nicht gewalttätig ist. Diese Behauptung wurde zur Rechtfertigung dafür herangezogen, daß man ein solches Verhalten für ungesetzlich erklärte und mit beträchtlichen Strafen belegte. In jüngerer Zeit jedoch vertritt eine Reihe von Sexualwissenschaftlern die Ansicht, man solle sehr kleinen Kindern den sexuellen Umgang mit Erwachsenen erlauben und sie vielleicht sogar dazu ermutigen, ohne Hindernisse durch gesetzliches Eingreifen. Ihrer Ansicht nach ist eine solche Aktivität unschädlich für das Kind und wird erst dann schädlich, wenn die Eltern viel Aufhebens darum machen. Ja, *einige* dieser Verfechter haben die gewagte, ziemlich unpopuläre ätiologische Behauptung aufgestellt, die psychologische Entwicklung von Kindern gehe fehl, wenn sie nicht schon früh sexuelle Kontakte hätten. Aber auch die weniger kühnen Fürsprecher der Unschädlichkeit stehen einer Freiheitsstrafe für liebevolle Pädophile ablehnend gegenüber.

Meiner Ansicht nach ist es aus Gründen der elementaren Vorsicht und auch der Humanität zweckmäßig, die Beweislast jenen zu übertragen, die der Meinung sind, ein liebevoller, zärtlicher Kindesmißbrauch sei für das Kind *nicht* beunruhigend, geschweige denn pathogen. Es ist aber etwas ganz anderes, ob man eine Vorsichtsgrundlage für ein gesetzliches Verbot hat, oder ob man voller Überzeugung eine erwiesene Pathogenizität behauptet, und der Unterschied zwischen bloßer Vorsicht und verbürgter Neurosenverursachung kann natürlich dafür relevant sein, wie schwer die Bestrafung bei Übertretung des Verbotes ausfällt.

In der Zeitschrift *Time* wendet sich John Leo (1981: 69) aus ätiologischer Sicht *gegen* die Forderung nach Legalisierung von liebevoller Pädophilie, in der er ein nur unzulänglich bemänteltes Manifest für die Befreiung von Kindesverführern sieht. Zur Rechtfertigung seiner Anklage führt er folgendes an:

»Leider haben bisher nur wenige verantwortliche Kinderexperten [...] auf die radikalen Darlegungen zur kindlichen Sexualität reagiert. Einer davon ist der Kinderpsychiater Leon Eisenberg vom Children's Hospital Medical Center in Boston: ›Frühkindliches sexuelles Verhalten führt in dieser Gesellschaft fast immer zu psychologischen Problemen, weil man bei einem Kind ein Verhalten zuläßt, für das es kognitiv oder emotional noch nicht reif ist.‹

Der Psychotherapeut Sam Janus, Autor des neuen Buches *The Death of Innocence*, meint, daß Menschen, die sehr früh verführt wurden, ›durchs Leben gehen, als wäre alles in Ordnung, aber sie sind verletzt. Ich sehe diese Menschen Jahr für Jahr in der Therapie.‹ Der Psychiater Edward Ritvo berichtet ebenso, daß er bei einem großen Teil seiner Arbeit mit Kindern zu tun habe, die in katastrophale sexuelle Situationen verwickelt worden seien. Sein Fazit lautet: ›Sexualität in der Kindheit ist wie das Spielen mit einem geladenen Gewehr.‹«

Die ätiologischen Argumente derjenigen, die Leo zitiert, um die schädlichen Auswirkungen der Kindesverführung zu dokumentieren, sind aber ebenso irrig wie die kausalen Schlußfolgerungen jener Befürworter der Pädophilie, die behaupten, es hätte schreckliche psychologische Konsequenzen, wenn Jungen auf eine Erektion hin *nichts* unternähmen

und Mädchen ihre vaginale Feuchtigkeit *nicht* nutzten. Denn die von Leo angeführten Befunde beantworten keine der beiden folgenden Fragen:
1. Kommt die Kindesverführung nicht ebenso häufig bei solchen Menschen vor, denen es so gut geht, daß sie nie einen Psychotherapeuten aufsuchen? Nach John Stuart Mill ist zur Beantwortung dieser Frage die *kombinierte* Methode von Übereinstimmung und Unterscheidung und nicht nur die heuristische Methode der Übereinstimmung erforderlich.
2. Wäre in einer repräsentativen Stichprobe von Menschen, die in der Kindheit *nicht* verführt wurden, die Neurose beim Erwachsenen signifikant *weniger* verbreitet als unter Personen, die *tatsächlich* verführt wurden? Desgleichen müssen wir diejenigen, die behaupten, die Verführung sei psychologisch *förderlich*, um den Nachweis ersuchen, daß es Personen, die tatsächlich verführt wurden, psychologisch *besser geht* als Menschen, die nicht in dieser Weise sexuell aktiv waren. Ohne eine angemessene Antwort auf diese Fragen bleiben die jeweiligen Behauptungen von kausaler Relevanz grundlos.
Wir müssen also denjenigen, die die Kindesverführung *verurteilen*, die vorangegangenen Fragen stellen, weil es sein kann, daß die Verführung in der Kindheit vielleicht ganz *zufällig* unter Neurotikern sehr verbreitet ist, auch wenn sie für die Entstehung einer Neurose ätiologisch keine Rolle spielt. In diesem Fall wären dieselben Personen auch ohne frühe Verführung sowieso zu Neurotikern geworden. Wenn diese Fragen nicht beantwortet werden, deuten die Belege der Autoritäten, auf die sich Leo beruft, lediglich auf die *Möglichkeit* hin, daß die Verführung in der Kindheit pathogen ist. Ebenso haben einige Analytiker übersehen, daß sich verdrängte homosexuelle Gefühle als Pathogene für eine Paranoia bei Erwachsenen nicht schon durch den bloßen Verweis auf die Häufigkeit belegen lassen, mit der homosexuell gefärbte Themen in den Assoziationen von Paranoikern während der Analyse auftauchen. Dieser Befund sagt nichts darüber aus,

ob homosexuelle Themen nicht im selben Ausmaß auch bei den sogenannten freien Assoziationen von Nicht-Paranoikern zum Vorschein kämen, die ein angepaßtes Leben führen und niemals einen Therapeuten aufsuchen. Hier ist wie im Fall des Rattenmannes die Berufung auf die heuristische Methode der Übereinstimmung von J. S. Mill nicht ausreichend, um die Hypothese der ätiologischen Relevanz stützen zu können.

Selbst wenn also der Rattenmann tatsächlich die verdrängte sexuelle Erfahrung *P*, die über Freuds Ätiologie der Zwangsneurose retrodiktiv erschlossen wurde, gemacht hat, ist dies allein sicher noch kein Beweis, der diese Ätiologie untermauern könnte. Und es gibt einen weiteren Grund, warum man den Schluß ziehen kann, daß auch dann, wenn das Kind Paul Lorenz tatsächlich von seinem Vater für sein Masturbieren bestraft worden wäre, wie über Freuds Ätiologie geschlossen wurde, dieses mutmaßliche Ereignis wenn überhaupt, dann nur in geringem Maße diese Ätiologie stützen würde. Wie Ronald Giere nämlich bemerkt hat (persönliche Mitteilung), ist in der viktorianischen Erziehungskultur jener Zeit eine solche Art von Ereignis ganz routinemäßig zu erwarten, und zwar aus *anderen* Gründen als denen der psychoanalytischen Theorie.

Überdies hatte Freud, wie wir sahen, den erwachsenen Rattenmann darüber in Kenntnis gesetzt, welche Rückschlüsse auf seine Kindheit er über die psychoanalytische Theorie gezogen hatte. Angesichts der zuvor angeführten massiven Beweise für die offenkundige Gefügigkeit von Patienten in der Analyse sollte man die *vermeintliche* Erinnerung von Lorenz an seine frühe Kindheit mit Vorsicht aufnehmen; und zwar deswegen, weil sie zu stark kontaminiert ist, um zuverlässig bezeugen zu können, daß das retrodiktiv erschlossene frühe Ereignis tatsächlich stattgefunden hat. Dies bedeutet durchaus keine pauschale Herabsetzung der Zuverlässigkeit von Erinnerungen, die Erwachsene im täglichen Leben haben, aber im klinischen Kontext ist die *postulierte* Erinnerung einfach nicht verläßlich genug, um das retrodiktiv erschlossene Ereignis zu bezeugen. Überdies ist es ganz allgemein möglich, daß der Patient schlicht nicht mehr in Erinnerung bringen kann, ob das entsprechende Ereignis stattgefunden hat, wie Freud selbst betonte (GW 13: 16; 1920; 16: 52 f.; 1937). In der Tat zeigte sich sogar bei Untersuchungen, wo Patienten mit Lungenkrebs über ihre früheren Rauchgewohnheiten und Heroinsüchtige über vorherigen Marihuana-Genuß befragt wurden, daß die retrospektive Feststellung, ob die vermutete kausale Bedingung tatsächlich gegeben war, epistemisch fehlerhaft war (Giere 1979: 216, 265).

Habe ich nun genügend Gründe für meine Behauptung angeführt, daß *prospektive* Langzeitstudien, die Kontrollgruppen verwenden und die klinischen Begrenzungen des üblichen psychoanalytischen Rahmens sprengen, die *retrospektive* klinische Ätiologieprüfung, für die Glymour eintritt, ersetzen müssen? Noch nicht ganz. Denn angenommen, Analytiker könnten eine angemessene Anzahl von Patienten anführen, die, auch wenn sie vermutlich wegen des einen oder anderen Leidens eine Analyse benötigten, mit Sicherheit nicht unter der *spezifischen* Neurose *N* (etwa einer Zwangsneurose) leiden, mit deren Ätiologie wir uns gerade beschäftigen. Da Neurosen normalerweise in vermischter und nicht in reiner Form auftreten, ist dies eine großzügige Annahme. Wir wollen dennoch damit arbeiten. Wenn wir also nun solche Patienten vor uns haben, die zwar neurotisch, aber Nicht-*N*s sind, läßt sich anhand Freuds entsprechender spezifischer Ätiologie *nicht* retrodiktiv erschließen, ob Patienten *dieser* Art *P*s oder Nicht-*P*s waren. Denn seine hypothetische Pathogenese läßt zu, daß ein Nicht-*N* ein *P* oder auch ein Nicht-*P* war, verlangt jedoch, daß jeder Nicht-*P* zu einem Nicht-*N* wird. Nehmen wir nun rein theoretisch an, die psychoanalytische Untersuchung wäre, obgleich retrospektiv, generell *zuverlässig* in der Lage, festzustellen, ob ein gegebener Fall von Nicht-*N* nun ein Nicht-*P* oder ein *P* war. Wenn dem so wäre, dann wären Nicht-*N*s, die sich mutmaßlich als frühere *P*s herausstellen, lediglich vereinbar mit Freuds ätiologischer Hypothese, könnten sie aber nicht erhärten, da diese Hypothese diese Fälle zuläßt, sie jedoch nicht erfordert.

Was aber ist mit Patienten, die *weder N*s noch *P*s sind? Würden solche Menschen zusammen mit anderen Personen, die sowohl *N*s als auch *P*s sind, bezeugen, daß innerhalb der Klasse aller Personen *P* für *N* (*Zwangs*neurose) pathogen ist?

Man beachte, daß das klinische Überprüfungsmodell, das ich für die Untersuchung im Auge hatte, sich *beschränkt* auf die Klasse von Neurotikern. Denn auch die Nicht-*N*s leiden in diesem Modell der Annahme zufolge an einer Neurose, die nicht *N* ist. Der Grund dafür ist, daß Personen, die praktisch keinerlei Neurosen haben, den Analytikern wohl kaum in ausreichender Anzahl zur Verfügung stehen, um retrospektiv ermitteln zu können, ob sie Nicht-*P*s oder *P*s waren. Wie jedoch Blake Barley angemerkt hat, folgt aus der Tatsache, daß man sich bei dieser retrospektiven klinischen Untersuchung auf die Klasse der Neurotiker beschränkt, folgendes: Selbst wenn jeder beobachtete Nicht-*N* (Nicht-Zwangsneurotiker) ein Nicht-*P* ist, jeder beobachtete *N* jedoch ein *P*, lassen diese kombinierten Fälle nur die Hypothese glaubwürdig erscheinen, daß *innerhalb* der Klasse der *Neurotiker P* ätiologisch relevant für *N* ist. Diese unterstellten kombinierten Fälle stützen aber nicht die Freudsche Behauptung, daß eine solche ätiologische Relevanz innerhalb der weiter gefaßten Klasse von Personen gilt.

Kurzum, der freudianische klinische Rahmen besitzt *nicht* die epistemischen Mittel, zu gewährleisten, daß *P neurosogen* ist! Und dieser ungünstige Schluß folgt auch dann, wenn man rein theoretisch annimmt, daß die retrospektiven psychoanalytischen Untersuchungsmethoden *zuverlässig* feststellen können, ob erwachsene Neurotiker, die keinen Zwangsvorstellungen unterliegen, früher Nicht-*P*s waren. Ist es aber vernünftig, eine solche Zuverlässigkeit zu postulieren? Anscheinend nicht.

Selbst wenn nämlich der Patient die erforderlichen Erinnerungen zu haben glaubt, kommt die retrospektive klinische Ermittelbarkeit, ob ein bestimmter Nicht-*N* tatsächlich ein Nicht-*P* war, epistemisch der psychoanalytischen Feststellung gleich, ob ein bestimmter *N* ein *P* war. Und wie wir sahen, ist letzteres unzuverlässig. Überdies hat Freud selbst zugestanden: »Der Kranke kann von dem in ihm Verdrängten nicht alles erinnern, vielleicht gerade das Wesentliche nicht« (GW 13: 16; 1920).

Man vergleiche nun die festgestellten epistemischen Mängel der retrospektiven psychoanalytischen Schlußfolgerung, ein bestimmter erwachsener Patient sei in früher Kindheit ein *P* gewesen oder nicht, mit den Vorteilen, die eine *prospektive* kontrollierte Untersuchung bietet: Bei einer solchen würde man unter geeigneten Kontrollbedingungen *in der Gegenwart* bestimmen, ob Kinder in den Experimental- und Kontrollgruppen jeweils *P*s oder Nicht-*P*s sind; und man würde in langfristigen Nachuntersuchungen weitere Befunde im Hinblick auf *N* oder Nicht-*N* erheben und sie auf den damaligen Stand beziehen.

In den letzten Jahren wurde die Gültigkeit der therapeutischen Wirksamkeit experimentell untersucht, indem man sich den Reaktionsbefund einzelner Individuen ansah, *ohne* daß man andere Individuen als Kontrollgruppen heranzog (Hersen/Barlow 1976; Kazdin 1981; Kazdin 1982). Bei diesen Gültigkeitserklärungen wurden also die *kausalen* Behauptungen, die in den entsprechenden Erklärungen zur therapeutischen Wirksamkeit implizit enthalten sind, anhand experimenteller Einzelfallstudien bestätigt. Wir müssen daher nun die Frage stellen, ob diese »*intra*subjektiven« Bestätigungen modellhaft zeigen könnten, daß es möglich ist, an einem bestimmten Analysanden *intra*klinisch die kausalen Behauptungen zu überprüfen, die in den langfristigen *ätiologischen* Hypothesen der psychoanalytischen Theorie und bezüglich der Wirksamkeit ihrer erklärtermaßen langsamen Therapie gemacht werden. Um diese Frage zu beantworten, wollen wir uns zunächst Situationen in der Physik ansehen, in denen das *beweisrelevante Äquivalent* zu kontrollierten Experimenten mit anderen Mitteln geliefert wird.

Wenn eine Billardkugel, die auf dem Billardtisch anfänglich ruht, plötzlich einen Impuls erhält, indem sie von einer anderen Billardkugel angestoßen wird, sind wir davon überzeugt, daß die Beschleunigung der ersten Kugel aus dem Aufprall der zweiten resultiert. Ein noch eindrucksvolleres Beispiel ist, daß Astronomen vernünftige kausale Behauptungen über die Bewegung von Planeten, Doppelsternen usw. aufstellten, bevor sie in der Lage waren, künstliche Erdsatelliten, Mondsonden oder interplanetarische Raketen zu bedienen. Was hat in diesen Fällen bei der Beweisführung den Platz von Kontrollgruppen eingenommen? Im Fall der Billardkugel liefert uns das im übrigen gutbegründete erste Newtonsche Bewegungsgesetz das Hintergrundwissen über die »Naturgeschichte« eines Gegenstands, der sich zu Beginn im Ruhezustand befindet und keinen äußeren Kräften ausgesetzt ist: ein solcher Gegenstand wird im Ruhezustand verbleiben. Diese Information, oder das Gesetz von der Erhaltung der linearen Bewegung, versetzt uns in die Lage, die sich bewegende zweite Billardkugel als Ursache für die Veränderung in der Bewegung der ersten Kugel zu bestimmen. Ein ähnlicher Rückgriff auf anderweitig bestätigtes Hintergrundwissen liefert auch in den astronomischen Fällen das beweisrelevante Äquivalent zu experimentellen Kontrollen.

Was nun die auf *Einzel*fälle bezogenen Bestätigungen der therapeutischen Wirksamkeit anbelangt, so betreffen sie Beispiele folgender Art:

»Ein siebenjähriger Junge schlug sich regelmäßig den Kopf, wenn man ihn nicht zurückhielt. Sein Kopf war bedeckt mit Narbengewebe, und seine Ohren waren geschwollen und bluteten. Man versuchte es mit einem Extinktionsverfahren: der Junge durfte ohne Einschränkungen im Bett sitzen, ohne daß seinem selbstzerstörerischen

Verhalten Aufmerksamkeit geschenkt wurde. Nach sieben Tagen nahm die Verletzungsrate deutlich ab; in der Zwischenzeit hatte der Junge aber über zehntausend solcher Handlungen durchgeführt, so daß die Therapeuten um seine Sicherheit fürchteten. Daraufhin führte man ein Bestrafungsverfahren in Form eines einsekündigen Elektroschocks ein. Nach kurzer Zeit führte die Schockbehandlung zu einem drastischen Rückgang in dem ungewollten Verhalten« (Erwin 1978: 11 f.).

Hier dürften die bedrückenden Aussichten eines unbehandelten autistischen Kindes aus der Naturgeschichte anderer autistischer Kinder bekannt sein. Angesichts dieses Hintergrundwissens konnte man die beträchtliche Verhaltensänderung, die sich kurz nach dem Elektroschock einstellte, auch ohne Kontrollgruppen dem Schock zuschreiben, denn unter den gegebenen Umständen erscheint das Wirken *anderer* kausaler Kräfte sehr unwahrscheinlich. Allgemeiner ausgedrückt: das *paradigmatische* Beispiel dafür, wie die kausale Wirksamkeit einer bestimmten Intervention klinisch *intra*subjektiv bestätigt werden kann, wird von der folgenden *Variante* der Heranziehung des einzelnen Patienten als seine eigene »historische« Kontrolle geliefert: (1) der natürliche Werdegang der Krankheit ist vermutlich anderweitig bekannt, *oder* (2) der Therapeut interveniert nur im Sinne von An-Aus, und es stellt sich heraus, daß diese intermittierende Intervention wechselweise Remissionen und Rückschläge in beträchtlicher Geschwindigkeit erzeugt.

Können die kausalen Bestätigungsmuster, die bei diesen intrasubjektiven klinischen Überprüfungen der therapeutischen Wirksamkeit eingesetzt werden, zu einem Modell dafür werden, daß man mit Hilfe eines individuellen Analysanden Freuds *lang*fristige ätiologische Hypothesen für gültig erklären oder beweisen kann, daß eine therapeutische Besserung, die der Patient nach etwa vier Jahren bei sich verspürt, einer Analyse zuzuschreiben ist, die sich typischerweise über mehrere Jahre erstreckt? Die Frage stellen heißt sie negativ beantworten. Die Naturgeschichte einer Person, die den von der Freudschen Theorie für pathogen gehaltenen Erfahrungen *nicht* ausgesetzt war, ist *offenkundig* nicht bekannt! Wie kann man auf der Grundlage einer intrasubjektiven Fallgeschichte eine therapeutische Besserung auf die analytische Intervention zurückführen, wo doch Freud selbst, wie bereits erwähnt, eingeräumt hat, daß es *spontane* Remissionen gibt (GW 14: 186; 1926)? Und selbst wenn die Intervention für therapeutisch wirkungsvoll gelten könnte – wie kann der Analytiker innerhalb des auf das einzelne Subjekt bezogenen Rahmens nachweisen, daß der Gewinn für den Patienten *nicht* ein Placeboeffekt war? Freudianer mögen bestenfalls hoffen, zeigen zu können, daß die therapeutische Besserung bei Patientengruppen, die sich einer Analyse unterziehen, über die spontane Remissionsrate in unbehandelten Kontrollgruppen, die derselben nosologischen Kategorie angehören, hinausgeht (Rachman / Wilson 1980). Kurz, die erwähnte intrasubjektive Bestätigung mittels deutlicher therapeutischer Besserungen läßt sich kaum derart extrapolieren, daß man mit ihrer Hilfe die prospektive Einzelfallauswertung einer langdauernden analytischen Therapie bestätigen, geschweige denn die *retrospektive* Überprüfung einer freudianischen Ätiologie im Verlauf einer individuellen Analyse rechtfertigen könnte. Das gleiche gilt auch für andere Varianten dieses Modells. Der Psychoanalytiker Edelson hat neuerdings die Hoffnung ausgesprochen, zukünftige auf den Einzelfall bezogene Überprüfungsverfahren könnten dazu dienen, wesentliche psychoanalytische Hypothesen im Rahmen der Behandlung zu erhärten (Edelson 1984). Ich möchte nicht behaupten, daß die Verwirklichung dieser Hoffnung unmöglich ist. Ich verweise jedoch auf meine im Erscheinen begriffene Monographie *Validation in Clinical Psychoanalysis*, wo ich in meiner Kritik an Edelson zeige, daß er bislang noch keine zwingenden Gründe genannt hat, warum man erwarten sollte, daß seine Hoffnungen erfüllt werden.

Obwohl in Freuds spezifischen Ätiologien nicht zahlenmäßig festgelegt wurde, wie hoch der Prozentsatz von *Ps* ist, die zu

*N*s werden, muß man beachten, daß nur die prospektive Untersuchung die für solche statistische Feinheit erforderliche Information erbringen kann. Nehmen wir nämlich einmal an, retrospektive Daten würden die Retrodiktion von Freuds spezifischer Ätiologie bestätigen, daß die Häufigkeit, mit der *P*s in der Mustergruppe von *N*s auftreten, 100 Prozent beträgt; dann kann man von dieser Auftretenshäufigkeit gewiß nicht auf den Prozentsatz schließen, mit dem *N*s innerhalb der Klasse von *P*s auftreten. Dennoch ist eine solche Information natürlich wünschenswert, schon um die Wahrscheinlichkeit abschätzen zu können, mit der ein Kind, das *P* ausgesetzt war, ein *N* werden wird. Allgemeiner ausgedrückt: wenn *P* nicht als kausal notwendig für *N* gilt, sondern lediglich als kausal relevant, dann kann man anhand retrospektiver Daten schlichtweg nicht einschätzen, in welchem Ausmaß *P* kausal wirksam ist (Giere 1979: 274, 277).

Bei unserer Untersuchung des Falles vom Rattenmann haben wir bisher mit einem *den Tatsachen widersprechenden* Postulat gearbeitet, um die Zuverlässigkeit von klinischen Daten im Zusammenhang mit diesem Fall zu diskutieren. Dabei gingen wir *hypothetisch* von der klinischen Grundlage aus, der Patient habe *tatsächlich* berichtet, er könne sich an das von Freud retrodiktiv erschlossene frühe Kindheitsereignis erinnern. Gegen Glymours allgemeine These, die spezifischen psychoanalytischen Ätiologien könnten stichhaltig »auf der Couch« überprüft werden, habe ich behauptet, daß zumindest im Normalfall eine solche Prüfung epistemisch ganz aussichtslos ist. Es scheint daher so, als wäre es konkret bei der Psychoanalyse von Paul Lorenz völlig mißlungen, einen Beweis dafür zu liefern, daß eine sexuelle Verdrängung in der Kindheit für die Zwangsneurose *ätiologisch relevant* war, selbst wenn Pauls Vater zuverlässig berichtet hätte, er habe seinen kleinen Sohn wiederholt für seine Masturbation bestraft. Nebenbei bemerkt, als Waelder (1962: 625 f.) die klinische Bestätigung der psychoanalytischen Ätiologien verteidigte, übersah er gerade das, daß man dafür die *kausale*

Relevanz der angeblich pathogenen Erfahrung nachzuweisen und nicht etwa nur das bloße Vorkommen dieser Erfahrung historisch zu sichern hat. Es stellt sich heraus, daß die geplante klinische Rechtfertigung der Verdrängungsätiologie *ohne* Stützung auf die Dynamik von Freuds Therapie zu einem ebenso großen Fiasko führt wie der Versuch der therapeutischen Bestätigung. Als Hauptgründe für diesen zusätzlichen Mißerfolg habe ich zwei Punkte angeführt: (1) Das Überprüfungsmuster, das der analytische Rahmen bietet, scheint nicht geeignet, zu gewährleisten, daß das retrodiktiv erschlossene Kindheitserlebnis *P*, falls es tatsächlich vorkam, auch pathogen war, und (2) die retrospektiven Methoden dieser klinischen Untersuchung können noch nicht einmal zuverlässig verbürgen, ob *P* überhaupt aufgetreten ist.

Dieses *wesentliche klinische Fiasko* steht in gewaltigem Widerspruch zu der folgenden ehrgeizigen Behauptung von Brenner (1982: 5): »Was ein Psychoanalytiker mit den Daten anstellt, die er mittels der psychoanalytischen Methode erhält, unterscheidet sich nicht von dem, was jeder andere Wissenschaftler mit seinen Daten macht. Ein Analytiker postuliert dieselben Ursache-Wirkung-Beziehungen hinsichtlich psychoanalytischer Daten, wie sie etwa ein Physiker im Hinblick auf seine Daten postuliert.«

Zurück zu Glymour und seiner Darstellung der Überprüfungsstrategie bei der Analyse von Paul Lorenz, die in der Tat darauf basierte, daß Lorenz sich nicht *direkt* daran erinnern konnte, von seinem Vater bestraft worden zu sein, geschweige denn an eine Züchtigung wegen eines sexuellen Vergehens. Wir wollen uns daher im folgenden ansehen, wie Glymour den Beweiswert dieses Befundes einschätzte. Ich werde dabei den Akzent darauf legen, in welchem Umfang sich Glymour für Beweiszwecke tatsächlich *entscheidend* auf *extra*klinische Daten stützt. In der Tat wird sich bei Glymour herausstellen, daß das Überprüfungsverfahren im Fall des Rattenmannes seine Beweisrelevanz *parasitär* von einem extraklinischen Befund bezieht. Ich frage mich daher, wie

Glymour glauben kann, er habe Eysencks Leugnung einer intraklinischen Überprüfbarkeit widerlegt, obwohl er die Forderung bestreitet, jede extraklinische Entkräftung müsse *experimentell* sein. Nach Glymours eigener Darstellung des Falles vom Rattenmann kam das für die Beweiskraft »entscheidende« Faktum durch das *extra*klinische Zeugnis der Mutter des Patienten. Und ich stimme ihm darin zu, daß im Lichte einiger zusätzlicher Mitteilungen aus Freuds Fallgeschichte die negative Aussage der Mutter gegen Freuds These zeugt, die Zwangsvorstellungen vom Tod des Vaters hätten eine sexuelle Ätiologie. Eine dieser zusätzlichen Mitteilungen, auf die Glymour hinweist, ist folgende: Wie die Mutter berichtete, wurde der Patient als Kind nur *ein einziges Mal* von seinem Vater geschlagen, und zwar, weil er jemanden gebissen hatte, nicht wegen eines sexuellen Vergehens; Freuds Theorie hatte jedoch nach rückwärts geschlossen, daß die Bestrafung durch den Vater wegen eines sexuellen Fehlverhaltens (Masturbation) erfolgt sei. Meiner Meinung nach gründet die negative Aussagekraft des mütterlichen Zeugnisses auf folgenden weiteren Annahmen: (1) Nach Ansicht von Freuds englischem Übersetzer James Strachey (SE 10: 255 f.) sollten wir die Erzählung des Patienten, er sei außerdem noch einmal vom Vater bestraft worden, weil er, zwischen den Eltern liegend, im Bett uriniert habe, als unzuverlässig zurückweisen. Freud hatte diese Angabe in seinen »Originalnotizen« festgehalten (GW, Nachtr.-Bd.: 545), aber in der veröffentlichten Fallgeschichte überhaupt nicht mehr erwähnt (GW 7: 379–463). (2) Wenn dagegen die Erzählung von der Bestrafung wegen Einnässens stimmt, so ist ungewiß, ob das Kind dies als väterliches Eingreifen in seine sexuelle Lustempfindung begriffen hätte, obgleich Freuds Theorie ein solches Begreifen verlangt. (3) Man sollte gar nichts darauf geben, daß Freud *ohne jeden Beleg* die Träume des erwachsenen Patienten als Beweis dafür nimmt, daß dieser in seiner Kindheit die väterlichen Schläge als Strafe nicht nur fürs Beißen, sondern auch für sein sexuelles Verlangen gegenüber

Mutter und Schwester aufgefaßt habe. (Der Leser sei darauf verwiesen, daß ich in meiner im Erscheinen begriffenen Studie »The Role of the Case Study Method in the Foundations of Psychoanalysis« noch weitere Aspekte des Falles vom Rattenmann einer ausführlichen Erörterung unterziehe.)
Nach Glymours Lesart des Falles vom Rattenmann postulierte Freud zur Zeit der Analyse von Lorenz noch immer *wirkliche* und nicht eingebildete frühe sexuelle Erlebnisse als Pathogene für die Zwangsneurose (Glymour 1980: 274 f.). Wie Glymour deutlich erklärt, wurde der Fall Lorenz *nicht* nur deswegen zu einem *Gegenbeispiel* für diese Ätiologie, weil der Patient sich nicht an das von Freud retrodiktiv erschlossene Ereignis erinnern konnte. Vielmehr war es die *extra*klinische Aussage der *Mutter*, die diese negative Bedeutung für die Beweisführung hatte (S. 273). Denn ihre Aussage war es, die das für den Beweis entscheidende Faktum lieferte, weil ihre Antwort auf die Frage, die Glymour als »die entscheidende Frage« bezeichnet hatte, im Widerspruch zu Freuds Retrodiktion stand. Glymour selbst charakterisiert »die Erinnerung eines erwachsenen Beobachters« – in diesem Fall die Erinnerung der Mutter – als »das zuverlässigste verfügbare Mittel« zur Beantwortung dieser entscheidenden Frage, nämlich, für welche Art von Vergehen das Kind Paul bestraft worden war (S. 273). Wie kann Glymour dann angesichts des *extra*klinischen Status des *entscheidenden* Faktums rechtfertigen, daß er das im Fall des Rattenmannes angewandte Überprüfungsprinzip als »eine Strategie, die fast ausschließlich auf dem klinischen Beweis beruht«, bezeichnete (S. 287)?
Es ist zwar richtig, daß, wie wir aus dem Fall des Wolfsmannes wissen, für Freud Geschichten, die ältere Familienmitglieder dem Patienten über dessen Kindheit erzählen, im allgemeinen »Material von uneingeschränkter Glaubwürdigkeit« darstellten und deswegen als Daten zugelassen waren (GW 12: 37, Anm. 2; 1918). Freud fügt aber ergänzend und warnend dieser Behauptung hinzu, daß Antworten, die der

Analytiker – oder der sich in Analyse befindliche Patient – auf direktes Befragen von Verwandten erhält, durch Befürchtungen letzterer durchaus kontaminiert sein können:

»Es läge darum nahe, die Lücken in der Erinnerung des Patienten durch Erkundigungen bei den älteren Familienmitgliedern mühelos auszufüllen, allein ich kann nicht entschieden genug von solcher Technik abraten. Was die Angehörigen über Befragen und Aufforderung erzählen, unterliegt allen kritischen Bedenken, die in Betracht kommen können. Man bedauert es regelmäßig, sich von diesen Auskünften abhängig gemacht zu haben, hat dabei das Vertrauen in die Analyse gestört und eine andere Instanz über sie gesetzt. Was überhaupt erinnert werden kann, kommt im weiteren Verlauf der Analyse zu Vorschein« (GW 12: 37 f., Anm. 2.).

Ebenso schreibt in unseren Tagen der Analytiker W. W. Meissner (1978: 155): »Man muß beachten, daß Eltern bei ihren Erinnerungen zur Entstellung neigen.«

Selbst wenn man die Warnung von Freud und Meissner in den Wind schlägt, bleiben doch einige Tatsachen: (1) Es ist irreführend, eine intraklinische Überprüfbarkeit zu behaupten, wenn wie im Fall des Rattenmannes das erklärtermaßen entscheidende Faktum *nicht* von »der Couch« kommt. (2) Was die Stützung auf extraklinisches Material bedeutsam macht, ist, daß deren Rolle alles andere als epistemisch unwesentlich ist, sondern aus den für die analytische Situation typischen Mängeln der Beweisführung hervorgeht, Mängeln, die Glymour nur in ganz ungenügendem Maße erkennt. Meiner Ansicht nach werden die Schwächen der intraklinischen Überprüfung auch nicht dadurch gemindert, daß die Kompensationen dieser Mängel von *außerhalb* des klinischen Rahmens *gelegentlich* in situ (etwa durch Familienberichte) erfolgen können und daher das Versuchslabor nicht unbedingt erforderlich ist. Ein solchermaßen erweitertes »klinisches« Überprüfungsverfahren wäre nämlich selbst dann, wenn es durch solche nichtexperimentellen extraklinischen Quellen ergänzt würde, nicht hinreichend oder epistemisch autonom. Wenn es beispielsweise notwendig wird, aus Gründen wie im Fall des Rattenmanns auf extraklinische Informationen zurückzugreifen, ist es reiner Zufall, ob geeignete Verwandte überhaupt zur Verfügung stehen, geschweige denn, ob sie die fehlende entscheidende Information *zuverlässig* liefern können. Wie Freud selbst betont: »Nur selten ist man wie bei unserem Patienten in der glücklichen Lage, die tatsächliche Grundlage dieser Dichtungen über die Urzeit durch das unerschütterliche Zeugnis eines Erwachsenen festzustellen« (GW 7: 428; 1909). Warum sollte man daher ein Untersuchungsverfahren, das von so ungewissen Glückszufällen abhängt und folglich, wenn das Glück einmal ausbleibt, nicht auf die experimentelle Information verzichten kann, als eine »klinische Überprüfungsstrategie« auszeichnen? (3) Das wirkliche Problem ist, ob der klinische Rahmen *typischerweise* – und nicht unter zufällig einmal günstigen Bedingungen – die epistemischen Mittel besitzt, um die Ätiologie im Fall des Rattenmannes und andere analytische Ätiologien triftig zu bestätigen. Was dieses Problem anbelangt, so hat Glymour in seiner ansonsten sehr aufschlußreichen Darstellung nicht nachgewiesen, daß es eine überzeugende intraklinische Überprüfungsstrategie gibt, auch wenn er zeigen konnte, daß extraklinische Kompensationen für ihre Lücken nicht vollständig experimentell sein müssen. Wie sehr er sich aber epistemisch entscheidend auf extraklinische Befunde stützt, läßt sich nun daran ermessen, wie er die Auswirkungen von Freuds Modifikationen der spezifischen Sexualätiologie von Zwangsneurosen (und anderer Neurosen) auf die *Überprüfbarkeit* dieser entstehenden ätiologischen Hypothesen einschätzt. Glymour (1980: 276 f.) beschreibt diese Entwicklung folgendermaßen:

»Nach der Jahrhundertwende und vor dem Jahre 1909 [. . .] gibt es keine Aussage dazu, daß sexuelle Phantasien, die sich während der Kindheit oder im Anschluß daran herausgebildet haben und in Wirklichkeit keine reale Grundlage besitzen, für sich genommen *anstelle* von sexuellen Erfahrungen als ätiologische Faktoren dienen können. [. . .] Nach dem Fall des Rattenmannes wurde jedoch die Ansicht, daß entweder infantile sexuelle Erfahrungen *oder* aber entsprechende

Phantasien gleichermaßen als ätiologische Faktoren dienen können, zum maßgebenden Bestandteil der Freudschen Theorie. In *Totem und Tabu*, vier Jahre nach Erscheinen des Falls vom Rattenmann, betonte Freud, daß die von Zwangsneurotikern empfundene Schuld einem Ereignis gilt, das zwar psychisch real ist, aber nicht wirklich stattgefunden haben muß. Bis 1917 verzeichnete Freud Phantasien als ätiologische Faktoren nicht nur alternativ zu realen sexuellen Erfahrungen in der Kindheit, er ließ sogar die Behauptung weg, daß erstere üblicherweise oder sehr wahrscheinlich auf letzteren basieren. Diese Veränderungen haben den Effekt, daß Gegenbeispiele wie der Fall vom Rattenmann ausgeschaltet werden, was allerdings die Theorie weniger leicht überprüfbar macht. Während nämlich Freuds Theorien bis etwa zum Jahre 1909 erforderten, daß in der Kindheit eines Neurotikers ganz eindeutig Ereignisse stattgefunden haben müssen, die von Erwachsenen bezeugt und später im einzelnen erzählt werden konnten, waren für Freuds spätere Theorie nur noch psychologische Ereignisse in der Kindheit nötig, die durchaus ganz im Geheimen bleiben mochten.«

Glymour schreibt also die Tatsache, daß Freuds modifizierte Ätiologien immer schlechter überprüfbar wurden, richtig dem Umstand zu, daß die Arten von Ereignissen, die Freud nacheinander als ätiologisch postulierte, immer weniger *extra*klinisch feststellbar waren. Wenn aber, wie Glymour meinte, die Überprüfbarkeit der psychoanalytischen Ätiologien tatsächlich »fast ausschließlich« intraklinisch ist, warum sollte es dann für ihre Überprüfbarkeit *entscheidend* sein, daß die nach Freuds späterer Theorie erforderlichen ätiologischen Ereignisse bloß innere Zustände des Patienten sind, in die nur der Patient selbst und sein Analytiker in der Behandlungssitzung eingeweiht sind?

Übrigens zeichnete sich das Problem, wie Freuds Sexualätiologie der Neurosen überprüft werden kann – sei es klinisch oder extraklinisch –, weniger scharf ab, nachdem Freud es aufgegeben hatte, nach qualitativ *spezifischen* Pathogenen für nosologisch unterschiedliche Psychoneurosen zu suchen und statt dessen eine allgemeine ödipale Ätiologie für sie alle aufgestellt hatte. Tatsächlich griff er auf die Analogie zurück, daß in der Chemie die bedeutenden qualitativen Unterschiede zwischen den Stoffen mit Hilfe quantitativer Verschiedenheiten in den Kombinationsverhältnissen derselben Partikel erklärt werden. Nachdem er so sein langjähriges Interesse am Problem der »Neurosenwahl« aufgegeben hatte, ließ er es jedoch bei undeutlichen metapsychologischen Anmerkungen über die unveränderliche Umsetzung der »narzißtischen Libido« in die »Objektlibido« bewenden (GW 14: 82f.; 1925).

Wie steht es nun mit den *intra*klinischen Daten, auf die sich Glymour stützte? In diesem Zusammenhang scheint er selbst die von Analytikern erbrachten Beweise viel zu wenig zur Kenntnis genommen zu haben, die besagen, daß intraklinisch das Problem der Suggestibilität absolut ungelöst, wenn nicht sogar ganz und gar unlösbar ist, weil es für das ehemalige Übereinstimmungsargument keinen brauchbaren Ersatz gibt. Können wir aber mit Glymour darauf vertrauen, daß »Kliniker mit Aussicht auf Erfolg darauf trainiert werden können, daß sie die erwarteten Antworten von ihren Patienten nicht durch Suggestion hervorlocken«? Angesichts der Evidenz, daß die suggestive Kontamination *unausrottbar* ist, sieht es nun so aus, als grenze diese Hoffnung an völlige Utopie. 1982 ging Glymour auf einige dieser speziellen Bedenken ein:

»Ich kann nicht einsehen [. . .], daß das experimentelle Wissen über die Suggestibilität, das uns heute zur Verfügung steht, es erfordert, daß wir den klinischen Beweis ganz und gar aufgeben. Ich kann mir in der Tat Umstände vorstellen, unter denen der klinische Beweis von beträchtlichem Wert ist: wenn sich beispielsweise in den klinischen Aufzeichnungen keinerlei Anzeichen von Indoktrination, Gängelung des Patienten oder ähnliches erkennen lassen; wenn die gewonnenen Ergebnisse ein regelmäßiges, offenbar gesetzesähnliches Muster aufweisen, das von zahlreichen Klinikern unabhängig gefunden wird; und wenn diese Ergebnisse der Erwartung und der Meinung des Klinikers widersprechen. Dies sollen keine *Kriterien* für die Heranziehung klinischer Zeugnisse sein, sondern lediglich Hinweise auf Merkmale, die in Kombination einem solchen Zeugnis Gewicht verleihen« (S. 30).

Dazu sei folgendes bemerkt:

1. Ich behaupte *nicht*, daß jegliche Art von klinischen Daten ganz und gar ohne Beweiswert sei. Vielmehr meine ich, daß solche Befunde die Beweislast keinesfalls tragen können, die ihnen von denjenigen aufgebürdet wird, die, wie Glymour, behaupten, die Psychoanalyse könne *typischerweise* »auf der Couch« bestätigt oder nicht bestätigt werden, und zwar mit Hilfe einer Überprüfungsstrategie, die im wesentlichen auf den analytischen Rahmen beschränkt ist.

2. Die Tatsache, daß es *einige* Umstände gibt, unter denen wir auf den klinischen Beweis zu Recht nicht »ganz und gar« verzichten müssen, reicht mit Sicherheit nicht aus, die klinische Überprüfung als weitgehend beweiskräftiges und im wesentlichen autonomes wissenschaftliches Unternehmen zu bestätigen. Was Glymours Veranschaulichungen dieser Umstände betrifft, so kann das Fehlen eindeutiger Indoktrination oder die regelmäßige Übereinstimmung in den von zahlreichen Klinikern unabhängig erzielten Ergebnissen kaum beispielhaft für Umstände stehen, unter denen »die klinische Evidenz von beträchtlichem Wert ist«. Denn – abgesehen von den Argumenten, die ich gegen diese Beispiele, und sei es nur im Hinblick auf die »freie« Assoziation, angeführt habe – daß es utopisch ist, hier einen Schritt zur Lösung des Problems der Willfährigkeit zu sehen, scheint mir aus den folgenden ernüchternden Resultaten hervorzugehen, über die der Analytiker Marmor (1962: 289) berichtet:

»Je nach dem Standpunkt des Analytikers bringen die Patienten der einzelnen [rivalisierenden psychoanalytischen] Schulen anscheinend exakt die Art phänomenologischer Daten hervor, die die Theorien und Deutungen ihrer Analytiker bestätigen! Jede Theorie neigt also zur Selbstbestätigung. Freudianer bringen Material über den Ödipuskomplex und Kastrationsangst ans Licht, Jungianer Material über Archetypen, Rankianer über Trennungsangst, Adlerianer über Männlichkeitsstreben und Minderwertigkeitsgefühle, Horneyaner über Idealbilder, Sullivanianer über gestörte zwischenmenschliche Beziehungen usw.«

3. Ich bestreite absolut nicht, daß es *ab und zu* klinische Ergebnisse gibt, die »der Erwartung und der Meinung des Klinikers widersprechen«. Wenn darin jedoch Schritte zur Rechtfertigung der klinischen Untersuchung qua epistemisch autonomer Überprüfungsstrategie gesehen werden sollen, so kann ich nur sagen: Eine Schwalbe macht noch keinen Sommer.

Was mir aus Glymours interessanter Rekonstruktion hervorzugehen scheint, ist, daß alles in allem Daten von der Couch beweiserhebliche Bedeutung *erlangen* können, wenn sie unabhängig durch extraklinische Befunde erhärtet werden oder wenn sie induktiv, im Sinne der Whewellschen kombinierten Bestätigung, mit solchen Befunden übereinstimmen. Ich behaupte also nicht, daß jegliche Art von klinischen Daten als Beweis ganz und gar irrelevant sind. Aber intraklinische Ergebnisse können doch nur ganz eingeschränkt eine *potentielle* Relevanz, die über einen heuristischen Wert hinausginge, beanspruchen, und zur Rechtfertigung der Überprüfbarkeit auf der Couch in dem Sinne, wie ihre freudianischen Vertreter sie behaupten und wie Glymour sie ehemals verfocht, reicht das mit Sicherheit nicht aus.

Teil III

Epilog

Kapitel 9

Die Methode der freien Assoziation und die künftige Bewertung der Psychoanalyse

Selbst einige bekannte Analytiker haben im wesentlichen eingeräumt, daß die klinische Untersuchungsmethode normalerweise keine wahren Einsichten von der Art hervorbringt, wie Analytiker im Einverständnis mit Freud es traditionellerweise gern behaupteten. So schreibt Kurt Eissler (1969: 462) in einem erklärtermaßen »respektlosen« Artikel über die Zukunft der Analyse als Theorie und als Therapie:

»Als das Modell für die Analyse einer Neurose qua Analyse der kindlichen Neurose – deren Auflösung das höchste Ziel der klassischen Analyse bleibt –, hat mich Freuds Aufzeichnung der Analyse des Wolfsmannes immer als paradigmatisch beeindruckt. Den Kern jener Analyse bildete die Rekonstruktion der wichtigsten Ereignisse und Prozesse, die in der frühen Kindheit stattgefunden hatten. Es soll hier nicht darüber spekuliert werden, ob Freud in diesem speziellen Fall mit seiner Rekonstruktion recht hatte oder nicht (er selbst war bereit, einen Teil davon zurückzunehmen), sondern es geht darum, welche Ansprüche ein Analytiker erfüllen müßte, wollte er versuchen, dem gerecht zu werden, was Freud dort als Ziel umriß.

Ich bin sicher, daß ein signifikant hoher Prozentsatz der Deutungen, die Patienten in allen Teilen der Welt heute erhalten, mit der frühen Kindheit zu tun haben. Ich bezweifle aber, daß es sich hier um wahrheitsgetreue Rekonstruktionen handelt, in dem Sinne, wie Freud dies meinte [. . .] Wenn sie mit einer späteren Stufe der Kindheit zu tun haben, so sind sie, wie ich befürchte, in den meisten Fällen entweder Intellektualisierungen sowohl seitens des Analytikers als auch seitens des Patienten, oder aber Verallgemeinerungen, zu denen man über Deckerinnerungen kommt. Natürlich ist es nicht schwierig, einem

Patienten zu zeigen, daß er einst aggressive Gefühle gegenüber einem geliebten Vater hegte; eine wahrheitsgetreue Rekonstruktion geht aber über das bloße Aufstöbern eines versteckten Impulses hinaus und enthält jene spezifischen Details hinsichtlich Zeit, Ort, Umgebung und inneren Prozessen, die zusammengenommen ein Trauma erzeugten. Diese Details aufzufinden stellt jedoch eine gewaltige Aufgabe dar.«

Wie Eissler betont, ist diese epistemische Aufgabe nahezu eine Sisyphusarbeit, auch wenn man die üblichen ehrgeizigen therapeutischen Ziele aufgibt, das heißt, »auch wenn man die Aufgabe der Psychoanalyse nicht – wie derzeit die Tendenz besteht – für umfassend genug hält, daß sie die Restrukturierung der Persönlichkeit miteinschließt, sondern wenn man sich statt dessen darauf beschränkt, die Neurose mit ihren tiefgreifenden Verzweigungen auszumerzen« (S. 462).

Hinsichtlich des Traum*labors* weist Eissler darauf hin, daß es eine der *extra*klinischen Quellen darstellt, aus der wir »Daten, die nicht mit der psychoanalytischen Theorie in ihrer derzeitigen Form übereinstimmen« (S. 467), erhalten. Dann führt er ein weiteres Beispiel an, an dem sich zeigen läßt, wie schlecht sich klinische Daten zur *Entkräftung* [disconfirmation] eignen:

»Masters und Johnson haben nachgewiesen, daß während eines klitoralen Orgasmus vaginale Spasmen auftreten, die identisch sind mit den bei einem vaginalen Orgasmus auftretenden Spasmen. Die psychoanalytische Theorie besagt aus naheliegenden Gründen, daß die Ursache für einen fehlenden Orgasmus der Mangel an vaginaler Empfänglichkeit ist. Angesichts neuer Daten muß man jedoch sagen, daß ein solcher Mangel nicht auf irgendeinen Defekt in der physiologischen Funktion zurückzuführen ist, sondern vielmehr auf die Unterdrückung von Empfindungen, die das Organ selbst bereitwillig liefert. [...] Wieder einmal geraten wir in die Situation, der wir uns im Zusammenhang mit den neuen Daten über den Traum gegenübersahen. Die Ursache für den Fehler in der früheren Theorie lag keineswegs in der fehlerhaften Beobachtung, denn man hätte die relevanten Daten niemals in der psychoanalytischen Situation gewinnen können« (S. 468).

Die Lehre, die er aus diesen Fällen extraklinischer Entkräftung zieht, geht weit über die sie betreffenden spezifischen analytischen Hypothesen hinaus: »Die Tatsache, daß Beobachtungen, von denen man nicht erwarten kann, daß sie in der psychoanalytischen Situation gemacht werden, und zu denen man außerhalb der psychoanalytischen Situation kommt, Daten erzeugen, die neue psychoanalytische Paradigmen erforderlich machen, ist von größter historischer Tragweite« (S. 467). Eissler sieht diese historische Tragweite prognostisch folgendermaßen: »Die Tatsache, daß das Traumlabor ein Paradoxon eingeführt hat, bestärkt mich in der Gewißheit, daß die Psychoanalyse in die nächste Entwicklungsphase eintreten wird, indem Daten von außerhalb der eigentlichen psychoanalytischen Situation erbracht werden« (S. 470). Kurz, die Einschränkungen, denen klinische *Entkräftungen* unterliegen, sind gewaltig und sogar noch bedeutender als die Mängel der klinischen Bestätigungen.

Trotz dieser Ermahnungen, den Untersuchungshorizont der Freudschen Theorie über den klinischen Rahmen hinaus zu erweitern, geht Eissler mit der Lehre, die er aus den erkannten Beschränkungen der klinischen Befunde zieht, nicht annähernd weit genug. So rühmt er den erkenntnistheoretischen Gewinn, der sich aus der Anwendung von Freuds Methode der freien Assoziation ergebe, in überschwenglichen Begriffen:

»Ich werde die Methodologie der Psychoanalyse nur hinsichtlich der Methode der freien Assoziation erörtern. Diese Methode stellt eine jener großartigen Erfindungen dar, die sich mit dem Fernrohr Galileis vergleichen lassen« (S. 461).

»Es ist atemberaubend, sich zu vergegenwärtigen, was Freud im Verlauf von vier Jahrzehnten aus den freien Assoziationen von acht Menschen herausholte, die jeweils 50 Minuten pro Tag auf einer Couch lagen« (S. 465).

Bei dieser Beschreibung läßt sich Eissler auch nicht durch Wilhelm Fließ' Vorwurf aus dem Jahre 1901 beirren, Freud sei nicht dagegen geschützt, seine eigenen Gedanken in die

Gedanken, die er aus den »freien« Assoziationen seiner Patienten herausgearbeitet hatte, hineinzulesen (Anfänge: 286, 289).

Ebensowenig stimmt es Eissler, wie auch unsere zeitgenössischen Psychohistoriker, nachdenklich, daß psychoanalytische Prinzipien zunächst einmal durch angemessene Beweise bestätigt werden müssen, bevor man darangehen kann, sie glaubwürdig auf andere Gebiete *anzuwenden*. Unbeschwert von solchen Bedenken behauptet Eissler (1969: 461):

»Wenn die Gesellschaft, die Wissenschaft und die Forschung nach dem Prinzip des maximalen Investitionsrückflusses organisiert wären, dann hätte man schon längst nach den von Freud indirekt angeregten Richtlinien eine Akademie der Menschheit gegründet. Es ist offensichtlich, daß all die verschiedenen Zweige der Geisteswissenschaften entsprechend dem neuen Wissen über die psychische Existenz des Menschen, das die Psychoanalyse ans Licht gebracht hat, neu geschrieben werden müssen.«

In ähnlich überschwenglicher Art geht Eissler über seine anfänglichen Bedenken hinweg, daß »es viele Gründe gibt«, den Schluß zu ziehen, daß »die Psychoanalyse als Therapie keine strahlende Zukunft vor sich hat« (S. 462). Denn er stellt fest: »Ich glaube, der Psychoanalytiker der Zukunft wird einen großen Teil seiner Tätigkeit darauf verwenden müssen, den Schaden zu reparieren, der in der Psychotherapie und der Drogenbehandlung angerichtet wird« (S. 463, Anm. 3). Eissler gibt jedoch keinen Hinweis darauf, woher er weiß, daß die Analyse im allgemeinen der Psyche weit weniger schadet als konkurrierende Interventionen.

Zusammenfassend kann man Eisslers erfrischende Erwartung, die Bestätigung und/oder Entkräftung der Freudschen Theorie werde in der Zukunft weitgehend von extraklinischen Befunden kommen, nur begrüßen. Man darf jedoch nicht die gravierenden erkenntnistheoretischen Mängel der intraklinischen Überprüfung beschönigen, wie sie sich in den Kapiteln 2 bis 8 gezeigt haben. Diese grundlegenden Nachteile sind für die derzeitige Glaubwürdigkeit der Psychoanalyse deprimierend; denn ihre Zeugnisse sind erklärtermaßen fast vollständig *intra*klinisch und stehen daher auf ziemlich schwachen Füßen. Wie wir jedoch in Kapitel 1, Abschnitt A, dargestellt haben, behaupteten Freud, Ernest Jones und eine ganze Reihe anderer orthodoxer Wortführer, ihre Theorie sei gerade aufgrund von Daten aus dem psychoanalytischen Interview gut untermauert. Das ging so weit, daß Freud für die Ätiologie des Leidens einer Patientin, die er *klinisch* abgeleitet hatte, »Gewißheit« beanspruchte und sich dann auf eben diese Ätiologie stützte, um (1) den therapeutischen Mißerfolg zu *erklären* (GW 12: 271, 278, 283 f., 292, 297; 1920) und (2) zu rechtfertigen, daß er die abweichende Meinung der Patientin bezüglich einer ätiologischen Interpretation als das fraglose Ergebnis neurotischen Widerstands abtat, der nach seinen Worten dadurch überwunden wird, »daß man die Unerschütterlichkeit seiner Überzeugung betont« (GW 1: 498; 1898).

Kapitel 10

Kritik an Freuds letzter Rechtfertigung für die Beweiskraft der Daten von der Couch: Die Pseudokonvergenz klinischer Befunde

Wie wir in Kapitel 1, Abschnitt B, sahen, versicherte Freud in seiner Antwort auf Löwenfeld im Jahre 1895 ausdrücklich, daß seine Ätiologie der Angstneurose potentiell falsifizierbar sei. Zum weiteren Nachteil für Poppers mythologische Exegese war sich Freud auch deutlich der Notwendigkeit bewußt, die Falsifizierbarkeit der Deutungen des Analytikers und/oder der Rekonstruktionen der Vergangenheit des Patienten zu gewährleisten. Dieses methodologische Erfordernis und seine Durchführung sind in der Tat auch Thema seines sehr späten Aufsatzes »Konstruktionen in der Analyse« (GW 16: 43–56; 1937), weil es so aussehen mag, als könnte man die von einer Deutung *abweichende Meinung* des Patienten immer *unberücksichtigt lassen*, da sie ja durch neurotischen Widerstand veranlaßt sei. Freuds Ziel ist es daher, zu zeigen, wie der Analytiker denn nun mit der Zustimmung und Ablehnung des Patienten umgeht, so daß es »ganz ungerechtfertigt [ist], uns zu beschuldigen, daß wir seine Äußerung in allen Fällen in eine Bestätigung umdeuten« (GW 16: 49). Wie wir in Kapitel 1, Abschnitt B, gesehen haben, hatte er dieses Problem schon im Zusammenhang mit der Ätiologie der Paranoia (GW 10: 237 f.; 1915) umrissen.

Zu Beginn seines Aufsatzes beschreibt Freud, daß »ein sehr verdienter Forscher«, der der Psychoanalyse zu einer Zeit, als die meisten Menschen sich dazu nicht verpflichtet fühlten, Gerechtigkeit widerfahren ließ, einmal jedoch »eine ebenso kränkende wie ungerechte Äußerung« von sich gab:

»Er sagte, wenn wir einem Patienten unsere Deutungen vortragen, verfahren wir gegen ihn nach dem berüchtigten Prinzip: *Heads I win, Tails you lose*. Das heißt, wenn er uns zustimmt, dann ist es eben recht; wenn er aber widerspricht, dann ist es nur ein Zeichen seines Widerstandes, gibt uns also auch recht. Auf diese Weise behalten wir immer recht gegen die hilflose arme Person, die wir analysieren, gleichgültig, wie sie sich gegen unsere Zumutungen verhalten mag« (GW 16: 43; 1937).

Freud gibt freilich zu, daß der Vorwurf, analytische Deutungen seien durch den Widerspruch des Patienten nicht falsifizierbar, nicht völlig unangebracht ist, weil »es nun richtig ist, daß ein Nein unseres Patienten uns im allgemeinen nicht bestimmt, unsere Deutung als unrichtig aufzugeben.« Deswegen fährt er fort, »eingehend darzustellen, wie wir das ›Ja‹ und das ›Nein‹ des Patienten während der analytischen Behandlung, den Ausdruck seiner Zustimmung und seines Widerspruchs, einzuschätzen pflegen« (S. 43 f.). Diese Einschätzung ist ein wichtiger Schritt auf dem Weg, »ein zuverlässiges und in allen wesentlichen Stücken vollständiges Bild der vergessenen Lebensjahre des Patienten« (S. 44) zu finden.

»Der Analysierte soll dazu gebracht werden, etwas von ihm Erlebtes und Verdrängtes zu erinnern«; daher zeigt die Arbeit des Analytikers, nämlich die *Rekonstruktion*,

»eine weitgehende Übereinstimmung mit der des Archäologen, der eine zerstörte und verschüttete Wohnstätte oder ein Bauwerk der Vergangenheit ausgräbt. Sie ist eigentlich damit identisch, nur daß der Analytiker unter besseren Bedingungen arbeitet, über mehr Hilfsmaterial verfügt, weil er sich um etwas noch Lebendes bemüht, nicht um ein zerstörtes Objekt, und vielleicht auch noch aus einem anderen Grunde« (S. 45).

Nach Ansicht Freuds gehören zu dem Material, das dem Analytiker zur Verfügung steht und »zu dem die Ausgrabungen kein Gegenstück bringen können«, »die Wiederholungen von aus der Frühzeit stammenden Reaktionen und alles, was durch die Übertragung an solchen Wiederholungen aufgezeigt wird« (S. 46). Damit sind aber die unzweifelhaften epistemischen Vorteile, die der Seelenforscher vor dem Archäologen hat, noch nicht erschöpft:

»Außerdem kommt aber in Betracht, daß der Ausgräber es mit zerstörten Objekten zu tun hat, von denen große und wichtige Stücke ganz gewiß verloren gegangen sind. [. . .] Keiner Bemühung kann es gelingen, sie aufzufinden, um sie mit den erhaltenen Resten zusammenzusetzen. Man ist einzig und allein auf die Rekonstruktion angewiesen, die sich darum oft genug nicht über eine gewisse Wahrscheinlichkeit erheben kann. Anders ist es mit dem psychischen Objekt, dessen Vorgeschichte der Analytiker erheben will. [. . .] Alles Wesentliche ist erhalten, selbst was vollkommen vergessen scheint, ist noch irgendwie und irgendwo vorhanden, nur verschüttet, der Verfügung des Individuums unzugänglich gemacht. Man darf ja bekanntlich bezweifeln, ob irgend eine psychische Bildung wirklich voller Zerstörung anheimfällt. Es ist nur eine Frage der analytischen Technik, ob es gelingen wird, das Verborgene vollständig zum Vorschein zu bringen« (S. 46).

Freud schwächt diesen Lobgesang auf die Retrodiktionen in der Psychoanalyse lediglich in folgender Hinsicht ab:

»Dieser außerordentlichen Bevorzugung der analytischen Arbeit stehen nur zwei andere Tatsachen entgegen, nämlich daß das psychische Objekt unvergleichlich komplizierter ist als das materielle des Ausgräbers und daß unsere Kenntnis nicht genügend vorbereitet ist auf das, was wir finden sollen, da dessen intime Struktur noch so viel Geheimnisvolles birgt« (S. 46 f.).

Mit dieser Einschränkung, so sachlich sie auch ist, geht er jedoch durchaus nicht weit genug, und zwar aus zwei Gründen: (1) Im allgemeinen sind die physikalischen Regelmäßigkeiten, auf die sich der Archäologe bei seinen Retrodiktionen stützt, unvergleichlich besser geprüft und untermauert als die Ätiologien und anderen Hypothesen, die der Analytiker rückwirkend für seine Rekonstruktionen erschließt, und (2) die aus den Ausgrabungsrelikten gewonnenen archäologischen Daten sind nicht kontaminiert durch irgendein epistemisches Gegenstück zur Suggestion in der Psychoanalyse. Enttäuschenderweise schweigt Freud bei seinem Vergleich zwischen der psychoanalytischen und der archäologischen Rekonstruktion zu diesen beiden wesentlichen Nachteilen für seine Theorie. Aber im nächsten Abschnitt seines Aufsatzes, bevor er zum zentralen Thema kommt, nämlich, wie falsche Konstruktionen angeblich im Verlauf der Analyse »herausfallen«, spielt er das Problem der Suggestibilität herunter, indem er sich auf den guten Charakter des Analytikers beruft:

»Die Gefahr, den Patienten durch Suggestion irre zu führen, indem man ihm Dinge ›einredet‹, an die man selbst glaubt, die er aber nicht annehmen sollte, ist sicherlich maßlos übertrieben worden. Der Analytiker müßte sich sehr inkorrekt benommen haben, wenn ihm ein solches Mißgeschick zustoßen könnte; vor allem hätte er sich vorzuwerfen, daß er den Patienten nicht zu Wort kommen ließ. Ich kann ohne Ruhmredigkeit behaupten, daß ein solcher Mißbrauch der ›Suggestion‹ in meiner Tätigkeit sich niemals ereignet hat« (S. 48 f.).

Im Anschluß daran erklärt Freud (S. 49–52), der Analytiker nehme die Zustimmung eines Patienten zu einer Deutung ebensowenig für bare Münze wie deren Ablehnung. Dies geht aus seiner Argumentation hervor, mit der er zwei entscheidende Gründe für seine Behauptung anführt, es sei »ganz ungerechtfertigt, uns zu beschuldigen, daß wir seine [des Patienten] Äußerung in allen Fällen in eine Bestätigung umdeuten« (S. 49):

1. Obgleich die verbale Zustimmung eines Patienten in der Tat aus der aufrichtigen Anerkennung resultieren kann, daß die Konstruktion des Analytikers wahr sei, kann es sich im anderen Falle um eine Scheinzustimmung handeln, die ebenso wie die Ablehnung einem neurotischen Widerstand entspringt. Die Zustimmung ist daher »heuchlerisch«, weil sie dazu dient, »die nicht aufgedeckte Wahrheit durch eine solche Zustimmung weiterhin zu verbergen«. Ob eine Zustimmung echt oder heuchlerisch ist, entscheidet sich daran, ob zwischen der verbalen Zustimmung und neuen Erinnerungen *induktive Übereinstimmung* herrscht: »Einen Wert hat dieses Ja nur, wenn es von indirekten Bestätigungen gefolgt wird, wenn der Patient in unmittelbarem Anschluß an sein Ja neue Erinnerungen produziert, welche die Konstruktion ergänzen und erweitern« (S. 49).

2. Wie die Zustimmung *beides* – entweder echt oder lediglich ein Deckmantel für den Widerstand – sein kann, so verhält es sich auch mit der Ablehnung. Obwohl die Ablehnung durch den Analysanden »ebenso vieldeutig« ist wie sein »Ja« (S. 49), ist das »Nein« noch weniger für bare Münze zu nehmen; denn ein »Nein« deutet möglicherweise eher darauf hin, daß eine Konstruktion *unvollständig* ist, als darauf, daß der Patient sie wirklich bestreitet. In der Tat kann Unvollständigkeit ebensohäufig offene Ablehnung hervorrufen wie neurotischer Widerstand. »Die einzig sichere Deutung seines ›Nein‹ ist also die auf Unvollständigkeit« (S. 50). Nur »in seltenen Fällen« erweist sich die Ablehnung »als Ausdruck berechtigter Ablehnung«. »Das Nein des Patienten beweist also nichts für die Richtigkeit der Konstruktion, es verträgt sich aber sehr gut mit dieser Möglichkeit« (S. 49 f.). Als Kriterium für Echtheit oder Rechtmäßigkeit einer Ablehnung gilt wie bei der Zustimmung die *induktive Übereinstimmung* mit anderen Teilbeweisen.

Wie Freud erklärte, stützte er sich epistemisch in der Tat weit stärker auf *andere* Reaktionen der Patienten als auf verbale Zustimmung oder Ablehnung, um »indirekte Arten der Bestätigung« oder Entkräftung für die analytischen Konstruktionen zu erhalten. Nachdem Freud nämlich den Schluß gezogen hat, »daß man aus den direkten Äußerungen des Patienten nach der Mitteilung einer Konstruktion wenig Anhaltspunkte gewinnen kann, ob man richtig oder unrichtig geraten hat«, erklärt er: »Umso interessanter ist es, daß es indirekte Arten der Bestätigung gibt, die durchaus zuverlässig sind« (S. 50). Als Illustration für diese angeblich zuverlässigen klinischen Daten führt er den Fall an, daß der Patient eine geistige Assoziation hat, deren Inhalt dem der Konstruktion ähnelt. Er behauptet überdies, daß solche *inhalts*bezogenen Assoziationen gute Vorhersagen erlauben, »ob sich diese Konstruktion in der Fortsetzung der Analyse bewahrheiten wird« (S. 51). Als besonders eindrucksvolles Beispiel für ein zusätzliches klinisches Faktum, das solchermaßen induktive

Übereinstimmung aufweist, führt er einen Fall an, wo dem Patienten als Teil einer direkten Ablehnung eine Fehlleistung unterlief. Wenn ein masochistischer Patient den therapeutischen Bemühungen des Analytikers ablehnend gegenübersteht, dann wird eine unkorrekte Konstruktion in der Tat seine Symptome nicht beeinflussen; eine korrekte Konstruktion jedoch wird zu »einer unverkennbaren Verschlimmerung seiner Symptome« führen (S. 52).

Zusammenfassend bestreitet Freud, daß er seine Konstruktionen für etwas anderes ausgibt »als für eine Vermutung, die auf Prüfung, Bestätigung oder Verwerfung wartet«, und er bekräftigt, daß der weitere Verlauf der Analyse epistemische Aussichten bietet, die entschieden optimistisch stimmten (S. 52).

Um Verwirrung hinsichtlich des Folgenden zu vermeiden, möchte ich die Leser darauf hinweisen, daß ich den Ausdruck »Übereinstimmungs*argument*« in dem von Kap. 2 her vertrauten Sinne verwende und *nicht*, um damit die »Übereinstimmung von Induktionen« zu bezeichnen. Klarheit läßt sich hier schaffen, wenn man sich bewußt ist, daß es sich im Falle der Induktionen um eine Übereinstimmung im Sinne von *Zusammentreffen* handelt.

Offenkundig verwies Freud auf eine Übereinstimmung von Induktionen aus *anderen* klinischen Daten, als er die Beweiskraft der Bejahung oder Ablehnung einer Analytiker-Deutung seitens des Patienten einschätzte. Insbesondere könne sich der Analytiker *nur dann* auf den neurotischen Widerstand des Patienten berufen, um dessen Ablehnung in Frage zu stellen, wenn etwas, das als Übereinstimmung gelten könne, eine Bestätigung dafür biete, daß die Deutung dennoch richtig war. Daher kann man einem Analytiker, der bei der intraklinischen Prüfung seiner Konstruktionen epistemisch nach diesem Rezept vorgeht, mit Sicherheit nicht vorwerfen, er habe die Deutungen schlichtweg durch die wohlfeile Behauptung gegen Falsifizierung immunisiert, der Patient leiste neurotischen Widerstand.

Wie Peterfreund (1983: 20–27) in seiner Kritik einer »Fallstudie von Greenson« zeigte, gibt es leider weithin bekannte praktizierende Analytiker, die sich genau aus dem Grund, den Freud (GW 16: 43; 1937) mit der Bemerkung »Heads I win, tails you lose« *zurückgewiesen* hatte, auf den Widerstand des Patienten berufen. Und auf den ersten Blick *scheint* es, als könnte die Forderung nach Übereinstimmung einen gewissen Schutz gegen eine solche krasse Vorabentscheidung des Problems bieten.

Dennoch behaupte ich, daß angesichts des Ablebens des Übereinstimmungsarguments besagte Übereinstimmung von klinischen Induktionen wahrscheinlich als *trügerisch* zu gelten hat, und diese hohe Wahrscheinlichkeit folgt aus der Tatsache, daß die *Unabhängigkeit* der übereinstimmenden Beweisstücke, zu denen man über Schlußfolgerungen kommt, äußerst gefährdet ist durch einen *gemeinsamen* Kontaminator: den Einfluß des Analytikers. Denn die *scheinbar* unabhängigen klinischen Daten können sehr wohl *alle* mehr oder weniger durch den Einfluß des Analytikers beeinträchtigt sein und so dessen Konstruktion auf Kosten ihrer epistemischen Zuverlässigkeit oder ihres Beweiswerts bestätigen. Beispielsweise kann der Patient, nachdem er fügsam einer Deutung zugestimmt hat, bereitwillig eine »bestätigende« frühe Erinnerung produzieren. Grundsätzlicher gesehen, zeitigen jedoch die von mir erörterten epistemischen Mängel der freien Assoziation gerade im Zusammenhang mit der behaupteten Übereinstimmung ihre negativen Auswirkungen; denn diese Mängel *gehen gleichermaßen ein* in *jedes* der drei Hauptgebiete der klinischen Untersuchung, in denen die *freie Assoziation dazu dient, angebliche Verdrängungen aufzudecken*: in die ätiologische klinische Untersuchung der Pathogene der neurotischen Symptome des Patienten und in die Deutung seiner Träume sowie seiner Fehlleistungen. Dadurch, daß sie alle gleichermaßen von der freien Assoziation abhängen, büßen die klinischen Daten aus diesen drei Bereichen die Unabhängigkeit ein, die sie brauchen, wenn die

Übereinstimmung, die sie dem ersten Anschein nach besitzen, für die Beweisführung zwingend sein soll. Die Übereinstimmung zwischen den scheinbar unterschiedlichen Daten ist daher sehr wahrscheinlich unecht oder kann zumindest nicht mit Recht als echt angesehen werden. Doch selbst wenn zum Vorschein kommende Verdrängungen wirklich übereinstimmend wären, würde dies *nicht* beweisen, daß solche Verdrängungen pathogen sind oder die Vorläufer von Träumen und Versehen bilden. Dies war eines der Ergebnisse aus Teil II.

In einem Artikel über Rekonstruktionen in der Analyse rekapituliert die Analytikerin P. Greenacre (1981) Freuds Aufsatz aus dem Jahre 1937 und betont, welch grundlegende epistemische Rolle der freien Assoziation bei psychoanalytischen Rekonstruktionen zukommt. Greenacre schrieb ihren Artikel erklärtermaßen, um jungen Analytikern zu einem richtigen Verständnis dafür zu verhelfen, wie man die Vergangenheit des Patienten wieder hervorholen kann, aber sie läßt nicht erkennen, daß das Problem, mit dem sich Freud in seinem Aufsatz von 1937 beschäftigte, ungelöst bleibt, und sei es nur wegen der Mängel der freien Assoziation. Auch in Walter Kaufmanns journalistischer Darstellung von Freuds Gedanken bleiben die epistemischen Schwächen dieses Aufsatzes unbegriffen (1980: 87 f., passim).

Aus den Bewertungen, die ich in den vorangegangenen Kapiteln vorgenommen habe, gehen drei wesentliche Schlußfolgerungen hervor:

1. Sofern man nunmehr die Evidenz für das psychoanalytische Gedankengebäude aus den Produktionen der Patienten in der Analyse meint herleiten zu können, ist die Begründung dafür bemerkenswert schwach.

2. Angesichts meiner Darstellung der epistemischen Mängel, die der psychoanalytischen Methode eigen sind, scheint es so, daß die Bestätigung der Haupthypothesen Freuds, wenn überhaupt, in erster Linie über gut geplante *extra*klinische

Untersuchungen, entweder epidemiologisch oder auch experimentell, erfolgen muß (vgl. Masling 1983; Eysenck/Wilson 1973). Diese Einschätzung bedeutet jedoch weitgehend eine Aufgabe für die Zukunft. Der Leser sei darauf verwiesen, daß ich an anderer Stelle (Grünbaum 1986b: 269 f.) folgende Schlußfolgerung belegt habe: Selbst wenn die bislang gewonnenen experimentellen Daten nützlich waren, haben sie es doch nicht vermocht, irgendeine der *wesentlichen* Hypothesen Freuds zu stützen, deren klinische Beglaubigung ich als unzureichend kritisiert habe.

3. Trotz der Dürftigkeit der klinischen Zeugnisse kann es sich vielleicht doch noch herausstellen, daß Freud mit seiner glänzenden theoretischen Vorstellungsgabe tatsächlich einen guten Spürsinn hinsichtlich der Psychopathologie oder des Verständnisses einiger Unterarten von Fehlleistungen bewiesen hat. Während man also sagen kann, die Psychoanalyse sei wissenschaftlich ›lebendig‹, ist sie gleichwohl derzeit sicher nicht ›gesund‹, zumindest was ihre klinischen Grundlagen betrifft. Das Urteil wird auch durch solche *experimentellen* Befunde nicht günstiger, wie wir sie in Kapitel 3 (S. 308 f.), Kapitel 4 (S. 330–336), Kapitel 5 (S. 353–356) und Kapitel 9 (S. 432 f.) erörtert haben.

Kapitel 11

Koda zur exegetischen Mythenbildung in Karl Poppers Anklage gegen die klinische Bestätigung der Psychoanalyse

Popper mißachtet, daß das induktivistische Vermächtnis von Bacon und Mill die allgegenwärtigen »Bestätigungen«, wie sie von einigen jener Freudianer und Adlerianer behauptet wurden, denen er bis 1919 begegnet war, methodologisch nicht für statthaft erklärt (Grünbaum, 1977, Abschn. 2; 1979a: 134). Nach seiner Darstellung sahen jene Autoren »überall bestätigende Beispiele: die Welt war voll von *Verifikationen* der Theorie. Was auch geschah, es bestätigte die Theorie« (Popper 1962: 35). In der Tat behauptet Popper, daß nach *induktiven* Maßstäben sowohl Freuds als auch Adlers Psychologie »immer bestätigt wurden« (S. 35). Er verweist sodann auf die angebliche allgemeine Bestätigung dieser Theorien, *komme, was da wolle*, um sowohl diese Theorien als auch die induktivistische Methodologie, mit der ihre Glaubwürdigkeit vermeintlich untermauert werde, unter Anklage zu stellen; denn er charakterisiert sie folgendermaßen: »Exakt diese Tatsache – daß sie immer paßten, daß sie immer bestätigt wurden –, war in den Augen ihrer Bewunderer das stärkste Argument zugunsten dieser Theorien. Mir wurde klar, daß diese scheinbare Stärke in Wirklichkeit ihre Schwäche war« (S. 35). So fühlt er sich zu der Kritik berechtigt, der Induktivismus als Methode der wissenschaftlichen Theorievalidierung lasse für die Beweisführung zu vieles zu, und spricht sich dafür aus, ihn als Abgrenzungskriterium aufzugeben.

Daß aber Popper dem Induktivismus Wahllosigkeit hinsichtlich der Beweiskraft zuschreibt, weil er glaubte, die für die Psychoanalyse behaupteten allgegenwärtigen Bestätigungen würden durch ihn, den Induktivismus, sanktioniert, geht klar aus seiner Darstellung hervor, wie er zur Aufstellung seines neuen Abgrenzungskriteriums in den Jahren 1919–20 gelangt war (S. 36). Dort formuliert er die Unterschiede, die er zwischen seinem Falsifizierbarkeitskriterium und dessen induktivistischem Vorläufer sieht, in einem Manifest von sieben Thesen. Die erste dieser Thesen lautete: »Es ist einfach, für beinahe jede Theorie Bestätigungen oder Verifikationen zu erhalten – wenn wir nach Bestätigungen suchen« (S. 36). Die nachdrücklichste Überlegung dazu war jedoch folgende gewesen: Während Einsteins Gravitationstheorie falsifizierbar ist, sind es die Theorien von Freud und Adler nicht, *weil* »es praktisch unmöglich war, irgendein menschliches Verhalten zu beschreiben, von dem man nicht behaupten könnte, es verifiziere diese Theorie« (S. 36).

Es entbehrt nicht der Ironie, daß Popper als wichtigste Illustration für seine These, daß sich induktiv bekräftigte Bestätigungen für nahezu jede Theorie leicht finden ließen, sofern man danach suche, auf die psychoanalytische Theorie verwies. Reichlich versehen mit einer Unmenge von ätiologischen und anderen kausalen Hypothesen, wird Freuds Theorie durch den neo-baconschen Induktivismus dazu herausgefordert, positive Beispiele *sowohl* von Versuchsgruppen *als auch* von Kontrollgruppen zusammenzutragen, wenn sie induktiv *stützende* Beispiele darstellen sollen. Wie wir uns aus unserer Erörterung des Falles vom Rattenmann in Kapitel 8 erinnern, wäre es jedoch, falls es solche Beispiele tatsächlich gibt, mit der retrospektiven psychoanalytischen Methode außerordentlich schwierig, wenn nicht gar unmöglich, sie zu liefern. Zudem haben bis zum heutigen Tage die Analytiker die Art von Beispielen aus kontrollierten Untersuchungen, die *induktiv benötigt* werden, um Freuds spezifische Ätiologien der Neurosen wirklich untermauern zu können, nicht beigebracht. *Es ist also gerade Freuds Theorie, die den schlagenden Beweis dafür liefert, daß Popper durch seine These, nahezu jegliche Theorie lasse sich ohne Schwierigkeiten induktiv bestätigen, ein Zerrbild von der induktivistischen*

Tradition gegeben hat! Dies ist auch eines der *wichtigen impliziten* Ergebnisse der Kapitel 3, 4 und 5 in Hinsicht auf den Eckpfeiler des psychoanalytischen Gebäudes.

Popper kam jedoch zu dem Schluß, *weil* sie immer, komme, was da wolle, Bestätigung fänden, seien die beiden psychologischen Theorien »einfach nicht überprüfbar, da sie unwiderlegbar sind« (S. 37). Dann fügt er rasch hinzu: »Das bedeutet nicht, daß Freud und Adler die Dinge nicht korrekt sahen. [...] Aber es bedeutet, daß jene ›klinischen Beobachtungen‹, von denen Analytiker naiv glauben, sie bestätigten ihre Theorie, dies genausowenig zu leisten vermögen wie die täglichen Bekräftigungen, die Astrologen in ihrer Praxis vorfinden« (S. 37 f.). Diesem letzten Satz fügt Popper eine sehr wichtige Fußnote bei, in der er die von Analytikern behaupteten *klinischen* Bestätigungen kritisch beurteilt:

»›Klinische Beobachtungen‹ sind, wie alle anderen Beobachtungen auch, *Interpretationen im Lichte von Theorien*; und schon allein aus diesem Grund können sie scheinbar jene Theorien, in deren Licht sie interpretiert werden, leicht untermauern. Wirkliche Unterstützung läßt sich aber nur aus Beobachtungen gewinnen, die als Tests angelegt sind (durch ›versuchte Widerlegungen‹); und zu diesem Zweck müssen *Widerlegungskriterien* im voraus festgelegt werden: man muß vereinbaren, welche beobachtbaren Situationen gegebenenfalls bedeuten, daß die Theorie widerlegt ist. Welcher Art müßten aber die klinischen Antworten sein, die zur Zufriedenheit der Analytiker nicht nur eine spezifische analytische Diagnose, sondern die Psychoanalyse selbst widerlegen könnten? Und wurden solche Kriterien jemals von Analytikern diskutiert oder vereinbart? Gibt es nicht im Gegenteil eine ganze Gattung von psychoanalytischen Begriffen wie ›Ambivalenz‹ (wobei ich nicht unterstelle, daß es so etwas wie Ambivalenz nicht gibt), die es schwierig, wenn nicht gar unmöglich machen, sich auf solche Kriterien zu einigen? Wie weit ist man außerdem gekommen bei der Untersuchung der Frage nach dem Ausmaß, in dem die (bewußten oder unbewußten) Erwartungen und Theorien seitens des Analytikers die ›klinischen Antworten‹ des Patienten beeinflussen? (Ganz zu schweigen von den bewußten Versuchen, den Patienten zu beeinflussen, indem man ihm Deutungen vorschlägt, usw.) Vor Jahren führte ich die Bezeichnung ›*Ödipus-Effekt*‹ ein, um den Einfluß einer Theorie oder einer Erwartung oder einer Vorhersage *auf das Ereignis, das vorhergesagt* oder beschrieben wird, zu schildern: man wird sich erinnern, daß die kausale Kette, die zum Vatermord von Ödipus führte, damit begann, daß das Orakel dieses Ereignis vorhersagte. Dieses Thema kehrt in solchen Mythen bezeichnenderweise immer wieder, aber es konnte scheinbar das Interesse der Analytiker nicht auf sich ziehen, vielleicht nicht zufällig. (Freud erörtert das Problem bestätigender Träume, die durch den Analytiker angeregt werden, z. B. in den *Gesammelten Schriften*, Bd. 3, 1925, wo er S. 314 sagt: ›Will also jemand behaupten, daß die meisten der in der Analyse verwertbaren Träume [. . .] der Suggestion [des Analytikers] ihre Entstehung verdanken, so ist vom Standpunkt der analytischen Theorie nichts dagegen einzuwenden. Diese Tatsache bedeutet jedoch nicht‹, fügt er überraschenderweise hinzu, ›daß die Zuverlässigkeit unserer Resultate geschädigt würde.‹)« (S. 38, Anm. 3.)

Dazu sei folgendes angemerkt:

1. Popper stellt die Frage, welche Art klinischer Reaktionen in Freuds Augen seiner allgemeinen Theorie zuwiderlaufen würden. In Kapitel 1, Abschnitt B, habe ich eine Reihe von Fällen aufgeführt, wo es zu bedeutsamen Modifikationen der Theorie kam, die beredtes Zeugnis dafür ablegen, daß Freud für klinische und selbst außerklinische Befunde, die seiner Theorie *zuwiderliefen*, offen war. Dem kann ich nun die Lehre hinzufügen, die Freud 1926 aus dem Sachverhalt beim Wolfsmann und beim Kleinen Hans zog: »Hier macht die Angst die Verdrängung, nicht, wie ich früher gemeint habe, die Verdrängung die Angst. [. . .] es hilft nichts, es zu verleugnen, ich habe oftmals den Satz vertreten, durch die Verdrängung werde [. . .] die Libido der Triebregung [. . .] in Angst verwandelt. *Die Untersuchung der Phobien, die vor allem berufen sein sollte, diesen Satz zu erweisen, bestätigt ihn also nicht, sie scheint ihm vielmehr direkt zu widersprechen*« (GW 14: 138; 1926). Außerdem brauchen wir uns nur an das Thema von Freuds 1937 erschienenem Aufsatz »Konstruktionen in der Analyse« zu erinnern, nämlich daran, wie er die intraklinische Falsifizierbarkeit jener klinischen Rekonstruk-

tionen sicherstellt, die erklärtermaßen den epistemischen Lebensnerv seiner gesamten Theorie darstellen! Wenn Popper fragt, »wie die klinischen Antworten aussehen müßten, die zur Zufriedenheit der Analytiker die Psychoanalyse selbst widerlegen könnten«, frage ich umgekehrt: Was ist »die Psychoanalyse selbst«? Ist es die Theorie der unbewußten Motivationen oder die psychoanalytische Untersuchungsmethode? In bezug auf die erstere betonte Freud, daß sie auf Vermutungen beruhe, indem er Henri Poincarés Ansicht unterstützte, daß es sich bei den Postulaten der Theorie offensichtlich um unbestimmte freie Schöpfungen des menschlichen Geistes handle (GW 10: 142; 1914; 10: 210; 1915). Zur letzteren stellte er ausdrücklich fest, er habe, als seine Verführungsätiologie der Hysterie zusammenbrach, in Erwägung gezogen, die psychoanalytische Untersuchungsmethode selbst als unzuverlässig aufzugeben (GW 10: 55; 1914; 14: 60; 1925).

Der größte Teil der einschlägigen Äußerungen Freuds war Popper in der deutschen Ausgabe von Freuds gesammelten Schriften (12 Bde., Wien 1924–25) zugänglich, aus denen er in der obigen Passage zitierte. Poppers bedauerliche Mißachtung dieser aufschlußreichen Aussagen hat zu einer exegetischen Mythenbildung geführt. In der Tat hat sich der Mythos sogar in elementare Lehrbücher eingeschlichen, wo er unbelehrbar wiederholt wird, als handelte es sich um gut dokumentierte Exegese (Abel 1976: 162). Obwohl es überfällig ist, diesen Mythos endlich zu begraben, ist er, so fürchte ich, inzwischen so weit verbreitet, daß er ungehindert weiter seine schädliche Wirkung tun kann.

2. Bezeichnet die psychoanalytische Verwendung von Eugen Bleulers Begriff der Ambivalenz eine Gruppe von theoretischen Vorstellungen, die zur Nicht-Falsifizierbarkeit beitragen? Auch hier kann ich auf Kapitel 1, Abschnitt B, verweisen, wo ich gezeigt habe, daß sich dieser Vorwurf Poppers als Bumerang erweist.

3. Popper charakterisiert die Suggestivwirkung des Analytikers auf die klinischen Reaktionen des Patienten als eine Angelegenheit des »Einflusses einer Theorie oder einer Erwartung oder einer Vorhersage *auf das Ereignis, das vorhergesagt* oder beschrieben wird«. Dann stellt er die gänzlich unwissende und grob ungerechte Behauptung auf, daß eine solche Selbsterfüllung von Vorhersagen via suggestionsähnlichen Mechanismen »scheinbar das Interesse der Analytiker nicht auf sich ziehen konnte, vielleicht nicht zufällig«. Obendrein teilt er mit, er selbst sei es, der Jahre zuvor die epistemische Gefahr einer trügerischen Bestätigung durch falsche Daten erkannt habe, als er den Oberbegriff »Ödipus-Effekt« prägte. So tadelt er die Freudianer, sie hätten, anders als er, die entscheidende Lehre aus der Ödipussage nicht verstanden.

Dazu möchte ich zunächst einmal darauf hinweisen, daß Freud bereits im Jahre 1888 – vierzehn Jahre, bevor Popper geboren wurde – eine differenzierte und scharfsinnige Darstellung verschiedener Arten von Suggestion und ihrer Auswirkungen gegeben hat. In jenem Jahr veröffentlichte er ein langes Vorwort zu seiner deutschen Übersetzung des Buches von Hippolyte Bernheim *Die Suggestion und ihre Heilwirkung* (Leipzig/Wien 1888). Freud lenkte dort die Aufmerksamkeit auf das *epistemische Chaos*, das in der Psychiatrie durch die suggestive Intervention des Arztes angerichtet werden könne, wenn man die Möglichkeit der suggestiven Produktion *unechter* Symptome, die für das untersuchte Syndrom *nicht* charakteristisch sind, unberücksichtigt lasse. Genau das warf Bernheim J.-M. Charcot und dessen Bericht über einen Symptomenkomplex namens »großer Hypnotismus« (»grand hypnotisme«) vor. Charcot behauptete, *hysterische* Patienten wiesen anders als normale Menschen *drei* Hypnosestufen auf, die sich durch höchst bemerkenswerte charakteristische *physische* Symptome voneinander unterscheiden. Wenn jedoch, so erklärt Freud, die Symptomatologie der Hysterie unter Hypnose erst durch reine Suggestion *erzeugt* würde, wie der Vorwurf lautet, dann wären diejenigen Hysterieforscher, die glaubten, sie untersuchten ein objektives Syndrom, getäuscht worden:

»Sind die Anhänger der Suggestionstheorie im Rechte, so werden all diese Beobachtungen der Salpêtrière werthlos, ja verwandeln sich in Beobachtungsfehler. Die Hypnose der Hysterischen hat dann keine eigenen Charaktere; es steht aber jedem Arzt frei, seine Hypnotisirten zu einer ihm beliebigen Symptomatologie zu veranlassen; wir erfahren aus dem Studium des grand hypnotisme nicht, welche Erregbarkeitsveränderungen im Nervensystem der Hysterischen auf gewisse Eingriffe hin einander ablösen, sondern nur welche Absichten Charcot seinen Versuchspersonen in ihm selbst unbewusster Weise suggerirt hat, und das ist für unser Verständnis der Hypnose wie der Hysterie absolut gleichgiltig.

Es ist leicht einzusehen, wie diese Auffassung weitergreifen und ein bequemes Verständniss der hysterischen Symptomatologie überhaupt versprechen kann. Hat die Suggestion des Arztes die Phänomene der hysterischen Hypnose gefälscht, so ist es auch leicht möglich, dass sie sich in die Beobachtung der übrigen hysterischen Symptomatologie eingemengt hat, dass sie für die hysterischen Anfälle, Lähmungen, Contracturen u. s. w. Gesetze aufgestellt hat, welche nur durch die Suggestion mit der Neurose zusammenhängen und daher ihre Giltigkeit verlieren, sobald ein anderer Arzt an einem anderen Orte hysterische Kranke beobachtet. [. . .]

Wir hätten so ein eclatantes Beispiel erlebt, wie die Vernachlässigung des psychischen Momentes der Suggestion einen grossen Beobachter verleitete, aus der zu allem bildsamen Willkür einer Neurose künstlich und fälschlich einen Typus geschaffen zu haben« (S. VI).

Wie Freud bemerkt, wird Bernheims scharfer Vorwurf der Unechtheit gegen Charcots »großen« Hypnotismus den heilsamen Effekt haben, »daß man bei jeder zukünftigen Untersuchung über Hysterie und Hypnotismus die Ausschliessung des suggestiven Elements bewusster in's Auge fasst« (S. VI f.). Freud berichtet jedoch, in diesem Fall sei der Scheincharakter der Symptomatologie aufgrund eindrucksvoller Beweise, die Charcot gesammelt hatte, ausgeschlossen: »die Hauptpunkte der hysterischen Symptomatologie sind vor dem Verdacht, der Suggestion des Arztes zu entstammen, gesichert« (S. VII).

So hatte Freud offenkundig bereits im Jahre 1888 ein feines Gespür für das *epistemische* Problem unechter Daten, wie es sich aus der Beeinflußbarkeit des Patienten durch den Arzt ergibt. Später, im Jahre 1901, brach Freud mit seinem langjährigen, engen Freund Wilhelm Fließ, als dieser den Einwand erhob, die psychoanalytische Technik der freien Assoziation habe den Fehler, daß sie die Erzeugung von Scheinbefunden nicht verhindern könne. Und wie wir sahen, war Freuds Übereinstimmungsargument aus dem Jahre 1917 ein kühner Versuch, sich mit dem Vorwurf der epistemischen Kontamination durch verfälschte klinische Reaktionen in all seinen Dimensionen auseinanderzusetzen. Auch in der Zwischenzeit war Freud diesem Vorwurf gegenüber wachsam geblieben und hatte ihn in seiner Fallstudie vom Kleinen Hans im Jahre 1909 angesprochen. Als Popper im Jahre 1919 auf der philosophischen Bühne erschien, hatte Freud in seinen Schriften schon längst dessen Beschuldigung, Analytiker seien dem Kontaminationsproblem gegenüber blind, vernehmlich untergraben. Später haben auch andere hervorragende Analytiker, wie etwa E. Glover (1931) diesen Vorwurf indirekt weiter entkräftet.

Popper reichert seinen exegetischen Fehler noch durch die Unterstellung an, die angebliche Vergeßlichkeit der Freudianer sei »vielleicht nicht zufällig«, und gibt damit zu verstehen, daß sie verstandesmäßig auswichen, wenn sie nicht sogar gefühlsmäßig unfähig seien, sich dem Problem zu stellen.

Um ein geringschätziges Urteil über Freuds Behandlung des Suggestibilitätsproblems zu *rechtfertigen*, hätte Popper die *empirischen* Zeugnisse der TNB-Prämisse im Übereinstimmungsargument anfechten müssen, wie ich es hier getan habe. *Was* man gerechterweise sagen *kann*, ist meiner Meinung nach folgendes: Freud hat das Kontaminationsproblem in seinem Aufsatz »Die analytische Therapie« beharrlich, brillant, aber *erfolglos in Angriff genommen*, doch scheiterte er kläglich aus *empirischen* Gründen und nicht aus Mangel an methodologischer Scharfsichtigkeit.

4. Popper äußert sich kritisch zu Freuds Erklärung, warum ein durch Suggestion angeregter Trauminhalt keine Scheinbestätigung für die analytische Deutung liefere. Leider grenzt die Art, wie Popper Freud zitiert, an reine Karikatur. Popper zitiert einen Satz aus Freuds Aufsatz »Bemerkungen zur Theorie und Praxis der Traumdeutung« (1923), den er jedoch in seiner eigenen englischen Übersetzung wiedergibt. Liest man die Stelle in ihrem Zusammenhang (*Gesammelte Schriften*, Bd. 3, Wien 1925, S. 314, und GW 13: 310), so ergibt sich – was wir auch in Kap. 5 sahen –, daß Freud auch hier ausdrücklich sein *Übereinstimmungsargument* anführt, um das Auftreten von Scheinbestätigungen zu bestreiten. Es zeigt sich, daß Popper in seiner Wiedergabe Freuds entscheidenden Satz in höchst irreführender Weise schlichtweg beschnitten hat, *ohne* auf diese Weglassung irgend hinzuweisen. Freud war der Kritik, die in der Behauptung enthalten ist, die meisten im Verlauf einer Analyse gedeuteten Träume seien Gefälligkeitsträume, die ihre Entstehung der Erwartung des Analytikers verdankten, folgendermaßen entgegengetreten: »Ich brauche dann nur noch auf die Erörterungen in meinen ›Vorlesungen zur Einführung‹ [Nr. 28] zu verweisen, in denen das Verhältnis der Übertragung zur Suggestion behandelt und dargetan wird, wie wenig die Anerkennung der Suggestionswirkung in unserem Sinne die Zuverlässigkeit unserer Resultate schädigt.« Popper zeigt sich überrascht und gibt diesen Satz mit folgenden Worten verkürzend wieder: »Diese Tatsache [daß es Gefälligkeitsträume gibt] bedeutet jedoch nicht, daß die Zuverlässigkeit unserer Resultate geschädigt würde.«

Gerade im ersten Teil des Satzes, den Popper unerklärlicherweise wegläßt, bezieht sich Freud also auf sein Übereinstimmungsargument und behauptet, die Rolle, die die Suggestion in Gefälligkeitsträumen und allgemein in der Analyse spielt, sei letztlich epistemisch *nicht* verwirrend. Popper gibt keinen

Hinweis darauf, daß Freud, wenngleich erfolglos, für diese Schlußfolgerung *eingetreten* ist, und vermittelt durch sein vermeintlich wörtliches Zitat ein grundfalsches Bild von Freuds Position. So etwas läßt sich auch nicht mit dem beschränkten Raum einer Fußnote rechtfertigen.

Da Freuds Übereinstimmungsargument fehlgeschlagen und kein Ersatz dafür in Sicht ist, hat Popper durchaus recht damit, daß die Kontamination durch Suggestion den Beweiswert klinischer Daten untergrabe. Ich habe jedoch argumentiert, daß, soweit seine Begründung, die Psychoanalyse lasse sich nicht klinisch bestätigen, *zutrifft*, dies *nicht* den Induktivismus als Methode zur wissenschaftlichen Theoriebestätigung in Zweifel zieht. Und ich habe belegt, daß Freud sich sorgfältig – wenn auch erfolglos – mit allen Argumenten befaßt hat, die Popper gegen die klinische Bestätigung anführt, und zwar noch bevor Popper die philosophische Bühne betrat.

Literaturverzeichnis

GW	Sigmund Freud: Gesammelte Werke. Hrsg. von Anna Freud [u. a.]. 17 Bde. Frankfurt a. M.: Fischer, ^{2}1964. Nachtr.-Bd. Hrsg. von Angela Richards unter Mitw. von Ilse Grubrich-Simitis. Ebd. 1987.
Anfänge	Sigmund Freud: Aus den Anfängen der Psychoanalyse. Briefe an Wilhelm Fließ. Abhandlungen und Notizen aus den Jahren 1887–1902. Hrsg. von Marie Bonaparte, Anna Freud und Ernst Kris. Frankfurt a. M.: Fischer, 1962.
Studien	Sigmund Freud / Josef Breuer: Studien über Hysterie. Frankfurt a. M.: Fischer, 1970.
SE	Standard Edition of the Complete Psychological Works of Sigmund Freud. Übers. und hrsg. von James Strachey [u. a.]. 24 Bde. London: Hogarth Press, 1953–74.

Abel, R.: Man Is the Measure. New York: Free Press, 1976.

Baier, K.: The Moral Point of View. Ithaca (N. Y.): Cornell University Press, 1958. – Dt.: Der Standpunkt der Moral. Eine rationale Grundlegung der Ethik. Übers. von R. von Savigny. Düsseldorf: Patmos-Verlag, 1974.

Basch, M.: Doing Psychotherapy. New York: Basic Books, 1980.

Bernstein, A. E. / Warner, G. M.: An Introduction to Contemporary Psychoanalysis. New York: Aronson, 1981.

Bird, B.: Notes on Transference: Universal Phenomenon and Hardest Part of Analysis. In: Journal of the American Psychoanalytic Association 20 (1972) S. 267–301.

Blanck, G. / Blanck, R.: Ego Psychology: Theory and Practice. New York: Columbia University Press, 1974. – Dt.: Angewandte Ich-Psychologie. Übers. von H. Weller. Stuttgart: Klett-Cotta, 1978.

Blight, J. G.: Must Psychoanalysis Retreat to Hermeneutics? In: Psychoanalysis and Contemporary Thought 4 (1981) S. 147–205.

Brenner, C.: Psychoanalysis and Science. In: Journal of the American Psychoanalytic Association 16 (1968) S. 675–696.

– Psychoanalysis: Philosophy or Science. In: Psychoanalysis and Philosophy. Hrsg. von C. Hanley und M. Lazerowitz. New York: International Universities Press, 1970.

– The Mind in Conflict. New York: International Universities Press, 1982.
Brown, D.: Tchaikovsky. In: The New Grove Dictionary of Music and Musicians. Hrsg. von S. Sadie. Bd. 18. London: Macmillan, 1980. S. 626–628.
Campbell, L. A.: The Role of Suggestion in the Psychoanalytic Therapies. In: International Journal of Psychoanalytic Psychotherapy 7 (1978) S. 1–22.
Clark, R.: Freud: The Man and the Cause. New York: Random House, 1980. – Dt.: Sigmund Freud. Übers. von J. A. Frank. Frankfurt. a. M.: Fischer, 1980.
Colby, K. M.: On the Disagreement Between Freud and Adler. In: American Imago 8 (1951) S. 229–238.
Considine, D. M. (Hrsg.): Van Nostrand's Scientific Encyclopedia. 5. Aufl. New York: Van Nostrand Reinhold, 1976.
Cooper, A. M. / Michels, R.: An Era of Growth. In: Controversy in Psychiatry. Hrsg. von J. P. Brady und H. K. H. Brodie. Philadelphia: W. B. Saunders, 1978.
Dorian, F.: Tchaikovsky's Death a Suicide! A Biographical Correction. In: Pittsburgh Symphony Orchestra Program Magazine. 23. Oktober 1981. S. 224–227.
Duhem, P.: La théorie physique: son objet et sa structure. Paris: Chevalier & Rivière, 1906. – Dt.: Ziel und Struktur der physikalischen Theorien. Vorw. und Übers. von F. Adler. Eingel. und hrsg. von L. Schäfer. (Nachdr. der 1. Aufl. von 1908.) Hamburg: Meiner, 1978.
Dywan, J. / Bowers, K.: The Use of Hypnosis to Enhance Recall. In: Science 222 (1983) S. 184 f.
Eagle, M.: Validation of Motivational Formulations, Acknowledgment as a Criterion. In: Psychoanalysis and Contemporary Science 2 (1973) S. 265–275.
– A Critical Examination of Motivational Explanation in Psychoanalysis. In: Psychoanalysis and Contemporary Thought 3 (1980) S. 329–380. [Zit. als: Eagle 1980a.]
– Symposium on G. S. Klein's Psychoanalytic Theory. In: The Psychoanalytic Review 67 (1980) S. 179–194. [Zit. als: Eagle 1980b.]
– The Epistemological Status of Recent Developments in Psychoanalytic Theory. In: Physics, Philosophy, and Psychoanalysis. Hrsg. von R. S. Cohen und L. Laudan. Dordrecht / Boston: Reidel, 1983. S. 31–55.

– Psychoanalysis and Modern Psychodynamic Theories. In: Personality and the Behavior Disorders. Rev. Ausg. Hrsg. von N. S. Endler und J. McV. Hunt. New York: Wiley, 1984.[Zit. als: Eagle 1984a.]
– Recent Developments in Psychoanalysis. A Critical Evaluation. New York: McGraw Hill, 1984. [Zit. als: Eagle 1984b.] – Dt.: Neuere Entwicklungen in der Psychoanalyse. Eine kritische Würdigung. Übers. von H. Waller. München: Verlag Internationale Psychoanalyse, 1988.
Eckardt, B. von: On Evaluating the Scientific Status of Psychoanalysis. In: Journal of Philosophy 78 (1981) S. 570–572.
– The Scientific Status of Psychoanalysis. In: Introducing Psychoanalytic Theory. Hrsg. von S. L. Gilman. New York: Brunner/Mazel, 1982.
– Adolf Grünbaum and Psychoanalytic Epistemology. In: Beyond Freud: A Study of Modern Psychoanalytic Theorists. Hrsg. von J. Reppen. Hillsdale: The Analytic Press, 1985.
Edelson, M.: Is Testing Psychoanalytic Hypotheses in the Psychoanalytic Situation Really Impossible? In: The Psychoanalytic Study of the Child 38 (1983). S. 61–109.
– Hypothesis and Evidence in Psychoanalysis. Chicago: University of Chicago Press, 1984.
Efron, A.: Magnetic Hysteresis. In: The Harper Encyclopedia of Science. Rev. Ausg. Hrsg. von J. R. Newman. New York: Harper & Row, 1967.
Eissler, K. R.: Irreverent Remarks About the Present and the Future of Psychoanalysis. In: International Journal of Psycho-Analysis 50 (1969) S. 461–471.
– Comments on Penis Envy and Orgasm in Women. In: Psychoanalytic Study of the Child 32 (1977) S. 29–83.
Ellenberger, H. F.: The Discovery of the Unconscious. New York: Basic Books, 1970. – Dt.: Die Entdeckung des Unbewußten. Übers. von G. Theusner-Stampa. 2 Bde. Bern: Huber, 1973.
– The Story of »Anna O.«: A Critical Review with New Data. In: Journal of the Behavioral Sciences 8 (1972) S. 267–279.
Ellis, A. W.: On the Freudian Theory of Speech Errors. In: Errors in Linguistic Performance: Slips of the Tongue, Ear, Pen, and Hand. Hrsg. von V. A. Fromkin. New York: Academic Press, 1980. S. 123–131.

Erdelyi, M. H. / Goldberg, B.: Let's Not Sweep Repression Under the Rug: Toward a Cognitive Psychology of Repression. In: Functional Disorders of Memory. Hrsg. von J. F. Kihlstrom und F. J. Evans. Hillsdale (N. J.): Erlbaum Associates, 1979.

Erikson, E. H.: The Dream Specimen of Psychoanalysis. In: Journal of the American Psychoanalytic Association 2 (1954) S. 5–56.

Erwin, E.: Behavior Therapy. New York: Cambridge University Press, 1978.

Eysenck, H. J.: Uses and Abuses of Psychology. Baltimore: Penguin, 1963.

– / Wilson, G. D.: The Experimental Study of Freudian Theories. London: Methuen, 1973.

Fancher, R. E.: Psychoanalytic Psychology. New York: Norton, 1973.

Fenichel, O.: The Psychoanalytic Theory of Neurosis. New York: Norton, 1945. – Dt.: Psychoanalytische Neurosenlehre. Übers. von K. Laermann. 3 Bde. Olten: Walter, 1974–77.

Ferguson, M.: Progress and Theory Change: The Two Analyses of Mr. Z. In: Annual of Psychoanalysis 9 (1981) S. 133–160.

Fisher, C.: Experimental and Clinical Approaches to the Mind–Body Problem Through Recent Research in Sleep and Dreaming. In: Psychopharmacology and Psychotherapy: Synthesis or Antithesis? Hrsg. von N. Rosenzweig und H. Griscom. New York: Human Sciences Press, 1978. S. 61–99.

Fisher, S.: The Scientific Vitality of Freud's Theories. In: Contemporary Psychology 27 (1982) S. 680 f.

– / Greenberg, R. P.: The Scientific Credibility of Freud's Theory and Therapy. New York: Basic Books, 1977.

Flax, J.: Psychoanalysis and the Philosophy of Science: Critique or Resistance? In: Journal of Philosophy 78 (1981) S. 561–569.

Frank, A. / Trunnell, E. E.: Conscious Dream Synthesis as a Method of Learning about Dreaming: A Pedagogic Experiment. In: Psychoanalytic Quarterly 47 (1978) S. 103–112.

Frank, G. H.: The Role of the Family in the Development of Psychopathology. In: Psychological Bulletin 64 (1965) S. 191–205.

Fromkin, V. A. (Hrsg.): Errors in Linguistic Performance: Slips of the Tongue, Ear, Pen, and Hand. New York: Academic Press, 1980.

Fromm, E.: The Crisis of Psychoanalysis. Greenwich, Conn.: Fawcett Publications, 1970. – Dt.: Analytische Sozialpsychologie und Gesellschaftstheorie. Frankfurt a. M.: Suhrkamp, 1970.

Gadamer, H. G.: Wahrheit und Methode. Grundzüge einer philosophischen Hermeneutik. Tübingen: Mohr, ²1965.

Galton, F.: Statistical Inquiries into the Efficacy of Prayers. In: The Fortnightly Review. N. S. 12 (1872) S. 125–135.

Gauld, A. / Shotter, J.: Human Action and Psychological Investigation. London: Routledge & Kegan Paul, 1977.

Gedo, J. E.: Reflections on Some Current Controversies in Psychoanalysis. In: Journal of the American Psychoanalytic Association 28 (1980) S. 363–383.

Giere, R. N.: Understanding Scientific Reasoning. New York: Holt, Rinehart & Winston, 1979.

Gill, M. M.: Metapsychology Is Not Psychology. In: Psychology Versus Metapsychology: Psychoanalytic Essays in Memory of George S. Klein. Hrsg. von M. M. G. und P. S. Holzman. New York: International Universities Press, 1976. S. 71–105.

– The Analysis of the Transference: Discourse on the Theory of Therapy. In: Psychoanalytic Explorations of Technique. Hrsg. von H. P. Blum. New York: International Universities Press, 1980. S. 263–288.

Glover, E.: The Therapeutic Effect of Inexact Interpretation. In: International Journal of Psychoanalysis 12 (1931) S. 397–411.

Glymour, C.: Freud, Kepler and the Clinical Evidence. In: Freud. Hrsg. von R. Wollheim. New York: Anchor Books, 1974. – Auch in: Philosophical Essays on Freud. Hrsg. von R. Wollheim und J. Hopkins. New York: Cambridge University Press, 1982. [Mit einer Nachbemerkung.]

– Theory and Evidence. Princeton (N. J.): Princeton University Press, 1980.

– The Theory of Your Dreams. In: Physics, Philosophy, and Psychoanalysis. Hrsg. von R. S. Cohen und L. Laudan. Dordrecht/Boston: Reidel, 1983. S. 57–71.

Goldberg, A. (Hrsg.): The Psychology of the Self: A Casebook. New York: International Universities Press, 1978.

Greenacre, P.: Reconstruction: Its Nature and Therapeutic Value. In: Journal of the American Psychoanalytic Association 29 (1981) S. 27–46.

Grinstein, A.: Sigmund Freud's Dreams. New York: International Universities Press, ²1980.

Grünbaum, A.: Philosophical Problems of Space and Time. 2., erw. Aufl. Dordrecht / Boston: Reidel, 1974.
– Is Falsifiability the Touchstone of Scientific Rationality? Karl Popper Versus Inductivism. In: Essays in Memory of Imre Lakatos. Hrsg. von R. S. Cohen, P. K. Feyerabend und M. W. Wartofsky. Dordrecht / Boston: Reidel, 1976. S. 213–252.
– How Scientific is Psychoanalysis? In: Science and Psychotherapy. Hrsg. von R. Stern, L. Horowitz und J. Lynes. New York: Haven Press, 1977. S. 219–254.
– Is Freudian Psychoanalytic Theory Pseudo-Scientific by Karl Popper's Criterion of Demarcation? In: American Philosophical Quarterly 16 (1979) S. 131–141. [Zit. als: Grünbaum 1979 a.]
– Epistemological Liabilities of the Clinical Appraisal of Psychoanalytic Theory. In: Psychoanalysis and Contemporary Thought 2 (1979) S. 451–526. [Zit. als: Grünbaum 1979 b.]
– Epistemological Liabilities of the Clinical Appraisal of Psychoanalytic Theory. In: Noûs 14 (1980) S. 307–385. [Erw. Fassung von: Grünbaum 1979 b.]
– The Placebo Concept. In: Behaviour Research and Therapy 19 (1981) S. 157–167.
– Is Object-Relations Theory Better Founded than Orthodox Psychoanalysis? A Reply to Jane Flax. In: Journal of Philosophy 80 (1983) S. 46–51. [Zit. als: Grünbaum 1983 a.]
– Freud's Theory: The Perspective of a Philosopher of Science. 1982 Presidential Address to the American Philosophical Association (Eastern Division). In: Proceedings and Addresses of the American Philosophical Association 57 (1983) S. 5–31. [Zit. als: Grünbaum 1983 b.]
– The Placebo Concept in Medicine and Psychiatry. In: Psychological Medicine 16 (1986) S. 19–38. [Zit. als Grünbaum 1986 a.]
– Précis of »The Foundations of Psychoanalysis«. In: Behavioral and Brain Sciences 9 (1986) S. 217–284. [Zit. als: Grünbaum 1986 b.]
– The Role of the Case Study Method in the Foundations of Psychoanalysis. In: Die Philosophen und Freud. Hrsg. von L. Nagl und H. Vetter. Wien: Oldenbourg. [In Vorb.]
– Validation in Clinical Psychoanalysis. New York: International Universities Press. [In Vorb.]
Habermas, J.: Theorie und Praxis. Sozialphilosophische Studien. Frankfurt a. M.: Suhrkamp, 1963.

– Erkenntnis und Interesse. Frankfurt a. M.: Suhrkamp, 1968.
– Zur Logik der Sozialwissenschaften. Frankfurt a. M.: Suhrkamp, 1970.
Hersen, M. / Barlow, D. H.: Single-Case Experimental Designs. New York: Pergamon Press, 1976.
Hobson, J. A. / McCarley, R. W.: The Brain as a Dream State Generator: An Activation-Synthesis Hypothesis of the Dream Process. In: American Journal of Psychiatry 134 (1977) H. 12. S. 1335 bis 1348.
Hobson, J. A.: The Dreaming Brain. New York: Basic Books, 1988.
Holt, R. C.: A Review of Some of Freud's Biological Assumptions and Their Influence on His Theories. In: Psychoanalysis and Current Biological Thought. Hrsg. von N. S. Greenfield und W. C. Lewis. Madison: University of Wisconsin Press, 1965. S. 93–124.
– Drive or Wish? A Reconsideration of the Psychoanalytic Theory of Motivation. In: Psychology Versus Metapsychology: Psychoanalytic Essays in Memory of George S. Klein. Hrsg. von M. M. Gill und P. S. Holzman. New York: International Universities Press, 1976. S. 158–197.
– The Death and Transfiguration of Metapsychology. In: International Review of Psycho-Analysis 8 (1981) S. 129–143.
– The Manifest and Latent Meanings of Metapsychology. In: The Annual of Psychoanalysis 10 (1982) S. 233–255.
Hook, S. (Hrsg.): Psychoanalysis, Scientific Method and Philosophy. New York: New York University Press, 1959.
Jahoda, M.: Freud and the Dilemmas of Psychology. London: Hogarth Press, 1977.
Jaspers, K.: Allgemeine Psychopathologie. Berlin / Heidelberg / New York: Springer, 91973.
Jones, E.: Papers on Psychoanalysis. London: Baillière, Tindall & Co., 1938. [Bes. Kap. 6: »The Theory of Symbolism«.]
– The Life and Work of Sigmund Freud. Bd. 2. New York: Basic Books, 1955. Bd. 3. Ebd. 1957. – Dt.: Das Leben und Werk von Sigmund Freud. Übers. von K. Jones. Bd. 2. Bern/Stuttgart: Huber, 1962. [Zit. als: Jones 1962a.] Bd. 3. Ebd. 1962. [Zit. als: Jones 1962b.]
– [Vorwort des Herausgebers.] In: S. Freud: Collected Papers. Übers. von J. Riviere [u. a.]. Bd. 1. New York: Basic Books, 1959.

Kanzer, M.: Two Prevalent Misconceptions About Freud's Project. In: The Annual of Psychoanalysis 1 (1973) S. 83–103.

Kaplan, A. H.: From Discovery to Validation: A Basic Challenge to Psychoanalysis. In: Journal of the American Psychoanalytic Association 29 (1981) S. 3–26.

Kaufmann, W.: Discovering the Mind. Bd. 3: Freud Versus Adler and Jung. New York: McGraw-Hill, 1980.

Kazdin, A.: Drawing Valid Inferences from Case Studies. In: Journal of Consulting and Clinical Psychology 49 (1981) S. 183–192.

– Single-Case Experimental Designs. In: Handbook of Research Methods in Clinical Psychology. Hrsg. von P. C. Kendall und J. N. Butcher. New York: Wiley, 1982.

– / Hersen, M.: The Current Status of Behavior Therapy. In: Behavior Modification 4 (1980) S. 283–302.

Kerlinger, F. N.: Behavioral Research. New York: Holt, Rinehart & Winston, 1979.

Klein, G. S.: Psychoanalytic Theory. New York: International Universities Press, 1976.

Kline, P.: Fact and Fantasy in Freudian Theory. London: Methuen, ^{2}1981.

– Philosophy, Psychology and Psychoanalysis. In: British Journal for the Philosophy of Science 38 (1987) S. 107–116.

Kohut, H.: Introspection, Empathy, and Psychoanalysis. In: Journal of the American Psychoanalytic Association 7 (1959) S. 459–483.

Labruzza, A. L.: The Activation-Synthesis Hypothesis of Dreams: A Theoretical Note. In: American Journal of Psychiatry 135 (1978) H. 12. S. 1536–38.

Laplanche, J. / Pontalis, J. B.: Vocabulaire de la psychanalyse. Paris: Presses universitaires de France, 1967. – Dt.: Das Vokabular der Psychoanalyse. Übers. von E. Moersch. Frankfurt a. M.: Suhrkamp, 1972.

Leo, J.: Cradle-to-Grave Intimacy. In: Time. 7. September 1981. S. 69.

Levine, F. J.: On the Clinical Application of Heinz Kohut's Psychology of the Self: Comments on Some Recently Published Case Studies. In: Journal of the Philadelphia Association for Psychoanalysis 6 (1979) S. 1–19.

Loftus, E.: Memory. Reading (Mass.): Addison-Wesley, 1980.

Luborsky, L. / Spence, D. P.: Quantitative Research on Psychoanalytic Therapy. In: Handbook of Psychotherapy and Behavior

Change. Hrsg. von S. L. Garfield und A. E. Bergin. New York: Wiley, ²1978.
Luborsky, L. [u. a.]: A Verification of Freud's Grandest Clinical Hypothesis. In: Clinical Psychology Review 5 (1985) S. 231–246.
McCarley, R. W. / Hobson, J. A.: The Neurobiological Origins of Psychoanalytic Dream Theory. In: American Journal of Psychiatry 134 (1977) S. 1211–21.
McCarthy, T.: The Critical Theory of Jürgen Habermas. Cambridge: MIT Press, 1978. – Dt.: Kritik der Verständigungsverhältnisse. Zur Theorie von Jürgen Habermas. Übers. von M. Looser. Frankfurt a. M.: Suhrkamp, 1980.
– [Einleitung des Übersetzers.] In: Jürgen Habermas: Communication and the Evolution of Society. Boston: Beacon Press, 1979. S. VII–XXIV.
MacKinnon, D. W. / Dukes, W. F.: Repression. In: Psychology in the Making. Hrsg. von L. Postman. New York: Knopf, 1964.
Macmillan, M. B.: Freud's Expectations and the Childhood Seduction Theory. In: Australian Journal of Psychology 29 (1977) S. 223–236.
Malan, D. H.: Toward the Validation of Dynamic Psychotherapy. New York: Plenum, 1976.
Marmor, J.: Psychoanalytic Therapy as an Educational Process. In: Psychoanalytic Education. Hrsg. von J. Masserman. New York: Grune & Stratton, 1962. S. 286–299.
– New Directions in Psychoanalytic Theory and Therapy. In: Modern Psychoanalysis. Hrsg. von J. M. New York: Basic Books, 1968. S. 3–15.
– Limitations of Free Association. In: Archives of General Psychiatry 22 (1970) S. 160–165.
– Psychiatry in Transition. Selected Papers. New York: Brunner/Mazel, 1974.
Martin, M.: Social Science and Philosophical Analysis. Washington (D. C.): University Press of America, 1978.
Masling, J. (Hrsg.): Empirical Studies of Psychoanalytical Theories. Bd. 1. Hillsdale (N. J.): The Analytic Press, 1983.
Masson, J. M.: The Assault on Truth. New York: Farrar, Straus & Giroux, 1984. – Dt.: Was hat man dir, du armes Kind, getan? Sigmund Freuds Unterdrückung der Verführungstheorie. Übers. von B. Brumm. Reinbek b. Hamburg: Rowohlt, 1984.
Maxwell, G. / Maxwell, M. L.: In the Beginning: The Word or the

Deed. [Rez. von:] P. Ricœur: Freud and Philosophy. In: Contemporary Psychology 17 (1972) S. 519–522.

Meissner, W. W.: The Paranoid Process. New York: Aronson, 1978.

Meyers. S. J., The Bipolar Self. In: Journal of the American Psychoanalytic Association 29 (1981) S. 143–159.

Möller, H. J.: Methodische Grundprobleme der Psychiatrie. Stuttgart: Kohlhammer, 1976.

– Psychoanalyse – erklärende Wissenschaft oder Deutungskunst? München: Fink, 1978.

Moore, M. M.: The Nature of Psychoanalytic Explanation. In: Psychoanalysis and Contemporary Thought 3 (1980) S. 459–543.

– The Nature of Psychoanalytic Explanation. In: Mind and Medicine: Explanation and Evaluation in Psychiatry and the Biomedical Sciences. Hrsg. von L. Laudan. Berkeley / Los Angeles / London: University of California Press, 1983.

Morse, S. J.: Failed Explanations and Criminal Responsibility: Experts and the Unconscious. In: Virginia Law Review 68 (1982) S. 971–1084.

Motley, M. T.: Verification of ›Freudian Slips‹ and Semantic Prearticulatory Editing via Laboratory-Induced Spoonerisms. In: Errors in Linguistic Performance: Slips of the Tongue, Ear, Pen, and Hand. Hrsg. von V. A. Fromkin. New York: Academic Press, 1980. S. 133–147.

Munby, M. / Johnston, D. W.: Agoraphobia: The Long-Term Follow-up of Behavioural Treatment. In: British Journal of Psychiatry 137 (1980). S. 418–427.

Ofstad, H.: Recent Work on the Free-Will Problem. In: Recent Work in Philosophy. Hrsg. von K. G. Lucey und T. R. Machan. Totowa (N. J.): Rowman & Allanheld, 1983. S. 39–84.

Ornstein, P. H. (Hrsg.): The Search for the Self. Selected Writings of Heinz Kohut. 1950–1978. 2 Bde. New York: International Universities Press, 1978.

Page, L. / Adams, N. I.: Electrodynamics. New York: Van Nostrand, 1940.

Perrez, M.: Ist die Psychoanalyse eine Wissenschaft? 2., rev. Aufl. Bern: Huber, 1979.

Peterfreund, E.: The Process of Psychoanalytic Therapy. Hillsdale: The Analytic Press, 1983.

Popper, K. R.: Conjectures and Refutations. New York: Basic Books, 1962.

– Autobiography. In: The Philosophy of Karl Popper. Hrsg. von P. A. Schilpp. Bd. 1. La Salle (Ill.): Open Court, 1974. [Zit. als: Popper 1974 a.]

– Replies to My Critics. In: The Philosophy of Karl Popper. Hrsg. von P. A. Schilpp. Bd. 2. Ebd. 1974. [Zit. als: Popper 1974 b.]

– Realism and the Aim of Science. Hrsg. von W. W. Bartley, III. Totowa (N. J.): Rowman & Littlefield, 1983.

Pribram, K. H. / Gill, M. M.: Freud's ›Project‹ Re-Assessed. New York: Basic Books, 1976.

Prioleau, L. / Murdock, M. / Brody, N.: An Analysis of Psychotherapy Versus Placebo. In: The Behavioral and Brain Sciences 6 (1983) S. 275–285.

Rachman, S. J. / Wilson, G. T.: The Effects of Psychological Therapy. 2., erw. Aufl. New York: Pergamon Press, 1980.

Rapaport, D.: Collected Papers. Hrsg. von M. M. Gill. New York: Basic Books, 1967.

Rhoads, J. M. / Feather, B. W.: Application of Psychodynamics to Behavior Therapy. In: American Journal of Psychiatry 131 (1974) S. 17–20.

Ricœur, P.: De l'interprétation. Essais sur Freud. Paris: Ed. du Seuil, 1965. – Dt.: Die Interpretation. Ein Versuch über Freud. Übers. von E. Moldenhauer. Frankfurt a. M.: Suhrkamp, 1974. [Zit. als: Ricœur 1974 a.]

– Le conflit des interprétations. Essais de l'herméneutique. Paris: Ed. du Seuil, 1969. – Dt.: Hermeneutik und Strukturalismus. Der Konflikt der Interpretationen. I. Übers. von J. Rütsche. München: Kösel, 1973. Hermeneutik und Psychoanalyse. Der Konflikt der Interpretationen II. Übers. von J. R. Ebd. 1974. [Zit. als: Ricœur 1974 b.]

– Hermeneutics and the Human Sciences. Translated by J. B. Thompson. New York: Cambridge University Press, 1981.

Robbins, M.: Current Controversy in Object Relations Theory as Outgrowth of a Schism Between Klein and Fairbairn. In: International Journal of Psychoanalysis 61 (1980) S. 477–492.

Robinson, A. L.: Nuclear Evidence That Neutrinos Have Mass. In: Science 208 (1980) S. 697.

Rosenthal, R.: Experimenter Effects in Behavioral Research. New York: Irvington Publishers, 1976.

Rosenzweig, S.: An Experimental Study of Memory in Relation to

the Theory of Repression. In: British Journal of Psychology 24 (1934) S. 247–265.
– The Experimental Study of Psychoanalytic Concepts. In: Character and Personality 6 (1937) S. 61–71.
– Freud and Experimental Psychology: The Emergence of Idiodynamics. New York: McGraw Hill, 1986.
Rubinstein, B. B.: On the Role of Classificatory Processes in Mental Functioning: Aspects of a Psychoanalytic Theoretical Model. In: Psychoanalysis and Contemporary Science 3 (1975) S. 101–185.
– On the Possibility of a Strictly Clinical Psychoanalytic Theory: An Essay in the Philosophy of Psychoanalysis. In: Psychology Versus Metapsychology: Psychoanalytic Essays in Memory of George S. Klein. Hrsg. von M. M. Gill und P. S. Holzman. New York: International Universities Press, 1976. S. 229–264.
– Freud's Early Theories of Hysteria. In: Physics, Philosophy and Psychoanalysis. Hrsg. von R. S. Cohen und L. Laudan. Dordrecht / Boston: Reidel, 1983. S. 169–190.
Russell, B.: An Outline of Philosophy. Cleveland (O.): Meridian Books, 1960.
Sand, R.: Confirmation in the Dora Case. In: International Review of Psycho-Analysis 10 (1983) S. 333–357.
Schafer, R.: A New Language for Psychoanalysis. New Haven: Yale University Press, 1976. – Dt.: Eine neue Sprache für die Psychoanalyse. Übers. von W. Krege. Stuttgart: Klett-Cotta, 1982.
Schaffner, K. F.: Clinical Trials: The Validation of Theory and Therapy. In: Physics, Philosophy, and Psychoanalysis. Hrsg. von R. S. Cohen und L. Laudan. Dordrecht/Boston: Reidel, 1983. S. 191–208.
Schöpf, A.: Sigmund Freud. München: Beck, 1982.
Sellars, W.: Actions and Events. In: Noûs 7 (1973) S. 179–202.
Shapiro, A. K. / Morris, L. A.: The Placebo Effect in Medical and Psychological Therapies. In: Handbook of Psychotherapy and Behavior Change. Hrsg. von S. L. Garfield und A. E. Bergin. New York: Wiley, [2]1978.
Sherwood, M.: The Logic of Explanation in Psychoanalysis. New York: Academic Press, 1969.
Shope, R. K.: Freud on Conscious and Unconscious Intentions. In: Inquiry 13 (1970) S. 149–159.
– Freud's Concepts of Meaning. In: Psychoanalysis and Contemporary Science 2 (1973) S. 276–303.

– The Significance of Freud for Modern Philosophy of Mind. In: Contemporary Philosophy. Hrsg. von G. Floistad. Bd. 4: Philosophy of Mind. Boston: Nijhoff, 1983. S. 185–222.
Slater, E. / Roth, M.: Clinical Psychiatry. London: Baillière Tindall, [3]1977.
Smith, M. L. / Glass, G. V. / Miller, T. I.: The Benefits of Psychotherapy. Baltimore: Johns Hopkins University Press, 1980.
Stannard, D. E.: Shrinking History. New York: Oxford University Press, 1980.
Steele, R. S.: Psychoanalysis and Hermeneutics. In: International Review of Psychoanalysis 6 (1979) S. 389–411.
Strupp, H. H. / Hadley, S. W. / Gomes-Schwartz, B.: Psychotherapy for Better or Worse: The Problem of Negative Effects. New York: Aronson, 1977.
Sulloway, F. J.: Freud, Biologist of the Mind. New York: Basic Books, 1979. – Dt.: Freud, der Biologist der Seele. Jenseits der psychoanalytischen Legende. Übers. von H.-H. Henschen. Köln: Hohenheim-Verlag, 1982.
Sutherland, N. S.: Breakdown. New York: Stein & Day, 1977.
Swales, P. J.: Freud, Minna Bernays, and the Conquest of Rome. In: The New American Review. Spring/Summer 1982. S. 1–22.
Thomä, H.: Psychoanalyse und Suggestion. Zeitschrift für Psychosomatische Medizin und Psychoanalyse 23 (1977): S. 35–56.
– / Kächele, H.: Wissenschaftstheoretische und methodologische Probleme der klinisch-psychoanalytischen Forschung. Psyche 27 (1973) S. 205–236; 309–355.
– Lehrbuch der psychoanalytischen Therapie. Bd. 1. Berlin: Springer, 1985.
Timpanaro, S.: Il lapsus freudiano: psicanalisi i critica testuale. Florenz: La nuova Italia, 1974. – Engl.: The Freudian Slip. Übers. von K. Soper. Atlantic Highlands (N. J.): Humanities Press, 1976.
Toulmin, S.: The Logical Status of Psycho-Analysis. In: Philosophy and Analysis. Hrsg. von M. MacDonald. New York: Philosophical Library, 1954. S. 132–139.
Vogel, G. W.: An Alternative View of the Neurobiology of Dreaming. In: American Journal of Psychiatry 135 (1978) H. 12. S. 1531–35.
Waelder, R.: [Rez. von:] S. Hook (Hrsg.): Psychoanalysis, Scientific Method and Philosophy. In: Journal of the American Psychoanalytic Association 10 (1962): S. 617–637.

Wallerstein, R. S.: Psychoanalysis as a Science: Its Present Status and Its Future Tasks. In: Psychology versus Metapsychology: Psychoanalytic Essays in Memory of George S. Klein. Hrsg. von M. M. Gill und P. S. Holzman. New York: International Universities Press, 1976.
– Psychoanalysis as a Science: A Response to the New Challenges. In: Psychoanalytic Quarterly 55 (1986) S. 414–451.
Watkins, J. W. N.: Corroboration and the Problem of Content-Comparison. In: Progress and Rationality in Science. Hrsg. von G. Radnitzky und G. Andersson. Dordrecht / Boston: Reidel, 1978. S. 339–378. – Dt.: Die Bewährung und das Problem des Gehaltvergleichs. Übers. von H. Vetter. In: Fortschritt und Rationalität der Wissenschaft. Hrsg. von G. R. und G. A. Tübingen: Mohr, 1980. S. 393–437.
Weitzman, B.: Behavior Therapy and Psychotherapy. Psychological Review 74 (1967) S. 300–317.
Winokur, G.: Heredity in the Affective Disorders. In: Depression and Human Existence. Hrsg. von E. J. Anthony und Teresa Benedek. Boston: Little, Brown, 1975.
Wittgenstein, L.: Lectures and Conversations on Aesthetics, Psychology and Religious Belief. Hrsg. von C. Barrett. Berkeley: University of California Press, 1967. – Dt.: Vorlesungen und Gespräche über Ästhetik, Psychologie und Religion. Hrsg. von C. Barrett. Übers. und eingel. von E. Bubser. Göttingen: Vandenhoeck & Ruprecht, 1968.
Wright, G. H. von: Explanation and Understanding. Ithaca (N. Y.): Cornell University Press, 1977.
Wolpe, J.: Behavior Therapy Versus Psychoanalysis. In: American Psychologist 36 (1981) S. 159–164.
Zamansky, H. S.: An Investigation of the Psychoanalytic Theory of Paranoid Delusions. In: Journal of Personality 26 (1958) S. 410–425.

Biographische Notiz

Adolf Grünbaum wurde am 15. Mai 1923 in Köln geboren. 1938 emigrierte er mit seiner Familie in die USA, wo er folgende akademische Grade erwarb: B. A. in Mathematik und Philosophie an der Wesleyan University (1943), M. S. in Physik an der Yale University (1948), Ph. D. in Philosophie ebenda (1951). Nachdem er an der Lehigh University und an der University of Minnesota gelehrt hatte, kam er 1960 als Andrew Mellon Professor für Philosophie und Direktor (heute Chairman) des Center for Philosophy of Science an die Universität in Pittsburgh; seit 1979 ist er dort auch Research Professor für Psychiatrie. Von seinen zahlreichen Gastvorlesungen seien die Gifford Lectures an der schottischen Universität St. Andrews (1985) und die Werner-Heisenberg-Vorlesung an der Bayerischen Akademie der Wissenschaft in München (1985) hervorgehoben.

Zu Grünbaums wichtigsten Buchveröffentlichungen gehören: *Philosophical Problems of Space and Time* (Dordrecht/Boston: Reidel, 1963, [2]1973), *Modern Science and Zeno's Paradoxes* (Middletown: Wesleyan University Press, 1967 / London: Allen & Unwin, 1968), *Geometry and Chronometry in Philosophical Perspective* (Minneapolis: University of Minnesota Press, 1968). Besonderer Erwähnung bedarf die 1983 bei Reidel publizierte Festschrift *Physics, Philosophy and Psychoanalysis. Essays in Honor of Adolf Grünbaum*, hrsg. von R. S. Cohen und L. Laudan.

Personenregister

Sachregister

Geschichte der Philosophie in Text und Darstellung

Band 1: [illegible]

Band 2: [illegible]

Band 3: [illegible]

Band 4: [illegible]

Band 5: [illegible]

Band 6: [illegible]

Band 7: [illegible]

Band 8: [illegible]

[illegible]

[illegible]

Philipp Reclam jun. [illegible]